STUDIENKURS SOZIALE ARBEIT

Lehrbuchreihe für Studierende der Sozialen Arbeit an Hochschulen und Universitäten

Praxisnah und in verständlicher Sprache führen die Bände der Reihe in die zentralen Anwendungsfelder und Bezugswissenschaften der Sozialen Arbeit ein und vermitteln die für angehende SozialarbeiterInnen und SozialpädagogInnen grundlegenden Studieninhalte. Die konsequente Problemorientierung und die didaktische Aufbereitung der einzelnen Kapitel erleichtern den Zugriff auf die fachlichen Inhalte. Bestens geeignet zur Prüfungsvorbereitung u.a. durch Zusammenfassungen, Wissens- und Verständnisfragen sowie Schaubilder und thematische Querverweise.

Michael May | Arne Schäfer [Hrsg.]

Theorien für die Soziale Arbeit

2., aktualisierte Auflage

Onlineversion
Nomos eLibrary

Die Deutsche Nationalbibliothek verzeichnet diese Publikation in der Deutschen Nationalbibliografie; detaillierte bibliografische Daten sind im Internet über http://dnb.d-nb.de abrufbar.

ISBN 978-3-8487-7689-4 (Print)
ISBN 978-3-7489-2087-8 (ePDF)

2. Auflage 2021
© Nomos Verlagsgesellschaft, Baden-Baden 2021. Gesamtverantwortung für Druck und Herstellung bei der Nomos Verlagsgesellschaft mbH & Co. KG. Alle Rechte, auch die des Nachdrucks von Auszügen, der fotomechanischen Wiedergabe und der Übersetzung, vorbehalten. Gedruckt auf alterungsbeständigem Papier.

Inhalt

Zur Bedeutung von Theorien für die Soziale Arbeit: Eine Begründung   7
Michael May und Arne Schäfer

Stationen der Diskussion: Eine historisch-systematische Betrachtung der Vielfalt und Wandelbarkeit von Theorien der Sozialen Arbeit   21
Michael Winkler

Soziale Probleme, Soziale Arbeit und Systemisches Paradigma. Auf dem Weg zur Sozialen Arbeit als kritischer Profession   43
Silvia Staub-Bernasconi

Systemische Soziale Arbeit   65
Michael Klassen

Macht- und diskursanalytische Perspektiven   83
Fabian Kessl

"Der Capabilities Ansatz (und andere Elemente einer materialistisch-emanzipatorischen Theorie Sozialer Arbeit)   99
Holger Ziegler

Lebensweltorientierung und Lebensbewältigung   115
Cornelia Füssenhäuser

Psychoanalytische Soziale Arbeit   135
Margret Dörr

Auf dem Weg zu einer Materialistisch-Dialektischen Theorie Kritischer Sozialer Arbeit   155
Michael May

Konfliktorientierte geschlechterreflektierende Perspektiven   183
Maria Bitzan

Aktueller Stand der Diskussion und Perspektiven für die Zukunft der Theorien Sozialer Arbeit   205
Michael May und Arne Schäfer

Autorinnen und Autoren   225

Stichwortverzeichnis   227

Bereits erschienen in der Reihe STUDIENKURS SOZIALE ARBEIT   229

Zur Bedeutung von Theorien für die Soziale Arbeit: Eine Begründung

Michael May und Arne Schäfer

> **Zusammenfassung:**
> Davon ausgehend, dass Soziale Arbeit ein professionelles Arbeitsfeld ist, mit dem sich ganz unterschiedliche wissenschaftliche Disziplinen beschäftigen können und zu dem auch Theorien ganz unterschiedlicher Art produziert wurden und werden, beschäftigt sich der Beitrag zunächst mit dem Zusammenhang zwischen Theorie und Empirie sowie der Frage, welche Sachverhalte Theorien der Sozialen Arbeit verhandeln und welche Dimensionen sie dabei zu berücksichtigen haben. Einen besonderen inhaltlichen Schwerpunkt legt er auf das Theorie-Praxis-Verhältnis bzw. auf die Bedeutung von Theorie für die Praxis. Wird zur Erläuterung der Perspektivität von Theorien schon auf die Metapher des Bühnenscheinwerfers zurückgegriffen, wird die Funktion von Theorien anhand der beiden Metaphern von Theorie als Werkzeug oder Theorie als Landkarte diskutiert.

Was unterscheidet die Soziale Arbeit von anderen Professionen und Disziplinen? Wie lässt sich der Wissenschaftscharakter der Sozialen Arbeit begründen? Welche gesellschaftlichen Funktionen hat sie? Kurz: Was macht den Kern der Sozialen Arbeit aus? Theorien der Sozialen Arbeit wollen diesen Kern herausarbeiten und möglichst genau beschreiben. Sie versuchen, eine präzise Antwort auf die Frage zu geben, was Gegenstand, Aufgabe und zentrale Begriffe der Sozialen Arbeit sind. Der gegenwärtige Theoriediskurs zeigt aber, dass die Antworten sehr unterschiedlich ausfallen können (May, 2008). So ist beispielsweise in der Fachdebatte zum Gegenstand Sozialer Arbeit als Wissenschaft und Praxis äußerst umstritten, ob es derselbe ist oder ob Soziale Arbeit als Wissenschaft einen anderen Gegenstand hat als Soziale Arbeit als Praxis. Umstritten ist sogar, ob es denn überhaupt eine eigenständige wissenschaftliche Disziplin Sozialer Arbeit gibt und – wenn ja – was deren Gegenstandsbereich ist (ebd.). Eine wissenschaftliche „Vergewisserung über das Feld" (Winkler, 2005, S. 22) Sozialer Arbeit kann darüber hinaus aus der Perspektive ganz unterschiedlicher Disziplinen – z.B. der Soziologie, der Psychologie oder der Erziehungswissenschaft – erfolgen. Solche Untersuchungen aus unterschiedlichen disziplinären Perspektiven können das, was sie im Feld Sozialer Arbeit beobachten, „kritisch kommentieren, Desiderata anmahnen, andere Forschungs- und sogar Begründungsperspektiven geltend machen" (ebd.). Sie können jedoch *nicht* die historische Wirklichkeit der Sozialen Arbeit leugnen und behaupten, die unterschiedlichen Gegenstände ihrer Beobachtungen hätten mit Sozialer Arbeit nichts zu tun und Soziale Arbeit verfehle darin ihren Gegenstand. Es ist daher unstrittig, dass Soziale Arbeit ein *eigenständiges Feld* ist (Füssenhäuser, Thiersch, 2011, S. 1632), auf das sich Theorien der Sozialen Arbeit, aber auch anderer Disziplinen beziehen können.

Kontroverse theoretische Positionen sind ein Grundmerkmal von Wissenschaft in demokratischen Gesellschaften und Ausdruck der Freiheit von Forschung und

Lehre. Sie treiben die wissenschaftliche Diskussion und die Entwicklung einer Disziplin voran. Eine Folge dieses Prozesses ist eine Vielzahl unterschiedlicher Theorien, die gerade für Studienanfänger_innen zunächst oft mehr Verwirrung als Klarheit stiftet. Theorienpluralismus ist keine Besonderheit der Sozialen Arbeit (vgl. für die Soziologie z.B. Joas, Knöbl, 2004, S. 13), sondern weit über die Sozialwissenschaften hinaus für viele Fachrichtungen charakteristisch. Selbst in der Physik finden sich konkurrierende Theorien zu elementaren Begriffen wie Raum und Zeit. Der vorliegende Sammelband stellt eine Auswahl von Theorien der Sozialen Arbeit vor. Er verfolgt das Ziel, einen Überblick über das Panorama aktueller Theorierichtungen der Sozialen Arbeit zu geben.

In dieser Einleitung werden wir zunächst den Zusammenhang zwischen Theorie und Empirie beleuchten. Anschließend setzen wir uns mit der Frage auseinander, welche Sachverhalte Theorien der Sozialen Arbeit verhandeln. Einen inhaltlichen Schwerpunkt legen wir dabei auf das Theorie-Praxis-Verhältnis. In diesem Zusammenhang werden wir die Bedeutung von Theorie für die Praxis erörtern und uns mit Metaphern auseinandersetzen, die die Funktion von Theorien bildhaft zum Ausdruck bringen. Der Beitrag schließt mit einem Überblick über die in diesem Sammelband vertretenen theoretischen Positionen ab.

1. Theorie und Empirie

In einem grundlegenden Sinne sind Theorien als „generalisierende, d.h. verallgemeinernde Aussagen zu begreifen (…). Oder umgekehrt – und vielleicht verständlicher – lässt sich sagen: Jede generalisierende Aussage ist bereits eine Theorie" (Joas, Knöbl, 2004, S. 17). Nicht nur in der Wissenschaft, sondern auch im (Berufs-)Alltag werden ständig Verallgemeinerungen produziert, mit denen die Wirklichkeit erfasst oder besser: konstruiert wird. Eine solch generalisierende Aussage ist z.B. das sogenannte Montagssyndrom, von dem viele Professionelle aus den unterschiedlichsten pädagogischen Einrichtungen sprechen – vom Kindergarten über die Schule bis hin zu ambulanten Betreuungseinrichtungen. Dabei wird eine angeblich vermehrte Unruhe der Heranwachsenden mit einem übermäßigen Medienkonsum am Wochenende und einer damit in Verbindung stehenden Reizüberflutung in Verbindung gebracht. Aber auch schon solche auf auffällige Klient_innen bezogenen Aussagen, wie der bzw. die „will ja nur Aufmerksamkeit" in Verbindung mit einer entsprechenden Verhaltensempfehlung bezüglich einer distanzierten, angeblich professionellen Antwort, sind theoretischer Natur im oben genannten Sinne (May, 2008, S. 22). In den meisten Fällen basieren solche verallgemeinernden Aussagen auf subjektiven Wahrnehmungen und es bleibt ungeklärt, ob diese zutreffen. Im Unterschied dazu beanspruchen wissenschaftliche Theorien, möglichst *zutreffende* Aussagen über ein Problem, einen Sachverhalt oder einen Gegenstand zu formulieren.

> „Um aber von ›zutreffend‹ oder ›nicht-zutreffend‹ reden zu können, benötigt man einen Maßstab – und der kann nur so aussehen: Theorien sind lediglich dann wissenschaftlich (und eben nicht vorurteilsbeladen), wenn sie einer Überprüfung an der Wirklichkeit standhalten oder sich zumindest an der Realität überprüfen lassen" (Joas, Knöbl, 2004, S. 19).

Demnach sollten Theorien der Sozialen Arbeit die von ihnen behandelten Sachverhalte möglichst zutreffend beschreiben.

Der Anspruch, dass sich Theorien an der Realität überprüfen lassen müssen, um als wissenschaftlich zu gelten, verweist auf den engen Zusammenhang von Theorie und empirischer Forschung. Theorien beziehen sich nach Winkler (2005, S. 21) „unvermeidlich auf eine zu beobachtende, genauer: auf eine beobachtete Wirklichkeit", die sie zu beschreiben und zu analysieren versuchen. Zum einen nimmt empirische Forschung ihren Ausgang bei Theorien, wenn sie Hypothesen nachgeht, um diese zu überprüfen. Zum anderen mündet sie in Theorie, wenn sie sich in einen begründeten Zusammenhang von Aussagen am Ende ihres Gegenstandes und seiner inneren Bedingungen versichert (May, 2008, S. 33). So gesehen lässt sich Forschung nicht von Theorie trennen, „weil sie Voraussetzungen für Untersuchungen liefert, gleichsam für diese sehend macht, und zudem diese wieder zusammenführt, in welcher Form der Systematisierung auch immer" (Winkler, 2005, S. 23). Für die Durchführung einer empirischen Forschungsarbeit ist es sehr wichtig, den Standort der leitenden Theorieperspektive darzulegen, weil dieser Konsequenzen für den gesamten empirischen Forschungsprozess hat. Mit dem Begriff „Standort" sind hier die erkenntnis- und wissenschaftstheoretischen Vorannahmen, die gesellschaftstheoretischen und normativen Implikationen sowie die historischen Entwicklungslinien einer Theorie gemeint. Der theoretische Standort beeinflusst nicht nur die Wahl der Forschungsinstrumente, sondern vor allem auch die Frage, was mit der Theorie überhaupt beleuchtet werden kann. Theorien lassen sich in dieser Weise mit Scheinwerfern auf einer Bühne vergleichen. Diese beleuchten Gegenstände aus einer bestimmten Perspektive und (in ihrer Gesamtheit) in ganz unterschiedlichen Farben. Sie können bestimmte Felder sehr grell ausleuchten, produzieren jedoch auch viel Schatten.

Jede Theorie hat also ihren spezifischen Blickwinkel, der durchleuchtet und offengelegt werden muss. Um im Bild zu bleiben, sollte sich eine Theorie auch darüber klar sein, was sie im Schatten lässt. Dies verdeutlicht, dass Theoriearbeit weit über empirische Forschung hinausreicht und sich nicht darin erschöpft, an der Realität überprüfbare Hypothesen zu formulieren. Vielmehr werden Theorien in wissenschaftlichen Diskursen umfassend reflektiert: Vor welchem gesellschaftlichen Kontext wurde diese Theorie entwickelt? Welche Interessen fließen hinterrücks mit ein? Und welche praktischen Implikationen hat diese Theorie? (May, 2008, S. 18). Dieses Hinterfragen ist nicht nur wichtig, um Theorieprofile zu schärfen und weiterzuentwickeln, sondern auch, um ideologische Motive von Theorien aufzudecken oder um zu verhindern, dass theoretische Entwürfe lediglich für die Legitimation der Praxis Sozialer Arbeit herangezogen werden. Damit unterscheidet Theorie „von allen anderen Denkformen, dass sie sich systematisch selbst zum Thema eigener Vergewisserung macht – sie ist immer schon reflexive Theorie, weil sie nach den Voraussetzungen und Bedingungen fragt, unter welchen sie zustande kommt" (Winkler, 2005, S. 23).

2. Dimensionen von Theorien der Sozialen Arbeit

Welche Sachverhalte oder Dimensionen stehen nun aber im Fokus von Theorien der Sozialen Arbeit? In der Theoriediskussion werden diesbezüglich unterschiedliche Vorschläge unterbreitet (z.B. Rauschenbach, Thiersch, 1984; Hamburger, 2008, S. 51; Rauschenbach, Züchner, 2012, S. 169f.), die an dieser Stelle nicht im Einzelnen referiert werden können (hierzu May, 2008, S. 24ff.). Nach Füssenhäuser (2011, S. 1646f.) zielen Theorien der Sozialen Arbeit im engeren Sinn „auf eine Klärung des Status der Sozialen Arbeit, auf die Beschreibung und Klärung ihres Gegenstandsbereichs und ihrer Funktion(en), auf ihre geschichtliche Selbstvergewisserung und die Positionierung gegenüber anderen Disziplinen und dem Bereich der professionellen Praxis". Die Autorin hat acht Kristallisationspunkte sowohl disziplinärer als auch professionsgebundener Theoriebestimmung herausgearbeitet (ebd., S. 1647f.):

1. Eine Theorie der Sozialen Arbeit habe den *Wissenschaftscharakter* des Fachs und die eigene disziplinäre Verortung zu diskutieren. Dazu gehöre
2. die Frage nach dem *Gegenstand* der Sozialen Arbeit als Wissenschaft und Praxis. Sowohl der spezifische Problemzugang der Theorie als auch deren Abgrenzung gegenüber anderen Disziplinen sei dabei herauszuarbeiten.
3. Auch müsse das *Theorie/Praxis-Verhältnis* bzw. die wissenssoziologische Frage nach der Differenzierung und dem Verhältnis zwischen den im Feld der Wissenschaft und dem der Praxis der Sozialen Arbeit vorherrschenden Wissensformen geklärt werden.
4. Eine Theorie der Sozialen Arbeit habe ihre eigenen *gesellschaftlichen und sozialen Voraussetzungen* zu thematisieren. Dies erfordere nicht nur die Auseinandersetzung mit Gesellschaftstheorie, welche die Funktion Sozialer Arbeit, ihrer Institutionen und Interventionsformen zu analysieren erlaube. Neben den bearbeiteten Problemen und Aufgaben bedürfe auch der Zusammenhang gesellschaftlich-politischer Fragen mit disziplin- und professionspolitischen Diskursen einer gesellschaftstheoretischen Begründung und Reflexion.
5. Eine Theorie Sozialer Arbeit könne auch nicht auf eine entsprechende *Bestimmung der Adressat_innen* Sozialer Arbeit bzw. eine Analyse von deren Lebenslagen und Lebensweisen verzichten.
6. Diese müsse verbunden werden mit einer Reflexion der Angebote, Programme und wohlfahrtstaatlichen *Institutionen* Sozialer Arbeit. Vor diesem Hintergrund seien
7. die aus der Ambivalenz des doppelten Mandates sich ergebenden Widersprüche und Paradoxien *professionellen Handelns* in der Sozialen Arbeit zu analysieren. Schließlich komme
8. eine selbstreflexive Theorie Sozialer Arbeit auch nicht umhin, sich mit *Werten* und *ethischen Fragen* auseinanderzusetzen, welche ihr immanent sind bzw. von ihr selbst generiert werden.

Klärung, Analyse und Reflexion dieser acht Dimensionen zählen zu den zentralen Aufgabenbereichen von Theorien der Sozialen Arbeit. Allerdings setzen Theorien unterschiedliche Schwerpunkte. Füssenhäusers Topografie verweist aber darauf, dass Theorien der Sozialen Arbeit trotz unterschiedlicher Akzentuierungen stets alle relevanten Dimensionen in den Blick nehmen und aufeinander beziehen müssen. „Je nach Fragestellung dominiert ein Aspekt, ohne jedoch von der anderen Dimension abgekoppelt zu sein" (Dörr, Müller, 2005, S. 248).

Angelehnt an das Konzept von Füssenhäuser und Thiersch haben wir die in diesem Band vertretenen Theoretiker_innen gebeten, zu ausgewählten Dimensionen der Theoriebildung Stellung zu beziehen. Insbesondere haben wir sie gefragt, wie Gegenstand und Aufgabe der von ihnen vertretenen Theorie bestimmt werden, wie die Adressat_innen der Sozialen Arbeit konzeptualisiert werden und welche Relevanz die Theorie für die Bestimmung des Theorie-Praxis-Problems hat. Ihre Antworten können Sie in den jeweiligen Kapiteln nachlesen. Wir werden sie im abschließenden Beitrag aufgreifen und zusammenfassen.

3. Die Bedeutung von Theorie für die Praxis

> „›Theorie‹ ist für Viele – nicht zuletzt auch für Studierende – so etwas wie der Inbegriff lebensferner Wissenschaft, ist begriffliche Abstraktion in einer formalisierten, fremden Sprache, ist eine Art Geheimcode, mit dem sich Wissenschaftlerinnen und Wissenschaftler – offenbar trotz aller sachlichen Differenzen – untereinander verständigen, ist aber auch eines der letzten Machtmittel, mit dem Professorinnen und Professoren ohne Not Studierende traktieren und sich zugleich Respekt zu verschaffen suchen, kurz: ist eine allseits beliebte Projektionsfläche für alles Mögliche" (Rauschenbach, Züchner, 2012, S. 151).

Studierende der Sozialen Arbeit sind erfahrungsgemäß vor allem an der Frage interessiert, welche Bedeutung Theorien für die Praxis haben. Dass Theorie und empirische Forschung eng miteinander verbunden sind, haben wir bereits angesprochen, doch was leisten Theorien für die Praxis der Sozialen Arbeit?

Die Wissenssoziologie (Berger, Luckmann, 1969) betont, dass Menschen praktisches Wissen benötigen, um sich im Alltag zu orientieren. Dabei greifen sie auf mehr oder weniger typisierte Situationsdefinitionen zurück, die sie aufgrund ihrer Erfahrungen selbst entwickelt, von anderen Personen übernommen haben und in die hinein sie sozialisiert wurden. Alltagstheorien bestehen aus typisierten und weitgehend unreflektierten Situationsdefinitionen. Je nachdem, wie Menschen eine Situation interpretieren, handeln sie anders. Das ist der Kerngedanke des berühmten Thomas-Theorems: „Wenn Menschen Situationen als real definieren, dann sind auch ihre Konsequenzen real" (Thomas, 1965, S. 113f.). Situationsdefinitionen haben reale Folgen, weil sie zu konkreten Handlungen führen. Der enge Zusammenhang von Deutung und Handlung lässt sich an dem bereits erwähnten Montagssyndrom illustrieren:

> „Am Montag kann ich nur mit einem geringen Teil der Klasse in den ersten beiden Stunden etwas anfangen. Wir lassen auch grundsätzlich keine Arbeit am Montag schreiben" (Aussage einer Grundschullehrerin zum Montagssyndrom; zitiert nach Thiesen, 2011, S. 13).

Aus der Situationsdefinition, dass Schülerinnen und Schüler montags unkonzentrierter und unruhiger sind als an anderen Tagen, resultiert als Konsequenz, an diesem Tag keine Klassenarbeiten zu schreiben. Die Aussage, dass „*wir* grundsätzlich keine Arbeiten am Montag schreiben (lassen)" (ebd.; Herv. M.M., A.S), deutet zudem darauf hin, dass es sich hierbei um ein kollektives Deutungsmuster des Kollegiums handelt. Hätten die in der Grundschule tätigen Lehrenden stattdessen die Deutung *Kinder haben nach dem Wochenende ein gesteigertes Mitteilungsbedürfnis und nutzten die erste Stunde, dass dieses sich in entsprechenden Berichten und Diskussionen entfalten kann,* wäre möglicherweise kein „Montagssyndrom" mehr zu beobachten.

Derartige intersubjektiv geteilte Situationsdefinitionen gibt es selbstverständlich auch in anderen Berufsgruppen. Im Prozess der beruflichen Sozialisation werden Sozialarbeiter_innen mit den in den jeweiligen Arbeitsfeldern vorherrschenden Situationsdefinitionen vertraut gemacht. Sie haben „eine Existenz sui generis, d.h. aus eigenem Recht: Sie entstehen aus sozialen Prozessen der Institutionalisierung und treten dem Einzelnen in seinem Handeln als äußerliche, soziale Muster mit Ansprüchen an angemessenes Verhalten gegenüber" (Keller, 2012, S. 46).

Viele Situationsdefinitionen, die Professionelle in ihrem beruflichen Alltag vornehmen, haben sich in der Praxis bewährt. Sie haben zudem eine Entlastungsfunktion, da Situationen nicht immer wieder neu analysiert werden müssen. Sozialarbeiter_innen können auf Deutungsschablonen zurückgreifen und darauf bezogene Handlungsroutinen entwickeln, um im komplexen und oft stressigen Berufsalltag handlungsfähig zu bleiben. Doch Situationsdefinitionen können auch an der Realität scheitern oder problematische Konsequenzen haben. Um dies zu erkennen und zu beurteilen, benötigen Professionelle neben ihrem praktischen Erfahrungswissen theoretisches, wissenschaftliches Wissen. Als „Mittel der Selbstreflexion der praktisch Tätigen" (Winkler, 1988, S. 73) dient Theorie in diesem Zusammenhang dem „Nachdenken über die Praxis", das – wie Winkler (ebd.) betont – stets als „zeitversetzt, nachgängig zu begreifen ist". Es ist deshalb zeitversetzt, weil Sozialarbeiter_innen im Berufsalltag häufig unter Entscheidungsdruck stehen und erst im Nachhinein darüber nachdenken können, ob sie z.B. in einer bestimmten Situation angemessen gehandelt haben oder nicht. Kriterien dafür liefern nicht zuletzt wissenschaftliche Theorien.

Am Beispiel der Bindungstheorie lässt sich dieser Sachverhalt illustrieren.[1] Sie stammt ursprünglich aus dem entwicklungspsychologischen Kontext und ist somit keine Theorie der Sozialen Arbeit im engeren Sinne. Unter dem Stichwort „Bindungsorientierung" werden bindungstheoretische Erkenntnisse auch auf sozialpädagogische Handlungsfelder übertragen (Trost, 2014). Wenn beispielsweise eine Schulsozialarbeiterin, die in einer Förderschule für Erziehungshilfe arbeitet, störende Verhaltensweisen eines Schülers im Schulalltag mit der Deutung „Der will ja nur Aufmerksamkeit" belegt und daraus die Konsequenz zieht, ihm die Aufmerk-

---

[1] Wir haben bewusst darauf verzichtet, diesen Sachverhalt an einer der in diesem Sammelband dargestellten Theorien der Sozialen Arbeit zu verdeutlichen, weil wir nicht suggerieren wollen, eine bestimmte Theorie sei im Vergleich zu den anderen Theorien besonders „praxisrelevant".

samkeit zu entziehen, um professionelle Distanz zu wahren oder um das Verhalten nicht positiv zu verstärken, dann könnte dies aus Sicht der Bindungstheorie unangemessen sein. Wenn der Schüler – wie die meisten Kinder und Jugendlichen in Förderschulen (Julius, 2009) – auf eine unsichere Bindungsgeschichte zurückblickt, dann können verweigerte Aufmerksamkeit und Anerkennung erwachsener Bezugspersonen dazu führen, dass seine bisherigen Beziehungserfahrungen bestätigt und verfestigt werden. Aus bindungstheoretischer Perspektive wäre „die Sorge, vergessen zu werden" (Geddes, 2009, S. 180) möglicherweise eine präzisere Situationsdefinition als die „Suche nach Aufmerksamkeit".

Theoretisches Wissen hilft also, eingeschliffene Deutungsmuster zu irritieren, Situationsdefinitionen reflektierter, differenzierter und analytischer vorzunehmen, um dadurch zu einer bewussteren Praxis zu gelangen. Aus bindungstheoretischer Perspektive bedeutet dies vor allem, feinfühlig mit jungen Menschen umzugehen (zum Begriff der Feinfühligkeit Grossmann, Grossmann, 2009). Was allerdings Feinfühligkeit in einer konkreten Situation mit einem konkreten jungen Menschen unter den Bedingungen des pädagogischen Alltags bedeutet, kann nicht unmittelbar aus der Bindungstheorie abgeleitet werden. Die Bindungstheorie determiniert nicht, wie ein feinfühliger Umgang mit einem Jugendlichen in einer spezifischen Interaktionssituation im Rahmen der Schulsozialarbeit auszusehen hat, sie gibt aber Kriterien, das eigene Handeln (und das anderer Personen) diesbezüglich zu reflektieren und zu beurteilen. Sie stellt also wichtige Orientierungspunkte für praktisches Handeln in sozialpädagogischen Arbeitsfeldern auf, liefert in der Regel aber kein Rezeptwissen, das im Sinne einer Gebrauchsanweisung abgerufen werden kann. Um ihre Deutungen und ihr Handeln theoriegeleitet zu reflektieren, benötigen Sozialarbeiter_innen deshalb einen vom alltäglichen Handlungsdruck befreiten „kasuistischen Raum" (Müller, 2012) zum Nachdenken über sozialpädagogische Fälle und Verhältnisse. Auf das Beispiel übertragen könnte dies bedeuten, dass die Schulsozialarbeiterin in einer Fallkonferenz gemeinsam mit ihren Kolleg_innen konkrete Situationen aus dem Berufsalltag unter bindungstheoretischen Gesichtspunkten reflektiert.

Dass Theorien die Praxis nicht festlegen, verweist auf einen wichtigen Aspekt: Wissenschaftliche Theorien sind notwendigerweise allgemein formuliert und offen. Die „Anwendung" einer allgemeinen Theorie in einer bestimmten Situation und einem spezifischen Praxisfeld ist daher immer eine Eigenleistung, ein kreativer, eigensinniger und verantwortlicher Akt der handelnden Subjekte. Theorien der Sozialen Arbeit stellen einen „objektiven Bezugsrahmen" (Winkler, 1988, S. 85) zur Verfügung, geben aber keine direkte Handlungsanleitung. Wissenschaftliche Theorien sind keine Technologien (Dewe, Ferchhoff, Scherr, Stüwe, 2011, S. 96). Zwar verschaffen Theorien „dem Einzelnen eine Grundlage für ein situationsspezifisches und zugleich sachlich berechtigtes Urteil". Zugleich aber „handelt er stets ungeschützt, somit verantwortlich, da er in seinem Tun nirgends durch ein System festgelegt wird" (ebd., S. 83). Deshalb liegt „das entscheidende Instrument" (ebd., S. 84) praktischen Handelns genau genommen nicht in der Theorie, sondern in der Person des Handelnden selbst. Da Theorien nicht mechanisch in praktisches Handeln umgesetzt werden können, bedarf es immer einer Übersetzungsleistung durch konkrete Personen (Altrichter, Kannonier-Finster, Ziegler, 2005). „Im Blick auf die Praxis bleibt Theorie also erneut ganz dem Denken zugeordnet; nur durch die Subjekte selbst, nur durch subjektive Praxis wird sie wirksam" (Winkler, 1988, S. 90).

Neben den genannten Aspekten hat Theorie noch eine weitere wichtige Bedeutung für die Praxis. Negt und Kluge (1982, S. 482) zufolge hat Theorie „die vorhandene Realität mit den in ihr enthaltenen objektiven Möglichkeiten zu konfrontieren". Objektive Möglichkeiten sind solche, die Menschen sich nicht einfach schön denken. Bestimmte Kompetenzen von Menschen, die in ihren bisherigen Lebensverhältnissen keine Möglichkeiten hatten, sich zu verwirklichen, gehören ebenso zu solchen objektiven Möglichkeiten, wie der Umstand, dass es genügend Ressourcen auf diesem Planeten gibt, um allen Menschen ein würdevolles Leben zu ermöglichen.

Theorie dient nicht nur in diesem Sinne auch dazu, kritische Fragen an die Praxis zu stellen: Wie viel Autonomie gewähren Institutionen der Sozialen Arbeit ihren Adressat_innen? Werden die objektiven Möglichkeiten zur Realisierung von Autonomie ausgeschöpft? Was verhindert die Erweiterung von Autonomiespielräumen? Sie hat daher nicht allein die Funktion, die realen Verhältnisse zu verstehen oder zu erklären, sondern die in ihr angelegten, aber noch nicht zur Geltung gebrachten Potenziale („objektive Möglichkeiten") freizulegen und deren Entfaltung voranzutreiben. Damit dient sie der Analyse, Kritik und – vermittelt über Praktiker_innen – der Weiterentwicklung der Praxis der Sozialen Arbeit. Sie kann diese Funktion gerade deshalb erfüllen, weil sie eine gewisse Distanz zur Praxis aufweist und i.d.R. nicht unter den Bedingungen und Zwängen des praktischen Alltags, sondern im davon vergleichsweise unabhängigen Wissenschaftssystem entwickelt wird. „Weil ihre Bestimmungen nicht unter Zeitdruck entstanden sind, kann sie Denkalternativen anbieten, die andernfalls nicht in den Blick kämen" (Winkler, 1988, S. 73).

4. Theorie als Werkzeug oder als Landkarte?

Theorie-Metaphern verdeutlichen in einer bildhaften Sprache die Funktion von Theorien. Durch Rückgriff auf konkrete Erfahrungsbereiche soll die Bedeutung von Theorie für die Praxis veranschaulicht werden. Metaphern vermitteln Orientierung, da sie vorgeben, „wie wir uns fremde, unzugängliche, überkomplexe oder anderweitig der Evidenz entzogene Sachverhalte denken" (Konersmann, 2014, S. 15). In vielen Fällen sind Sachverhalte oder Begriffe mit mehreren Metaphern belegt, die unterschiedliche Bedeutungen suggerieren. Die Verwendung einer Metapher ist folgenreich, da sie eine spezifische Handlungsausrichtung nahe legt. Metaphern legen „eine Struktur der Orientierung in den Raum möglicher Handlungen" (Junge, 2010, S. 271).

Im Theoriediskurs der Sozialen Arbeit werden insbesondere zwei Metaphern verwendet, um die Bedeutung von Theorie für die Praxis zu illustrieren. Die erste Metapher stellt *Theorie als Werkzeug* dar, die zweite *Theorie als Landkarte*. Die erste Metapher wird z.B. von Herwig-Lempp (2014) sowie Autrata und Scheu

(2015, S. 233) verwendet. Herwig-Lempp (2014, S. 20) zufolge wäre ein der Profession Sozialer Arbeit angemessener Umgang mit Theorien, „sie als Werkzeug zu betrachten und sie in einer Werkzeugkiste mit sich [zu] führen, in der sich möglichst viele, darunter eine Anzahl ›kleiner, handlicher‹ Theorien befinden, unter denen man dann in konkreten Praxissituation auswählen kann" (Herwig-Lempp, 2014, S. 20). Dieses Bild von Theorie ist attraktiv, da es suggeriert, dass Theorie nur richtig benutzt werden muss, um eine höhere Wirkung in der Praxis zu entfalten. Die Metapher von Theorie als Werkzeug transportiert die Auffassung, dass Sozialarbeiter_innen Theorien so verwenden können, wie Handwerker_innen ihre Geräte benutzen, wenn sie etwas reparieren oder montieren wollen. Gerade dies ist aber irreführend, denn Theorien können nicht wie ein Hammer oder eine Säge eingesetzt werden, auch wenn Nietzsche (1984) vorgab, mit dem Hammer zu philosophieren. Das Bild ist schon deshalb unzutreffend, weil die Adressat_innen der Sozialen Arbeit eigensinnige Personen sind, die nicht wie ein kaputter Fernseher repariert werden können. Probleme der Praxis sind außerdem häufig zu diffus und komplex, um Theorien in einem instrumentellen Sinne anwenden zu können. Theoretisches Wissen wird praktisch wirksam, wenn es dazu beiträgt, dass sich Sozialarbeiterinnen und Sozialarbeiter kritisch-reflektierend mit ihrer beruflichen Praxis auseinandersetzen, um diese bewusster zu gestalten. Diese Bedeutung wissenschaftlicher Theorien wird mit der Werkzeug-Metapher aber nur unzureichend ausgedrückt.

Etwas anderes ist es, wenn die Werkzeug-Metapher auf die Theoriearbeit selbst angewendet wird und Theorien in dieser Weise als offen gegenstandskonstituierende Werkzeuge verstanden werden, die es ermöglichen, ein theoretisches Phänomen der Sozialen Arbeit beschreibend zu entwerfen. Dieses Theorieverständnis sehen Sascha Neumann und Philipp Sandermann (2018) als Alternative zu an prominenter Stelle formulierten Anforderungen, welche Theorien darauf festzulegen trachten, sich mit den „Aufgaben" (Füssenhäuser, Thiersch, 2011, 1635) zu beschäftigen, „die der Sozialen Arbeit gestellt sind" (ebd.). Zugleich ist ihnen zu eigen, alle Antworten in die eigene Theoriebildung zu integrieren, die auf die in diesem Zusammenhang aufgeworfenen Fragen bisher gegeben wurden (Rauschenbach, Züchner, 2012). Theorien als offen gegenstandskonstituierende Werkzeuge stellen für sie so auch eine Alternative sowohl zu Theorien dar, die ein Idealbild einer Profession Sozialer Arbeit „in der Praxis", wie auch ein Idealbild einer dieser „Praxis" wissensmäßig überlegenen, eigenen Disziplin zu entwerfen trachten.

Diese wissensmäßige Überlegenheit von Theorie, die auch in der Metapher, Theorie sei für die Praxis ein Werkzeug, mitschwingt, spielt in der von Michael Winkler (1988) zur Verdeutlichung der Funktion von Theorie für die Praxis verwendeten Analogie, wonach Theorie wie eine Landkarte sei, keine Rolle:

> „Eine Landkarte gibt uns eine Vorstellung von dem Gebiet, in welchem wir uns bewegen; sie zeigt uns – sofern wir imstande sind, sie richtig zu lesen – Höhenzüge, Hindernisse, Wege und Ortschaften an, befreit uns aber nicht von der Entscheidung darüber, welche Route wir schließlich wählen können (…). Die Eigentümlichkeiten der Straße, die Details der Landschaft,

schließlich die Sinnlichkeit einer Reise müssen wir (...) selbst erfahren" (Winkler, 1988, S. 87).

Gegenüber der Werkzeug-Metapher hat die Landkarten-Metapher den Vorteil, dass die orientierende Funktion wissenschaftlicher Theorien stärker betont wird. Mit dieser Metapher sind mehrere Bedeutungsdimensionen verbunden (auch Hamburger, 2008, S. 100f.):

- Die erste und wichtigste Dimension ist, dass Landkarten Orientierung vermitteln. Im unübersichtlichen Gelände geben Sie Anhaltspunkte und zeigen mögliche Wege auf. Übertragen auf die Bedeutung von Theorie für die Praxis bedeutet dieser Aspekt: „Indem sie (...) dem Einzelnen sachliche Orientierung und Überzeugung vermittelt, gewährt sie ihm die psychische Sicherheit, die er in der Unbestimmtheit seiner Handlungssituation benötigt" (Winkler, 1988, S. 83).
- Eine Landkarte gibt Orientierung und Sicherheit, schreibt aber nicht vor, welcher Weg gewählt werden muss. Es ist also nicht festgeschrieben, welche Denkrichtung ein/e Sozialarbeiter_in einschlägt. Anders ausgedrückt: „Das sozialpädagogische Denken kann ihm nicht abgenommen werden" (Winkler, 1988, S. 85).
- Manche verzichten ganz auf orientierende Landkarten und sind der Auffassung, dass Erfahrung und Intuition irgendwie schon ausreichen, um ans Ziel zu kommen. Die Gefahr ist dann aber groß, sich zu verirren. Der Leser bzw. die Leserin einer Landkarte denkt hingegen über den Weg nach und setzt sich mit verschiedenen Optionen auseinander. Das Subjekt geht also *bewusst* einen bestimmten Weg, mit der Hoffnung, möglichst schnell und sicher ans Ziel zu kommen. Dabei muss es auch seine Ressourcen, die körperliche Kondition, die Wetterbedingungen usw. bedenken. Manchmal kann es durchaus sinnvoll sein, Abkürzungen oder Umwege zu gehen. Das hängt letztendlich von den Zielen, Intentionen und Möglichkeiten des Subjektes ab. Auf die Funktion von Theorien übertragen, zielt diese Bedeutungsdimension darauf ab, dass Theorie ein „Mittel der Selbstreflexion" ist, das den praktisch Tätigen „zu einer ›bewußteren‹ Praxis (verhilft)" (Winkler, 1988, S. 73).
- Darüber hinaus besteht ein großer Unterschied zwischen dem Lesen einer Landkarte und den konkreten Erfahrungen, die ein Wanderer oder eine Radfahrerin auf dem Weg machen. Bourdieu (1979, S. 142) erinnert an die Schwierigkeiten, die es bereitet, entsprechende Wege auf einer Karte oder einem Plan zu suchen, solange nicht die an den eigenen Körper gebundenen Achsen des Rechts und Links sowie Vorne und Hinten mit den Achsen des virtuellen Feldes der Karte zur Deckung gebracht sind. Übertragen auf das Theorie-Praxis-Verhältnis meint dieser Sachverhalt, dass Theorie als „abstrahierendes Weltbild (...) uns nur auf Dinge hinweisen (kann); aber ihre Realität müssen wir doch je konkret aufspüren und erfassen" (Winkler, 1988, S. 88).
- Landkarten ermöglichen nicht zuletzt eine individuelle Ortsbestimmung. Der Wanderer und die Radfahrerin wissen, wo sie herkommen, wo sie sich gerade befinden und wo sie hinwollen. Nach Negt und Kluge (1982, S. 482) haben auch Theorien diese Funktion: „Menschen haben ein eigentümliches Bedürfnis,

sich innerhalb der Natur, der Geschichte und der Gesellschaft zu lokalisieren, eine Ortsbestimmung ihres Lebenszusammenhangs vorzunehmen". In modernen Gesellschaften, in denen traditionale Sinninstanzen (z.B. Kirchen, Stände) mit ihren verbindlichen Vorgaben für die Lebensführung erodieren, wächst der Zwang zur Selbstverortung. Vor diesem Hintergrund helfen Theorien den Sozialarbeiter_innen dabei, eine ethische, politische und soziale Ortsbestimmung mit Blick auf Vergangenheit, Gegenwart und Zukunft vorzunehmen.

Zusammenfassend hebt die Landkarten-Metapher also auf die „in verantwortlichem Handeln zu verwirklichende Orientierung" ab und weist gleichzeitig darauf hin, dass der bzw. die Einzelne „als ein wissendes Subjekt gefordert (ist), das doch selbst entscheiden muß" (Winkler 1988, S. 51). Damit veranschaulicht diese Metapher unseres Erachtens durchaus treffend die Bedeutung von Theorie für die Praxis, indem sie die Autonomie der praktisch Tätigen unterstreicht.

Andererseits ist das Bild auch trügerisch, denn gerade für Studienanfänger_innen hat Theorie oftmals eher den Charakter eines „labyrinthischen Baus" (Soentgen, 1992) als einer orientierenden Landkarte. Autrata und Scheu (2015, S. 224) sprechen vor diesem Hintergrund „von einem schwer zu durchdringenden Dickicht" des gegenwärtigen Theoriediskurses. Die vorliegende Publikation will Studierende dabei unterstützen, Schneisen ins Dickicht der Theorie zu schlagen. Die Beschäftigung mit den unterschiedlichen Theoriepositionen kostet Zeit und ist mitunter auch anstrengend, aber sie ist notwendig und lohnt sich: Theorien geben in der Regel keine direkten Handlungsanweisungen, aber sie vermitteln Orientierung und helfen, die Praxis bewusster zu gestalten. Damit sind sie für professionelles Handeln in der Sozialen Arbeit unverzichtbar.

Reflexionsfragen:

- Was unterscheidet eine wissenschaftliche Theorie von den Theorien, die in der Praxis selbst gebildet werden?
- In welchem Verhältnis stehen Theorie und Empirie zueinander?
- Welche Funktion kann Theorie für die Praxis haben?

Grundlagenliteratur

Autrata, O., Scheu, B. (2015): *Theorie Sozialer Arbeit verstehen. Ein Vademecum.* Wiesbaden: VS.
Dewe, B., Ferchhoff, W., Scherr, A., Stüwe, G. (2011): *Professionelles soziales Handeln. Soziale Arbeit im Spannungsfeld zwischen Theorie und Praxis* (4. Aufl.). Weinheim u.a.: Juventa.
Füssenhäuser, C. (2011): Theoriekonstruktion und Positionen der Sozialen Arbeit. In: Otto, H.U., Thiersch, H. (Hg.): *Handbuch Soziale Arbeit. Grundlagen der Sozialarbeit und Sozialpädagogik.* München u.a.: Reinhardt, S. 1646–1660.
Füssenhäuser, C., Thiersch, H. (2011): Theorie und Theoriegeschichte Sozialer Arbeit. In: Otto, H.U., Thiersch, H. (Hg.): *Handbuch Soziale Arbeit. Grundlagen der Sozialarbeit und Sozialpädagogik.* München u.a.: Reinhardt, S. 1632–1645.
Hamburger, F. (2008): *Einführung in die Sozialpädagogik,* Stuttgart: Kohlhammer.
May, M. (2008): *Aktuelle Theoriediskurse Sozialer Arbeit. Eine Einführung.* Wiesbaden: VS.

Rauschenbach, T., Züchner, I. (2012): Theorie der Sozialen Arbeit. In: Thole, W. (2012): *Grundriss Soziale Arbeit*. Wiesbaden: VS, S. 151–173.

Weiterführende Literatur

Altrichter, H., Kannonier-Finster, W., Ziegler, M. (2005): Das Theorie-Praxis-Verhältnis in den Sozialwissenschaften im Kontext professionellen Handelns. *Österreichische Zeitschrift für Soziologie*, 30. Jg., H. 1, S. 22–43.

Bourdieu, P. (1979): *Entwurf einer Theorie der Praxis auf der ethnologischen Grundlage der kabylischen Gesellschaft*. Frankfurt a.M.: Suhrkamp.

Dörr, M., Müller, B. (2005): „Emotionale Wahrnehmung" und „Begriffene Angst". Anmerkungen zu vergessenen Aspekten sozialpädagogischer Professionalität und Forschung. In: Schweppe, C., Thole, W. (Hg.): *Sozialpädagogik als forschende Disziplin. Theorie, Methode, Empirie*. Weinheim, München: Juventa, S. 233–254.

Geddes, H. (2009): Bindung, Verhalten und Lernen. In: Brisch, K.-H. (Hg.): *Wege zu sicheren Bindungen in Familie und Gesellschaft. Prävention, Begleitung, Beratung und Psychotherapie*. Stuttgart: Klett-Cotta, S. 170–186.

Grossmann, K.E., Grossmann, K. (Hg.) (2009): *Bindung und menschliche Entwicklung. John Bowlby, Mary Ainsworth und die Grundlagen der Bindungstheorie*. Stuttgart: Klett-Cotta.

Herwig-Lempp, J. (2014): Der Unterschied zwischen Theorie und Praxis ist in der Praxis größer als in der Theorie. *Corax – Fachmagazin für Kinder- und Jugendarbeit in Sachsen*, H. 4, S. 20–23.

Joas, H., Knöbl, W. (2004): *Sozialtheorie. Zwanzig einführende Vorlesungen*. Frankfurt a.M.: Suhrkamp.

Julius, H. (2009): Bindungsgeleitete Interventionen in der schulischen Erziehungshilfe. In: Julius, H., Gasteiger-Klicpera, B., Kißgen, R. (Hg.): *Bindung im Kindesalter. Diagnostik und Interventionen*. Göttingen u.a.: Hogrefe, S. 293–315.

Junge, M. (2010): Der soziale Gebrauch der Metaphern. In: Junge, M. (Hg.): *Metaphern in Wissenskulturen*. Wiesbaden: VS, S. 265–279.

Keller, R. (2012): *Das interpretative Paradigma. Eine Einführung*. Wiesbaden: VS.

Konersmann, R. (2014): Vorwort: Figuratives Wissen. In: Konersmann, R. (Hg.): *Wörterbuch der philosophischen Metaphern*. (3., erw. Aufl.). Darmstadt: WBG, S. 7–20.

Müller, B. (2012): *Sozialpädagogisches Können. Eine Einführung in die multiperspektivische Fallarbeit* (7., überarb. und erw. Aufl.). Freiburg i.Br.: Lambertus.

Negt, O., Kluge (1982): *Geschichte und Eigensinn* (5. Auflage). Frankfurt a.M.: Zweitausendeins.

Nietzsche, F. (1984): *Götzen-Dämmerung oder Wie man mit dem Hammer philosophiert*. Frankfurt a.M.: Insel.

Rauschenbach, T., Thiersch, H. (1984): Sozialpädagogik/Sozialarbeit: Theorie und Entwicklung. In: Eyferth, H., Otto, H.U., Thiersch, H. (Hg.): Handbuch Sozialarbeit/Sozialpädagogik. Neuwied: Luchterhand, S. 984–1016.

Sandermann, Ph., Neumann, S. (2018): Normativität(en) im Spannungsfeld von Theorieproduktion und Theorieklassifikation in der Sozialen Arbeit. In: Krieger, W./Kraus, B. (Hg.): *Normativität und Wissenschaftlichkeit in der Wissenschaft Soziale Arbeit. Zur Kritik normativer Dimensionen in Theorie, Wissenschaft und Praxis der Sozialen Arbeit*. Weinheim und Basel: Beltz Juventa.

Soentgen, J. (1992): Der Bau. Betrachtungen zu einer Metapher der Luhmannschen Systemtheorie. *Zeitschrift für Soziologie*, 21. Jg., H. 6, S. 456–466.

Thiesen, P. (2011): *Das Montagsbuch. Spiele und Ideen gegen das Montagssyndrom in Kindergarten und Grundschule*. Weinheim und Basel: Beltz.

Thomas, W.I. (1965): *Person und Sozialverhalten*. Neuwied: Luchterhand.

Trost, A. (Hg.) (2014): *Bindungsorientierung in der Sozialen Arbeit. Grundlagen – Forschungsergebnisse – Anwendungsbereiche*. Dortmund: borgmann.

Winkler, M. (1988): *Eine Theorie der Sozialpädagogik*. Stuttgart: Klett-Cotta.
Winkler, M. (2005): Sozialpädagogische Forschung und Theorie – ein Kommentar. In: Schweppe, C., Thole, W. (Hg.): *Sozialpädagogik als forschende Disziplin. Theorie, Methode, Empirie*. Weinheim/München: Juventa, S. 15–34.

Stationen der Diskussion: Eine historisch-systematische Betrachtung der Vielfalt und Wandelbarkeit von Theorien der Sozialen Arbeit

Michael Winkler

> **Zusammenfassung:**
> Der Beitrag diskutiert zunächst die Bedeutung von Theorien für und in der Sozialen Arbeit sowie ihr Verhältnis zu deren Praxis. Vor dem Hintergrund einer kritischen methodologischen Reflexion von Kernproblemen einer wissenschaftstheoretischen und historiographischen Auseinandersetzung mit theoretischen und konzeptionellen Ansätzen der Vergangenheit, skizziert er in fünf Stationen Momente eines Spannungsbogens theoretischer Vergewisserung ausgehend von einer Sozialpädagogik, die das Verhältnis von Gesellschaft und Subjekt als ein pädagogisches Problem begreift, hin zu einer Sozialen Arbeit, die in ihrer Theorie sich diesem Problem verweigert, um stattdessen den Horizont der Aufgaben und Entwicklung ihrer Praxis im Kontext gesellschaftlicher Modernisierung auszuleuchten und darüber zu Konturen einer eigenen sozialpolitischen Begründung zu gelangen.

1. Theorien

Theorien provozieren. Sie rufen Affekte hervor, lösen erstauntes Kopfnicken und ehrfurchtsvolle Ablehnung hervor. Die Verteidiger melden sich, wenn die Anklage lautet: Theorien taugen nichts für das wirkliche Leben – nichts für die Praxis, wie der dann selbst unklare Gegenbegriff lautet. Praxis scheint heilig – mit Verlaub: Es gibt vermutlich kaum einen Begriff innerhalb der fachlichen Debatten, der noch bedeutungsvoller klingt, abstrakter und eben theoretischer. Schon Hegel mahnte: Wer allzu schnell Praxis für sich reklamiere, gegenüber der vorgeblich abstrakten Theorie, die doch nur das Allgemeine kenne, verkenne schlicht, wie Praxis erst als verstandene und begriffene, mithin umfassend theoretisch erfasst in Geltung gebracht werden könne. Daten und Befunde unterscheiden sich so lange nicht von bloßer Meinung, haben mit Erkenntnis nichts zu tun, solange sie nicht in einem begründeten Zusammenhang reflexiv erfasst sind, der zugleich Möglichkeits- und Entwicklungshorizonte aufzeigt.

Theorien lassen verstehen, sie ordnen die Welt, wenn sie gut sind, mit historischer Perspektive, in aller Komplexität und ohne Preisgabe von Dialektik und Widersprüchen. Sie zeigen Handlungsräume auf, machen sichtbar, was Sache ist. Das gilt allzumal für Handlungen, die bestimmte sind und sein sollen, gleichwohl keine Evidenz haben. Mit solchen hat die Soziale Arbeit zu tun: Helfen, Erziehen, Bewältigung von Krisen und Organisation von Lebenszusammenhängen, Ermöglichung von Entwicklungsprozessen – all dies macht den Kern des professionellen Handelns aus, kann aber kaum mit Evidenz gezeigt werden. Es geht um sinnhaftes Handeln, das in seinen Bedingungen und strukturellen Möglichkeiten gewusst sein muss, um dann als eigene Praxis in ihrem (Handlungs-)Sinn und zugleich ethisch realisiert zu werden.

Ohne Theorie gelingt das nur zufällig. Dennoch lässt sich der Vorbehalt gegenüber der Theorie nicht ausrotten. In der Debatte um Soziale Arbeit steht sogar ganz vorne, die Praxis sei aller Theorie überlegen. Erfahrung zählt, wie problematisch das in der Gegenwart erscheinen mag und muss. In Profession wie Disziplin macht sich nämlich eine Tendenz breit, den Blick auf Aufgaben und Handlungsfelder nicht bloß praktisch, sondern technisch zu kanalisieren, indem operationalisierte Vorstellungen und Handlungsformen favorisiert werden, die evidenzbasiert seien. Damit wurden selbst noch jene Vorstellungen überholt, die eine Ausbildung eher im Meister-Verhältnis und handwerklich verstanden haben. Die wissenschaftliche Debatte fordert entsprechend gerne Theorien mittlerer Reichweite, ohne so recht zu erklären, worum es nun dabei geht. In jedem Fall ist der Widerstand gegen Theorie sogar noch gewachsen: Sie sei welt- und wirklichkeitsfremd, bloßes Nachdenken.

Das stimmt sogar: Theorie ist Nach-Denken. Sie kommt hinterher, folgt dem Geschehen. Vorab geht also mit Theorie nicht so viel, hinterher wird man klüger. Das könnte sogar den Affekt gegenüber der Theorie mildern. Sie hat weder etwas mit – pardon – Klugscheißern zu tun, noch darf sie normativ verstanden werden, als Anleitung. Dass heute dennoch an allen Ecken und Enden Experten beschworen werden, steht zu dem freilich in Widerspruch. Es scheint, dass einfache Normativität durchaus goutiert werden kann. Die schlechte und ärgerliche Theorie ist so weit verbreitet, dass man sich tatsächlich selbst dem Gemeinspruch anschließen möchte; zumal ein normatives Denken ebenfalls nottut, nicht zuletzt, um den ebenfalls kurzschlüssigen Vorstellungen zu begegnen, die von Sozialer Arbeit etwa die Rettung der Menschheit, wenigstens aber die Wahrung der Gerechtigkeit sich erhoffen. Ob das aber gelingen kann – nun, das ist durchaus eine Frage, auf welche Theorie Antworten suchen muss.

Was heißt das nun für die Theorie in der Sozialen Arbeit? Zum einen ist schon deutlich geworden, dass die Theorie zwar reflexiv entsteht, als Verständnis und Begreifen einer – vollzogenen – Handlungswirklichkeit, die so aber – künftig – eine bestimmte und insofern dann strukturierte wird. Theorie zeigt auf, welcher Handlungssinn möglich ist, welche Aufgaben sich stellen, wie das Handlungsfeld zu gestalten ist. So gesehen hat Theorie eine nachgehend-vorgängige Funktion. Die Akteure vergewissern sich ihrer Bedingungen und Möglichkeiten, suchen, das Geschehen zu begreifen, um es dann wiederum als Perspektive und Horizont für ihr künftiges Handeln zu fassen. Theorien stützen sich auf Wissen und Einsicht, sie unterscheiden sich von Alltagsvorstellungen, sind aber zugleich kritisch und produktiv. Das macht zum anderen aufmerksam darauf, dass die Akteure selbst doch als Entdecker und Erkennende in einer Praxis unterwegs sind, die sie im Möglichkeitsraum ausgestalten, welche die Theorie gibt, zugleich aber doch neu und experimentell schaffen.

Um das – so viel Paradoxie muss erlaubt sein – an einer Figur abstrakt zu konkretisieren, die für die Sozialpädagogik maßgebend war: Seit ihrer begrifflichen Fassung begreift diese ihr Handlungsfeld aus der Spannung zwischen Gesellschaft und (nicht nur: individueller) Subjektivität. Sie weiß um die Gesellschaftlichkeit des Subjekts sowie darum, dass erst die moderne Form von Gesellschaft überhaupt eine gleichsam soziale Kategorie der individuellen Subjektivität ermöglicht hat, eine Kategorie, die doppeldeutig bleibt. Sie schwankt zwischen Unterwerfung, Sozialisation und Emanzipation, die auf Autonomie gerichtet ist. Nicht genug damit: Für die Sozialpädagogik wird wichtig, dass und wie das Subjekt zwar nur in seiner Gesellschaftlichkeit zu denken ist, sich aber noch gegen diese selbst ermächtigt und dennoch in der gesellschaftlichen Praxis selbst beschädigt, sogar zerstört werden kann. Dies bleibt ein grundlegendes Motiv, bestimmt die Handlungsstruktur – und zwar positiv wie kritisch: Positiv, weil die Einsicht in die Subjektivität bedeutet, dass noch im Handeln selbst diese wahrzunehmen ist, kritisch, weil Beschädigungen der Subjektivität durch das sozialpädagogische Handeln dem Sinn der Praxis zuwiderlaufen. Dass und wie sie dennoch passieren, macht die immer wieder aufgezeigte Dialektik einer Sozialen Arbeit aus. Sie agiert dann meist als „rechte Hand" des Staates, wie Pierre Bourdieu das in seinem Buch „Gegenfeuer" formuliert hat: Sie ist dann kein fortschrittliches Projekt mehr, sondern nur noch Teil des Herrschaftsapparats.

Ein zweites Motiv aber verschwindet wohl, zumindest als explizites Moment der Theorie: Dass das Geschehen ein pädagogisches sei, mit Erziehung verbunden, wird suspendiert. Während noch bis zur Mitte des 20. Jahrhunderts bei aller Kritik an dem, was als „Schwarze Pädagogik" bezeichnet wurde, Erziehung sowohl als unvermeidlich galt wie zugleich doch mit einer Perspektive auf Mündigkeit verbunden war, hat ein vorgeblich auf Befreiung und Individualisierung gerichtetes Denken Pädagogik abgeschafft. Dass nur noch von *Sozialer Arbeit* gesprochen wird, ist symptomatisch, wobei kaum einer die bittere Ironie sieht, dass der Begriff der Arbeit ebenfalls als kontaminiert gelten könnte. Um mehr als kapitalistische Lohnarbeit geht es da bekanntlich nicht. Dennoch hat die Soziale Arbeit dieses Motiv ins Zentrum gestellt, in ihrem erklärten Selbstverständnis und im inhaltlichen Verständnis ihrer Aufgaben. Sie schließt darin an eine Sozialpolitik an, die vorrangig den Arbeitsmarkt thematisiert, ohne zu merken, wie dieser kapitalistisch formiert ist. Fragen einer Erziehung in und zur Mündigkeit beschäftigen hier nicht, das Thema ist aufgegeben, obwohl sich kaum übersehen lässt, wie die sozialpolitische Ausrichtung selbst schon wiederum eine geradezu staatspädagogische Implikation hat. Menschen sollen zu etwas bewegt werden, um sich selbst auf eine Gesellschaft einzustellen, die sie aber nicht mehr infrage stellen können. Soziale Arbeit wird so zu einer Erziehungsstrategie, die aber als Pädagogik nicht mehr zu erkennen und zu kritisieren ist.

Der Weg von der Sozialpädagogik, die das Verhältnis von Gesellschaft und Subjekt als ein pädagogisches Problem begreift, hin zu einer Sozialen Arbeit, die in ihrer Theorie sich diesem Problem verweigert, markiert den Spannungsbogen, auf dem die fünf Stationen theoretischer Vergewisserung eingetragen sind, um die es im Folgenden geht. Mehr als ein Vorschlag und Denkanstoß kann das nicht sein, denn auch das gilt: Die Theoriegeschichte der Sozialen Arbeit lässt sich ganz gewiss unterschiedlich schreiben.

Michael Winkler

2. Eine methodische Zwischenbemerkung

Von Stationen zu sprechen, wirft selbst einige theoretische Fragen auf, die sehr grundsätzlich das Verständnis von Wissenschaft und ihrer Entwicklung berühren:

Ein erstes Kernproblem liegt darin, ob und wieweit die Zeitgenossen und realen Akteure Ereignisse und Entwicklungen als entscheidend wahrgenommen haben. Erst recht den Historikern erscheinen jene heute als zentral, die mit einem eher systematischen Blick rekonstruieren, was als gegenständlich entscheidend erscheint – zumal sich dies wiederum selbst im Laufe der Geschichte verändern kann. Wissenschaftstheoretisch und historiografisch kann man über den Zugang streiten, der etwa in der Geisteswissenschaftlichen Pädagogik als historisch-systematisch bezeichnet wurde: So wurden manche zu Lebzeiten gar nicht recht diskutiert, die heute als Klassiker gelten. Theoriedebatten waren und blieben beispielsweise um 1800 randständig, während Beiträge zur Schulpädagogik das Fachgespräch bestimmten. In der Retrospektive wird also manche Bedeutsamkeit erschlichen, vielleicht auch weil die mit der Geschichte entstandene Patina legitimiert, was einst gesagt worden ist. Umgekehrt gilt freilich auch, dass in der Sache und somit als Problembefund oder gegenständliches Urteil dann eben doch zutreffen kann, was dereinst geschrieben wurde. Um vorzugreifen: Natorp (1974) wirft die Frage nach einer Erziehung des Willens durch die Gemeinschaft auf, weil ihm Kants individualisierender Ansatz unzureichend erscheint. Er bewegt sich also eher in einer moralphilosophischen Debatte, die wenig mit den drängenden Aufgaben der Sozialen Arbeit zu tun hat. Aber nüchtern betrachtet stellt er sich einer Frage nach der moralischen Handlungsfähigkeit von Subjekten unter den Bedingungen moderner Gesellschaften. Sie könnte als Herausforderung für die aktuelle Theoriebildung gelesen werden.

Das verweist auf ein zweites Kernproblem: Historische Konstellationen, erst recht historische Texte müssen übersetzt werden. Sie werden so in eine andere Sprache gebracht und in einen Verstehenshorizont gestellt, der durch die Gegenwart bestimmt ist. Ob das zulässig ist, darüber lässt sich streiten. Historiker melden hier allemal Widerstand an. Ganz abgesehen davon, dass zuweilen das Wissen um die realen Bedingungen der jeweiligen Entstehungszeit fehlt, dass zudem historische Entwicklungen gewissermaßen überbewertet werden, weil sie heute als wirkmächtig erscheinen, müssen nicht nur die Diskurse und vor allem die Denkmöglichkeiten aus der historischen Retrospektive in Betracht gezogen werden. Dem Thüringer Pfarrerssohn Friedrich Fröbel wird oftmals vorgeworfen, er sei geradezu unerträglich fromm gewesen. Tatsächlich lässt sich aber sein Gottverständnis übersetzen, nämlich als eine radikale Theorie der Subjektivität, die in der Tradition der Aufklärung steht: Gott ist in uns allen, deshalb können wir erkennen und frei handeln – und die Pädagogik hat eben darauf zu achten, dass sie eben diese Göttlichkeit wahrt, also das Erkenntnisvermögen und die Freiheit. Man könnte einwenden, eine solche Übersetzung sei arg weit hergeholt. Belege aber finden sich dann doch in vielen Texten Fröbels, wenn man sie nur sucht. Oder anders formuliert: Die Lektüre historischer Texte tut diesen stets ein wenig Gewalt an, wenn sie diese als systematische Beiträge für ein Gespräch in der Gegenwart aufnimmt. Einen Ausweg eröffnet, sie als Momente in einem fortschreitenden Erkenntnisvorgang zu fassen. Dann können sie nämlich auch als schlicht falsch begriffen werden.

Dabei sind wenigstens drei Möglichkeiten zu denken: In der einen wird diese Entwicklung als ein mehr oder weniger kontinuierliches Geschehen gesehen, vergleichbar einem Zug, der dann an Stationen anhält, an welchen Ideen gleichsam aus- oder einsteigen. Optimistischer wird das sogar als *Fortschritt im Wissen wie in der Entwicklung der Methoden oder wenigstens des Handlungsbewusstseins* gesehen. Die Idee lautet: Wir wissen mehr und besser, wir gewinnen Gewissheit und werden klüger – wobei selbst Anhänger dieser Theorie des kumulativen Fortschritts von Wissen einen energischen Vorbehalt gemacht haben: Mit dem Zuwachs an Wissen geht einher, so der Einwand, dass die Menschheit zugleich begreifen muss, immer weniger zu wissen. Wer jedenfalls dieser Vorstellung folgt, unterstellt einen sachlichen und reflexiven Kern, ein Grundverständnis Sozialer Arbeit, das fortschreitet und sich entfaltet, selbst dann, wenn sich die gesellschaftlichen Verhältnisse, die Problem- und Aufgabenstellungen verändern. Die andere Möglichkeit geht von Diskontinuitäten aus, die sich innerhalb von ganzen Bereichen ergeben, für die Wissen etabliert wird. Thomas Kuhn (1976) spricht von den Paradigmen, in welchen sich Wissenschaft entwickelt. Gemeint sind damit Wahrnehmungs- und Denkmuster, also auch Cluster von Theorien, die einander weniger folgen, sondern Zugänge und Vorstellungen ablösen, ohne dass diese als widerlegt gelten müssen. Wissenschaft wird dabei als Machtzusammenhang verstanden, weniger als Bemühen um objektive Erkenntnis. Nicht nur Kuhn erinnert daran, dass insbesondere das Prüfungswesen darauf gerichtet sei, Anhänger zu rekrutieren, als Wahrheit zu sichern.

Schon Schleiermacher hat beispielsweise für die Pädagogik darauf hingewiesen, dass es keine für alle Zeiten geben könne. Dabei hat er doch zugleich eine Theorie der Erziehung entwickelt, die zumindest in entscheidenden Punkten zwar nicht anthropologisch argumentiert. Sie verweist aber auf Strukturen, die mit der spezifisch menschlichen Existenz gegeben seien, so etwa das Generationenverhältnis als Rahmung von Erziehung. So gesehen spricht einiges dafür, ein wenig kompromisshaft beides anzunehmen: *Es gibt eine Kontinuität* spezifischer Problemstellungen. *Doch die Antworten* auf sie, mithin die Formen der Kritik der Verhältnisse sowie die praktischen Lösungen *variieren* – abhängig von objektiven sozialen Konstellationen wie zugleich auch von jenen der Deutung.

Zwei Vorentscheidungen sind vor diesem Hintergrund getroffen worden: Zum einen richtet sich die Aufmerksamkeit auf Stationen in der Entwicklung der Sozialen Arbeit, in welchen diese systematisch mit Problemstellungen verbunden war, die als solche der Pädagogik gelesen werden können. Es geht um die Debatten, die – in einem weiten Sinne des Ausdrucks – mit Sozialpädagogik zu tun hatten und haben bzw. zuletzt eben diesen Bezug auf pädagogische Perspektiven tendenziell preisgeben. Dies durchaus in der Paradoxie, dass zugleich doch die Behauptung eine Rolle spielt, Bildungspolitik – was auch immer dieser Ausdruck besagt – sei als die bessere Sozialpolitik anzusehen. Die zweite Vorentscheidung gilt für Stationen, die für die Theoriebildung relevant geworden sind, genauer: selbst mit Impulsen der systematisierten Reflexion zu tun haben, wobei ideelle oder auch ideologische Kontinuitäten vernachlässigt werden, die im Hintergrund Soziale Arbeit sehr wohl bestimmt haben und bestimmen.

Hinzu kommt: Theorien entstehen nicht im luftleeren Raum. Sie haben zwar mit den – im weitesten Sinne – akademischen Auseinandersetzungen, mithin vorrangig mit dem Wissenschaftssystem zu tun – wenngleich sich dieses doch insoweit verändert hat. Dieses ist in einem Zusammenhang mit Politik und Öffentlichkeit, insbesondere Medien verknüpft, wie niemals zuvor. Andererseits stehen im Hintergrund der für die Theoriebildung wichtigen Stationen massive gesellschaftliche Konflikte, die sich dann in den Debatten und Reflexionen fast unmittelbar niederschlagen. Theorien bezeugen also soziale Kämpfe, aber sie tun dies auf komplizierte Weise. In ihnen spielen selbst noch Kontroversen eine Rolle, die mit Machtansprüchen und Statusauseinandersetzungen innerhalb von Disziplinen und erst recht in den Professionen sowie zwischen diesen zu tun haben. Theorien gehen mit hegemonialen Vorstellungen einher.

3. Fünf Stationen

Vor diesem Hintergrund kann man der hier getroffenen Auswahl von fünf Stationen eine gewisse Willkürlichkeit kaum absprechen. Dies nicht nur wegen der angesprochenen Verengungen auf die Auseinandersetzung mit dem Thema Pädagogik, sondern vor allem angesichts des sehr heiklen Versuchs, eine gegenwartsgeschichtliche Überlegung anzustellen.

3.1 Die Einführung des Begriffs Sozialpädagogik

Die Einführung des Begriffs der Sozialpädagogik stellt eine zumindest begriffsgeschichtlich zu identifizierende Zäsur dar. Vorgeschichten lassen sich denken, theoretische Figuren, die sich als solche der Sozialpädagogik bezeichnen lassen und sogar als Referenz benutzt werden, finden sich schon in der Antike, ganz besonders im alten Judentum. Etwas zugespitzt formuliert: Viele denken sozialpädagogisch, doch fehlt ihnen noch der rechte Begriff, vor allem das Wort. Insofern kann man auch noch nicht von einer eigenen Theorie sprechen, wohl aber von einer *Theorie für die Sozialpädagogik*.

Der Begriff der Sozialpädagogik tritt wohl erstmals um 1844 oder 1845 auf (zur Begriffsgeschichte Kronen, 1980). Der Herbartianer Karl Mager verwendet ihn in der „Pädagogischen Revue", um so ein wissenschaftliches wie praktisches Programm zu entwerfen, das er als „relative" Pädagogik bezeichnet. Es richtet sich gegen die Tendenzen einer individualistischen Pädagogik, die Erziehung vor allem als ein Geschehen zwischen Erzieher und Zögling fasst. Ironischerweise nimmt er damit Überlegungen auf, wie sie Schleiermacher in seinen Vorlesungen über die Erziehungskunst entwickelt hat. Bezüge lassen sich nicht minder zu Hegel herstellen. Mager meint mit relativer Pädagogik eine Theorie, die sich der Bedingungen von Erziehung vergewissert, die er als geschichtliche und gesellschaftliche versteht. Zugleich richtet er den Fokus der Aufmerksamkeit auf das Erziehungsgeschehen zwischen dem Einzelnen und den sozialen Organisationsformen. „Sozialpädagogik meint also das Ganze der wirklichen Pädagogik oder: alle realisierte Pädagogik ist ›Socialpädagogik‹" (Kronen, 1980, S. 61f.). Neben eine philosophisch begründete, das Grundlegende und Allgemeine fassende Theorie der Pädagogik stellt er eine konkrete Pädagogik, die der erlebten und erfahrenen Wirklichkeit näherkommt.

In der Begriffsgeschichte folgt wenig später Friedrich Adolph Diesterweg: Schon 1844 hatte er von den „sozialen Pädagogen" gesprochen. 1850 überschreibt er mit dem Ausdruck Sozialpädagogik in der vierten Auflage seines „Wegweisers zur Bildung für deutsche Lehrer" eine Literaturkategorie, die er als verpflichtend für künftige Volksschullehrer ansieht. Bei den „Schriften zur Social-Pädagogik" geht es ihm um „Die Lebensfrage der Zivilisation". Er führt Werke auf, die sich mit einem weiten Spektrum der sozialen Frage beschäftigen. Deutlich ist: Die gesellschaftlichen Verhältnisse führen dazu, dass Menschen nicht einmal das Minimum an Sozialität erfahren können, das sie zum Überleben brauchen. Der Kapitalismus und die industrielle Produktion verhindern die Humanität, die doch eben noch versprochen war. Gewiss ist das eine Frage der politischen Veränderung. Aber diese erfordert zugleich, dass die Menschen ein Bewusstsein ihrer Lage gewinnen: Dass sie vor allem auch Handlungsweisen entwickeln können, durch die sie überhaupt in den Rang eines Subjekts gebracht werden, das auf dem möglichen zivilisatorischen Niveau zu handeln vermag. Hier findet die Pädagogik ihre Aufgabe – gleichrangig mit dem politischen Handeln.

Warum wird das Thema brisant, warum muss ein eigener Begriff eingeführt werden? Mager wie Diesterweg versuchen, das pädagogische Problem unter den Bedingungen einer neuen, modernen Gesellschaft zu fassen, wie es sich seit der Aufklärung und Französischen Revolution ideologisch abzeichnet. Des Weiteren wie es faktisch in Industrialisierung und kapitalistischen Verhältnissen seinen Ausdruck findet. Ihnen wird klar, dass Konzepte nicht reichen, die Pädagogik allein im Erzieher-Zögling-Verhältnis fassen. Damit erfinden sie übrigens nicht unbedingt die Theorie neu, sie geben ihr nur einen eigenen Namen. Schon Philosophen wie Kant und Fichte, erst recht Schleiermacher und Hegel, nicht zuletzt Fröbel hatten schon begriffen, dass Erziehung nur mit Bezug auf eine real bestehende Gesellschaft konkret und praktisch bestimmt werden kann. Heute erscheint das trivial, weil Erziehungswissenschaft als Sozialwissenschaft begründet und ausbuchstabiert wird. Wer über Erziehung spricht, rechnet mit Gesellschaft, sogar in einem solchen Maße, dass Erziehung nahezu ausschließlich als sozialer Sachverhalt verstanden wird. Zu Beginn des 19. Jahrhunderts dachte man übrigens – zu Recht – komplizierter. Man ging davon aus, mit Natur zu tun zu haben, mit Biologie und Entwicklungsvorgängen; Pestalozzi war noch einen Schritt weiter gegangen. Für ihn wurde Natur selbst noch modifiziert, Erziehung zeigte sich als Arbeit an der Natur des Menschen, die durch Gesellschaft und die Menschen selbst bewirkt wurde. Erziehung war als ein Zusammenhang zwischen Natur und Geist zu begreifen – ein Jahrhundert später erinnert Siegfried Bernfeld wieder daran, noch einmal 100 Jahre später hebt die moderne Evolutionsbiologie den Sachverhalt erneut ins Bewusstsein.

Mager und Diesterweg führen nun Sozialpädagogik als Theoriekonzept ein, um Pädagogik umfassend und mit praktischer Wirksamkeit zu denken, gewissermaßen als Allgemeine Pädagogik, die sich der gesellschaftlichen Verhältnisse zu vergewissern sucht. Sie sehen vier Probleme, die eigentlich erst um 1800 virulent geworden sind. Alle hängen mit der Überwindung der „alten" feudalen, eher statischen Gesellschaft durch die „moderne" bürgerliche Gesellschaft zusammen: Zum einen entsteht die Vorstellung von Geschichte als sozialer und kultureller Veränderung: Erziehung sieht sich nun vor die Aufgabe gestellt, in einem sich verändernden Kontext zwar Tradition zu organisieren, muss aber zugleich Veränderung zulassen und ermöglichen. Zweitens steht Erziehung nun vor der Aufgabe zu begreifen und selbst als Gegenstand sichtbar zu machen, was eigentlich Gesellschaft bedeutet. In der alten Gesellschaft war die soziale Ordnung gleichsam sichtbar. In der modernen Gesellschaft muss man das Soziale theoretisch fassen, im Begriff. Aber wie kann sie dann erfahren werden? Der Pädagogik kommt daher eine neue, ungeheure Aufgabe zu, nämlich das Zeigen des eigentlich nicht Sichtbaren. Das macht schon auf die dritte Problematik aufmerksam, auf die neue Ausgestaltung zwischen dem sozialen Ganzen und dem konkreten Individuum, das doch zugleich Subjekt sein soll, Gestalter seiner eigenen Welt. Wiederum wird Pädagogik wichtig, nicht bloß als Lehrprogramm oder Unterricht, sondern als eine Form der Einübung eines Handelns. Dieses sollte aus eigenem Willensentschluss, eigentlich und im strengen Sinne moralisch geschehen. Das vierte Problem aber zeigt sich darin, dass diese neue bürgerliche Gesellschaft, die sich unter der großen Parole der Freiheit, Gleichheit und Brüderlichkeit präsentierte, ihre Versprechen ganz und gar nicht einhält. Waren die Lebensverhältnisse in Deutschland, das noch gar nicht Deutschland war, schon prinzipiell eher belastend und in einer geradezu fatalen Weise rückständig, so werden die Effekte der Industrialisierung geradezu als brutaler Hohn empfunden. An die Stelle der Feudalgesellschaft tritt eine Klassengesellschaft, in der Unterdrückung herrscht und das Überleben kaum mehr gesichert ist. Dabei geht es in der Tat nicht bloß um das materielle Elend, sondern zugleich auch darum, dass die Menschen durch die Verhältnisse barbarisiert und – so die Sprache der Zeit – ihrer Sittlichkeit, ihrer zivilisatorischen Fähigkeiten beraubt werden. Erniedrigung bedeutet Zerstörung der Handlungsfähigkeit, weil die Menschen eben aus dem Zusammenhang mit dem menschlichen Gattungswesen ausgeschlossen werden, das – so Marx (1845/1990) in seinen berühmten Thesen über Feuerbach – als Ensemble der gesellschaftlichen Verhältnisse zu beschreiben ist. Menschen werden unter dem Niveau der menschlichen Möglichkeiten gehalten, demoralisiert und das heißt auch: von jeglicher Möglichkeit eines freien Willens und Handelns ausgeschlossen.

Vor diesem Hintergrund muss man vorsichtig sein gegenüber einer allzu schnellen Verurteilung jener, die das Problem als ein vorrangig zivilisatorisches, kulturelles oder moralisches bewerten oder die Situation der Menschen als sittliche Verwahrlosung oder auch als Zeichen der Abkehr von Religion sehen. Unstrittig ist, dass die religiös motivierten Sozialkritiker häufig und kurzschlüssig die moralische Verbesserung der Menschen anstreben und die Realität der kapitalistischen Klassengesellschaft dabei übersehen. Umgekehrt aber begreifen sie zugleich, dass und wie diese Klassengesellschaft soziale Beziehungen beschädigt, mithin auch die Grundlage eines kollektiven Widerstands aufgelöst hat. Re-ligio bedeutet dann die Wiederherstellung von Bindungen, um am Ende überhaupt erst moralisches Handeln als Handeln von Subjekten zu ermöglichen. Die sozialpädagogische Debatte behält diese Perspektive lange Zeit bei, übrigens als Ergebnis einer umfassenden Deutung der menschlichen Lebenssituation. Ihr politisches Denken greift insofern weiter aus, als es heute der Fall ist, wenn vorrangig die materiellen Verhältnisse in den Blick genommen werden. Dabei werden die moralische Ökonomie und die kulturellen Bedingungen des Handelns eher abschätzig beurteilt. Demgegenüber gilt um 1900 als Grundlinie sozialpädagogischen Denkens, dass die soziale Frage nicht in erster Linie eine wirtschaftliche, sondern eine pädagogische Frage sei. Das klingt naiv, unpolitisch – aber solche Kritik übersieht, wie die gesellschaftlichen Verhältnisse dazu beitragen, Menschen in allen Dimensionen ihres Lebens zu enthumanisieren, von dem auszuschließen, was eben als Ensemble gesellschaftlicher Verhältnisse gilt.

3.2 Die Sattelzeit

Diese Bemerkungen zur religiösen und kulturellen Dimension des sozialpädagogischen Denkens führen zu einer zweiten Station. Sie reicht etwa von 1890 bis 1914 und kann als Sattelzeit bezeichnet werden. Im Blick auf die disziplinäre Entwicklung dauert sie eigentlich länger, nämlich bis 1933. Für den ganzen Zeitraum gilt nun erst recht, was bei Mager schon aufgegriffen war, nämlich dass „das Soziale in die Pädagogik kommt" (Henseler, 2000). Der Unterschied liegt darin, dass für Mager und Diesterweg mit der Entstehung der bürgerlichen Gesellschaft zum einen ein fundamentales Problem der allgemeinen Theoriebildung entstanden war, das sich durch Industrialisierung und Pauperismus zugespitzt hat. Nun konkretisiert sich die Frage nach der Gesellschaft im Pädagogischen. Sie wird soziologischer und zugleich auch psychologischer, nämlich im Blick auf die Handlungsfähigkeit des Individuums konkretisiert und damit in gewisser Weise sozialtechnisch greifbar. Die grundlegende Frage lautet nun noch schärfer: *Wie ist es möglich, selbst unter Bedingungen sozialer Ungleichheit und Ungerechtigkeit, kultureller Undeutlichkeit und Ambivalenz Menschen zu befähigen, dass sie zu autonom und moralisch handlungsfähigen Subjekten werden?* Das verbirgt sich hinter der von Natorp (1974) gebrauchten Formel von der Willensbildung – die bis heute deshalb aktuell ist, weil sie darauf gerichtet ist, dass Menschen frei und moralisch handeln. Dabei weder jenseits einer Gesellschaft noch bedingt durch sie handeln, wohl aber in dieser und über sie verfügend.

Diese Debatten vollziehen sich angesichts eines „taumelnden Kontinents" (Blom, 2009). Europa haben massive soziale und kulturelle Umwälzungen erfasst, freilich in einer Gleichzeitigkeit des Ungleichzeitigen. Die Moderne wird geboren, wie sie bis heute das Leben bestimmt. Das Denken sieht sich mit neuartigen Theorieproblemen konfrontiert: Irritiert durch die Entwicklung von Naturwissenschaft und Technik steht es vor der Aufgabe, angemessen zu fassen – das Rassekonzept wird zum Paradigma der Humanwissenschaften, die Evolutionstheorie gibt Leitmotive, die weit in die Reformpädagogik hineinreichen. Diese Entwicklung lässt sich gut beim Studieren von Ellen Keys (1900/2000) Welterfolg „Das Jahrhundert des Kindes" nachvollziehen. Gesellschaft, Kultur, Wirkungen auf die individuelle Psyche wie deren Veränderung müssen szientifisch thematisiert werden, um den Bedingungen gerecht zu werden, welche Max Weber als neuzeitlichen Rationalisierungsprozess bestimmt. Die Entzauberung der Welt soll im Generationenverhältnis begriffen und gestaltet werden – und die Menschen sollen für die modernen Produktionsprozesse zugerichtet werden, was paradoxerweise als politisch-ökonomisches Motiv der Reformpädagogik zugrunde liegt. Die Entwicklung der Geisteswissenschaften und die erste Konsolidierung der Sozialwissenschaften nehmen hier ihren Anfang ebenso wie die akademische Etablierung der Pädagogik. Diese ändert ihre Denkformen und ihre Themen angesichts einer Neuformation des Verhältnisses von Gesellschaft und Individuum, von Kultur und Normativität.

Diese Neuformation bestimmt den sachlich-gegenständlichen Problemzusammenhang der Sozialpädagogik: Ihn prägt die soziale und kulturelle Veränderungsdynamik in Verbindung mit der beim Eintritt in die Moderne erfahrenen Auflösung sozialer Zusammenhänge. Diese Auflösung wird als Sinnvakuum einer von technisch-naturwissenschaftlichen Funktionsimperativen bestimmten und von bürokratischer Kontrolle durchzogenen Gesellschaft erlebt. Sozialpädagogik formuliert am Ende des 19. Jahrhunderts eine Antwort des liberalen, sozial interessierten wissenschaftlichen Establishments auf die Beunruhigungen, die der offensichtliche erzieherische Funktionsverlust der alten sozialen Verbände auslöst. Unter den Voraussetzungen einer Kulturpädagogik auf Erfahrungsgrundlage spricht Bergemann (Schröer, 1995) in seiner „Sozialen Pädagogik" von einer „Lockerung der Solidarität" und dem Zwang zu „differenzierten Sozialverbänden". Dahinter zeichnet sich die moderne Massengesellschaft ab, die sich als höchst prekär für das Individuum erweist und als pathologisierend erlebt wird. Die Moderne tilgt die vertraute Erfahrung von Sozialität, diese wird auf das Erlebnis im anonymen Zusammenhang umgestellt. Wanderungsbewegungen entstehen, die Großstädte weiten sich aus und obwohl die Industrialisierung mit entsetzlichen Lebensbedingungen für die Menschen einhergeht, ziehen sie den Arbeitsplätzen hinterher. Diese Entwicklung führt zu Verstörungseffekten, die sich am Ende auch als psychische Krankheiten zeigen. Wachsendes Elend, Unterernährung und gesundheitliche Gefährdungen kennzeichnen die aufstrebenden Städte. Sie werden dennoch als Zufluchtsort und Freiheitsversprechen gesehen, die jungen Arbeiter empfinden sie als kontrollfreie Räume. Der Erste Weltkrieg erweist sich als Epochenbruch, ihm folgen Revolutionen und Aufstände. Im Hintergrund der Debatten um die Sozialpädagogik steht die Entwicklung der Sozialdemokratie. Sie schwankt zwischen marxistischer Orthodoxie und Revisionismus, was Gewicht bekommt bei der (politischen) Interpretation der Lage der Arbeiterklasse; Natorp war aktiver Unterstützer der Genossenschaftsbewegung. Bildung wurde am Ende des 19. Jahrhunderts zu einem zentralen Thema öffentlicher wie wissenschaftlicher Auseinandersetzungen. In ihnen bestand Übereinstimmung, die materiellen Bedingungen des Bildungsprozesses zu sichern, um nicht nur die kindliche Entwicklung hinreichend zu fördern. Hierin deutete sich eine Verbindung von reformpädagogischen und pragmatisch sozialpädagogischen Konzeptionen an, die hin zur Diskussion des Arbeitsgedankens führen sollte. Die Zeitgenossen beschreiben die Situation am Ausgang des 19. Jahrhunderts als „Krise des Bildungsideals".

Dennoch konsolidiert sich das Denken, wie sich an der Bewertung von Sozialpädagogik sowie in dieser selbst zeigt. Bald tritt ins Bewusstsein, dass mit Sozialpädagogik, Individualpädagogik, Persönlichkeitspädagogik und Kulturpädagogik Fragen der Grundlegung von Pädagogik verhandelt werden, über die neue Wege in Theorie und Praxis gebahnt werden. Die Sozialpädagogik ihrerseits vergewissert sich nun ihrer selbst in der Vielfalt ihrer unterschiedlichen Strömungen, bündelt diese theoretisch und fokussiert sie professionell pragmatisch. Symptomatisch dafür sind die Handbuch- und Lexikoneinträge zum Thema Sozialpädagogik, die sie als Standardwissen anerkennen und ausweisen. Lindner fordert 1884 im *Enzyklopädischen Handbuch der Erziehung* den Ausbau der Sozialpädagogik, da das Geistesleben des Zöglings „von einem mächtigen Bildungstrieb getragen wird, der eben von der Gesellschaft ausgeht" (Lindner, 2001, S. 853f.). Für die Pädagogik sei der Gedanke der Kulturgemäßheit entscheidend, der die Analyse verwirklichter sittlicher Kulturideale verlange. Paul Natorps Stichwort in Reins *Enzyklopädie* erweist sich als eine umfassende Theorie, Otto Willmanns Beitrag im *Lexikon der Pädagogik* weist Sozialpädagogik als etabliert aus. Die Zeitschrift „Die deutsche Schule" dient als Medium der Auseinandersetzung, in ihr werden zwischen 1897 und 1914 entscheidende Beiträge zur Debatte veröffentlicht (Winkler, 2004, S. 910). Sozialpädagogik wird Gegenstand einer kaum mehr zu übersehenden Flut an Publikationen, die ihrerseits die Debatten oft referieren, aber auch systematisieren. Manchmal scheint es sich, wie Peter Petersen moniert, um ein bloßes Modewort zu handeln. Petersen selbst will später eine sozialpädagogische Fakultät initiieren.

Sozialpädagogik antwortet auf die – nun in einem weiten Sinne verstandene – soziale Frage, mithin auf die Kernprobleme der gesellschaftlichen Integration. Die moderne Gesellschaft erscheint geradezu paradox, weil sie als Gesellschaft die Vergesellschaftung ihrer Mitglieder tendenziell verhindert und gesellschaftlich geradezu systematisch Sozialpathologie erzeugt – die Diagnose klingt seltsam vertraut: Sie verweigert den Unvermögenden die Chance zur Bildung und richtet sie zugleich für sich ab. Gesellschaftliche Erziehung erzeugt eine Bestialität des Sozialen, weil sie den Menschen die Subjektivität verweigert, der moralisch begründetes Handeln erst entspringen kann. So geht es Natorp um die Kultivierung des Vergesellschaftungsprozesses, damit ein aus Freiheit moralisch handelndes Subjekt möglich wird. In einer durch Pestalozzis Wohnstubenpädagogik inspirierten Phänomenologie sozialer Orte versucht er, die Bildungsmöglichkeiten des Subjekts zu erschließen. Sozialpädagogik hat daher für Natorp „als Theorie die sozialen Bedingungen der Bildung und die Bildungsbedingungen des sozialen Lebens und zwar unter der berechtigten Voraussetzung, dass die Gesellschaftsform veränderlich, dass sie der Entwicklung unterworfen sei, zu erforschen; als Praxis, Mittel und Wege zu finden, um jene wie diese Bedingungen, gemäß der Idee, welches das Ziel gedachter Entwicklung bezeichnet, herbeizuführen und zu gestalten" (Natorp, 2007, S. 86). Und diese Theorie soll nicht abstrakt bleiben, sondern in eine umfassende Neugestaltung des Bildungswesens führen.

Zunächst aber geht es um ein Erkenntnisprogramm: Natorp wie Willmann, Bergemann oder auch Rissmann bemühen sich um eine hinreichende wissenschaftliche

Fundierung der Pädagogik schlechthin, wollen ihren wissenschaftssystematischen Ort und den disziplinären Stellenwert bestimmen. Die Pädagogik scheint ihnen begriffs- und theorielos geworden, bedarf neuer Vergewisserung (Winkler, 2004, S. 914). Niemand kann sich den jungen Sozialwissenschaften entziehen. Damit wird Sozialpädagogik zwischen Philosophie und Sozialwissenschaften begründet, aufgespannt zwischen Spekulation und empirischer Forschung. Mit Sozialpädagogik zeigt sich ein neues Paradigma der Pädagogik, ein „radikal" (Natorp) gemeintes Forschungsprogramm, das auf die Wechselbeziehungen zwischen Erziehung und Gemeinschaft zielt und auch schon auf die gegenstandstheoretische Dimension verweist.

3.3 Umbruchszeit

Noch einmal: In der inhaltlichen und fachlichen Debatte finden sich starke Linien der Kontinuität. Dennoch muss man sagen, dass mit den wenigen Jahren des Ersten Weltkriegs und der ihm folgenden revolutionären Veränderungen die Theorie sich nun auf einen anderen praktischen Kontext bezieht. In mancher Hinsicht wird real, was wenige Jahre zuvor als Utopie galt, noch mehr aber werden die sozialen und kulturellen Verwerfungen der Umbruchszeit spürbar: Das soziale Elend spitzt sich zu, verschärft durch die entwurzelten, enttäuschten und oft zutiefst verletzten Kriegsveteranen. Die Sozialpädagogik aber stabilisiert sich, nicht nur als Handbuchwissen und in Lexika, sondern am Ende auch in Gesetzesform und Institutionen. Dabei besteht ein Paradox darin, dass die Sozialpädagogik in enge Nähe zum Staat rückt, dass sich damit deutlicher herausschält, was die Zeitgenossen als Problematik des Sozialbeamtentums bezeichnen (Winkler, 2004, S. 919). Die Verbindung zwischen Hilfe und Kontrolle, die immer schon vorhanden war, wird nun intrinsisch, kann aus der Theoriebildung nicht mehr weggedacht werden. Faktisch eröffnet dies jedoch die Möglichkeit, Soziale Arbeit aus der bislang bestimmenden organisatorischen Zufälligkeit zu befreien. Beispielhaft dafür sind die Arbeiten von Alice Salomon, dann aber auch das Reichsjugendwohlfahrtsgesetz und die Einführung des Jugendamts als Fachbehörde, beides weltweit einzigartig.

Daneben entsteht im Kontext einer – eigentlich später erst als solcher gefassten – geisteswissenschaftlichen Pädagogik, ihrer Rezeption der Reformpädagogik und einer umfassenden kultur- und gesellschaftskritischen Vergewisserung einerseits eine Legitimationsgeschichte der Sozialpädagogik. Andererseits bildet sich hierbei eine intensive theoretische Durchdringung insbesondere der Aufgabenstellungen von Sozialpädagogik sowie der sie grundlegend auszeichnenden praktisch relevanten Perspektiven heraus. Das ambivalente Geschehen in dieser Phase wird in der Person Herman Nohls sichtbar. Nohl kann als der entscheidende und von da an maßgebende Theoretiker der Sozialpädagogik gelten, der einerseits die unterschiedlichen Quellen und – für ihn – „Energien" der Sozialpädagogik festhält, dabei nicht zuletzt die Einstellung und Haltung markiert, welche von nun an professionell entscheidend wird. Das geschieht insbesondere in dem Grundsatz, dass Sozialpädagogik von der Subjektivität und Lebenslage, von der Krisensituation und Belastung des Kindes aus zu denken habe. Sie hat die Schwierigkeiten in den Blick zu nehmen, die das Kind hat, während die Schwierigkeiten in den Hintergrund treten müssen, die es einer Gesellschaft macht. Maßgebend ist zugleich die berühmte Schienenmetapher, nämlich die Idee, dass erst das Gleisnetz, mithin die Gesellschaft in Ordnung zu bringen sei und erst dann die Waggons wieder aufzustellen seien, die in der Fahrt des Lebens umgestürzt sind. Erziehung tritt vor alle Strafe, der pädagogische Gedanke muss leitend werden. Aus dieser Perspektive entwirft Nohl den fünften Band des von ihm mit Ludwig Pallat herausgegebenen „Handbuch der Pädagogik" (Winkler, 2004, S. 917). Erstmals liegt hier nun ein eigener Band vor, der Sozialpädagogik gleichrangig gegenüber den anderen Gebieten der Pädagogik darstellt. Er enthält auch die berühmte Definition, nach welcher Sozialpädagogik alle Pädagogik sei, die nicht mit Familie oder Schule befasst ist. Gertrud Bäumer formuliert sie – sachlich übrigens problematisch, weil die Abgrenzung nicht tauglich ist. In persönlicher Hinsicht darf man nicht übersehen, dass sie zu einer glühenden Nationalsozialistin wurde. Nohl bettet die Überlegungen in die seinen zur Deutschen Bewegung ein, die er am Ende als fatale Rechtfertigungsideologie präsentiert. Sie ist idealistisch überhöht, hat wenig mit einer Gesellschaftskritik zu tun, die Nohl durchaus gegenwärtig war.

Die Jahre zwischen 1918 und 1933 können wohl einerseits als die fruchtbarsten Jahre in der theoretischen und praktischen Auseinandersetzung um Sozialpädagogik gelten, andererseits setzt zugleich doch ein Vorgang der Diffusion ein: Fruchtbar wird die Debatte, weil das sozialpädagogische Selbstverständnis nicht zuletzt wirksam wird als Kritik der vorfindlichen Jugendfürsorge. Beispielhaft kann man dafür Karl Wilker nennen, der in Berlin eine gefängnisähnliche Jugendfürsorgeanstalt übernimmt und in dieser ein Programm durchsetzt, das man als Öffnung der Anstalt bezeichnen kann. Der Kritik an den Zuständen in den Erziehungsanstalten stehen Konzepte und Überlegungen gegenüber, eine neue, demokratische, wenn nicht sozialistische Erziehung auf kollektiver Grundlage zu schaffen. Siegfried Bernfeld berichtet von einem solchen Vorhaben im jüdischen Heim Wien-Baumgarten, muss aber zugleich erkennen, in welch hohem Maß Erziehung von gesellschaftlichen Machtverhältnissen abhängt. Dennoch plädiert er für eine sozialistische Erziehung, die zugleich die Einsichten der Psychoanalyse aufnimmt und sich dabei auf eine breit angelegte, empirisch ausgerichtete Jugendforschung stützt. Insbesondere über die vielfältigen reformpädagogischen Strömungen werden Vorstellungen von Kinderrepubliken rezipiert, Makarenko wird sehr früh wahrgenommen, Korczak ist bekannt. Systematisch bleibt dabei jedoch eine Spannung bestehen zu den handlungsrelevanten Konzepten des pädagogischen Bezugs, die nicht zuletzt bei Nohl eine wichtige Rolle spielen.

In all dem deutet sich indes ein Dilemma an: Während noch bei Natorp und in seinem Umfeld eine klar umrissene theoretische Fragestellung zu finden ist, verschiebt sich nun die Debatte hin zu einer eher ethischen, auf Haltungen und Einstellungen gerichteten, zuweilen abstrakten Idee von Sozialpädagogik. Manche finden das bis heute gut, man kann es aber auch als Verlust der pädagogischen Reflexion sehen. Damit setzt nämlich ein, dass die Sozialpädagogik stärker als sozialpolitischer Zugang wahrgenommen wird, bei dem es um eine umfassende Gestaltung der Lebens- und Sozialisationsverhältnisse geht. Sozialpädagogik wird gleichsam universalistisch akzentuiert, kann damit als eine umfassende Gesellschafts- und Kulturkritik aufgenommen werden, die sich auf eine bald nicht mehr zu überschauende Vielzahl an Problemstellungen und Handlungsfeldern richtet. Sozialpädagogik wird insofern ubiquitär, verliert aber an Handlungsmacht. So paradox das klingt: Sie wird allgemeinpolitisch und gerade darin unpolitisch – ein Vorgang, der sich in mancher Hinsicht in der Gegenwart wiederholt. 1933 macht sie das jedenfalls angreifbar, die Nationalsozialisten lehnen Sozialpädagogik ab. Auf der praktischen Seite werden die neuen Institutionen wie das Jugendamt wichtig, dann die Änderungen, die sich infolge des Reichsjugendwohlfahrtsgesetzes ergeben. Aus heutiger Sicht mag dieses selbst noch autoritär wirken, doch war es zu seiner Zeit ein starker Versuch, Lebenslagen und Bedürfnisse junger Menschen in den Blick zu nehmen und sie in ihrer Subjektivität zu begreifen. Zugleich aber entwickeln sich die Debatten um die Fürsorge weiter, sie werden eher konkret und pragmatisch geführt, wirken gegenüber der philosophisch gewordenen Sozialpädagogik bodenständiger und realistischer. Noch einmal ist an Alice Salomon zu erinnern. Ihr geht es weniger um Theorie, wohl aber um *begründete und wirksame Techniken der Diagnose und des Handelns*, die sich nicht zuletzt an international gewonnenen Erfahrungen orientieren. Indes gleich, ob es um Sozialpädagogik geht oder um Fürsorge und Wohlfahrtspflege, die dann später als Sozialarbeit gefasst wird: Der Nationalsozialismus macht dem ein Ende, nicht zuletzt die Protagonisten einer radikal gesellschaftskritischen Theorie und Praxis werden vertrieben oder ermordet. Nicht zuletzt jene, die im Kontext der geisteswissenschaftlichen Pädagogik das Projekt der Sozialpädagogik vorangetrieben haben, müssen sich kritischen Fragen stellen: Nohl hat in seinen Vorlesungen – um es sehr vorsichtig zu formulieren – zumindest mehrdeutige Aussagen zur Rassenpolitik getroffen, mancher Beitrag in der führenden Zeitschrift „Erziehung" kann als Begrüßung der Nationalsozialisten gelesen werden.

3.4 Jahrhundert der Sozialpädagogik

Um Zeitgeschichte geht es nicht mehr, ein halbes Jahrhundert trennt uns von den Ereignissen, die dennoch nachklingen: In vielerlei Hinsicht erscheint über lange Zeit der Zeitraum als maßgebend, den man mit dem Kürzel der 68er bezeichnet. Manche sprechen zumindest von einer Revolte allzumal der Studierenden und Schüler_innen, manche sehen darin – bis heute – den Niedergang der Werte und Normen, welche wenigstens die alte Bundesrepublik Deutschland bestimmt haben.

Sozialhistoriker wie Hans-Ulrich Wehler (2008) halten inzwischen die 68er Bewegung für überschätzt. Im Kern geht es zwar um eine dann doch ziemlich umfassende Veränderung in der gesellschaftlichen Selbstwahrnehmung der Bundesrepublik Deutschland, wobei neben den tagesaktuellen Ereignissen die Auseinandersetzung mit dem Nationalsozialismus viele bewegt. Aber der Protest wird weniger deshalb wirksam, weil sich kleine, zudem heterogene Gruppen mit ihren zuweilen nur irritierenden Auffassungen Gehör verschafften – durchaus im Zusammenhang mit einer Veränderung der medialen Produktions- und Wahrnehmungsmuster. Guy Debord (1996) hat mit Blick auf die französischen Ereignisse von der „Gesellschaft des Spektakels" gesprochen und trifft damit ein Grundmerkmal, das möglicherweise erst jetzt, ein halbes Jahrhundert später, sich durchsetzt, weil mit den neuen „sozialen" Medien die Erregungsgesellschaft sich endgültig ausbreitet. Letztlich ist der Protest schon Epiphänomen und zugleich doch Auftakt eines Geschehens, das später als zweite Modernisierung bezeichnet und analysiert wird. Epiphänomen, weil sich die Veränderungen in der Produktion und in den sozialen Verhältnissen schon länger vollzogen, nicht zuletzt übrigens in einer Veränderung des Klassenverständnisses. Die Arbeiter verschwinden als soziale Kategorie – ein fatales Missverständnis, wie sich vielleicht heute erst zeigt. Auftakt war das Geschehen, weil es sich bald tief in die sozialen und kulturellen Praktiken geradezu hineinfrisst, vermittelt durch Kritik an Traditionen und Institutionen, ein neues Geschlechterverhältnis, subtile Formen der Freisetzung, etwa durch die Verbreitung von Antikonzeptiva. Nüchtern betrachtet geht es vorrangig um eine Revolution des Privaten, die den Anfang jener Individualisierungstendenz darstellt, die dann Mitte der Achtziger Jahre Ulrich Beck (1986) als Merkmal einer Gesellschaft versteht, in der die vertrauten sozialen und sozialmoralischen Milieus denen weichen, die als kulturelle beschrieben wurden. Der Seiteneffekt besteht darin, dass das Geschehen zulasten jener geht, die als Arbeiter respektierlich erschienen, sich zunehmend als schweigende Mehrheit verstehen und gleichsam aus der öffentlichen Wahrnehmung fallen. Doch tritt dieser Effekt mit großer Verzögerung ein und verweist auf die letzte Station in der Entwicklung der Sozialen Arbeit. Man könnte ihn als den Weg von der Arbeiterklasse in das Prekariat und in die Unterschicht bezeichnen, wohl wissend, dass und wie solche Formeln der realen Lebenssituation nicht gerecht werden und denunzieren, wie sie zugleich dazu beitragen, eine relevante Gruppe der Gesellschaft letztlich um ihre Macht zu bringen.

Dieses Urteil wird sicher als provokant empfunden werden, denn im Kontext der – wie man sie in ihrer inneren Spannung nennen kann – 68er-Modernisierung kann sich zuerst und lange Zeit prägend das Bild von der Sozialpädagogik als eines emanzipatorischen, politisch linken Projekts gesellschaftlicher Veränderung etablieren. Dieses ist einerseits naiv und verkennt die Realität des Feldes. Sie war in erheblichem Maße durch eine hochgradig repressive Form der Jugendfürsorge bestimmt, fachlich oft wenig entwickelt, ausgerichtet auf Heimerziehung. Die Debatten am Runden Tisch Heimerziehung zeigen doch, wie die Vorstellung von einer Sozialpädagogik täuschte, die auf Veränderung gerichtet war. Andererseits aber gibt es diese kritische Sozialpädagogik, übrigens auch und ganz besonders im Kontext der 68er Bewegung, die von Initiativen etwa zur Kritischen Sozialarbeit getragen wurde. Sie wird tonangebend, verbunden zum einen mit einer radikalen Kritik der Sozialpädagogik am Kapitalismus, mit Analysen, die den engen Zusammenhang zwischen Kapitalismus, Staatsentwicklung und Etablierung der Sozialen Arbeit darstellen und schon die Ambivalenz zwischen Modernisierung und Repression zeigen. Sie werfen dann aber auch die Frage nach den totalen Institutionen auf. Sozialpädagogik wird politisiert, sowohl im Blick auf gesellschaftliche Entwicklungen insgesamt wie in dem auf das eigene Handlungsfeld. Sie entdeckt verschollene Traditionen und etabliert neue wie die Kinderladenbewegung, die ohne die Erinnerung an die Psychoanalyse kaum zu denken ist.

Die eher theoretischen Überlegungen kulminieren im Nürnberger Jugendhilfetag 1971. Hier tritt zugleich eine durchaus pragmatisch ausgerichtete Reformbewegung auf, die gegenüber der Dominanz der Heimerziehung neue, offene Formen der Arbeit mit Kindern und Jugendlichen entwickelt und durchsetzt. Diese leitet ihrerseits mit dem Konzept einer „offensiven Sozialpädagogik" (Giesecke, 1973) dann Entwicklungen ein, welche auf der organisatorischen und institutionellen Ebene zu den neuen Formen einer Kinder- und Jugendhilfe führen, die heute als Standard gelten, zumal sie durch die Beobachtung und Beschreibung in Gestalt des fünften Jugendberichts mit seiner durch Hans Thiersch inspirierten Orientierung an Alltag und Lebenswelt sowie durch die Gesetzgebung dann verbindlich werden. Getragen wird dies von einem Anspruch auf gesellschaftliche Veränderung, der aber durchaus konkret gefasst und realisiert wurde. Dies geschah anfangs noch im Nachklang an eine mit Herbert Marcuse begründete „Randgruppenstrategie", wonach die verelendeten und abweichenden jungen Menschen als Träger einer Revolution gesehen werden, die von der Arbeiterschaft nicht mehr geleistet wird, die als vereinnahmt und affirmativ gilt. So gesehen leitet jedoch die gesellschaftskritische Sozialpädagogik eigentlich erst die Etablierung von Fachlichkeit und Professionalisierung ein, welche dann ironischerweise zu dem führt, was als System begriffen wird. Dennoch dauert es, bis Luhmanns Konzept sich als Theorie durchsetzt.

Im Rückblick wird man festhalten, dass die Theorieentwicklung starke Impulse bekommt, ganz besonders durch die enge Verbindung mit der Erziehungswissenschaft, die als Zukunftswissenschaft gilt. Die Arbeiten von Klaus Mollenhauer, obwohl eigentlich schon früher entstanden, werden nun intensiv rezipiert, Hans Thiersch und Hans-Uwe Otto veröffentlichen selbst grundlegende Arbeiten und geben zugleich wichtige Anregungen für viele. 1973 erscheinen die beiden Bände „Gesellschaftliche Perspektiven der Sozialarbeit" (Otto, Schneider, 1973), später folgen drei weitere Bände. Ebenso wichtig ist die Rezeption von Arbeiten aus Nachbardisziplinen sowie internationalen Diskussionskontexten: Der „labelling approach" wird Grundlagentheorie. Micha Brumlik und Wolfgang Keckeisen (1976) legen mit „Etwas fehlt" einen Aufsatz vor, der bis heute als Grundlagentext gelten kann. Das Rezeptionsspektrum und die eigenständige Theoriebildung sind breit, es reicht von der Antipsychiatrie bis zur Sozialstaatstheorie, für die etwa Lothar Böhnisch (1982) mit „Der Sozialstaat und seine Pädagogik" einen bald klassischen Text vorlegt. Die historische Vergewisserung sowohl zu den Ideen und Konzepten wie zur Praxis setzt ein.

Dennoch stellt sich Kontinuität in den Grundfragen und Grundperspektiven nur bedingt ein, während eher Differenzierung und Diffusität der Konzepte eintreten. Eine kritische Selbstreflexion und den professionellen Habitus stabilisierende Selbstvergewisserung fehlt zunehmend; sie scheint nicht erforderlich, weil die programmatisch und dann doch bloß deklamatorisch vorgetragene Idee der Kritischen Sozialpädagogik nicht zuletzt durch den Ausbau der Fachhochschulen als Leitparadigma verstetigt scheint. Hinzu kommt ein politischer Anspruch, der seinerseits mit einer Bindung an die Sozialdemokratie einhergeht: Man erhofft sich, Moment einer modernen sozial- und wohlfahrtsstaatlichen Organisation der menschlichen Lebensverhältnisse zu werden. Das wirkt weitsichtig, weil die zunehmend um sich greifenden sozial desaströsen Prozesse der Modernisierung abgefedert werden. Nicht wenige ahnen, was erst Jahrzehnte später real wird, nämlich eine tiefgreifende Spaltung der Gesellschaft. Kaum jemand ahnt allerdings, dass dieser Prozess nicht zuletzt von der Sozialdemokratie vorangetrieben wird.

Hans Thiersch (1992) spricht einmal von einem Jahrhundert der Sozialpädagogik, meint dabei eine Erfolgsgeschichte, die sich seit den Achtzigerjahren abzeichnet: Sozialpädagogik wird gesellschaftlich unverzichtbar, sozial und individuell notwendig, fast eine normale Instanz in den Biografien, der Schule vergleichbar. So recht theoretisch und begrifflich eingeholt wird die Ausdifferenzierung des Feldes jedoch nicht, im Gegenteil: Grundlegende konzeptionelle Überlegungen werden selten, am Ende verschwindet bemerkenswerterweise im Erfolg des sozialpolitischen Denkens das pädagogische Moment. Der Vorbehalt gegenüber Erziehung ist so massiv, dass sich als Generalbegriff der der Sozialen Arbeit durchsetzt. Damit werden zugleich Vorstellungen von Emanzipation und Mündigkeit suspendiert, neue Konzepte etablieren sich wie das des „Empowerment", das dann einige Jahrzehnte später als „Fordern und Fördern" unselige Urstände feiert – gemeinsam übrigens mit dem der Bildung, das in den kritischen Debatten eher skeptisch gesehen wurde, plötzlich sogar als der bessere Ersatz für alle Formen der Sozialpolitik favorisiert wird.

3.5 Die Gegenwart

All das verweist schon auf die fünfte Station, die letzte und jüngste in der Entwicklung nun eben der Sozialen Arbeit – wobei es selbstverständlich problematisch bleibt, solche Gegenwartsgeschichte zu betreiben. Allerdings darf man eine Zwischenstation nicht vergessen, die für mehr als zehn Jahre, zwischen 1990 und 2005, nicht wenige bewegt: Seit den Achtzigerjahren hatten Margaret Thatcher und Ronald Reagan in radikaler Weise das Konzept des Neoliberalismus durchgesetzt, das mit einiger Verspätung in Deutschland ankam. Ein wichtiges Element in diesem waren die Diskreditierung und der Abbau wohlfahrtsstaatlicher Institutionen, der Angriff auf Hilfebedürftige sowie die durchaus ideologisierende Debatte um die Durchsetzung der sogenannten Neuen Steuerung in den Kommunen. Über Jahre schien es fast als ausgemacht, dass sozialstaatliche Sicherungssysteme nicht zu bezahlen und daher „zurückzubauen" seien, der Wirtschaft insgesamt schadeten, aber auch die Individuen zu einer passiven Haltung „erziehen" würden. Die Rede vom Niedergang war präsent, es wurde zum Gemeinplatz, von „notwendigen" Kürzungen in der Sozialen Arbeit zu sprechen. Indes: Obwohl die Beschäftigungsverhältnisse im Sozialen Sektor tatsächlich zumindest phasenweise weniger stabil schienen, wiesen die harten Indikatoren auf sein weiteres Wachstum hin. Mehr noch: Soziale Dienstleistungen, wie sie nun zunehmend genannt wurden, wurden und werden mehr denn je in Anspruch genommen. Dabei ist einerseits zu beobachten, wie sich die materielle Lebenssituation für viele verschlechtert, andererseits gewinnen nicht zuletzt Formen der Beratung, der psychosozialen Unterstützung an Bedeutung.

Diese Tendenzen verstärken sich, wenn auch verzögert. In der deutschen Gesellschaft kommt an, was in anderen Ländern zu beobachten ist: Trotz zunehmenden Reichtums, hierzulande sogar erhöhter wirtschaftlicher Leistung, verschlechtern sich die Bedingungen für mehr und mehr Menschen. Armut und Elend breiten sich aus, die Not vor allem der Beschäftigten nimmt zu, für die immer schon in labilen Verhältnissen Lebenden wird die Situation zuweilen aussichtslos. Man kann streiten, ob die Rede von Spaltung und Ausgrenzung die Sachlage trifft. Seit Georg Simmel weiß die Soziologie, dass Exklusion funktional innerhalb von Gesellschaften wirkt. Ebenso wirken sich die psychosozialen Belastungen aus, die fast ungehindert auf die Sozialisationsverhältnisse durchschlagen. Es wird schwieriger, Kinder zu erziehen. Die politische und gesellschaftliche Reaktion bestätigt das und bietet zugleich doch eine zynische Antwort: Institutionen der Bildung sollen möglichst frühzeitig und ganztätig den Nachwuchs aufnehmen und zugleich Chancengerechtigkeit jenseits sozialer Herkunft schaffen. Gerechtigkeit an Chancen – nicht an deren Verwirklichung, die dann objektiv doch wieder davon abhängt, über hinreichend ökonomisches, kulturelles und soziales Kapital zu verfügen. Bildung wird zum großen Versprechen, aber die Zertifikate der Schule taugen wenig, wenn sie massenhaft vergeben werden. Sie liefert ab an das, was die „Global Auction" genannt wird (Brown, Lauder, Ashton, 2011), die feinen Unterschiede zählen mehr denn je. Bildung lautet das Schlagwort – wobei es allein auf Schule bezogen wird und im Kontext der Kompetenzorientierung die Menschen noch darum bringt, Wissen und Können, Fähigkeiten und Fertigkeiten zu erwerben, die ihnen gehören und als Hilfen zur Lebensbewältigung dienen könnten. Begrifflich paradox geht es hingegen um ihre Performanz, darum als Individuen sich schnell wechselnden Anforderungen zu stellen, ein Leben in Projekten zu verwirklichen, individuell und jenseits sozialer und kultureller Zusammenhänge. Objektiv gesehen stellt sich Sozialpädagogik die Aufgabe, Menschen ein selbstgestaltetes Leben in einer Gesellschaft zu ermöglichen, in der es gelingt, die grundlegenden Bedürfnisse zu befriedigen. Die Sozialpädagogik nimmt das in der Rezeption des „capability approach" auf, der eine normativ anthropologische Perspektive mit derjenigen der Gestaltung von konkreten Lebensbedingungen verbindet, damit menschliche Subjekte autonom und mündig agieren können.

Nüchtern betrachtet wird man dem aber wenig Breitenwirkung attestieren. Die Debatte läuft anders, Pädagogik wird nun inhaltlich getilgt, die Erziehungswissenschaft als Bezugsdisziplin aufgegeben. Sozialer Arbeit gilt – übrigens in jeder Hinsicht – Arbeit als das Grundkonzept, in enger Nähe zur Sozialpolitik, begründet zunächst durch eine Sozialarbeitswissenschaft, zunehmend im Zusammenhang mit Sozialwirtschaft. Das hat einen guten Realgrund, nämlich die Einsicht, dass der Soziale Sektor für die Reproduktion der Gesellschaft unverzichtbar geworden ist und zugleich selbst ein Volumen gewonnen hat, das die Produktion der Wohlfahrt zu einer Schlüsselindustrie hat werden lassen. Vermutlich geht es um Trivialeres: Die leitenden Angehörigen des sozialen Systems möchten auf Augenhöhe mit den Vertretern der anderen gesellschaftlichen, der ökonomischen und politischen Akteure verkehren.

Dementsprechend stellen sich die inneren Strategien im Feld dar: Sozialmanagement und Case-Management zeichnen sich als Formen der Steuerung und der Technik des Umgangs mit Betroffenen ab, von Praxis wird kaum mehr gesprochen. Fragen der Effektivität und der Effizienz drängen sich nach vorne, kontrollierter Mitteleinsatz und die Messung des Ertrags werden entscheidend. Christliche Nächstenliebe vergeht den Großkonzernen. Das Feld schmückt sich zwar mit ethischen Floskeln. Doch geht es hart auf hart, werden gerne die unbequemen Maßnahmen mitgetragen, auch gegenüber den eigenen Mitarbeiter_innen. Wäre man boshaft, würde man sagen, dass sich die endgültige Kapitalisierung des Feldes darin erweist, wie das Personal vor allem unter Gesichtspunkten der Rationalisierung, der Verdichtung von Arbeit und ihrer Effizienzsteigerung bewertet wird, selbstverständlich bei Aufrechterhaltung der Semantiken von Humanität und Gerechtigkeit. Dabei ist das Bündnis mit der Sozialdemokratie auf paradoxe Weise zerbrochen: Diese hat sich von den vorgeblich alten, linken Themen verabschiedet, redet nicht mehr von Arbeitern, sondern versteht sich als schicke Modernisierungsmacht ersten Ranges, sieht Menschen als selbstverantwortliche Unternehmer, als Ich-AGs. Sie hat alles getan, um postdemokratische Zustände zu schaffen. Da war dann die Soziale Arbeit auch nicht mehr gut genug. Während allerdings die Sozialdemokratie zunehmend untergeht, ihre Wähler und ihre Klientel an die Lager der rechtsradikalen, rassistischen und ethnophoben Gruppierungen verliert, behält die Soziale Arbeit nicht nur ihre Stärke und gewinnt in der Tat endgültig systemische Bedeutung.

Sie ist sich dessen bewusst. Ein Dilemma zeigt sich jedoch darin, dass und wie sich in ihr zunehmend ein Denken und Handeln durchsetzt, das sich einerseits auf die Errichtung dürftiger Strukturen richtet, in welchen die Akteure dann selbst zurechtkommen sollen. Sozialraumorientierung wird zu einem Sanierungsprogramm, das die Betroffenen zur Mitarbeit verpflichtet. Auf der subjektiven Seite aber setzen sich Handlungsformen durch, die mit Störungen und deren Behebung zu tun haben. Inklusion wird zu einer Formel.

Ein zweites Dilemma deutet sich hingegen in den letzten Jahren an: Die Soziale Arbeit diskutiert sich selbst durchaus wissenschaftlich, leuchtet den Horizont ihrer Aufgaben und Entwicklung im Kontext der gesellschaftlichen Modernisierung aus. Sie gewinnt dabei Konturen einer eigenen sozialpolitischen Begründung. Zugleich wird zunehmend als Defizit moniert, dass die Theoriedebatte und wohl die Ausbildung wenig zur Entwicklung von Einstellung und Haltung der Professionellen beitragen, von der Frage ganz abgesehen, wie man Menschen in Krisensituationen so zu unterstützen vermag, dass sie in ihrer alltäglichen Lebenswelt bestehen können. Zugespitzt könnte man auch sagen: Die Frage nach der Subjektivität als der einer Bewältigung alltäglicher Lebenssituationen ist verschwunden.

4. Schlussbemerkung

Kann man eine grundsätzliche Tendenz feststellen, eine lange Linie, die sich durch die Stationen der Theoriebildung in der Sozialpädagogik zieht? Noch einmal sei an die methodischen Bemerkungen erinnert, die zur Skepsis gegenüber solchen Versuchen mahnen. Dennoch lässt sich zweierlei beobachten: Zum einen geht das

Michael Winkler

Interesse an umfassender Theorie zurück. Das kann und darf nicht überraschen, weil das Feld der professionellen Tätigkeiten sich etabliert und durchaus als System stabilisiert und fast verselbstständigt hat – welchen Angriffen es auch immer wieder ausgesetzt ist. Dieser Vorgang setzt mit der hier als dritte Station bezeichneten Phase ein, hängt eng mit den Reproduktionsproblemen moderner Gesellschaften zusammen: Die modernen Gesellschaften benötigen Soziale Arbeit und kommen ohne diese nicht aus. Sie ertragen diese sogar als eine kritische Instanz, wobei man möglicherweise fragen muss, ob die Soziale Arbeit ironischerweise gerade als kritische durchaus affirmativ wirkt. Sie gibt Impulse zur Veränderung selbst der wohlfahrtsstaatlichen Ordnung, die dazu führen, dass das kapitalistische Ausbeutungssystem erhalten bleibt. Möglicherweise zeigt sich dies – zweitens – besonders dort, wo sie auf das pädagogische Denken verzichtet hat und sich als vorrangig politisch orientierte Sozialarbeit versteht. Die emanzipatorischen Dimensionen von Pädagogik, die nicht zuletzt Natorp geltend gemacht und als Kern von Sozialpädagogik theoretisiert hat, spielen keine Rolle mehr. Allein schon in dieser Hinsicht könnte man aber dann doch festhalten, dass die Soziale Arbeit unter einem Theoriedefizit leidet. Etwas spitz formuliert: Sie weiß nicht mehr, was sie tut, worin ihr Handlungssinn bestehen könnte, jenseits der Funktionserwartungen, die an sie als System gestellt werden. Fatalerweise macht sie das angreifbar: Sie könnte schneller von anderen Professionen und deren Disziplinen verdrängt werden, als ihr das selbst lieb sein mag.

Reflexionsfragen:

- Welche Varianten des Verständnisses der Geschichte der Theoriebildung im Kontext von Sozialpädagogik und Sozialer Arbeit lassen sich unterscheiden?
- In welcher Weise bestimmt das Spannungsfeld zwischen Gesellschaft und Subjektivität die Handlungsstruktur von Sozialpädagogik sowie Sozialer Arbeit und wie ist dies im Rahmen der Geschichte ihrer Theoriebildung reflektiert worden?
- Welche unterschiedlichen Implikationen hat eine universalistische im Vergleich zu einer historisch konkreten Orientierung der Theoriebildung in der Sozialen Arbeit?

Grundlagenliteratur

Engelke, E., Borrmann, St., Spatscheck, Ch. (2018): *Theorien der Sozialen Arbeit: Eine Einführung*. Freiburg im Breisgau: Lambertus
Kronen, P. H. (1980): *Sozialpädagogik: Geschichte und Bedeutung des Begriffs*. Frankfurt a.M.: Haag + Herchen.
Winkler, M. (2004): Sozialpädagogik. In: Benner, D., Oelkers, J. (Hg.): *Historisches Wörterbuch der Pädagogik* (S. 902–928). Weinheim [u.a.]: Beltz.

Weiterführende Literatur

Beck, U. (1986): *Risikogesellschaft: Auf dem Weg in eine andere Moderne*. Frankfurt a.M.: Suhrkamp.
Blom, P. (2009): *Der taumelnde Kontinent: Europa 1900–1914*. München: Hanser.
Böhnisch, L. (1982): *Der Sozialstaat und seine Pädagogik: Sozialpolitische Anleitungen zur Sozialarbeit. Kritische Texte*. Neuwied: Luchterhand.

Brown, P., Lauder, H., Ashton, D. (2011): *The Global Auction. The Broken Promises of Education, Jobs and Incomes*. Oxford: University Press.

Brumlik, M., Keckeisen, W. (1976): Etwas fehlt: Zur Kritik und Bestimmung von Hilfebedürftigkeit für die Sozialpädagogik. *Kriminologisches Journal*. (8), S. 241–262.

Debord, G. (1996): *Die Gesellschaft des Spektakels. Critica diabolis*. Berlin: Ed. Tiamat.

Giesecke, H. (Hg.) (1973): *Offensive Sozialpädagogik*. Göttingen: Vandenhoeck und Ruprecht.

Henseler, J. (2000): *Wie das Soziale in die Pädagogik kam: Zur Theoriegeschichte universitärer Sozialpädagogik am Beispiel Paul Natorps und Herman Nohls. Materialien*. Weinheim, München: Juventa.

Key, E. K. S. (1900/2000): *Das Jahrhundert des Kindes: Studien*. Weinheim, Basel: Beltz.

Kuhn, T. S. (1976): *Die Struktur wissenschaftlicher Revolutionen* (2., rev. und um das Postskriptum von 1969 erg. Aufl.): Frankfurt a.M.: Suhrkamp.

Lindner, G. A. (1884/2001): *Enzyklopädisches Handbuch der Erziehungskunde mit besonderer Berücksichtigung des Volksschulwesens*. Chestnut Hill: Adamant.

Marx, K. (1845/1990): Thesen über Feuerbach: Fassung 1845. In: Marx, K. & Engels F.: *Werke* (Bd. 3, S. 5–7). Berlin: Dietz.

Natorp, P. (1974): *Sozialpädagogik: Eine Theorie der Willensbildung auf Grundlage der Gemeinschaft*. Paderborn: F. Schöningh.

Natorp, P. (2007): *Religion innerhalb der Grenzen der Humanität: Ein Kapitel zur Grundlegung der Sozialpädagogik* (Reprint). Saarbrücken: VDM.

Otto, H.-U., Schneider, S. (Hg.) (1973): *Gesellschaftliche Perspektiven der Sozialarbeit. Neuwied und Darmstadt*: Luchterhand.

Schröer, W. (1995): Erziehung als intentionale Sozialisation: Die »Soziale Pädagogik« Paul Bergemanns. *Neue Praxis*. (25), S. 547–560.

Thiersch, H. (1992): Das sozialpädagogische Jahrhundert. In: Rauschenbach, T., Gängler, H. (Hg.): *Soziale Arbeit und Erziehung in der Risikogesellschaft* (S. 9–24). Neuwied: Luchterhand.

Thiersch, H. (2020): *Lebensweltorientierte Soziale Arbeit – revisited. Weinheim Basel*: Beltz Juventa

Wehler, H.-U. (2008): *Deutsche Gesellschaftsgeschichte: Band 5: Bundesrepublik und DDR 1949–1990* (Vol. 5). München: Beck.

Soziale Probleme, Soziale Arbeit und Systemisches Paradigma. Auf dem Weg zur Sozialen Arbeit als kritischer Profession

Silvia Staub-Bernasconi

> **Zusammenfassung:**
>
> In Abgrenzung von einem philosophischen Atomismus bzw. Individualismus auf der einen Seite und holistischen Ansätzen auf der anderen Seite, werden Grundzüge des Systemischen Paradigmas als disziplinäre Grundlage Sozialer Arbeit sowie das mit diesem Paradigma verbundene Menschen- und Gesellschaftsbild skizziert. In kritischer Auseinandersetzung mit funktionalistischen und konstruktivistischen Ansätzen der Soziologie Sozialer Probleme wird vor diesem Hintergrund eine Gegenstandsbestimmung Sozialer Arbeit vorgenommen in Form einer systemtheoretischen Antwort auf die Frage, wie dort auf den drei Ebenen des Individuums, der vielfältigen Interaktionskontexte und Mitgliedschaften in sozialen Systemen und schließlich der Struktur von Gesellschaften und damit von Machtverhältnissen etwas zum Problem wird. Deutlich abgrenzen lässt sich damit ein Ideal kritischer Professionalität Sozialer Arbeit von jeglichem moralischen Unternehmertum.

1. Was hat mich dazu gebracht, die Theoriebildung in der hier beschriebenen Richtung voranzutreiben?

Auf viele Fragen, die mich umtrieben – u.a. die „Soziale Frage" –, hatte ich in meiner Ausbildung zur Sozialarbeiterin an der Schule für Soziale Arbeit Zürich sowie durch sehr unterschiedliche Praxiszugänge (straffällig gewordene Jugendliche in einem Erziehungsheim; Streetwork, Jugendamt; Kinderpsychiatrischer Dienst, Sozialhilfe in einer grossen Gemeinde mit 30 % AusländerInnen usw.) erste, vorläufige – allerdings unbefriedigende – Antworten gefunden. Unbeantwortet blieb, wie man denn diese Vielfalt „Sozialer Arbeit" definieren könne. Diese Frage begleitete mich – dank eines UNO-Stipendiums – beim Universitätsstudium der Sozialen Arbeit in den USA, u.a. an der Universität von Minnesota und der Columbia University in New York sowie der damit verbundenen Praxis während der sozial bewegten 1960er Krisenjahre u.a. in der Lower East Side in New York. Dank der Bürgerrechtsbewegung der Schwarzen, in welcher Sozialarbeiterinnen und Sozialarbeiter eine maßgebliche Rolle spielten, schrieb und sprach man endlich von Rassismus und nicht von Vorurteilen. Hinzu kam eine breite Lektüre über Soziale Arbeit, u.a. als wissenschaftlich zu begründende Profession, vertieft in Seminaren für DoktorandInnen, sowie die Entdeckung der Theoriedebatten im „Journal of Social Problems". All dies war nach meiner Rückkehr in die Schweiz wegweisend für ein Weiterstudium in Soziologie, Sozialethik und Pädagogik an der Universität Zürich. Parallel dazu lehrte ich an der *Schule für Soziale Arbeit Zürich* „Soziale Arbeit mit Gruppen und Gemeinwesen". Die damals nahezu jährlich angekündigten Paradigmenwechsel, „Ein-Konzept-Theoriesplitter" und neuesten Methoden weckten angesichts meines Theorie- und Praxiserfahrungshintergrundes tiefes

Misstrauen gegenüber theoretisch und methodisch verkürzten Sichtweisen, sodass ich mich auf die Suche nach integrativen „theoretischen Rahmungen" der Sozialen Arbeit begab. Dabei stieß ich zuerst auf Arbeiten von ProfessorInnen an niederländischen Universitäten zu einer „Agologie und Agogik" Sozialer Arbeit als Handlungswissenschaft (Ten Have, van Beugen 1972, van Stegeren 1979 mit einem Lehrauftrag an der Schule für Soziale Arbeit Zürich). Dazu gesellte sich in den 1970er-Jahren das Werk von Ervin Laszlo (1963, 1969, 1978, 1978) damals Forschungsdirektor bei der UNESCO: zunächst sein „The Systems View of the World", das philosophisch und transdisziplinär angelegt ist. Zwischen 1974 und 1989 entstand die erheblich breiter abgestützte achtbändige „Treatise on Basic Philosophy" von Mario Bunge. Ein wichtiges Zwischenprodukt zu meiner Auseinandersetzung mit dieser Theorierichtung war meine Dissertation zum Thema „Soziale Probleme – Dimensionen ihrer Artikulation" (1983). Aber noch wichtiger war meine Entscheidung, an der Schule für Soziale Arbeit Zürich zu bleiben, um die Chance zu haben, mein Interesse an der Integration von Philosophie, human- und sozialwissenschaftlichen Theorien sowie Handlungstheorien in Konfrontation mit der Praxis in sehr unterschiedlichen Handlungsfeldern bewähren oder scheitern zu lassen. Die Weiterentwicklung meiner Theorie Sozialer Arbeit – bis hin zu den Themen Macht als Behinderungs- versus Begrenzungsmacht, transformativer Dreischritt, Tripelmandat und Menschenrechte – lässt sich ohne die tägliche Konfrontation mit dem Glanz und Elend der Theorie und Praxis Sozialer Arbeit kaum verstehen. Die sieben Jahre am Institut für Sozialpädagogik der Technischen Universität Berlin mit Kolleg_innen, die alle gemäß ihren je besonderen Interessen an der Menschenrechtsthematik arbeiteten, waren zusätzlich entscheidend für meine theoretische Weiterentwicklung, die zur Gründung von zwei Masterstudiengängen – einer davon als internationaler Studiengang – zum Thema „Menschenrechte und Soziale Arbeit" führten.

Ohne „Gegenstand", worüber man Theorien entwickeln kann, keine Disziplin! – Ohne „Zuständigkeitsbereich" keine Profession!

Seit etwa 10 Jahren ist es üblich geworden, von Sozialer Arbeit als Disziplin und Profession zu sprechen. Dieser Anspruch steht allerdings angesichts dessen, dass in der Fachwelt des deutschsprachigen Kontextes mindestens ein Dutzend unterschiedliche, teilweise auch widersprüchliche Professionsvorstellungen vertreten werden oder eine Professionalisierung von kritischer Seite sogar abgelehnt wird, nach wie vor auf wackeligen Füßen. Der vorliegende Beitrag versucht, mit unterschiedlicher Gewichtung auf beide Themen einzugehen. Dabei begrenze ich mich in einem *ersten* Abschnitt auf drei zentrale philosophische bzw. metatheoretische Grundentscheidungen, die jedem theoretischen Ansatz und damit auch dem systemischen Ansatz zugrunde liegen.[1] Im *zweiten* Abschnitt skizziere ich das Menschen- und Gesellschaftsbild, das sich auf der Basis des Systemischen Paradigmas Sozialer Arbeit (im Folgenden SPSA) ergibt. Im *dritten* Abschnitt geht es unter

---

[1] Vgl. dazu die umfangreichen Arbeiten von Laszlo 1963, 1969, 1972, 1970/78; Bunge 1974ff1984, 1999, 2009, 2010; Obrecht, 2005, 2008; Heintz, 1974, 1982; Bornschier, 1998; Geiser, 2015; Klassen, 2003; Borrmann, 2005; Engelhardt, 2016; Leideritz, Vlecken, 2016.

Verweis auf zwei wissenschaftliche Gesellschaften, die Soziale Probleme zu ihrem Theorie- und Forschungsgegenstand erhoben haben, um eine Kritik ihrer metatheoretischen Prämissen, um im *vierten* Abschnitt eine Theorie Sozialer Probleme systemtheoretisch zu begründen. Im *letzten, fünften* Abschnitt werden die wichtigsten Themen der Profession, u.a. ihr Mandat, der transformative Dreischritt und damit das Thema wissenschaftlich begründeter Methoden bzw. Arbeitsweisen sowie die Vorstellung problembezogener Arbeitsweisen/Methoden eingeführt. Die ausführliche Behandlung dieser Themenbereiche erfolgt in Staub-Bernasconi (2018, 2019), ferner in Geiser (2015).

2. Grundzüge des systemphilosophisch begründeten Paradigmas als Grundlage für die Soziale Arbeit als Disziplin

Jedem „theoretischen und professionstheoretischen Ansatz" liegen philosophische, das heißt metatheoretische Entscheidungen zugrunde, die aber nicht immer explizit gemacht werden. Dies erschwert deren Vergleich und eine kritische Diskussion darüber. Diese Entscheidungen explizit zu machen würde es erleichtern, sich in der schier unüberschaubaren Vielfalt von theoretischen und methodischen Ansätzen in der Sozialen Arbeit einigermaßen zurechtzufinden und eine bewusste, begründbare Wahl zu treffen.

(1) Eine erste philosophische, also metatheoretische Entscheidung betrifft die Definition der „Basiseinheiten" der „Welt", wie wir sie kennen, und in der Folge die Frage, welche Basisdisziplinen einen Beitrag zu ihrer Beschreibung und Erklärung leisten können (= Teilfrage der Wirklichkeitstheorie bzw. Ontologie).

Von welchen Vorstellungen über die Wirklichkeit, „die Welt", wird also ausgegangen? Hier folgende allgemeinste Antworten:

- Die Welt besteht aus unverbundenen, isolierten Atomen, die sich selbstreferenziell (re-)produzieren (= philosophischer Atomismus oder Individualismus)[2]
- Die Welt besteht aus unzerlegbaren Ganzheiten (= philosophischer Holismus)[3]
- Die Welt besteht weder aus „isolierten Atomen" noch aus „unzerlegbaren" oder gar, im Vergleich zu den Atomen „höherwertigen Ganzheiten", sondern aus sehr unterschiedlichen, einfach bis komplex zusammengesetzten „Einheiten", deren Mitglieder untereinander flüchtige bis stabile, horizontale und vertikale (Interaktions-)Beziehungen eingehen. So werden Atome zu „umweltbezogenen, sozial eingebetteten Atomen bzw. Einheiten", die sich dank ihrer Mitgliedschaft in „Ganzheiten als soziale Systeme" entwickeln, diese stabilisieren, verändern, verlassen oder aus diesen ausgeschlossen werden. Diese Ganzheiten

---
[2] So hatte Margaret Thatcher beschlossen, ja gewissermaßen per Dekret verfügt: „Die Gesellschaft gibt es nicht! – es gibt nur Individuen".
[3] Aus der Perspektive des Holismus sind Individuen vernachlässig- oder instrumentalisierbar. Die Verfügung über Individuen wird dadurch legitimiert, indem man „das Ganze" zugleich als „das Wahre" oder Höherwertige bezeichnet. Selbstbestimmte Individuen kann es nicht geben! Sie haben dem Ganzen zu dienen, sich ihm und seiner Wahrheit zu unterwerfen. Damit kann eine „Gemeinschaft" bzw. ein soziales System unterschiedlicher Größe – eine streng patriarchal strukturierte (Groß-)Familie, der Staat oder die Partei, die Hegemonie der Intellektuellen oder der Religionsvertreter usw. gemeint sein.

werden zu aus Teilen, das heißt „Atomen"/Individuen zusammengesetzten, „umweltbezogenen, umfassenden und umfassten Einheiten", die intern und extern mit ihren Teilen/Individuen interagieren und dadurch entwickelt, verändert werden oder zerfallen. Diese Vorstellungen sind auf alle evolutionären Wirklichkeitsebenen – beginnend mit der physikalischen Welt und (vorläufig) endend mit der abstrakten, ideell-kulturellen Wirklichkeit der Symbolsysteme – anwendbar.

Überträgt man diese allgemeinen Aussagen auf einzel- und transdisziplinäre Vorstellungen im Humanbereich, so kann man sich unter „Atomen" menschliche Individuen und unter „Ganzheiten" soziale Systeme mit unterschiedlich vielen, miteinander interagierenden Mitgliedern und deren Teilsysteme vorstellen, die sich dank Einschluss-, Kooperatioms- und Ausschlussprozessen entwickeln, verändern oder auflösen. Dabei sind die „Individuen" für ihr Überleben existenziell auf die Mitgliedschaft in „sozialen Systemen" angewiesen und „soziale Systeme" sind ebenso „existentiell" auf „Individuen" als untereinander interagierende Mitglieder angewiesen, was heißt, dass es sie ohne diese gar nicht gibt (= philosophischer Systemismus).

Grundlage dieser Ausführungen ist die Vorstellung einer evolutionären Entwicklung der Einheiten von der physikalischen über die biologische, psychische bis zur sozialen und symbolisch-kulturellen Wirklichkeitsebene. Die Entwicklung vollzog und vollzieht sich aufgrund physikalisch-chemischer, bio-psychischer, psycho-sozialer und sozial-kultureller *Gesetzmäßigkeiten*, dank denen auch Neues entstehen kann. Sie macht nicht nur eine inter-, sondern transdisziplinäre Vorstellung von der Disziplinbildung erforderlich.

Beispiele für atomistische, holistische und systemische Positionen in den Basisdisziplinen:

So gibt es in den Bezugswissenschaften der Sozialen Arbeit theoretische Positionen, die sich fast ausschließlich auf *Individuen*, ihre Psychen, Bedürfnisse, Motive, Kognitionen, Meinungen, Selbst-, subjektiven Gesellschafts- und Weltbilder, eventuell Fähigkeiten (Capabilities) usw. beschränken. Man erfährt nicht, in welcher Gesellschaftsstruktur sie leben, welche Position(en) sie dort innehaben, wie sie von diesen beeinflusst werden und welche realen Möglichkeiten sie haben, um auf sie einzuwirken (vgl. die Ausführungen zum Menschen- und Gesellschaftsbild). Beispiele dafür sind der Behaviorismus, Kognitions- und Lerntheorien, individuelle Codierungen und Meinungen.

Und es gibt Theorien bzw. Bezugswissenschaften, die sich, ohne differenzierte Theorie über das Individuum, fast ausschließlich auf *soziale Systeme, Gesellschaften* oder *die* Gesellschaft beziehen. Die Individuen interessieren theoretisch lediglich im Hinblick auf ihre Eignung bzw. Funktionalität zur Erreichung einer sich oft als Elite verstehenden sozialen Einheit kollektiv definierter Ziele oder sozialer Funktionen. Beispiele dafür sind der Marxismus-Leninismus im Hinblick auf die Diktatur des Proletariats; Luhmanns Theorie sozialer Systeme, welche die funktionsbezogen adressierbaren Individuen außerhalb der sozialen Systeme platziert.

Beispiele aus dem professionstheoretischen Bereich:

Die *„atomistisch-individualistischen"* Varianten werden hier durch praxisbezogene Handlungsleitlinien und Methoden konkretisiert, die sich auf die oben genannten, psychologischen Theorien über bestimmte individuelle – psychische – Merkmale beziehen; z.B. Gesprächsmethodiken, die sich ausschliesslich auf Individuen konzentrieren und ihre soziale Umwelt ausser acht lassen; Kognitive Therapie, Coping-Methoden, Verhaltenstherapie, der Capability-Ansatz.

„Holistisch" orientierte Handlungstheorien oder Methoden gesellschaftlicher Veränderung werden zu manipulativen sozialen Mobilisierungsmethoden für die politischen Ziele von (auch professionellen) Machteliten, die dem Individuum nicht zugänglich oder gar einsichtig gemacht werden. Weitere Beispiele sind

- „totale Institutionen" (Goffmann);
- die Durchsetzung organisationeller Beschlüsse über Individuen und ihre Lebensverhältnisse im autokratischen Top-Down-Verfahren, das heißt unter Ausschluss von Anhörung, Mitbestimmung, Widerspruchs- und Rekursmöglichkeiten, des Zugangs zu Ombudsstellen usw.;
- die Instrumentalisierung/Funktionalisierung von Individuen für die soziale Stabilisierung oder Veränderung – und je nachdem – gewaltorientierte Revolutionierung eines sozialen Systems.

Das systemische Paradigma ist ein Versuch, von einem Menschen- und Gesellschaftsbild auszugehen, das die beiden reduktionistischen, voneinander isolierten „atomistischen" und „holistischen" disziplinären und professionellen Zugänge transdisziplinär verknüpft, um, ausgehend von sozialen Problemkonstellationen, ein komplexes Bild menschlicher und kontextbezogener Entwicklung, Not, Hilf- und Machtlosigkeit, aber auch menschlicher Einflussmöglichkeiten zu entwickeln und praktisch umzusetzen.

(2) Eine zweite philosophische, metatheoretische Entscheidung bezieht sich auf die Frage nach der „Beschaffenheit" der „Welt", das heißt der Elemente ihrer Einheiten (= Teilfrage der Ontologie).

Die „klassischen" Antworten und damit Entscheidungen der Theoriekonstruktion im Rahmen der europäischen Philosophie kreisen um folgende „Grundbausteine" bzw. Dichotomien: Materie versus Geist, Empfindungen/geistige Konstrukte versus Handlungen. Je nach Entscheidung gehen sie vom Primat des Materiellen (Marxismus) *versus* Ideellen (Konstruktivismus) oder vom Primat der Bewusstseins-/Erkenntnisprozesse (Lebens-/Erfahrungswelt) *versus* Handlungsprozesse (Funktionalismus, Utilitarismus, Pragmatismus – der Neoliberalismus) aus. Man kann also jede Einzeldisziplin sowie jede Praxisorientierung danach befragen, ob sie sich primär auf Materielles, Ideell-Kulturelles, Phäno- bzw. Lebensweltliches oder auf bestandssichernde Handlungen / Fähigkeiten / soziale Funktionen bezieht.

Im deutschen Kontext haben wir im *disziplinären Bereich* eine Dominanz funktionalistischer Theorien, zurzeit gefolgt von konstruktivistisch-erkenntnistheoretischen, das heißt idealistischen Ansätzen. In den 1960er-Jahren dominierten eher materialistische (neomarxistische) Ansätze und soweit man sich bis heute auf die Geschichte (sozial-)pädagogischer Theorien bezieht, sind etliche einer idealistischen, geisteswissenschaftlichen Position zuzuordnen, die sich in der Regel von einem sogenannten „naturwissenschaftlichen Ansatz" abgrenzen.

Im Bereich der *Professionskonzepte* dominieren seit der weltweiten Durchsetzung neoliberal-marktwirtschaftlicher Gesellschaftsmodelle funktionalistische Handlungs-, das heißt Managementkonzepte, die sich über Top-Down-Steuerungsmodelle relativ breitflächig durchsetzten. Differenziertes Beschreibungs- und Erklärungswissen zur Problemsituation der Adressat_innen, aber auch die Arbeit mit den problemverursachenden Akteur_innen aus dem sozialen Umfeld werden so oftmals zum abgelehnten Luxus. Ausdifferenziert werden hingegen die Standardisierung der Arbeitsprozesse durch Formulare, Fallpauschalen und die Festlegung bestimmter, organisationsbezogener Kompetenzen.

Das systemische Paradigma ist ein Theorie-Praxis-Projekt, das zum einen den Geist-Materie-Dualismus und den damit zusammenhängenden Dualismus zwischen Reflexion und Handeln sowie denjenigen von Individuum und Gesellschaft zu überwinden sucht. Zudem: Jedes von der Klientel vorgetragene Problem hat psychische, soziale und kulturelle, je nachdem begleitet von körperlichen Aspekten. Dies heisst nicht, dass alle von der gleichen Person bzw. Profession bearbeitet werden müssen; gefragt ist hier Teamarbeit.

(3) Eine dritte philosophische Entscheidung bezieht sich auf die erkenntnistheoretische Frage, inwiefern die Welt überhaupt objektiv existiert, erkennbar und gestaltbar ist (= Teil der Erkenntnistheorie).

Auch dazu gibt es unterschiedliche Antworten, die sich teilweise auf die vorhin genannten Positionen beziehen:

- Die Welt besteht unabhängig davon, ob Menschen an sie denken, sie erkennen, sie verändern oder sie erforschen. Aber sie ist dank des psychobiologischen Wahrnehmungs-, Denk- und Handlungsvermögens des Menschen zumindest partiell erkenn- und gestaltbar (= erkenntnistheoretischer Realismus).
- Die Welt „an sich" ist, auch wenn es sie objektiv gibt, nicht direkt erkennbar; sie ist nur aufgrund von Erscheinungen subjektiv *erfahrbar*, die den menschlichen Sinneserfahrungen zugänglich sind; Dinge sind Sinneseindrücke oder Gegenstände des Bewusstseins (= Phänomenalismus/Intuitionismus oder moderater, erkenntnistheoretischer Konstruktivismus).
- Die Welt als objektive Realität gibt es nicht. Sie besteht nur insofern, als Menschen an sie denken, darüber miteinander kommunizieren, öffentliche Diskurse führen, sie also dank ihres Denkvermögens nach ihren subjektiven Empfindungen, Meinungen, Interessen und Ideologien symbolisch konstruieren und dekonstruieren (= Antirealismus oder Radikaler Konstruktivismus).

Als *Unterfrage* lässt sich formulieren: Was ist aufgrund der beschriebenen drei erkenntnistheoretischen Positionen *Wahrheit* als menschliches Erkenntnisverfahren und wie steht es damit mit der Wahrheit von Aussagen? Wie gehen Menschen und insbesondere Wissenschafter_innen oder Professionelle mit der „Theorie-Daten-Beziehung" um:

- Wahrheit ist eine Eigenschaft von Aussagen, die über Beobachtungen (Daten) eine Beziehung zwischen Bedeutungen und Bedeutetem, das heisst dem, worauf sich die Bedeutungen beziehen (Fakten), herstellen. Dabei kann es sich um Alltags- oder wissenschaftliche Beobachtungen handeln. Die Aussagen müssen jederzeit kritisierbar, revidierbar, verbesserbar sein. Sie sind also keine Letztbegründungen für was auch immer, da alles, was Menschen fühlen, denken, beurteilen, hoffen und glauben, irrtums- und ideologieanfällig ist (= erkenntnistheoretischer Realismus; Korrespondenztheorie der Wahrheit).
- Wahrheit ist das Ergebnis von subjektiven, plausibel anmutenden Entscheidungen aufgrund von Intuition und Empathie oder/und das Ergebnis von an Nutzen/Zwecken ausgerichteten effizienten Handlungen (= Intuitionismus sowie Pragmatismus/Funktionalismus).
- Wahrheit ist das Ergebnis eines konsensbildenden sozialen Kommunikations- bzw. Konstruktionsprozesses von gleichberechtigten Teilnehmer_innen mit einem Verfahren, das allen die zwanglose Zustimmung zum besseren Argument ermöglicht (= Konsenstheorie der Wahrheit).
- Wahrheit ist das, was Mächtige als (absolute, unfehlbare) Wahrheit definieren (= Wahrheit als ideologisch begründeter Machtanspruch; z.B. Foucault).

Während sich die Intuitionist_innen nicht um die Theorie-Daten-Beziehung kümmern; die Konstruktivist_innen davon ausgehen, dass es keine solche gibt; die Pragmatist_innen sich damit zufriedengeben „if it works"; die Konsenstheoretiker_innen sich auf die Analyse von Kommunikationen/Diskursen konzentrieren und auf zwanglose Zustimmung hoffen, gehen Vertreter_innen eines erkenntnistheoretischen und wissenschaftlichen Realismus davon aus, dass Wahrheit die Frage nach der Beziehung zwischen Theorie, theoretischen Aussagen und Fakten stellt. Wissenschaft bzw. das Wissenschaftssystem ist das einzige soziale Teilsystem, das Dauerkritik und -replik institutionalisiert hat, was nicht heißt, dass sich seine Akteure immer daran halten.

3. Merkmale des Menschen- und Gesellschaftsbildes im systemischen Paradigma

Die dargelegten metatheoretischen Vorentscheidungen wirken sich auf das Menschen- und Gesellschaftsbild aus, das der Disziplin und Profession Sozialer Arbeit zugrunde liegt. Dabei beschränke ich mich hier auf dasjenige des systemischen Paradigmas.

Merkmale eines Systemischen Menschenbildes

„Heutige" Menschen sind das Ergebnis einer Entwicklungsgeschichte von, wie man heute weiß, über 14 Milliarden Jahren. Sie können aufgrund transdisziplinärer Forschungsergebnisse wie folgt beschrieben werden (Obrecht, 2008, S. 13–15; Antweiler, 2007): „Sie sind

›(psycho)biologische Wesen‹
- mit *Psychen* bzw. psychischen bzw. emotio-kognitiven Subsystemen bzw. Funktionen,
- die notwendig in einer *sozialen Umwelt* leben und die
- in Bezug auf ihr *Selbst- und Weltbild* sowie
- alle ihre praktischen *Aktivitäten* durch ›*Kultur*‹ geprägt sind, d.h. durch Empfindung und Wahrnehmung von Objekten der materiellen Kultur oder eines mittels einer vokalen Sprache vermittelten kulturellen Codes;
- solche *kulturellen Codes* sind mehr oder weniger integrierte Systeme von Begriffen und *beschreibenden, erklärenden, bewertenden, prognostizierenden, intentionalen und präskriptiven Aussagen* über alle möglichen Aspekte der Welt inklusive möglichen Handlungen;
- *menschliche Individuen* sind als Lebewesen neugierig, aktiv, lern-, sprach- und selbstwissensfähig und zugleich beziehungs- und mitgliedschaftsorientiert und entsprechend sozial und kulturell eingebettet;
- genauer, sie werden in soziale Systeme, das heißt verwandtschaftliche Verhältnisse, Ethnien, religiöse Gemeinschaften, politische Systeme usw. sowie in national organisierte Gesellschaften und die Weltgesellschaft hineingeboren,
- können aber im Verlauf ihres Lebens ihre Einbindung in soziale Systeme unterschiedlichster Art auch frei wählen; ...
- *menschliche Bedürfnisse* sind als biologische, psychische, soziale und kulturelle Bedürfnisse Teil eines umfassenden Menschenbildes, die nur in dessen Rahmen überhaupt beschrieben werden können."

Dies ist ein Menschenbild, das zur Überwindung des „Leib-Seele-„ oder „Geist-Natur-Dualismus" (Descartes u.a.) beitragen könnte. Es setzt allerdings die Bereitschaft voraus, die falsche Vorstellung vom „mathematisch-naturwissenschaftlichen Erklären" und „geisteswissenschaftlichen Verstehen" von Erzeugnissen des menschlichen Geistes zu überwinden, die je nach Fall „entleibte Menschen" oder „geistlose menschliche Körper" hervorbringen. Jede Reduktion des Menschen auf ein „Nichts-Als" ist aus der hier gewählten systemischen Theorieperspektive nicht nur unzulässig, sondern legt den Grundstein für seine Entpersonalisierung und damit menschlichen Entwürdigung. Zum systemischen Menschenbild gehört ferner, dass die Individuen als individuelle wie als kollektiv organisierte Akteure ihre Umwelt beeinflussen und verändern können, aber gleichzeitig von ihr beeinflusst werden. Motive für Ersteres sind ihre *bio-psycho-sozial-kulturellen Bedürfnisse*, die befriedigt werden sollen. Überdies ist dieses Menschenbild nicht nur anschlussfähig an das *bio-psycho-sozial-kulturelle Modell des Menschen*, das sich in verschiedenen Disziplinen und Professionen etabliert hat und interprofessionelle Kooperation ermöglicht (Obrecht, 2006). Es ist desgleichen direkt vom aktuellen Wissensstand und den wissenschaftlichen Forschungsaktivitäten und -entwicklungen der unterschiedlichen Grundlagendisziplinen abhängig.

3. Merkmale des Menschen- und Gesellschaftsbildes im systemischen Paradigma

Merkmale eines systemischen Gesellschaftsbildes

Gegenstand der Soziologie sind nicht nationale Gesellschaften oder gar „Kulturen", sondern die Weltgesellschaft mit ihrer Bevölkerung, zahllosen sozialen (Teil-)Systemen und einer Vielfalt von *zum einen* Universalität beanspruchenden Kulturen/Codesystemen (z.B. die Menschenrechte, das neoliberale marktwirtschaftliche Gesellschaftsmodell, das Völkerrecht) und *zum andern* partikularen nationalen, politischen, ethnischen, religiösen, familiären Subkulturen.

Der Fokus der Theoriebildung, auch in der *Sozialen Arbeit,* auf jeweils einzelne nationale Gesellschaften des Globalen Nordens übersieht oder unterschätzt die Einflüsse, die von den sie umfassenden Systemen (z.B. die Europäische Union, OSZE, NATO, WTO, Weltbank) ausgehen. Gleichzeitig blenden sie den Einfluss, den der Norden auf die Länder des Südens ausübt, zumeist aus. So handelt es sich bei den am meisten diskutierten Gesellschaftstheorien um affirmative oder kritische Modernisierungstheorien, Theorien funktionaler Differenzierung, neomarxistische und Kritische Theorie und in letzter Zeit Foucaults Gouvernementalismus-Theorie. Diese zumeist nationale bzw. europäisch-westliche Nabelschau wird noch durch viele, an sich hervorragende historische Beiträge zur Entwicklung des Sozialwesens und der professionellen Sozialen Arbeit im nationalen Rahmen verstärkt und zwar bis hin zur Aussage, dass sich die deutsche Soziale Arbeit mit keiner anderen Sozialen Arbeit vergleichen lasse, „weil es je eigene Diskurse gibt, vor allem aber, weil Soziale Arbeit im nationalen Setting jeweils unterschiedlich angelegt ist" (stellvertretend z.B. Schumacher, 2013, S. 145f.).

Aber: Fast alle Sozialen Probleme, die eine nationale Gesellschaft im Norden mittels Sozialpolitik und Sozialer Arbeit zu lösen sucht und die auf sie noch zukommen werden, gehen auch auf die Struktur und Dynamik der Weltgesellschaft als Erklärungsbasis zurück (Armut, Erwerbslosigkeit, Migration, Diktaturen, Neokolonialismus, Flucht, Kriege und ihre Folgen: Fremdenfeindlichkeit, Rassismus, Rechtsextremismus, Frauen-, Kinderhandel usw.). Darüber hinaus müsste eine Gesellschaftstheorie also den Blick auf die zerstörerischen Einflüsse der „westlichen Gesellschaften" auf diejenigen des Globalen Südens richten. Die seit der erfolgreichen, beinahe weltweiten Verbreitung des neoliberalen kapital- und marktgesellschaftlichen Gesellschaftsmodells durchgesetzten Spardiktate seitens der reichen europäischen Staaten erfolgen vor dem Hintergrund internationaler Steuer- und Kapitalflucht größten Ausmaßes in der von der Realwirtschaft abgekoppelten Finanzindustrie. Ihr Ziel ist, aus Geld mehr Geld zu „produzieren". Es sind die Flüchtlinge, die sich auf den Weg nach dem reichen und sicheren Norden aufgemacht haben, die „den Norden" zwingen werden, den Blick auf weltgesellschaftliche Zusammenhänge auszuweiten, und dabei (vielleicht) zu entdecken, was er bis jetzt versäumt hat. Es geht bei alledem nicht um eine Ersetzung, sondern Ergänzung der zu engen Perspektive auf national organisierte Gesellschaften – dies ohne damit die Erwartung zu verbinden, dass die Soziale Arbeit in all diesen Bereichen präsent sein kann bzw. muss.

Silvia Staub-Bernasconi

Die Merkmale national organisierter Gesellschaften

Anhand des systemischen Paradigmas können nationalstaatlich organisierte Gesellschaften aufgrund folgender struktureller Differenzierungsmerkmale und dazugehöriger (Sub-)Kulturen charakterisiert werden (Obrecht, 2005, S. 147; Heintz, 1974, 1982; Bornschier, 1998):

- Ein erstes Merkmal ist ihre Einwohnerschaft nach dem Prinzip des *Jus Soli* (Mitglied ist, wer sich im Rahmen der geografisch definierten nationalen Grenzen aufhält – umfasst auch nicht anerkannte, untergetauchte Migrant_innen / Flüchtlinge, Sans Papiers usw.). Hinzu kommt
- das nationale und internationale Schichtungssystem aufgrund der Rangdimensionen Bildung, Beschäftigung, Einkommen/Kapital mit bestimmten Zugangs- und Ausschlusskriterien; in vielen Kontexten handelt es sich um ein sozial undurchlässiges Klassen- oder neofeudales Kastensystem; weitere Merkmale sind
- territoriale Differenzierung nach Nationen – mit Subsystemen wie Kommunen, Länder/Kantone, Provinzen – und diese, sie umfassenden Systeme (z.B. die Europäische Union) bis hin zur Weltgesellschaft;
- Differenzierung nach Land-, Agglomeration-, Stadt- und Metropolregionen;
- Funktionale Differenzierung (Familien, Bildung, Wirtschaft, Politik/Staat, Militär, Kultur; Gesundheits-, Sozialwesen);
- Sprachliche und kulturelle, inklusive religiöse Differenzierung;
- Geschlechtsbezogene Differenzierung;
- Altersbezogene, lebenszeitliche Differenzierung;
- Differenzierung nach sexueller Präferenz.

Die Merkmale der Weltgesellschaft

Für die Weltgesellschaft lassen sich darüber hinaus folgende weltumspannende soziale Teilsysteme und dazugehörige (Sub-)Kulturen identifizieren (Heintz, 1974; Wobbe, 2000):

- das internationale (Entwicklungs-)Schichtungssystem von Bevölkerungen – als Bezugs-/Relevanzrahmen für die Migrationsziele von Individuen, Familien des Globalen Südens in die reichen Staaten des Nordens;
- das interorganisationelle Schichtungssystem nationaler und transnationaler Konzerne mit davon abgekoppelter transnationaler Finanzindustrie;
- das intergouvernementale System der politisch-militärischen Machtschichtung und
- das transnationale, interkulturelle/massenmediale System, das sich aufgrund der Digitalisierung rasant in Richtung Herrschafts- und Kontrollsystem größten Ausmaßes entwickelt.

Was heute zutrifft, ist eine teilweise fragile bis starke „Kombination" von Akteur_innen aus kapital- und marktgetriebenem Wirtschafts- sowie davon abgekoppeltem Finanzsystem und solchen der politisch-militärischen Machtschichtung. Ihnen gelingt es, ihre Interessen trotz weltweit zahlreicher Konfliktzonen und Kriege in vielen Fällen auf Kosten und Leiden eines großen Teils der Bevölkerungen durchzusetzen, ja sogar ihren Profit dank Kriegen zu steigern.

Was national organisierte Gesellschaften sowie die Teilsysteme der Weltgesellschaft „zusammenhält", sind die von ihren Akteur_innen definierten und anerkannten sozialen Regeln in Form von Absprachen, verbindlichen Vereinbarungen, Verträgen, Gesetzgebungen, Verfassungen, inter- und transnationalen Deklarationen, Chartas usw.

Bevor ich darlege, wie im Bereich „Theorien Sozialer Probleme" „etwas zu einem Sozialen Problem" wird (May, 2005), soll die Theorieausrichtung zweier wissenschaftlicher Gesellschaften kurz vorgestellt werden, die sich ausschließlich mit dem Thema „Soziale Probleme" befassen.

4. Soziale Probleme als Thema und Gegenstand zweier wissenschaftlicher Gesellschaften sowie des Systemischen Paradigmas Sozialer Arbeit (SPSA)

Es handelt sich als erstes um die 1952 gegründete *Society for the Study of Social Problems* und ihre Zeitschrift *Social Problems* mit vielen Forschungsbeiträgen, begleitet von Theoriebeiträgen und -debatten, sowie zweitens um die Sektion *Soziale Probleme und soziale Kontrolle* der *Deutschen Gesellschaft für Soziologie* und in diesem Zusammenhang um das von Günter Albrecht und Axel Groenemeyer herausgegebene zweibändige „Handbuch Soziale Probleme" (2012). Dabei beschränke ich mich auf zwei theoretische Ansätze – der eine, weil er im deutschen Kontext oft als Kritik- und damit Negativfolie für eine Theorie Sozialer Probleme und Sozialer Arbeit dient; der zweite, weil im Handbuch eine bestimmte Theorie Sozialer Probleme als zurzeit theoretisch maßgebender Bezugsrahmen dargestellt wird (Groenemeyer, 2012, S. 17–116).

4.1 Die frühe angelsächsische, funktionalistische Tradition

Diese Tradition geht von Vorstellungen sozialer Abweichung, sozialer Desorganisation und dysfunktionalem Funktionieren (z.B. von Familien, Gemeinwesen, Organisationen usw.) aus (z.B. Merton/Nisbet, 1971). Dies erfolgt zumeist ohne Bezugnahme auf eine differenzierte Theorie des Individuums und der Gesellschaft und ihrer Interaktionsbeziehungen (vgl. 1. und 2. Abschnitt). „Malfunctioning", so beispielsweise Kriminalität in jeder Form, Drogengebrauch, Selbstmord oder das Versagen in der Erzieher_innenrolle, am Arbeitsplatz, kann höchstens als *Teilbereich* einer Theorie Sozialer Probleme betrachtet werden. Hierzu müssten allerdings die gesellschaftlich geteilten Werte und Normen, die zur gesellschaftlichen und theoretisch-wissenschaftlichen Problematisierung dieser Konstellationen als Soziale Probleme führen, auf ihre Legitimität hinterfragt werden. Die „Frauenfrage", Sexismus ist auch in der dritten Auflage von 1971 kein Thema. Gesellschaftstheoretisch bleibt es mehrheitlich beim Konzept von „Anomie" als „Normenvakuum" im Hinblick auf die allen Menschen versprochenen sozialen Aufstiegschancen. Mit der Rezeption der Luhmannschen Theorie Sozialer Systeme hat allerdings der Einzug des Funktionalismus im deutschen Theoriekontext längst stattgefunden. Unterstützt wird er durch den Neoliberalismus, der den Menschen auf ein zweckdienliches „Kompetenzbündel" reduziert.

4.2 Der „konstruktivistische Turn" – auch in der Sozialen Arbeit

Komplizierter wird es beim „konstruktivistischen Turn", der in der amerikanischen Theorietradition im *Journal of Social Problems* in den 1970er Jahren seinen Anfang nahm: So schreibt Blumer (1971, S. 305f.): „Soziologen, die versuchen, eine Theorie Sozialer Probleme aufgrund der Prämisse zu entwickeln, dass sie in irgendeiner Weise in einer objektiven sozialen Struktur zu lokalisieren sind, verstehen die Welt falsch" („are misreading their world"). Sie sind vielmehr Produkte eines kollektiven Definitionsprozesses. Für Spector und Kitsuse (1973) sind Soziale Probleme Aktivitäten von Gruppen, die – ausgehend von *unterstellten* Gegebenheiten – Unzufriedenheiten artikulieren und Ansprüche geltend machen.

In der *Sektion Soziale Probleme und Soziale Kontrolle* wurde – unter explizitem Bezug auf Blumer sowie Spector und Kitsuse – diese Position wegweisend. Groenemeyer zieht nach einem historischen Überblick zur Begriffsgeschichte (2012, S. 20–27) – nämlich Soziale Probleme als „Soziale Frage" und das „Leiden der unteren Klassen" im Frühkapitalismus, ferner Soziale Probleme als Ausgangspunkt für „wohlfahrtsstaatliche Reformpolitik", als Gegenstand einer „Soziologie sozialer Probleme in Deutschland", aber auch als unbefriedigender Sammelbegriff – die Schlussfolgerung:

> „Unter dem Anspruch einer wissenschaftlichen Fundierung und Vereinheitlichung des Konzepts ›soziales Problem‹ haben sich konstruktivistische Perspektiven sozialer Probleme entwickelt. Während bei Forschungen zu Ursachen, Verläufen, Verbreitung und Behandlung einzelner sozialer Probleme deren problematischer Charakter vorausgesetzt werden muss, fragt eine konstruktivistische Perspektive nach dem Problematischwerden sozialer Phänomene. [...] Die Soziologie sozialer Probleme wird hier zu einer *Wissenssoziologie* der Analyse von Strategien und Diskursen der Problematisierung gesellschaftlicher Phänomene in Öffentlichkeit und Politik" (26f.).

Dabei wird Schetsches Beitrag „Die Karriere Sozialer Probleme" (1996) zu einer Hauptreferenz für wissenschaftliche Theorien Sozialer Probleme, an welcher sich, Groenemeyer zufolge, offenbar alle alten und neuen Ansätze zu messen haben (S. 37–42, insb. 28). Schetsches Definition lautet:

> „Die wissenssoziologische Perspektive [...] zieht aus der Variabilität des gesellschaftlichen Anerkennungsgrades von ›Problemen‹ den Schluss, dass es keine objektiven Kriterien gibt, nach denen ›echte‹ von ›künstlichen‹, ›wahre‹ von ›falschen‹ Problemen unterschieden werden können. Ein soziales Problem [...] ist vielmehr alles, was von kollektiven Akteuren, der Öffentlichkeit oder dem Wohlfahrtsstaat als solches angesehen und bezeichnet wird" (1996, S. 2). Die Thematisierung von menschenverachtenden sozialen Strukturen (vgl. oben) ist hier nicht vorgesehen.

Dabei begründet er seine Position wie folgt: (a) Es sei heutzutage immer weniger möglich, Aussagen über reale Fakten aufgrund objektiver Wahrheitskriterien zu machen. – Bei dieser Aussage bleibt ungeklärt, ob es überhaupt reale Fakten gibt; jedenfalls werden Soziale Probleme so zum Thema subjektiver Interpretationen bzw. von Meinungen. (b) Zu beobachten sei eine Entmaterialisierung von Problemen in Richtung immaterieller, psychischer/mentaler im Unterschied zu sozio-ökonomischen Problemen. – Das heißt, dass man sich als Soziolog_in nicht mehr um Probleme kümmern muss, die mit gesellschaftlich diskriminierender Schichtung, Klassen-, Kasten- oder gar neofeudalen und (neo-)kolonialen Machtverhältnissen und deren Folgen für das Leiden von Individuen zusammenhängen. (c) Für die Soziologie ist es sehr schwierig, Zugang zu innerpsychischen Prozessen und empirisch überprüfbaren Wahrnehmungen von Individuen zu erlangen. – Diese Position betrachtet Soziologie als Leitdisziplin, die nicht auf inter- und transdisziplinäre Kooperation mit der Psychologie und weiteren Disziplinen angewiesen ist. (d) Der gesellschaftliche Konsens über die Realität Sozialer Probleme ist im Abnehmen oder gar Schwinden begriffen. An dessen Stelle gibt es eine Vielfalt von subjektiven Meinungen über Welt und Gesellschaft, über die individuelle Lebenssituation ohne über konsensuale Kriterien zu verfügen, die über ihre Validität (objektive Wahrheit) entscheiden. Zu erforschen sind deshalb einzig die öffentlichen Diskurse – kulturelle Deutungsmuster vermeintlicher sozialer Probleme – von kollektiven oder individuellen Akteur_innen, verbunden mit der Frage, welche sich in diesem öffentlichen Chor machtmäßig durchsetzen können. – In Bezug auf die Soziale Arbeit heißt dies, dass allein politische Machtprozesse ohne jede Korrekturmöglichkeit aufgrund von realen Problemlagen entscheiden, wer das Sagen darüber hat, welche Sozialen Probleme die Adressat_innen Sozialer Arbeit haben, nicht haben, haben dürfen oder haben sollen. Da es keine objektiv überprüfbaren Wahrheitskriterien gibt, ist es unerheblich, ob es sich um reale, ideologisch missgedeutete oder geleugnete Probleme handelt. Somit werden die Adressat_innen mit ihren Problemen und ihrem Leiden quasi „theoretisch enteignet" und verlieren dabei ihren Anspruch auf Hilfe oder Unterstützung, sofern sich niemand in der Öffentlichkeit erfolgreich für sie anwaltschaftlich ein- und durchsetzt. Parallel dazu verliert die Disziplin und Profession Sozialer Arbeit ihren Gegenstand, für den sie ihre Zuständigkeit reklamieren müsste. Sie trägt vielmehr noch dazu bei, indem sie die „Defizitorientierung" anprangert und als *Gegensatz* – ohne Realitätsanalyse – eine Ressourcen- und Lösungsorientierung fordert.

Bezogen auf die drei im ersten Abschnitt dargestellten metatheoretischen Grundentscheidungen lässt sich diese theoretische Position *erstens* auf eine idealistische Ontologie zurückführen. *Zweitens* basiert sie auch auf einer antirealistischen, konstruktivistischen Erkenntnistheorie unter Verzicht auf die empirische Erhebung individuellen, privatisierten Leidens von Individuen an der Gesellschaftsstruktur und -kultur. Dadurch ergibt sich *drittens* eine holistische Theoriefigur. Dass Schetsche metaphorisch von einem kleinen „Rest" von Realität in einem zu entwirrenden „Kokon" schreibt, löst das Problem nicht. Trotz dieser Kritik kann festgehalten werden, dass sein Theoriebeitrag einen wichtigen, aber partiellen Gegenstandsbereich einer Theorie Sozialer Probleme bearbeitet: Darin eingeschlossen ist die Definition Sozialer Probleme in öffentlichen Auseinandersetzungsprozessen

Silvia Staub-Bernasconi

aufgrund konfligierender Interessen und Machtansprüche. Aber: während die „Soziale Frage" noch vom „Leiden bisher unbekannten Ausmaßes" (Groenemeyer, 2012, S. 19) von Menschen unter ausbeuterischen gesellschaftlichen Bedingungen ausging, muss diese Realität weder theoretisch noch empirisch erfasst werden. Einzig sollte das Wissen über eine unterschiedlich interpretierte Realität thematisiert und erforscht werden.

Nachdem ich zwei Wege der Theoriebildung über Soziale Probleme kritisch kommentiert habe, ohne ihnen abzusprechen, dass sie einen bestimmten, wenn auch sehr begrenzten Realitätsausschnitt bearbeiten, will ich nunmehr aufzeigen, welchen Beitrag das SPSA zur Begründung des Gegenstandes Sozialer Arbeit zu leisten vermag, den ich mit „Soziale Probleme" umschreibe. Dass dieser Ansatz selbstverständlich auch der Kritik unterworfen werden muss – also nicht einem toleranten, weichgespülten Pluralismus unterstellt werden soll – ist seinem erkenntnistheoretisch realwissenschaftlichen Zugang zur Thematik geschuldet.

5. Soziale Probleme im Rahmen des systemischen Bezugsrahmens

Unter Berücksichtigung der philosophischen und disziplinären – in diesem Beitrag systemtheoretischen Vorentscheidungen – sowie des auf sie zurückgehenden Menschen- und Gesellschaftsbildes soll nun versucht werden, die bereits gestellte Frage zu beantworten: Wie wird etwas in der Sozialen Arbeit zum Problem? (May, 2005).

Ausgangspunkt sind Vorstellungen darüber, dass Individuen, sowohl für ihre Bedürfnisbefriedigung als auch die Erfüllung ihrer Wünsche und die Verwirklichung ihrer (Lebens-)Ziele existenziell auf den Austausch mit anderen Menschen, Gruppen, und mithin auf die Mitgliedschaft in sozialen Systemen angewiesen sind. Die dazu benötigten Ressourcen werden nämlich über Austauschformen im Rahmen horizontal und vertikal organisierter „sozialer Arrangements" arbeitsteilig produziert. Diese existenzielle Angewiesenheit der Individuen begründet denn auch ihre Verletzbarkeit, wenn die Systemregeln und das entsprechende Verhalten menschenschädigend, ja -verachtend sind. Für länger dauernde Austausch- und Mitgliedschaftsverhältnisse werden zu deren Stabilisierung von den Austauschpartnern bzw. Systemmitgliedern Erwartungen im Sinne von informellen oder formellen Vereinbarungen, Arbeitsbündnissen, Verträgen mit Rechten und Pflichten als soziale Normen bzw. Regeln ausgehandelt oder bestehende angerufen. Im besten Fall schaffen sie psychische und soziale Sicherheit sowie Erwartbarkeit darüber, dass die Bedürfnisse und darüber hinausgehende individuelle Wünsche der Austauschpartner befriedigt, die angestrebten Ziele sowohl des Individuums als auch der von ihnen Abhängigen verlässlich erfüllt werden können.

Wenn nun bei diesen Prozessen soziale Normen bzw. Regeln zur Stabilisierung der sozialen Organisationsformen entstehen, die *zum einen* die Partizipation der Mitglieder an den Entscheidungen sicherstellen, die ihr Leben betreffen, *zum andern* die grenzenlose Akkumulation von Macht begrenzen und *schließlich* diese Begrenzung auf der kulturellen Ebene anhand von Werten – inklusive Verfassungen, die Universelle Erklärung der Menschenrechte und davon beeinflusste Gesetzgebungen – legitimiert werden, kann eine *Machtstruktur als menschengerecht* bezeichnet werden. Dies gilt sowohl für Familien, Gruppen, Organisationen oder territoriale Gemeinwesen. Das heißt: Macht ist nicht immer „böse", „destruktiv" und deshalb unterschiedslos zu kritisieren, wie dies vielfach von Soziolog_innen, aber auch Sozialarbeiter_innen unterstellt wird. Macht kann auch Menschen in mannigfacher Weise vor Übergriffen, Diskriminierung, Verfolgung usw. schützen, so beispielsweise durch die Garantie von Angst- und Gewaltfreiheit, von Freiheits- und sozialen Gerechtigkeitsbedingungen für ihre persönliche Entwicklung usw. Aus historischer Sicht wurde auch in Europa bis ins 20. Jahrhundert den Frauen das Wahlrecht, den Kindern und Jugendlichen Rechte überhaupt mit der Begründung abgesprochen, dass, wer des Schutzes bedarf, keine Rechte brauche. Die genannten menschengerechten Machtkonstellationen mit ihren sozialen Regeln bezeichne ich als konstruktive *„Begrenzungsmacht"*.

Aber die existenzielle, wenn auch unterschiedliche Angewiesenheit der Menschen auf die Mitgliedschaft in sozialen Systemen bietet ebenso in *jedem* sozialen Interaktions- und Teilsystem – vom Paar bis zur Weltgesellschaft – *„Chancen"*, die sozialen Regeln inhaltlich so festzulegen und durchzusetzen, dass die einen verlieren und die anderen gewinnen. Das heißt: Wären Ressourcen im Überfluss vorhanden oder könnten die Individuen bei Verteilungs- oder Herrschaftskonflikten problemlos aus einem sozialen System „auswandern", um sich in einem menschengerechteren zu integrieren, gäbe es die Chance der illegitimen Machtausübung nicht. Man denke an den „bedürfnislosen" Diogenes in seiner Tonne, der die Frage Alexanders des Großen, was er sich wünsche, mit dem Satz beantwortet haben soll: „Geh mir aus der Sonne!" Ob sich die Menschen ihrer jeweiligen existenziellen Angewiesenheit auf soziale Mitgliedschaften bewusst sind oder nicht, ist unerheblich. Voraussetzung ist hier, dass es Akteur_innen gibt, welche die Chance nutzen, irgendwelche begehrten Ressourcen wie Bodenschätze, Wissen, Kompetenzen, Geld/Kapital, einflussreiche soziale Beziehungen und/oder soziale Positionen mit Sanktionsmacht usw. zu akkumulieren und als Machtquellen für die Sicherung exklusiver Besitzansprüche und damit Privilegien einzusetzen. Da sie in der Regel darüber hinaus das Interesse haben, eine einmal erworbene Machtposition zu erhalten, versuchen sie, soziale Regeln so festzulegen, dass diese (a) potenzielle Mitglieder vom Zugang zu den jeweiligen Ressourcen ausschließen (Exklusion, Diskriminierung versus Privilegierung); (b) sie ihrem Diktat unterwerfen (Herrschaft, Ausbeutung); (c) eine Legitimationsbasis für ihre Machtposition schaffen; (d) Verfahren zur Kontrolle von Konformität versus Abweichung bezüglich der sozialen Regeln institutionalisieren und (e) Konformität bzw. Disziplinierung notfalls durch Gewalt erzwingen. Damit sind menschenverachtende soziale Regeln angesprochen, die Machtakkumulation nicht begrenzen, sondern indirekt oder direkt fördern und kulturell über Wertsysteme, Ideologien, Gesetze, auch Verfassungen – vertreten durch weltliche wirtschaftliche, politische oder religiöse Machthaber_innen – legitimieren und stabilisieren. Diese Machtkonstellationen bezeichne ich als destruktive *„Behinderungsmacht"*. Beide „Muster" sind empirisch vorfindbar, zumeist oft in unterschiedlicher Kombination und damit mit vielen Unwägbarkeiten, Interpretationsproblemen und Dilemmata verbunden.

Zusammenfassend lässt sich festhalten, dass Machtstrukturen immer anhand ihrer sozialen Regeln und der empirischen Folgen ihrer konkreten Umsetzung für die Individuen, ihre Bedürfnisbefriedigung und das damit zusammenhängende Wohlbefinden sowie ihr Zusammenleben analysiert werden müssen, um entscheiden zu können, ob es sich um Macht im begrenzenden oder behindernden Sinne handelt. Menschheitsgeschichtlich gab es immer wieder neue Versuche, durch irgendwelche informelle Vereinbarungen oder formelle Verträge Willkür und rohe Gewaltausübung einzudämmen und zu „disziplinieren", wobei in vielen Fällen die Verträge wiederum Ausgangspunkt für strukturelle und personale Gewalt wurden. Ob als Teil einer traditionellen Alltagsmoral oder einer Gesetzgebung müssen die Regeln deshalb immer wieder neu auf ihre mögliche Diskrepanz zwischen Moralität und ethischer Begründung, im Fall von Gesetzgebungen auf die Diskrepanz zwischen *Legalität und Legitimität* hin überprüft werden. Hierzu könnte die Allgemeine Erklärung der Menschenrechte von 1948 mit ihrem Pakt I über wirtschaftliche, soziale und kulturelle Rechte und dem Pakt II über bürgerliche und politische Rechte aus dem Jahr 1966 als übergeordnete Beurteilungskriterien infrage kommen (Staub-Bernasconi, 2019). Vor dem Hintergrund der bisherigen Ausführungen kann nun von drei sozialen Konstellationen oder Bedingungen ausgegangen werden, in welchen „etwas" zu einem Sozialen Problem wird:

So wird in sozialen Kontexten, Organisationen, Gesellschaften und damit auch in der Sozialen Arbeit ...

1. ... „etwas" auf der Ebene von Individuen zum Sozialen Problem ...
   - wenn die *Individuen* sozialen Einflüssen ausgesetzt sind, die (a) ihre ökologische Umwelt (Dürren, Umweltvergiftung, menschengemachte Naturkatastrophen, Verlust von Hab und Gut; Hunger, Unter- und Fehlernährung, Krankheiten usw.) beeinflussen; (b) die ihre sozio-ökonomische Basis (und damit soziale Sicherheit) beeinträchtigen oder zerstören; (c) die ihr Empfindungs-, Wahrnehmungs-, Denk- und Bewertungsvermögen (als bewusstseins- oder identitätsbildende psychische Funktionen) beeinträchtigen; (d) die ihr Selbst- und damit zusammenhängend ihr Gesellschafts- bzw. Weltbild (ihre individuelle und sozialkulturelle Identität); (e) ihre Fähigkeiten und erworbenen Kompetenzen sowie (f) ihre sozialen Beziehungen beeinträchtigen oder gar zerstören (dazu Staub-Bernasconi, 2018) zum Thema *„Ausstattungsprobleme"* von Individuen). Worauf diese Beeinträchtigungen im Genaueren zurückzuführen sind, das heisst wie sie erklärt werden, muss empirisch erfasst werden. Hier ist von Individuen die Rede, die am unteren Ende einer (nationalen) Gesellschaftsstruktur sowie der Weltgesellschaftsstruktur zu finden sind. Allerdings ist festzuhalten, dass sie nicht nur Beeinflusste, Betroffene, Opfer von externen sozialen Einflüssen sind. Vielmehr können sie in ihrem persönlichen sozialen Umfeld, beispielsweise im Familiensystem, in der Peergruppe, am Arbeitsplatz, als Gangmitglieder usw. auch menschenverachtende, gewalttätige Machtakteure sein (= Soziale Probleme als gesellschaftliche Beeinträchtigung von Individuen; privatisierte, individualisierte Soziale (Macht)Probleme).

2. ... auf der Ebene vielfältiger Interaktionskontexte wird „etwas" zum Sozialen Problem, ...
   - wenn in horizontalen sozialen *Interaktionsverhältnissen* der Austausch zwischen Menschen nicht gemäß der anthropologisch und ethnologisch/kulturell weltweit geteilten Reziprozitätsnorm (»Goldene Regel«) gestaltet wird; das heisst wenn es einem Interaktionspartner dagegen gelingt, diese Regel so neu zu definieren, dass die einen fast immer gewinnen und die andern fast immer verlieren; gemeint sind hier beispielsweise Ressourcenverteilungs-, Labeling-, Stigmatisierungsprozesse, unfaire Arbeitsteilung bezüglich Rollenpflichten (= Soziale Probleme als Verletzung der Gegenseitigkeitsnorm im Hinblick auf einen fairen Austausch zwischen Belohnungen und Lasten).

3. ... und auf der Ebene sozialer Systeme, der Struktur von Gesellschaften und damit von Machtverhältnissen wird „etwas" zum Sozialen Problem, ...
   - wenn Menschen *erstens* der Zugang zu existenzsichernden und begehrten Ressourcen für ihre Bedürfnisbefriedigung aufgrund (a) einer niedrigen Position auf den Rangdimensionen einer Sozialstruktur (tiefe Bildung, Beschäftigung, tiefes Einkommen); (b) eines Statusungleichgewichts zwischen Bildung, Beschäftigung und Einkommen verwehrt wird; (c) des Fehlens einer Position auf einer oder gar auf allen Rangdimensionen erschwert oder verhindert wird; oder (d) wenn sie einen sozialen Abstieg auf diesen Rangdimensionen erfahren (Deklassierung) (s.o. die Ausführungen zum systemischen Gesellschaftsbild). *Zweitens* sind Machtgefälle ein soziales Problem, wenn sowohl die Erschwerung oder Verwehrung des Zugangs zu als auch der Ausschluss aus gesellschaftlichen Teilsystemen und ihren Ressourcen aufgrund von *sozialen Regeln* erfolgt, die bestimmte soziale Kategorien von Menschen nach Geschlecht, sozialer, nationaler, ethnischer, religiöser oder politischer Herkunft, sexueller Orientierung, körperlicher oder geistiger Behinderung usw. diskriminieren oder privilegieren (diskriminierende versus privilegierende soziale Regeln der Ressourcenverteilung). Dies ist zusätzlich der Fall, wenn erbrachte *Leistungen (Bildungsabschlüsse, geforderte wie zusätzliche Leistungen)* nicht anerkannt und entsprechend nicht angemessen oder gar nicht belohnt werden. *Drittens:* Eine besondere Form des ungerechten Umgangs mit Ressourcen ist die *Herstellung künstlicher Knappheit,* um den Verzicht auf Ansprüche zu erzielen, Spardiktate durchzusetzen und gleichzeitig Privilegierung sicherzustellen (= *Soziale Probleme als Benachteiligung/Diskriminierung bzw. Privilegierung, das heißt der ungerechten Ressourcenverteilung – im Besonderen Klassismus, Sexismus, biologischer und kultureller Rassismus).*
   - wenn Menschen im Rahmen *hierarchischer, organisationeller Machtbeziehungen* (a) von der Beteiligung an Entscheidungen, die sie betreffen, ausgeschlossen, also per Diktat im Top-Down-Verfahren regiert oder anonym gesteuert werden (Herrschaft); (b) wenn Menschen darüber hinaus mit dem Ziel sozial abhängig gemacht werden, ihren Körper, ihre Arbeitskraft, ihr Wissen und weitere Ressourcen im Dienst der Interessen der Herrschenden zur Verfügung zu stellen (Ausbeutung, Schuldknechtschaft, Sklaverei) *(= So-*

ziale Probleme als Ausübung von autokratischer Herrschaft und Ausbeutung).

- wenn die menschenverachtenden, destruktiven sozialen Regeln durch Ideologien, Werte und Normen *kulturell legitimiert* werden *(= Soziokulturelle Probleme der Legitimierung struktureller Gewalt)* oder
- wenn die Verfahren der Disziplinierung, sozialen Kontrolle von abweichendem Verhalten selektiv oder willkürlich oder mit Gewaltanwendung verbunden sind (Psychoterror, Mobbing, Vergewaltigung, Folter, Todesstrafe) *(= Soziale Probleme als Verfahren zur Durchsetzung illegitimer Macht und direkter Gewalt).*

Zusammenfassend: Soziale Probleme können innerhalb dieses theoretischen Bezugsrahmens *erstens* als Probleme *gesellschaftlicher Beeinträchtigung von Individuen,* ihrer Entwicklung und Lebensziele definiert werden; *zweitens* als Probleme, die Individuen in Interaktionsverhältnissen, genauer: in *asymmetrisch geregelten Austauschprozessen* haben; und *drittens* als Probleme von *Machtstrukturen und ihren sozialen Regeln,* die Individuen den Zugang zu oder die Mobilität in sozialen (Teil-)Systemen verweigern, die für sie existenzsichernd sind. Oder sie werden als Mitglied sozialer Systeme für die Ziele und Interessen der Machthaber_innen instrumentalisiert und erfahren – im Fall sozialer Abweichung oder Widerstand – Entwürdigung, Willkür und/oder den Einsatz von Gewalt. Soziale Probleme sind aufgrund des eingangs dargestellten theoretischen Zugangs unabhängig davon feststellbar, ob und wie sie öffentlich thematisiert werden.

Damit ist festgehalten, was gemeint ist, wenn man davon ausgeht, dass der disziplinäre Gegenstands- und professionelle Zuständigkeitsbereich der Sozialen Arbeit „Soziale Probleme", ihre Ursachen und Folgen sind. Das Theorie- und Forschungswissen über sie gehört zum zentralen diagnostischen Instrumentarium Sozialer Arbeit, wobei von einer „klinischen Diagnostik" keine Rede sein kann (vgl. die Diagnosekritik in »Widersprüche«, Juni 2003, H. 88). Darüber hinaus bilden Soziale Probleme die Basis für eine *kritische Professionalität,* die nicht mehr endlos darüber zu streiten braucht, ob Soziale Arbeit ein politisches Mandat hat oder haben darf. Es ist ihr Zuständigkeitsbereich, der dazu führt, dass sie, ob sie es will oder nicht, auf Machtthematiken als Problem, Ursachen und Folgen stößt und aufgefordert ist, sie mit ihren Ressourcen, Rahmenbedingungen sowie professionellen Arbeitsweisen anzugehen (Margalit, 1999; Alinsky, 2001; Gil, 2006, Geiser 2016, Staub-Bernasconi 2018). Dadurch werden die „Arbeitskreise kritischer Sozialer Arbeit" nicht überflüssig, sondern erst recht notwendig, um die Kritik am Sozialwesen wachzuhalten und die Professionellen an ihr Mandat zu erinnern.

6. Soziale Arbeit auf dem Weg zu einer kritischen Professionalität im Unterschied zum moralischen Unternehmertum

Es geht hier um die Frage, wie sich die gemachten Ausführungen auf das Professionsverständnis Sozialer Arbeit auswirken. Dabei ist es notwendig, den Wirkungskreis der Sozialen Arbeit einzugrenzen, um sie vor einer falsch verstandenen Allzuständigkeit für alle „Sozialen Probleme dieser Welt" und damit grenzenloser Überforderung zu bewahren. Dies kann hier allerdings nur sehr allgemein und programmatisch dargestellt werden (dazu ausführlich Staub-Bernasconi 2019).

(1) Das Tripelmandat Sozialer Arbeit als Eingrenzung und zugleich als Basis für ihre relative professionelle Autonomie

Das Tripelmandat ist in erster Linie die Voraussetzung dafür, dass sich Soziale Arbeit vom Beruf mit Doppelmandat von Hilfe und Kontrolle seitens des Staates (Böhnisch, Lösch, 1973) zu einer Profession mit Tripelmandat entwickelt, die (a) seitens der Adressat_innen/Klientel, (b) seitens der Gesellschaft, das heißt der staatlichen und privaten Träger sowie (c) seitens der – international organisierten – Profession und nationalen Berufsverbände mandatiert wird. Eine *relative* Unabhängigkeit im Urteil über das, was sie, zusammen mit den Adressat_innen zu überdenken und zu tun hat, erhält sie durch das *zweidimensionale Mandat seitens der Profession*, das heißt: *erstens* die Wissenschaftsbasierung ihrer Interventionen, *zweitens* den Ethikkodex, der im Fall der Sozialen Arbeit u.a. die Menschenrechte und im Speziellen soziale Gerechtigkeit als ethische Richtschnur enthält. Das sozialarbeiterische Mandat ermöglicht, je nach Situation ein Mandat seitens des Trägers, allenfalls auch seitens der Klientel zu ergänzen, zu verändern oder abzulehnen, sofern diese Zumutungen enthalten, die wichtige, derzeit konsensuale wissenschaftliche Ergebnisse missachten oder/und menschenrechtsverletzend sind. In nationalen Kontexten ohne Sozialgesetzgebung, mit korrupten Staatsorganen oder gar in *failed states* ermöglicht es auch ein selbst-definiertes Mandat. Die Wissenschafts- und damit möglichst breite wissenschaftliche Faktenbasierung des dritten Mandates schützt die Professionellen überdies vor moralischem Unternehmertum, also der Anrufung von Werten, insbesondere der Menschenrechte als allzeit bereite Moralkeule in der Annahme, dass die Soziale Arbeit immer auf der richtigen und guten Seite der Geschichte und Gesellschaft zu finden sei, was weder historisch noch aktuell der Fall ist.

(2) Eingrenzung der Adressat_innen Sozialer Arbeit

Obwohl viele Menschen und Bevölkerungsgruppen der Weltgesellschaft illegitimen Machtthematiken ausgesetzt sind, ist Soziale Arbeit national und international vor allem für die Mitglieder der (welt-)gesellschaftlichen Unterschicht sowie Gemeinwesen mit kumulativen sozialen Problemsituationen zuständig. Es ist kein Zufall, dass ihre faktischen Adressatengruppen mit denjenigen Gruppen zusammenfallen, die von der UNO in ihren Rechtsdokumenten sowie Fakultativprotokollen und Übereinkommen als „verletzbar/verletzlich" (vulnerable) bezeichnet werden: Arme, Erwerbslose, Kinder und Jugendliche, Frauen in Diskriminierungs- und Gewaltverhältnissen, Menschen mit Behinderungen, unterschiedlicher sexueller Orientierung, Migrant_innen sowie ihre Familienmitglieder, politische Flüchtlinge, Opfer von entwürdigender Behandlung, Menschenhandel und Folter usw.

(3) Eingrenzung der professionellen Arbeitsweisen Sozialer Arbeit

Das methodische Spektrum sozialarbeiterischer Praxis, das heute weit über den einschlägigen Band von Galuske (2005) hinausgeht, ist ein Reflex auf die enorm zersplitterte Theorie- und Methodenlandschaft sowie die Additivität, Fragmentierung und Modeabhängigkeit ihrer Lehre als immer wieder neue „theoretischen Ansätze".. In nahezu prognostizierbaren zeitlichen Intervallen tauchen neue „Orientierungen" und Theorien auf, um bald einer noch neueren Platz zu machen. In den wenigsten Fällen wird disziplinär oder zumindest hypothetisch begründet, für welche Sozialen Probleme und Problemlösungen sie erfolgversprechend sind. So wird zwischen „Anything Goes" und der Vorstellung von „Empowerment" als Zauberwort für alle hier genannten (Macht)Problematiken hin- und hergependelt. „Empowerment" bezieht sich auf ein Vorgehen gegenüber Machtproblematiken, gegen die man – zusammen mit den Adressat_innen oder anwaltschaftlich – bei Blockierungen durch die Machthaber ein legitimes Ziel, *notfalls gegen deren Willen* erreichen will. Dazu müssen aber weitere, spezielle Handlungstheorien bzw. Methoden hinzukommen, so beispielsweise Ressourcenerschließung, Bewusstseinsbildung, Identitäts- und Kulturveränderung, Entwicklung und Training von Fähigkeiten, soziale Vernetzung u.a.m. Dabei geht es immer um die Beantwortung der Frage, für welche Probleme sich welche „Methoden" einzeln oder in Kombination als wirksam erweisen. Für die *Integration* von disziplinärem mit professionellem Wissen eignet sich das, was ich andernorts als „Transformativen Dreischritt" beschrieben habe (Staub-Bernasconi 2018). Er verknüpft die Antworten auf die Fragen zur Beschreibung und Erklärung von Problemen (Disziplin) mit denjenigen ihrer Bewertung (Professionsethik) und Methoden/Arbeitsweisen aktiver Veränderung der problematisierten Situation. Wissen wird also nicht einfach im Direktgang „angewendet", sondern muss im Rahmen eines gemeinsamen Reflexionsprozesses zwischen Klientel und Professionellen sowie Vertretern der Arbeitgeber erarbeitet werden (vgl. dazu Schoens „The Reflective Practicioner" von 1983, ferner Borrmann, 2005; Engelhardt, 2016; Staub-Bernasconi, 2018).

(4) Ausweitung von disziplinärem Wissen und professionellen Antworten auf die zunehmend internationale, multikulturelle Zusammensetzung der Adressat_innen Sozialer Arbeit

Die internationale und interkulturelle, insbesondere interreligiöse Zusammensetzung der Adressat_innen Sozialer Arbeit ist in fast allen Praxisfeldern Sozialer Arbeit nicht mehr zu übersehen. Sie hat mit der Struktur und Dynamik der Weltgesellschaft zu tun und wird wohl noch an Bedeutung gewinnen, auch wenn Europa mehr am Schutz seiner Grenzen als am Schutz von Flüchtlingen interessiert ist und arbeitet. Da „Diversity" als etwas Positives in aller Munde ist und zu entsprechenden Projekten und Stellen führt, wird kaum gefragt, ob es auch *beherrschte Diversität* gibt, die eine Folge von kriegerischen Eroberungszügen, Kolonisierung, Über- oder Unterschichtung und Herrschaftsansprüchen ist. Auf der Strecke bleibt dabei der öffentliche Diskurs darüber, was ausnahmslos *allen* Menschen, nicht nur den „europäisch-westlichen", gemeinsam ist (Antweiler, 2007). Dazu einen Lernprozess in den Arbeitsfeldern sowie in der Öffentlichkeit zu fordern und zu fördern oder zumindest lokal – familien- und gemeinwesenbezogen – zu initiieren, könnte eine wichtige Zukunftsaufgabe einer „kritischen Profession Sozialer Arbeit" sein, die Universalität und Diversität unter Macht-, Kultur-, Individualitäts- und Integrationsaspekten miteinander zu verknüpfen versteht.

Reflexionsfragen:

- Wie unterscheidet sich das Systemische Paradigma Sozialer Arbeit von atomistisch-individualistischen und holistischen Positionen?
- Was sind zentrale Elemente des Menschen- und Gesellschaftsbildes des Systemischen Paradigmas Sozialer Arbeit?
- Welche praktischen Implikationen gehen mit der Unterscheidung verschiedener sozialer Problem-, insbesondere Machtdimensionen innerhalb des Systemischen Paradigmas Sozialer Arbeit einher?

Grundlagenliteratur:
Droste, H.W. (2015): Turn of the Tide – Gezeitenwechsel. Einführung in Mario Bunges exakte Philosophie (Taschenbuch in deutscher Sprache).
Geiser Kaspar (2015): Problem- und Ressourcenanalyse in der Sozialen Arbeit. Eine Einführung in die Systemische Denkfigur und ihre Anwendung, Interact/Lambertus, 6. korrigierte Auflage
Obrecht, W: (1996): Sozialarbeitswissenschaft als integrative Handlungswissenschaft. Ein metawissenschaftlicher Bezugsrahmen für die Wissenschaft Sozialer Arbeit. In: Merten, R., Sommerfeld, P. et al. (Hg.): *Sozialarbeit zwischen Profession und Disziplin*. Neuwied/Berlin: Luchterhand: S. 121-160
Obrecht, W. (2005): Ontologischer, Sozialwissenschaftlicher und Sozialarbeitswissenschaftlicher Systemismus – Ein integratives Paradigma der Sozialen Arbeit. In: Hollstein-Brinkmann, H., Staub-Bernasconi, S. (Hg.): *Systemtheorien im Vergleich*. Wiesbaden: VS: S. 93–172.
Obrecht W., Staub-Bernasconi, S. (1996): Vom additiven zum integrativen Studienplan. In: Engelke, E. (Hg.): *Ausbildung in der Sozialen Arbeit*. Freiburg/Br.: Lambertus: S. 264-293
Staub-Bernasconi, S. (2018): *Soziale Arbeit als Handlungswissenschaft – Auf dem Weg zu kritischer Professionalität*. Berlin: UTB-Budrich (vollst. überarbeitete & ergänzte Aufl.).
Staub-Bernasconi, S. (2019): *Menschenwürde – Menschenrechte – Soziale Arbeit*. Die Menschenrechte vom Kopf auf die Füsse stellen, Berlin: Budrich.

Weiterführende Literatur:
Albrecht, G., Groenemeyer, A. (2012) *Handbuch Soziale Probleme*. Wiesbaden: Springer VS. 2 Bde.
Alinsky, Saul D. (2001): *Anleitung zum Mächtigsein*. Göttingen: Lamuv.
Antweiler, C. (2007): *Was ist den Menschen gemeinsam?* Darmstadt: Wissenschaftliche Buchgesellschaft.
Blumer, H. (1971): Social Problems as Collective Behavior. *Social Problems,* vol. 18, no. 3, S. 298–306.
Böhnisch, L., Lösch, H. (1973): Das Handlungsverständnis des Sozialarbeiters und seine institutionelle Determination. In: Otto, H. U., Schneider, S. (Hg.): *Gesellschaftliche Perspektiven der Sozialarbeit*, Neuwied: Luchterhand, S. 21–40.
Bornschier, V. (1998): *Westliche Gesellschaft im Wandel*. Frankfurt a.M.: Campus.
Borrmann, S. (2005): *Soziale Arbeit mit rechten Jugendcliquen*. Wiesbaden: VS.
Bunge, M. (1974–1984): *Treatise on Basic Philosophy,* 8 Bände. Dordrecht: Reidel.
Bunge, M. (1999): *Dictionary of Philosophy*. New York: Prometheus Books.
Bunge, M. (2009): *Political Philosophy, Fact, Fiction and Vision*. London: Transaction.
Bunge, M. (2010): *Matter and Mind*. London: Springer.
Engelhardt, I. (2016): *Soziale Arbeit und die Menschenrechte des Kindes*. Opladen, Berlin: Budrich.
Galuske, M. (2005): *Methoden der Sozialen Arbeit*. Weinheim, München: Juventa.

Geiser, K. (2015): *Problem- und Ressourcenanalyse in der Sozialen Arbeit*, Eine Einführung in die Systemische Denkfigur und ihre Anwendung, 6. Aufl. Luzern, Freiburg i.Br.: Interact/Lambertus.

Gil, D. G. (2006): *Gegen Ungerechtigkeit und Unterdrückung. Konzepte und Strategien für Sozialarbeiter.* Bielefeld: Peter Kleine.

Groenemeyer, A. (2012): Soziologie sozialer Probleme – Fragestellungen, Konzepte und theoretische Perspektiven. In: Albrecht, G., Groenemeyer, A. (Hg.): *Handbuch soziale Probleme.* Wiesbaden: Springer VS. Bd. 1, 2. Aufl., S. 17–116.

Heintz, P. (1974): *Über die Zukunft der Entwicklung.* Bern: Haupt.

Heintz, P. (1982): *Die Weltgesellschaft im Spiegel von Ereignissen.* CH-Diessenhofen: Rüegger.

Hollstein-Brinkmann, H./Staub-Bernasoni, S. (Hg.) (2005): Systemtheorien im Vergleich. Was leisten Systemtheorien für die Soziale Arbeit? Versuch eines Dialogs, Wiesbaden: VS Verlag für Sozialwissenschaften.

Klassen, M. (2003): *Was leisten Systemtheorien in der Sozialen Arbeit? Ein Vergleich von Niklas Luhmann und Mario Bunge.* Bern, Stuttgart, Wien: Haupt.

Laszlo E. (1963): Individualism, Collectivism, and Political Power. A Relational Analysis of Ideological Conflict, The Hague.

Laszlo, E. (1972): *The Systems View of the World.* New York: Braziller.

Laszlo, E. (1978): Goals for Mankind. Reports fort he Club of Rome on the new Horizons of Global Community. New York: Signet Books.

Leideritz, M., Vlecken, S. (2016) (Hg.): *Professionelles Handeln in der Sozialen Arbeit – Schwerpunkt Menschenrechte.* Opladen, Berlin: Budrich.

Margalit, A. (1999): *Politik der Würde. Über Achtung und Verachtung.* Frankfurt a.M.: Fischer.

May, M. (2005): *Wie in der Sozialen Arbeit etwas zum Problem wird – Versuch einer pädagogisch gehaltvollen Theorie sozialer Probleme*, Münster: LIT.

Merton, R. K., Nisbet, R. (1971): *Contemporary Social Problems.* New York: Harcourt, 3rd ed.

Obrecht, W. (2008): *Was braucht der Mensch?* Hochschule für Angewandte Sozialwissenschaften, Departement Soziale Arbeit, Zürich, Typoscript.

Schetsche, M. (1996): *Die Karriere Sozialer Probleme.* München, Wien: Oldenbourg.

Schumacher, T. (2013): *Lehrbuch der Ethik in der Sozialen Arbeit.* Weinheim: Beltz.

Spector, M., Kitsuse, J. (1973): Toward a Sociology of Social Problems. *Social Problems,* Vol. 20, no. 4, S. 407–419.

Have, T. Ten (1973/1972): On Agology. In: New Themes in Social Work Education, Proceedings oft he XVIth International Congress of Schools of Social Work, The Hague/New York:39-59.

Wobbe, T. (2000): *Weltgesellschaft.* Bielefeld: transcript.

Systemische Soziale Arbeit

Michael Klassen

> **Zusammenfassung:**
> Der Beitrag fokussiert die dem systemischem Paradigma zugrunde liegende Systemtheorie von Mario Bunge und stellt diese der Theorie sozialer Systeme von Niklas Luhmann gegenüber. Entlang mehrerer für die Soziale Arbeit relevanter Aspekte arbeitet er die Unterschiede dieser beiden systemtheoretischen Perspektiven vor allem für die Bestimmung deren Gegenstandes und Aufgabe sowie die Theoretisierung ihrer Adressat_innen heraus. Schließlich diskutiert er die Relevanz der beiden Systemtheorien für die Bestimmung des Theorie-Praxis-Verhältnisses am Beispiel von sozialen Problemen von Menschen mit Migrationshintergrund, wobei endgültig deutlich wird, dass der Autor die Theorie von Bunge für die angemessenere theoretische Leitperspektive der Sozialen Arbeit hält.

1. Einleitung

In der Sozialen Arbeit wird oft und gerne darüber diskutiert, diese bedürfe eines eigenständigen Gegenstandsbereiches, der speziell genug sein müsse, um Soziale Arbeit von anderen Wissenschaften und Professionen abzugrenzen, und allgemein genug, um der Vielfalt der sozialarbeiterischen Praxis und ihrer Handlungsfelder gerecht zu werden. Dabei wird oft auf eine Systemtheorie rekurriert, die dem ganzheitlichen Blickwinkel der Sozialen Arbeit am ehesten gerecht werden soll. Fragt man jedoch nach, um *welche* Systemtheorie es sich konkret handelt, kommen als Antwort eher allgemeine Aussagen über die Nützlichkeit des Systemischen.

Um gleich bestimmten Missverständnissen vorzubeugen: Auch ich bin der Meinung, dass eine systemtheoretisch konzipierte Soziale Arbeit sehr wohl einen wissenschaftlichen Nutzen bringen und der Praxis sehr viel bieten kann.

In diesem Beitrag will ich vor allem zwei systemtheoretische Ansätze unterscheiden, die in der wissenschaftlichen Community unterschiedliche Verbreitung erfahren haben und die in der Sozialen Arbeit als relativ paradigmatische Zugänge diskutiert werden. Es handelt sich um die *Luhmannsche Theorie sozialer Systeme* (Luhmann, 1988, 1997) sowie die *Bungesche Systemtheorie* (Bunge, 1996, 1998, 2012). Die weiteren systemischen Ansätze der Sozialen Arbeit bleiben in diesem Beitrag bewusst unberücksichtigt, da ihre Darstellung den Rahmen dieser Arbeit sprengen würde.

Wenn man die Biografien der beiden Persönlichkeiten vergleicht, fällt Folgendes auf:

Niklas Luhmann (1927–1998) – Jurist und Verwaltungsbeamter – war ein Quereinsteiger in die Soziologie und studierte, forschte und lehrte fast ausschließlich in Deutschland, insbesondere an der Reformuniversität Bielefeld, den zweijährigen

Aufenthalt in den USA bei Talcott Parsons ausgenommen. Luhmann forschte und veröffentlichte auf den Gebieten der Rechtswissenschaft und Soziologie (130 Monografien und über 380 Artikel).

Der kanadisch-argentinische Wissenschaftler Mario Augusto Bunge (geb. 1919) kam über die Philosophie zum Studium der Mathematik und Physik und studierte und promovierte zunächst in Argentinien, dann forschte und lehrte er in den USA und Deutschland, bis er sich in Kanada niederließ.

Er lernte früh die Ungleichheit, Unterdrückung und die Armut der Unterschichtsangehörigen kennen und bekämpfte diese durch die aktive Teilnahme im politischen Untergrund, was zu Repressionen gegen ihn und schließlich zu seinem Exil führte.

Mario Bunge forscht und veröffentlicht im Wesentlichen auf den Gebieten der theoretischen Physik, angewandten Mathematik, Systemtheorie, der Psychologie, Soziologie und Biologie sowie Philosophie der Wissenschaften (80 Monografien und über 400 Artikel).

2. Überblick über die systemischen Theorien

Die Luhmannsche wie die Bungesche Systemtheorie sollen im Folgenden anhand mehrerer für die Soziale Arbeit wichtiger Aspekte – wie z.B. Wissenschaft, Erkenntnis, Systeme, Menschenbild, Gesellschaftsbild, Macht, Ethik etc. – verglichen werden (Klassen, 2004, 2009). Anschließend sollen beide Ansätze am Beispiel der Migrant_innen auf ihre Tauglichkeit für die sozialarbeiterische Praxis überprüft werden.

Wissenschaft: Selbstbeobachtungsmechanismus der Gesellschaft versus offenes, aus Forschern bestehendes soziales System

In der Luhmannschen Theorie ist *Wissenschaft* ein autonomes, autopoietisches, operativ geschlossenes soziales *Teilsystem der Gesellschaft*, das (a) seine Operationen (Kommunikationen) exklusiv am binären Code wahr/unwahr ausrichtet, (b) in der funktional differenzierten Gesellschaft die Funktion der Beobachtung der Gesellschaft sowie des Aufbaus und der Gewinnung neuer Erkenntnisse übernimmt und (c) gegenüber anderen Teilsystemen der Gesellschaft *Leistung* in Form der Bereitstellung von Wissen erbringt. Psychische Systeme (Bewusstseinssysteme der Wissenschaftler) sind *nicht* Elemente des Wissenschaftssystems, sodass die Frage unbeantwortet bleibt, aufgrund welcher Strukturen und Prozesse Wissen überhaupt entsteht (Luhmann, 1994, S. 293ff.).

Auch der Bungeschen Auffassung zufolge ist *Wissenschaft ein Teilsystem der Gesellschaft*, das sich durch explorierende, interagierende/kommunizierende Forscher als Mitglieder einer Arbeitsgruppe, einer Organisation des Bildungs- bzw. Wissenschaftssystems konstituiert. Wissenschaft ist hier das Produkt der forschenden Suche nach Gesetzmäßigkeiten aufgrund einer transparenten und dadurch intersubjektiv kontrollierbaren Methodologie. Dabei können mindestens vier Typen von Gesetzmäßigkeiten unterschieden werden: Kausalität (Ursache-Wirkungs-Ketten),

Wechselwirkungen (z.B. Interaktionen), stochastische Prozesse (Zufall und Wahrscheinlichkeit) und Teleonomie (Steuerung insbesondere der Menschen über Ziele) (Bunge, 1996, S. 184ff.).

Erkenntnis: eine Beobachtung versus Ergebnis eines kognitiven Prozesses von Individuen

Erkenntnis ist nach Luhmann eine Beobachtung, die nur das sieht, was sie sieht. Eine allumfassende Erkenntnis genauso wie einen Letztbeobachter aller Beobachtungen kann es nicht geben, sodass beobachtungsabhängige Erkenntnis auch keinen Anspruch darauf erheben kann, die Wirklichkeit oder Realität an sich zu erfassen (Luhmann, 1988, S. 654f.).

Nach Bunge ist *Erkenntnis* das Ergebnis eines kognitiven Prozesses unter Einschluss von Lernen mithilfe der mannigfaltigen Erkenntniskompetenzen der Individuen, welche die Realität intuitiv erfassen, explorieren, beschreiben, analysieren und verändern können (Bunge, 2003, S. 242f.).

Systemkonstituierung: Unterscheidung System/Umwelt versus Selbstvereinigung

Luhmann (1988, 1997) geht davon aus, dass eine Beobachtung ein System von seiner Umwelt unterscheidet und dadurch erschafft. Alles, was existiert, ist somit auf die Operationen eines Systems zurückzuführen.

Bunge (1998, 2012) geht davon aus, dass Objekte (Moleküle, Organismen, Menschen) sich zu einem System und die Systeme sich zu einem Suprasystem (selbst) organisieren können. Im Bungeschen Systemverständnis ist alles, was existiert, ein reales System oder gehört einem realen System an, das auch unabhängig davon existiert, ob durch eine_n Beobachter_in eine Unterscheidung eingeführt wird oder nicht.

Soziale Systeme: abstrakte, aus Kommunikation bestehende versus konkrete, aus erkenntnis- und handlungsfähigen Individuen ent- und bestehende Einheiten

Bei Luhmann (1988, 1997) sind es die Operationen, die verschiedene Arten von Systemen unterscheiden lassen: So sind die Operationen eines sozialen Systems die Kommunikationen. Soziale, lebende und psychische Systeme bilden füreinander Umwelten und können aufgrund ihrer operationalen Geschlossenheit sich gegenseitig nicht determinieren. Sie sind aber mittels struktureller Kopplung miteinander verbunden.

In der Bungeschen Auffassung (Bunge, 1996, 2012) bestehen soziale Systeme aus geselligen Tieren oder Menschen, die ihrerseits als lebende Systeme begriffen werden können. Diese Systeme sind konkret und operieren durch Aktiv-Werden und Interaktion ihrer Elemente. Darüber hinaus verfügen Systeme über gewisse emergente Eigenschaften, d.h. über die Eigenschaften, die sich nicht auf die einzelnen Eigenschaften ihrer Mitglieder reduzieren lassen (z.B. Kultur einer Gruppe, eines Landes).

Dualistisches versus „integriertes" Menschenbild

Der Mensch bildet nach Luhmann (1995, S. 38) keine Einheit, sondern wird theoretisch in verschiedene Systeme ausdifferenziert. Organismus und Psyche sind autopoietische (selbsterhaltende) Systeme, die füreinander und für die Gesellschaft Umwelten bilden. Mit dieser Auffassung folgt Luhmann (1995, S. 52) m.E. der idealistischen These von Wittgenstein (1953), die besagt, dass mentale und physische Prozesse voneinander unabhängig seien, und begründet damit ein *dualistisches* Konzept in Bezug auf das „Leib-Seele-Problem".

Im Bungeschen Ansatz (Bunge, Ardila, 1990) hingegen bildet der Mensch *eine Einheit als psychobiologischer Organismus.* In der Bungeschen Theorie des human- und sozialwissenschaftlichen Systemismus werden Menschen als lern- und selbstwissensfähige, neugierige, aktive, beziehungs- und mitgliedschaftsbezogene, Wirklichkeit erforschende psychobiologische Systeme aufgefasst. In Bezug auf das Geist-Körper-Verhältnis vertritt Bunge (Bunge, Ardila, 1990, S. 11ff.) die Auffassung, dass allein die Theorie des emergenten Materialismus als dem gegenwärtigen Wissensstand entsprechend betrachtet werden kann. Demnach ist Geist ein Set von emergenten psychischen Funktionen eines Individuums, die durch die neuronale Struktur des Zentralnervensystems ermöglicht werden. Emergenter Materialismus geht davon aus, dass jedes Ereignis, das geistig erfahren wird, einer bestimmten Aktivität im Gehirn entspricht.

Funktionale Differenzierung versus multiple gesellschaftliche Differenzierungsformen

In Bezug auf die *Struktur* einer Gesellschaft misst Luhmann (1988, 1997) dem Begriff der *funktionalen Differenzierung* die größte Bedeutung zu. Demnach haben sich in der modernen Gesellschaft insbesondere folgende Teilsysteme funktional ausdifferenziert: Familie, Erziehung, Medizin, Religion, Wirtschaft, Politik, Recht, Wissenschaft sowie Kunst. Diese Systeme operieren anhand jeweils spezifischer exklusiver binärer Codes, bilden Umwelten füreinander und sind mittels struktureller Kopplung miteinander verbunden.

Auch in der Bungeschen Gesellschaftstheorie spielt die funktionale Differenzierung einer Gesellschaft (ein biologisches, ökonomisches, politisches und ein kulturelles Subsystem) in Bezug auf die *Struktur* einer Gesellschaft eine große Rolle (Bunge, 1998). Dennoch gibt es folgende zusätzliche Differenzierungsprinzipien: vertikale, niveaunale, lebenszeitliche, sozialräumliche und ethnische Differenzierung sowie Geschlechterdifferenzierung (Bunge, 2012).

Macht als Merkmal des politischen Systems versus Macht als in allen Interaktionen mögliche Einflussform

In Bezug auf Macht ist Luhmann (1988, S. 11ff.) der Auffassung, diese sei ein als Beschränkung des Selektionsspielraums des Partners zu sehendes, symbolisch generalisiertes Kommunikationsmedium. Symbolisch generalisierte Kommunikationsmedien steigern nach Luhmann die Erfolgswahrscheinlichkeit der Kommunikation. Mit anderen Worten: der Mächtige tut aufgrund seiner Macht Dinge, die er ohne seine Macht nicht täte. Dadurch steigert eine „machtvolle Kommunikation" ihre Erfolgsaussichten.

Macht wird weder dem Machtinhaber noch dem Machtunterworfenen als Eigenschaft zugeschrieben. In der funktional differenzierten Gesellschaft ist Macht auf das politische System beschränkt.

Im Bungeschen Verständnis ist Macht eine binäre Beziehung, die als Fähigkeit definiert werden kann, den Verlauf der Ereignisse – oft gegen den Willen von anderen Personen – zu ändern (Bunge, 2003, S. 220). Die Machtwirkung hängt nicht nur von der direkten Machtausübung, sondern auch von der Wahrnehmung des Machtpotenzials ab. Die Konzentration von Macht in einer sozialen Gruppe verwandelt diese in eine Klasse. Macht kann wirtschaftlicher, kultureller oder politischer Natur sein.

Verhältnis zwischen Mensch und Gesellschaft: Gesellschaft ohne Menschen (Holismus) versus soziale Bezugnahme und soziale Mitgliedschaft (Systemismus)

Im Luhmannschen Ansatz ist Gesellschaft ein soziales System, dessen *Komponenten* die operativen, füreinander erreichbaren *Kommunikationen* sind (Luhmann, 1988, 1997). Menschen befinden sich demnach in der Umwelt der Gesellschaft und ihrer Teilsysteme.[1] Zwischen der Gesellschaft und ihren Teilsystemen einerseits sowie psychischen Systemen der Menschen andererseits besteht eine besondere Art von Beziehung – *Interpenetration*.[2] Menschen werden als soziale Adressen von sozialen Systemen *inkludiert*, die Fortführung der Kommunikation ist jedoch ein Teil des Prozesses innerhalb der sozialen Systeme. Die sozialen Systeme der Gesellschaft vermögen weder durch Individuen noch durch kollektive Akteure oder soziale Bewegungen oder durch andere soziale Systeme direkt beeinflusst zu werden; sie werden durch diese lediglich irritiert, die Verarbeitung der Irritationsstimuli erfolgt nach systemeigenen Kriterien.

In der Bungeschen Systemtheorie ist Gesellschaft ein soziales Suprasystem, dessen *Komponenten Menschen* mit Bedürfnissen, Wünschen, Interessen, Lern- und Handlungskompetenzen sind. Ferner schließen dessen Komponenten Menschen mit spezifischen, sprachlich kommunizierten Bedeutungssystemen sowie ihre Aktivitäten als Interaktionspartner in sozialen (Austausch-)Beziehungen und als formelle und informelle Mitglieder von sozialen Systemen mit ein (Bunge, 1998). Da die Befriedigung von zahlreichen Bedürfnissen und Wünschen von Individuen nicht autonom erreicht werden kann, interagieren diese mit anderen Individuen innerhalb der Gesellschaft und setzen Vergesellschaftungsprozesse in Gang. Im Bungeschen Systemverständnis sind die individuellen Einwirkungsmöglichkeiten auf die Gesellschaft und ihre Teilsysteme insofern gegeben, als (1) interne Steue-

---

1 Seiner Logik zufolge impliziert dies nicht, dass Menschen weniger bedeutsam seien. Die Umwelt ist in der Luhmannschen Theorie nicht weniger wichtig als das System und zugleich viel komplexer als ein System, sodass die Freiheit des Menschen nach Auffassung von Luhmann (1995) durch seine Versetzung in die Umwelt der sozialen Systeme an Ausmaß gewinnt.
2 Verstanden als eine spezifische Art der strukturellen Kopplung zwischen zwei operational geschlossenen Systemen, die sich im Prozess der zirkulären Beziehung gegenseitig irritieren und dadurch ihre gegenseitige Komplexität beeinflussen, ohne jedoch in die Operation des jeweils anderen Systems einzudringen.

Michael Klassen

rung über die Mitglieder des Systems (Lernchancen, Pläne, Ressourcenausstattung, Koordination, positive und negative Sanktionen, Gewalt etc.) möglich ist. Zudem (2) Einwirkungen von außen durch Individuen, kollektive Akteure/soziale Bewegungen und durch Mitglieder anderer sozialer Teilsysteme erfolgen können. Dabei sind die Mittel dieser Einwirkungen nicht nur Kommunikationen, sondern auch und vor allem tatsächliche Handlungen der Individuen.

Ethik: Selbstbeobachtung der Moral versus eigene ethische Theorie

Luhmann (1990b, S. 19f.) definiert *Ethik* als Selbstbeobachtung und -beschreibung der Moral. Ethik reflektiert mit moralischen Bewertungen über moralische Urteile. Die verbreitete Hypothese der Ethik besagt, dass es gut sei, über Gut und Böse zu reflektieren. Ethik vermag nicht – obwohl sie das tut – als Beobachtung – zu unterscheiden, was an der Unterscheidung von Gut und Schlecht (Moral) gut oder schlecht sein soll. Dies ist der *blinde Fleck der Ethik*. Die „vordringlichste" Aufgabe der Ethik ist, vor Moral zu warnen.

Die *ethische Doktrin von Bunge* zeichnet sich dadurch aus, (a) dass alle moralischen Prinzipien sich in einer moralischen Maxime zusammenfassen lassen: „Erfreue Dich des Lebens und verhilf anderen, sich des Lebens zu erfreuen!" (Bunge, 1989, S. 218). (b) Moral bezieht sich auf eine reale Welt mit konkreten richtigen und falschen Handlungen, obgleich nur wenige Werte objektiv sind. (c) Die Existenz von moralischen Gefühlen und Intuitionen ist nicht subjektiver Natur. Ethik ist für die Wissenschaft und für Professionen (professionelle ethische Codes) von größter Wichtigkeit.

Darüber hinaus äußert sich Bunge im Rahmen seiner ethischen Theorie zu solchen Themen wie Menschenwürde und gerechte Gesellschaft, während sich bei Luhmann keine Aussagen dazu finden lassen.

3. Was hat mich dazu gebracht, die Theoriebildung in diese Richtung voranzutreiben?

Zum ersten Mal setzte ich mich mit dem systemtheoretischen Gedankengut 1995 im Rahmen meiner Diplomarbeit an der FH Koblenz auseinander. Auf der Suche nach den theoretischen Grundlagen der systemischen sozialarbeiterischen Anwendungen gab ich in den Bibliothekscomputer das Schlagwort „Systemtheorie" ein. Was als Ergebnis erschien, waren fast ausschließlich Schriften von Niklas Luhmann. So begann ich mit dem Lesen seiner Werke – vor allem „Soziale Systeme" (Luhmann, 1988) – und verstand zunächst ... nichts! Dies wurde zum Ansporn, mich mehr und mehr in die Luhmannschen Werke zu vertiefen. Die Luhmannsche Systemtheorie übte zum damaligen Zeitpunkt eine gewisse Faszination auf mich aus: das Außer-Kraft-Setzen der traditionellen Wissenschaftstheorien, das Auflösen aller logischen und unlogischen Probleme in Paradoxien und Sowohl-Als-Auch-Argumentation schienen mir eine geniale Lösung für alle wissenschaftlichen und alltagstheoretischen Fragen zu sein. Die Luhmannsche Theorie konkret anwenden oder gar überprüfen konnte ich nicht, aber das vage Jonglieren mit damals unverstandenen Begriffen und Termini erschien mir als Ausweis für Wissenschaftlichkeit.

Die Ausbildung an einer FH erforderte jedoch die Herstellung eines Praxisbezugs. So machte ich mich auf die Suche nach den Rezeptionsansätzen der Systemtheorie in der Sozialen Arbeit und stieß dabei auf die Theorie von Silvia Staub-Bernasconi, die der Zitation und den Verweisen zufolge eine der etabliertesten und am meisten rezipierten Autorinnen in der Sozialen Arbeit ist. Sie bezog sich jedoch – zu meinem Erstaunen – in ihrem metatheoretischen Bezugsrahmen gar nicht auf Luhmann, sondern auf einen mir bis dahin unbekannten Systemtheoretiker namens Mario Bunge. Da ich Luhmann nicht verstanden hatte, ging ich von der Annahme aus, dass Bunge sich wenig von Luhmann unterscheide – allerdings ohne dessen Werke eingehend studiert zu haben. So wuchs in mir die Hoffnung, dass beide Ansätze integrierbar seien. Der Frage nach der Integration der beiden Ansätze ging ich im Rahmen meiner Diplomarbeit nicht weiter nach, obgleich mir schon damals die Idee kam, weiter in diese Richtung zu forschen und gegebenenfalls eine Dissertation darüber zu schreiben. Also ging ich im Vorfeld meiner Dissertation mit der Vorstellung an die Arbeit, zwei gut vergleichbare Systemtheorien analysieren und vergleichen zu können. Ich nahm also an, es gebe zwischen diesen zwei Systemtheorien viele Brücken und Gemeinsamkeiten, sodass sogar eine Synthese möglich sein könnte.

Im Verlauf der auf mein Masterstudium in den USA folgenden Dissertation an der TU Berlin bei Silvia Staub-Bernasconi ließen sich in der Tat ein paar Schnittstellen identifizieren, die zu Brückenschlägen zwischen beiden Theorien führen. Diese Gemeinsamkeiten bilden jedoch eher eine Ausnahme unter den vielen, aufgrund der verschiedenen Metatheorien entstandenen Brüchen und Unvereinbarkeiten zwischen beiden Ansätzen. Es ging hierbei nicht einmal um den „Äpfel-Birnen-Vergleich", sondern eher um den Vergleich zwischen Äpfeln und Bäumen, ohne entscheiden zu wollen, welche Theorie was repräsentiert. Der größte Unterschied zwischen beiden systemtheoretischen Zugängen besteht m.E. in den Wirklichkeitskonzepten von Bunge und Luhmann: Während Bunge von der Vorstellung ausgeht, es gebe die real existierende Welt, ohne dass man sie beobachtet, und man könne diese also auch explorieren und erforschen, postuliert Luhmann, es gebe zwar eine reale Welt, deren Existenz könne jedoch niemand eindeutig beweisen.

Aufgrund der Vielfalt der Differenzen zwischen beiden Ansätzen wurde mir zunehmend klar, dass die Hoffnung auf die Herstellung einer Synthese nicht länger aufrechtzuerhalten war. Dies führte bei mir zu einer großen Enttäuschung, weil ich mich von der Vorstellung lösen musste, dass beiden Ansätzen eine gemeinsame systemisch-interdisziplinäre Idee innewohnte. Spätestens an diesem Punkt meiner (Vor-)Arbeit hatte ich mich zu entscheiden, welche Perspektive ich persönlich einnehmen werde. Ich entschied mich für die realwissenschaftliche Auffassung. Wenn ich diese Entscheidung reflektiere, wird mir klar, dass dies nicht zuletzt deswegen geschah, weil ich in Russland aufgewachsen bin und – wohl oder übel – im Sinne der (realwissenschaftlichen) marxistischen Ideologie erzogen wurde, die mein Welt- und Menschenbild entscheidend mit geprägt hat. Die marxistische Welt- und Wissenschaftsauffassung zeichnet sich – trotz aller Unzulänglichkeiten, die sie haben mag, und aller Missbräuche, die sie erfahren hat – durch eine realwissenschaftlich verstandene Wirklichkeitsauffassung aus, die, wie ich feststellen musste, nach wie vor traditionelles und aktuelles international geteiltes Wissenschafts- und Forschungsverständnis prägt. Betrachtet man nicht nur „Das Kapital", sondern auch frühere Marxsche Schriften in der Zusammenschau, kann Karl Marx als einer der ersten „Systemiker" gesehen werden, suchte er doch, die Unzulänglichkeiten des Individualismus von Kant und des Kollektivismus von Hegel zu überwinden.

4. Gegenstand und Aufgabe der Sozialen Arbeit aus systemischer Perspektive

Baecker (1994, 2000), Bommes & Scherr (2000, 2012), Eugster (2000), Hillebrandt (1999), Fuchs (2000), Merten (1997, 2000), Kleve (2000) und Ritscher (2002) können in meinem Verständnis als Vertreter_innen des Ansatzes nach *Niklas Luhmann* genannt werden, da diese ihre zentralen Begriffe und Aussagen der Luhmannschen Theorie – ganz oder teilweise – entnehmen und unterschiedlich weiterentwickeln. Im Folgenden werden diese zum Zweck der Übersichtlichkeit als *Luhmannsche Vertreter_innen* bezeichnet.

Für Luhmannsche Vertreter_innen stellt sich die primäre, theorierelevante Frage, ob Hilfe/Soziale Arbeit ein autonomes Funktionssystem der Gesellschaft ist oder nicht. Von der Antwort hängt das weitere Theoretisieren über Soziale Arbeit ab. Umgekehrt müsste man fast annehmen, dass man keine Sozialarbeitswissenschaft entwickeln könnte, wenn die Antwort negativ ausfiele – außer auf dem „primitiven" und vermutlich uninteressanten Niveau der Beobachtung erster Ordnung, die sich auf reale Menschen in Not beziehen müsste. Bei der Beantwortung der gemeinsamen Ausgangsfrage werden unterschiedliche Meinungen vertreten, welche Funktion Soziale Arbeit erfüllt, aber alle Funktionsbestimmungen Sozialer Arbeit haben etwas mit der Inklusion/Exklusion-Problematik zu tun. Es geht hierbei um die Ermöglichung von Teilnahmechancen an der gesellschaftlichen Kommunikation, ohne dass die Menschen die Umwelt der Systeme verlassen. Auch dann, wenn ansatzweise von Individuen die Rede ist, stehen sie, ihre Ausstattung wie ihre Problem- und Fragestellungen, ihre Wünsche, Ansprüche und Hoffnungen nie im Zentrum der Reflexion. Immer ist es gleichsam „das System", das sie adressiert, definiert und auf ihren Beitrag zur Erhaltung „des Systems" hin absucht und sortiert. Es ist ein soziales System, das keine Akteure kennt, die Macht verwalten, ausüben, aufbauen, willkürlich handhaben.

Neben dieser obigen Auffassung gibt es jedoch eine andere systemtheoretische Perspektive, und zwar von folgenden Vertreter_innen der Sozialarbeitswissenschaft: Silvia Staub-Bernasconi (1994, 1995, 1998, 2002, 2007), Werner Obrecht (2000, 2008) und Kaspar Geiser (2015). Diese Sozialarbeitswissenschaftler_innen haben insbesondere den Ansatz von *Mario Bunge* rezipiert, weiterentwickelt und auf die Soziale Arbeit übertragen. Sie werden daher im Folgenden als *Bungesche Vertreter_innen* bezeichnet.

Die Vertreter_innen des Bungeschen Ansatzes befassen sich mit dem zentralen Thema des Verhältnisses zwischen Individuum und Gesellschaft. Dieses Verhältnis kann kooperativ oder konfliktiv sein – sei es im Zusammenhang mit der Klassen- oder Schichtungs-, der Alters-, Geschlechter-, der kulturell-ethnischen Problematik sowie der Problematik der funktionalen oder niveaunalen Differenzierung. Ein weiterer Zusammenhang besteht ferner in der Legitimierung von Benachteiligung wie Privilegierung, Herrschaft, Repression und Gewalt. Soziale Probleme sind entsprechend im Zusammenhang mit Aspekten der Ausstattung von Individuen, ihren Austauschformen und ihren Mitgliedschaften in sozialen Systemen zu analysieren. Dabei ist die Frage nach frustrierten Bedürfnissen, selbst- und fremdschädigendem Verhalten wie nach den Regeln nicht menschengerechter sozialer Systeme zu stellen. Beide Pole sind Gegenstand Sozialer Arbeit. Beide müssen in diesem theoretischen Ansatz Ausgangspunkt einer davon abzuleitenden Funktionsbestimmung Sozialer Arbeit sein.

Fast alle sozialarbeiterischen Repräsentanten der Luhmann-Schule gehen von der Prämisse aus, dass Soziale Arbeit den modernen ausgebauten Wohlfahrtsstaat voraussetzt, in dem sie sich zu einer Form der Zweitsicherung entwickelt. Bei der Sozialen Arbeit handelt es sich demnach um eine Form der staatlich *organisierten* und subventionierten Hilfe, in deren Rahmen nur diejenigen Probleme wahrgenommen werden, die im Rahmen der organisierten Routinen gelöst oder an die vorhandenen Lösungsansätze angeschlossen werden können. Es ist nicht die Sache von Hilfe, eine Änderung der Strukturen in Betracht zu ziehen, die konkrete Formen der Hilfsbedürftigkeit erzeugen (mit Ausnahme von Hillebrandt, wobei dies bei ihm nicht weiter ausgeführt wird).

Im Verständnis der Bungeschen Vertreter_innen ist Soziale Arbeit *in einem Wohlfahrtsstaat* lediglich *eine Organisationsform Sozialer Arbeit unter anderen Formen*. Hier wird der Tatsache Rechnung getragen, dass Soziale Arbeit in vielen Fällen außerhalb der Reichweite des Staates und sogar gegen diesen über die Nichtregierungsorganisationen handelt.[3]

5. Theoretisierung der Adressat_innen der Sozialen Arbeit: soziale Adressen versus selbstwissensfähige biopsychische Systeme

Im Sinne des Luhmannschen Ansatzes sind Klienten der Sozialen Arbeit soziale Konstrukte des Helfersystems. Die Klientenzurechnung erfolgt mit der Entscheidung für den Fall. Das psychische System des Klienten ist der direkten Einflussnahme durch die Sozialarbeiter_innen entzogen. Das Hilfesystem kann dem Klientensystem lediglich Kommunikationen anbieten, die von letzterem anhand eigener Kriterien als hilfreich aufgegriffen werden und nur insofern dieses verändern können. Demzufolge ist keine direkte Intervention in andere Systeme oder Personen möglich, sodass der Erfolg einer Intervention ebenso wie ihr Misserfolg das Ergeb-

---

3 Genannt sei an dieser Stelle z.B. das auf der Joint Conference of IASSW und IFSW in Montreal/Quebec, Canada, Juli-August 2000 vorgestellte Projekt aus Japan, in dessen Rahmen auf Initiative einer japanischen Professorin an der Universität von Michigan und ihrer Kolleginnen in Japan eine Allianz von Nichtregierungsorganisationen gegründet wurde, um das Problem der Gewalt gegen Frauen in Japan an die Öffentlichkeit zu bringen. Dieses empirisch nachweisbare soziale Problem wurde bis vor Kurzem von der japanischen Regierung ignoriert, bis die Aktivistinnen unter Einbezug von internationalen Organisationen (NGOs und UNO) die japanische Regierung zum Handeln gegenüber Gewalt und Mord im innerfamiliären Kontext veranlasst haben (Staub-Bernasconi, 2001).

nis der Selbstanpassung des „intervenierten" Systems und daher ein Zufall bleibt. Eine solche Sicht verwehrt nicht nur die Thematisierung von illegitimer Macht, Zwang und Gewalt seitens der Sozialen Arbeit und ihrer Träger, sondern erspart den Professionellen die Frage, ob die missglückte Beziehung und Intervention auf ihr fehlendes Wissen und/oder Können zurückzuführen ist.

Im Sinne der Bungeschen Systemtheorie sind die Klienten diejenigen Menschen, welche die Kontrolle über die Aufrechterhaltung ihrer Möglichkeiten der Bedürfnisbefriedigung im Rahmen geltender sozialer Normen verloren haben und damit unter sozialen Problemen leiden. Diese Kontrolle kann wiederhergestellt oder verbessert werden, indem die internen oder externen oder beide Arten von Ressourcen erschlossen, aktiviert oder verbessert werden.

Dies kann im Rahmen dieses systemtheoretischen Zugangs nicht ohne die Frage geschehen, was der Klient selbst über seine Situation denkt, welche Kompetenzen, Ziele und Interessen er oder sie hat. Auch wenn es zwischen Sozialtätigen und Klient_innen zu entgegengesetzten Vorstellungen von Veränderung kommen kann, sind diese Gegenstand eines Aushandlungsprozesses oder eines transparenten Diskurses über legitime und illegitime Macht. Die Frage ist nicht, ob, sondern wie, in welcher Intensität und mit welchen Mitteln sich Menschen beeinflussen können. Wissenschaftliches und professionelles Problem- und Veränderungswissen bildet die Basis professionellen Handelns, wofür, wie bei allen anderen Professionen auch, die Sozialarbeitenden die Hauptverantwortung tragen und zur Rechenschaft gezogen werden können.

6. Relevanz der Systemtheorien in der Tradition von Luhmann und Bunge für die Bestimmung des Theorie-Praxis-Verhältnisses am Beispiel von Sozialen Problemen der Migrant_innen

In diesem Kapitel wird aufgezeigt, was die beiden systemtheoretischen Paradigmen von Niklas Luhmann[4] und Mario Bunge sowie ihre Umsetzungen in eine Theorie Sozialer Arbeit zur Darstellung, Erklärung und Lösung einer konkreten sozialen Problemkonstellation beizutragen vermögen: Es geht um die Situation von Migrant_innen.

6.1 Konzept der Migration in beiden Ansätzen

Sowohl im Luhmannschen als auch im Bungeschen Verständnis geht es bei der Migration um die Bewegung im physischen Raum, der sozial konstruiert ist. Während im Lichte des Luhmannschen Ansatzes die soziale Konstruktion der Migration der Bewegung von Körpern im physischen Raum vorausgeht, verhält es sich im Bungeschen Ansatz genau umgekehrt: Der physische Raum geht der sozialen Konstruktion von Migration voraus. Diese Grundannahme ist von weitreichender Be-

---

4 Da Luhmann selbst zum Thema Migration wenig geforscht hat, erscheint es sinnvoll, auf Ausführungen von Bommes (1999) einzugehen, der die Migration aus der systemtheoretischen Perspektive Luhmannscher Theorie beschrieben und analysiert hat. Daran anschließend werden die Sozialen Probleme der Migrant_innen und deren Bearbeitung durch die Soziale Arbeit im Lichte des Konzeptes von Bommes & Scherr (2000, 2012) analysiert, da diese Autoren meines Erachtens den konsequentesten und umfassendsten Versuch präsentieren, Luhmanns Systemtheorie auf die Soziale Arbeit anzuwenden.

deutung, wird doch Migration im ersten Fall zu einer sozialen Konstruktion. Diese ereignet sich sozial erst dann, wenn sie von der Gesellschaft kommunikativ registriert wird und im zweiten Fall zu einer Bewegung von Menschen wird, die sich unabhängig von der gesellschaftlichen Wahrnehmung im Rahmen eines Staates (Binnenmigration) oder staatsübergreifend (internationale Migration) bewegen können.

Es wird deutlich, dass nach Luhmann die Migration nicht unabhängig von der (medienvermittelten) Wahrnehmung der Gesellschaft besteht, sondern sie wird – wenn kommunikativ registriert – von ihr konstruiert. Dabei ist es nicht klar, wer oder was nach welchen Kriterien diese kommunikative Registrierung der Migration vornimmt und diese dadurch erst sozial erschafft.

Im Klartext heißt dies, dass die Migration erst sozial relevant wird, nachdem die zunehmende Zahl der einreisenden Personen zur Aufnahme der diesbezüglichen medienvermittelten breiten Diskussion geführt haben wird. Damit „ereignet" sich sozial die Migration gar nicht, solange diese unbemerkt von der Wahrnehmung der breiten Öffentlichkeit verläuft. Solche Schlussfolgerungen sind zwar empirisch nicht haltbar, leiten sich aber logisch aus der Übertragung der Luhmannschen Theorie auf das Migrationskonzept ab.

In der Tradition von Luhmann wird einzig funktionale Differenzierung als gesellschaftsprägend und relevant angesehen, sodass auch die Migrationsbewegungen nur in Bezug auf die von Luhmann ausdifferenzierten Teilsysteme der Gesellschaft konzeptualisiert werden. Der Preis für diese „Reduktion von Komplexität" ist der Verzicht auf die Beschreibung von Migrationsgründen, wie z.B. ethnische Diskriminierung, politische Flucht, geschlechtsspezifische Gründe, ökologische Gründe etc. Gerade diese Migrationsgründe sind aber zur Analyse und Lösung Sozialer Probleme von Migrant_innen von herausragender Bedeutung.

Des Weiteren verbleibt Luhmann vor allem bei den Beschreibungen von Migrationsprozessen, ohne diese hinreichend zu erklären. Auch die Ersetzung des Integrationsbegriffes durch den Begriff der Inklusion dient lediglich dazu, dem Luhmannschen Konzept der Gesellschaft ohne Menschen zu entsprechen, denn wo Menschen keine Mitglieder sozialer Systeme sind, kann auch von Integration keine Rede sein. Darüber hinaus wird nichts über die Binnenmigration ausgesagt: Ist diese für die Gesellschaft ein Umweltereignis? Welche Faktoren sind für die Binnenmigration auf der Personenebene und auf der Ebene der Teilsysteme der Gesellschaft entscheidend? Wie werden Binnenmigranten inkludiert/exkludiert? All diese Fragen erscheinen in den Zwängen des Luhmannschen Korsetts nur schwer beantwortbar.

Auch die These Bommes' (1999, S. 95), „Nationalstaaten sind von Beginn an Wohlfahrtsstaaten", ist eine erstaunliche Feststellung, die empirisch nicht haltbar bzw. auf jeden Fall je nach Ausbau des Sozialstaates zu differenzieren ist. Dabei bilden diese nationalen Wohlfahrtsstaaten Bommes zufolge den Migrant_innen gegenüber Ungleichheitsschwellen. Es wird jedoch nichts darüber ausgesagt, ob damit die Ungleichheiten zwischen den Wohlfahrtsstaaten (z.B. Deutschland) und

Nicht-Wohlfahrtsstaaten (z.B. USA) oder zwischen armen (durchaus als Nationalstaaten formierten) und reichen Ländern gemeint sind.

Es wird deutlich, dass im Luhmannschen Ansatz die Migration lediglich aus der Perspektive der Gesellschaft ohne Menschen betrachtet und als eine Antwort auf die gesellschaftlichen Inklusions- und Exklusionsverhältnisse aufgefasst wird. Im Bungeschen Ansatz hingegen treten zu gesellschaftlichen Determinationsfaktoren der Migration auch personenbezogene Variablen hinzu – insbesondere die chronische Versagung von Bedürfnisbefriedigung.

6.2 Erfassung und Erklärung der Sozialen Probleme der Migrant_innen und Ansätze zu deren Lösung im Lichte beider Systemtheorien

Nach dem Luhmannschen Ansatz sind Soziale Probleme der Migrant_innen die Kennzeichen der problematischen Exklusion durch die Teilsysteme der Gesellschaft. Gemäß der Vorstellung seiner Schule (Bommes, Scherr, 2000) hat die Soziale Arbeit zur Aufgabe, die vom Staat vorgesehenen Integrationsmaßnahmen durchzuführen und damit Migrant_innen in die Wirtschaft (berufliche Integration), die Erziehung (schulische Integration), das Rechtssystem (statusrechtliche Integration) etc. zu inkludieren. Dabei wird übersehen, dass Soziale Arbeit nicht nur aufgrund von bestehenden Gesetzen und Normen ihre Entscheidungen treffen kann und sogar muss, sondern auch aufgrund ihres Wissens über die Entstehung, das Bestehen und die Lösung Sozialer Probleme – womöglich zusammen mit ihrer Klientel. Wie sonst könnte sie Defizite vorgegebener Integrationsmaßnahmen erkennen, diesen Zustand öffentlich machen und gegebenenfalls eine Alternative aufzeigen? Die obige Vorstellung widerspricht auch den empirischen Tatsachen. Diese veranschaulichen, dass insbesondere Freie Träger in der Sozialen Arbeit in ihren Integrationsbemühungen über den Leistungsumfang der staatlichen Integrationsmaßnahmen hinausgehen und ihre Angebote nicht ausschließlich an den rechtlichen Grundlagen, sondern auch an sozialarbeiterischem, eigenem sozialdiagnostischem und handlungstheoretischem Wissen über die migrationsbedingten Sozialen Probleme ausrichten.

So zeigen selbst durchgeführte Interviews mit Praktiker_innen (Klassen, 2004), dass deren Entscheidung, zu helfen oder nicht zu helfen, nicht ausschließlich auf die rechtlichen und normativen Vorgaben gründet, sondern auf das professionelle Handlungswissen über die Entstehung, das Bestehen und die Lösung Sozialer Probleme. Außerdem merken die Befragten an, dass verschiedene staatliche Hilfs- und Integrationsmaßnahmen ohne Einbezug der Migrant_innen geplant werden. Diese sind folglich nicht bedürfnisorientiert konzipiert. Sie sind nach professionellen Maßstäben irrational, werden aber auch autoritär-verachtend durchgeführt und sind mit immer mehr Kontrolle und Disziplinierung verbunden.

Im Luhmannschen Ansatz ist dies nicht kritikwürdig, da Hilfe ein Teil der Kontrolle und Disziplinierung ist. Dies führt jedoch dazu, dass die Funktion Sozialer Arbeit auf die Erfüllung der staatlichen Eingriffsfürsorge reduziert wird, ohne dass eine Unterscheidung zwischen legitimen und illegitimen Eingriffen getroffen wird. Solch eine Betrachtungsweise Sozialer Arbeit ist umso bedenklicher, als dadurch jeglicher Machteingriff in die Sphäre der hilfsbedürftigen Individuen als Hilfe legitimiert werden kann und unter bestimmten Bedingungen Hilfe selbst bedenkenlos durch polizeiliche Arbeit und Gefängnisse ergänzt und ersetzt werden kann (Staub-Bernasconi, 2001b).

Die interviewten Sozialarbeiter_innen machen in diesem Zusammenhang klar, dass auch denjenigen geholfen werden kann, die nicht bereit sind, sich disziplinieren und kontrollieren zu lassen. Die Beschreibung der Reaktionen der Praktiker_innen auf Repression gegen Migrant_innen zeigt, dass sie nicht unter allen Umständen die Anpassung an die gesellschaftlichen Normen erstreben, sondern – wenn nötig – zugunsten ihrer Klientel gegen ungerechte Normen in der Gesellschaft vorgehen. Nach dem Luhmannschen Verständnis dürften sie dies kaum in Erwägung ziehen! Darüber hinaus sehen sie es nicht als ihre Aufgabe an, Kontrolle über die Migrant_innen auszuüben und „Fehlverhalten" ihrer Klienten an die sanktionierenden Stellen zu melden, auch dann nicht, wenn ihre Klienten falsche Angaben machen oder eine Integrationsmaßnahme ablehnen. Damit weigern sich die Sozialarbeiter_innen, ihre Funktion auf die Erfüllung staatlicher Eingriffsfürsorge zu reduzieren. Aufgrund ihres professionellen Wissens vermögen sie, zwischen legitimen (z.B. im Fall der häuslichen Gewalt gegen Kinder und Frauen) und illegitimen Eingriffen zu unterscheiden. Damit sind sie in der Lage, solche Phänomene wie das Vorhandensein von nationalistischen und rassistischen Äußerungen und Einstellungen aus Behörden,[5] die sich mit den Migrant_innen befassen, zu erkennen, dies öffentlich bekannt zu machen und dagegen vorzugehen.

Einverstanden könnte man sich hingegen damit erklären, dass insbesondere die mit der Beschaffung des Erwerbseinkommens im Zusammenhang stehenden und familiären Sozialen Probleme von Migrant_innen von herausragender Bedeutung sind. Nur erklären Bommes und Scherr (2000) nicht die Gründe für deren herausragende Relevanz, sondern benennen lediglich ihre Folgeprobleme: zum einen die Einkommensarmut im Fall von Arbeitslosigkeit, zum anderen fehlende Inklusion als ganze Person im Fall familiärer Sozialer Probleme. Dabei wird übersehen, dass durch diese Bereiche – wie im Rahmen des Bungeschen Ansatzes aufgezeigt – wichtige menschliche Bedürfnisse befriedigt werden: Die Erwerbsarbeit ist die grundlegende Quelle der monetär zu deckenden Bedürfnisse, während die Familie normalerweise der Ort ist, wo andere wichtige biopsychosoziale Bedürfnisse der Menschen, insbesondere auf der Ebene der intimen sozialen Beziehungen, befriedigt werden können. Ferner werden andere Soziale Probleme der Migrant_innen durch die von der funktionalen Differenzierung geprägte Perspektive des Luhmannschen Ansatzes gar nicht erfasst, so z.B. deren Zugehörigkeit zur Unterschicht oder soziale Abwärtsmobilität, ihre ethnisch-kulturellen Unterschiede zur einheimischen Bevölkerung, die Ghettoisierung, die ihnen zuteilwird, aber auch zirkuläre Ursache-Wirkungs-Ketten der Sozialen Probleme. Dabei verzichtet die Luhmann-Schule vollständig auf die Bewertung der Sozialen Probleme der Migrant_innen, da ja die Operationen Inklusion/Exklusion

---

5 Dies sind aber im Sinne der Luhmannschen Systemtheorie genau diejenigen, die für Integrationsmaßnahmen des Staates verantwortlich sind und somit die Grundlage für das sozialarbeiterische Handeln liefern sollen.

amoralisch seien und daher die Frage nach den moralischen Konsequenzen dieser Operationen gar nicht erst gestellt wird.

Die Perspektive des Luhmannschen Ansatzes wird zusätzlich dadurch eingeengt, dass nach Bommes und Scherr *Soziale Probleme anhand von vorhandenen Lösungen gesucht werden und vorhandene Lösungen nach passenden Problemen suchen.* Es kann nur das adressiert werden, was vorher schon konstruiert wurde, sodass aus diesem Fokus zahlreiche Soziale Probleme der Migrant_innen nicht nur aus dem Blickfeld der Betrachtung Sozialer Arbeit geraten, sondern einfach als nicht existent deklariert werden können.

Im Lichte des Bungeschen Ansatzes liegen den Sozialen Problemen der Migrant_innen deren unerfüllte Bedürfnisse und legitime Wünsche zugrunde. Dabei zeichnet sich diese Migrantengruppe durch schlechte Ausstattung und Benachteiligung im soziomateriellen und soziöokologischen Bereich (Erwerbslosigkeit, kein Vermögen etc.), im reflexiven und ideell-symbolischen Bereich (mangelnde Sprachkenntnisse als Gründe für Mängel in der Informationsverarbeitung und Erkenntnisgewinnung sowie unzureichende ideell-symbolische Ressourcen für die Orientierung im Alltag) und im aktiv-produktiven Bereich aus. Ferner sind sie Formen von Behinderungsmacht ausgesetzt, da z.B. die Kürzung von Integrationsleistungen als Einschränkung des Zugangs zu knappen Ressourcen interpretiert werden kann. Dennoch wäre zu fragen, ob diese Einschränkung legitim oder illegitim ist und nach welchen Kriterien sie vollzogen wird. Soziale Arbeit mit Migrant_innen besteht nicht im bloßen Erfüllen von Gesetzen und Normen, sondern geschieht aufgrund von sozialarbeiterischem Wissen über Soziale Probleme und deren Lösungsmöglichkeiten. Diese Vorgehensweise ermöglicht nicht nur, die vorhandenen Integrationsressourcen des Staates voll auszunutzen, sondern auch neue, im rechtlichen Integrationskatalog nicht vorgesehene Maßnahmen zu entwickeln und damit sogar die von der breiten Öffentlichkeit nicht erkannten Sozialen Probleme anzugehen. Außerdem ermöglicht sie, die Kontrollinstanzen und -instrumente des Staates differenzierter zu betrachten, auf die Missstände in diesen aufmerksam zu machen und dort, wo es notwendig erscheint, sogar dagegen vorzugehen, um die demokratische Werteordnung zu erhalten.

Ihre Handlungen und Arbeitsweisen orientieren sich sowohl am Individuum, an der Familie, am Gemeinwesen als auch an der staatlichen Bürokratie. Damit realisiert sie exemplarisch ein Bottom-Up-Modell Sozialer Arbeit, das sich theoretisch implizit auf das Bungesche Systemverständnis bezieht.

7. Fazit

Zusammenfassend lässt sich festhalten, dass die Systemtheorien nicht alle in einen Topf geworfen werden dürfen. Dies kann mitunter gefährlich sein: Die Luhmannsche Systemtheorie z.B. erlaubt einigen Sozialarbeiter_innen, jede Rechenschaft für die Folgen ihres eigenen professionellen Handelns zu vermeiden und die Mitverantwortung für misslungene Intervention auf die autopoietisch geschlossenen sozialen und psychischen Systeme zu verschieben. Sie gestattet ferner, die moralischen Verpflichtungen gegenüber Klientel und Gesellschaft – den ethischen Berufskodex inklusive – unberücksichtigt zu lassen und sich jeglicher Auseinandersetzung mit Macht- und Herrschaftsfragen zu entziehen. Den Mächtigen dieser Welt, den Politiker_innen und den Wirtschaftsführer_innen, erlaubt der Luhmannsche Ansatz, die Ökonomisierung Sozialer Arbeit zu rechtfertigen und weiter voranzutreiben, sodass durch „die Quantifikation der Geldzahlung" (Luhmann, 1975, S. 141) nicht nur alle Hilfe vergleichbar gemacht, sondern auch motivationale und moralische Begründungen des Helfens völlig aufgegeben werden können. Allerdings gibt es mittlerweile auch Ansätze, die versuchen, die Systemtheorie von Luhmann für eine kritische Gesellschaftsanalyse fruchtbar zu machen (z.B. Amstutz, Fischer-Lescano, 2013) oder diese mit gerechtigkeitstheoretischen Argumenten zu verbinden (Hosemann, Geiling, 2013, S. 206ff.).

Vor dem Hintergrund der obigen Analyse überrascht es nicht, dass der Luhmannsche Ansatz an der empirischen Überprüfung seiner Reichweite am Beispiel der Sozialen Probleme der Migrant_innen scheiterte. Sollte es zu Sozialen Problemen in der Gruppe der Migrant_innen kommen, kann Soziale Arbeit wenig tun, da sie lediglich Reize anbietet, die nach eigenen Kriterien der Migrant_innen aufgegriffen werden können, sodass sich eventuell eine Veränderung der problematischen Situation einstellt, die sich jedoch nicht vorhersagen lässt.

Es wird deutlich, dass dadurch ein (Nicht)Handeln im Hinblick auf die Lösung der Sozialen Probleme der Migrant_innen sozial und gesellschaftlich gerechtfertigt wird und die Kürzungen der Integrationsleistungen für Migrantengruppen theoretisch untermauert werden.

Als Alternative zum Luhmannschen Ansatz kann die *Systemtheorie nach Mario Bunge* – zusammen mit ihren sozialarbeiterischen Anwendungen von Staub-Bernasconi, Obrecht und Geiser – gesehen werden. Die Bungesche Systemtheorie sowie ihre Übertragung auf Soziale Arbeit liefert eine systemtheoretische Perspektive, welche die Mängel der „Ein-Niveau-Theorie" Luhmanns durch mehrdimensionale und mehrniveauale Betrachtung und Analyse ausgleicht.

Die Vertreter_innen Luhmanns in der Sozialen Arbeit würden dem entgegenhalten, dass die Luhmannsche Theorie der Sozialarbeit auf solche Prozesse hinweist, wie zirkuläre Kommunikationsverläufe, die Sinnzuschreibung verschiedener menschlicher Aktivitäten durch Beobachter_innen/andere Menschen und die subjektivistische Komponente im Definitionsprozess Sozialer Probleme. Damit würde aber die Luhmannsche Systemtheorie nichts Neues zu bereits Erkanntem beitragen: Man muss die ganze Welt nicht gleich als Konstrukt sehen. So zeigt die Systemtheorie von Mario Bunge, dass man die subjektivistischen und objektivistischen Vorstellungen durchaus in einem Ansatz vereinen kann. Damit sei nicht gesagt, die Bungesche Systemtheorie sei eine unfehlbare. Nur vermag diese im Vergleich zur Theorie Luhmanns in der sozialarbeiterischen Anwendung mehr zu leisten. Dies nicht zuletzt deswegen, da sie sich durch einen klaren emanzipatorischen Anspruch auszeichnet, der insbesondere für die Soziale Arbeit – sowohl in Bezug auf ihre Klientel, als auch ihre Auftraggeber – von größter Bedeutung ist, will sie nicht zur Marionette der Mächtigen dieser Welt werden.

Michael Klassen

Wo stehen wir nun am Ende dieses Beitrages? Rückblickend betrachtet lohnt es sich schon, bei dem Überbegriff „Systemtheorie" genau hinzuschauen und die Folgen des jeweiligen Ansatzes für die sozialarbeiterische Praxis genau durchzudenken.

> **Reflexionsfragen:**
>
> - Wie unterscheidet sich das vom Autor präferierte systemtheoretische Paradigma von der Luhmannschen Theorie sozialer Systeme?
> - Wie gestaltet sich in den beiden skizzierten systemtheoretischen Ansätzen das Verhältnis von Individuum und Gesellschaft und welche praktischen Implikationen sind damit verbunden?
> - Wie beurteilen Sie die Kritik von Michael Klassen an den systemtheoretischen Annahmen von Niklas Luhmann – insbesondere mit Blick auf die Praxis Sozialer Arbeit?

Grundlagenliteratur:
Klassen, Michael (2009): *(System)Theorien der Sozialen Arbeit*. Innsbruck: Studia Universitätsverlag.
Klassen, Michael (2004): *Was leisten Systemtheorien in der Sozialen Arbeit? Ein Vergleich der systemischen Ansätze von Niklas Luhmann und Mario Bunge*. Bern: Haupt Verlag.

Weiterführende Literatur:
Amstutz, M., Fischer-Lescano, A. (Hg.) (2013): *Kritische Systemtheorie. Zur Evolution einer normativen Theorie*. Bielefeld: transcript.
Baecker, D. (1994): Soziale Hilfe als Funktionssystem der Gesellschaft. *Zeitschrift für Soziologie*, 23. Jg., S. 93–110.
Baecker, D. (2000): „Stellvertretende" Inklusion durch ein „sekundäres" Funktionssystem: Wie „sozial" ist die soziale Hilfe? In: Merten, R. (Hrsg.): *Systemtheorie Sozialer Arbeit. Neue Ansätze und veränderte Perspektiven* (S. 39–46). Opladen: Leske + Budrich.
Bommes, M. (1999): *Migration und nationaler Wohlfahrtsstaat. Ein differenzierungstheoretischer Entwurf*. Opladen: Westdeutscher Verlag.
Bommes, M., Scherr, A. (2000): *Soziologie der Sozialen Arbeit. Eine Einführung in Formen und Funktionen organisierter Hilfe*. Weinheim: Juventa.
Bommes, M., Scherr, A. (2012): *Soziologie der Sozialen Arbeit. Eine Einführung in Formen und Funktionen organisierter Hilfe* (2., überarb. Aufl.). Weinheim: BeltzJuventa.
Bunge, M. (1989): *Ethics. The Good and the Right. Vol. 8 of Treatise on Basic Philosophy*. Dordrecht: Reidel.
Bunge, M. (1996): *Finding Philosophy in Social Science*. New Haven, London: Yale University Press.
Bunge, M. (1998): *Social Science Under Debate: A Philosophical Perspective*. Montreal: University of Toronto Press.
Bunge, M. (2003): *Philosophical Dictionary*. New York: Prometheus Book.
Bunge, M. (2012): *Evaluating Philosophies*. Heidelberg, New York, London: Springer.
Bunge, M., Ardila, R. (1990): *Philosophie der Psychologie*. Tübingen: J. C. B. Mohr.
Eugster, R. (2000): *Die Genese des Klienten. Soziale Arbeit als System*. Bern: Haupt.
Fuchs, P. (2000): Systemtheorie und Soziale Arbeit. In: Merten, R. (Hrsg.): *Systemtheorie Sozialer Arbeit. Neue Ansätze und veränderte Perspektiven* (S. 157–175). Opladen: Leske + Budrich.
Geiser, K. (2015): *Problem- und Ressourcenanalyse in der Sozialen Arbeit: eine Einführung in die systematische Denkfigur und ihre Anwendung* (5., überarb. Aufl.). Luzern: Verlag für Soziales und Kulturelles; Freiburg i.Br.: Lambertus.

Hillebrandt, F. (1999): *Exklusionsindividualität. Moderne Gesellschaftsstruktur und die soziale Konstruktion des Menschen.* Opladen: Leske + Budrich.
Hosemann, W., Geiling, H. (2013): *Einführung in die Systemische Soziale Arbeit.* München: Reinhardt.
Kleve, H. (2000): *Die Sozialarbeit ohne Eigenschaften: Fragmente einer postmodernen Professions- und Wissenschaftstheorie sozialer Arbeit.* Freiburg i.Br.: Lambertus.
Luhmann, N. (1975): Formen des Helfens im Wandel gesellschaftlicher Bedingungen. In: Luhmann, N._*Soziologische Aufklärung 2, Ansätze zur Theorie der Gesellschaft* (S. 134–149). Opladen: Westdeutscher Verlag.
Luhmann, N. (1988): *Soziale Systeme: Grundriss einer allgemeinen Theorie* (2. Aufl.). Frankfurt a.M.: Suhrkamp.
Luhmann, N. (1990): Paradigm Lost: Über die ethische Reflexion der Moral. Rede anläßlich der Verleihung des Hegel-Preises 1989. In: Luhmann, N.: *Paradigm Lost: Über die ethische Reflexion der Moral* (S. 7–48). Frankfurt a.M.: Suhrkamp.
Luhmann, N. (1994): *Die Wissenschaft der Gesellschaft* (2. Aufl.). Frankfurt a.M.: Suhrkamp.
Luhmann, N. (1995): *Soziologische Aufklärung 6. Die Soziologie und der Mensch.* Opladen: Westdeutscher Verlag.
Luhmann, N. (1997): *Die Gesellschaft der Gesellschaft, Erster und Zweiter Teilband.* Frankfurt a.M.: Suhrkamp.
Merten, R. (1997): *Autonomie der Sozialen Arbeit. Zur Funktionsbestimmung und Profession.* Weinheim: Juventa.
Merten, R. (2000): Soziale Arbeit als autonomes Funktionssystem der modernen Gesellschaft? Argumente für eine konstruktive Perspektive. In: Merten, R. (Hrsg.): *Systemtheorie Sozialer Arbeit. Neue Ansätze und veränderte Perspektiven* (S. 177–204). Opladen: Leske + Budrich.
Obrecht, W. (2000): Soziale Systeme, Individuen, Soziale Probleme und Soziale Arbeit. Zu den metatheoretischen, sozialwissenschaftlichen und handlungstheoretischen Grundlagen des „systemischen Paradigmas der Sozialen Arbeit". In: Merten, R. (Hrsg.): *Systemtheorie Sozialer Arbeit. Neue Ansätze und veränderte Perspektiven* (S. 207–223). Opladen: Leske + Budrich.
Obrecht, W. (2008): *Was braucht der Mensch? Zur Struktur und Funktion einer naturalistischen Theorie menschlicher Bedürfnisse.* Luxemburg: Ligue Medico-Sociale.
Ritscher, W. (2002): *Systemische Modelle für die Soziale Arbeit.* Heidelberg: Carl Auer.
Staub-Bernasconi, S. (1994): Soziale Arbeit als Gegenstand von Theorie und Wissenschaft. In: Wendt, W. R. (Hrsg.): *Sozial und wissenschaftlich Arbeiten. Status und Positionen der Sozialarbeitswissenschaft* (S. 75–104). Freiburg i.Br.: Lambertus.
Staub-Bernasconi, S. (1995): *Systemtheorie, Soziale Probleme und Soziale Arbeit: lokal, national, international oder: vom Ende der Bescheidenheit.* Bern: Haupt.
Staub-Bernasconi, S. (1998 [1994]): Soziale Probleme – Soziale Berufe – Soziale Praxis. In: Heiner, M., Meinhold, M., von Spiegel, H., Staub-Bernasconi, S.: *Methodisches Handeln in der Sozialen Arbeit.* 4. Aufl. (S. 11–137). Freiburg i.Br.: Lambertus.
Staub-Bernasconi, S. (2001b): Was wäre zu tun, wenn sich die Soziale Arbeit transnationalisieren würde? *SozialAktuell*, 5, S. 5–9.
Staub-Bernasconi, S. (2002): Unterschied im Theorieverständnis von Sozialarbeit/Sozialpädagogik – Auf der Spurensuche nach einem gesellschaftlichen Geschlechterverhältnis. In: Feustel, A. (Hrsg.): *Sozialpädagogik und Geschlechterverhältnis 1900 und 2000. Colloquium zur Eröffnung des Archiv- und Dokumentationszentrums für soziale und pädagogische Frauenarbeit.* Berlin: Alice-Salomon-Fachhochschule und Pestalozzi-Fröbel-Haus.
Staub-Bernasconi, S. (2007): *Soziale Arbeit als Handlungswissenschaft. Systemische Grundlagen und professionelle Praxis – Ein Lehrbuch.* Bern: Haupt.
Wittgenstein, L. (1953): *Philosophical Investigations.* Oxford: Blackwell.

Stichworte:
System – Systemtheorien – Erkenntnis – Menschenbild – Differenzierung – Macht – soziale Probleme

Macht- und diskursanalytische Perspektiven

Fabian Kessl

1. Überblick über die Theorie

> **Zusammenfassung**
>
> Im vorliegenden Beitrag werden macht- und diskursanalytische Perspektiven vorgestellt, wie sie sich insbesondere im Anschluss an die Arbeiten von Michel Foucault in der sozial- und kulturwissenschaftlichen Debatte etabliert haben. Im Zentrum des Beitrags steht die Frage, wie diese in Bezug zur Sozialen Arbeit gebracht werden können. Damit wird zum einen verdeutlicht, welches Aufklärungspotenzial einem, zu der klassischen soziologischen Machtdefinition (Max Weber), alternativen Begriffsverständnis zukommt. Und zum anderen wird deutlich, welche Blickrichtung eine diskursanalytische Position einnimmt, die sich der Analyse historisch-spezifischer Artikulationsmuster verschreibt.

Macht wird innerhalb der theorie-systematischen Bestimmungsversuche Sozialer Arbeit häufig im klassisch-soziologischen Sinne als Möglichkeit zur Durchsetzung der eigenen Interessen bzw. Präferenzen gegen andere Interessen verstanden – seien dies nun *Machtverhältnisse,* mit denen sich die Nutzer und Adressat_innen sozialpädagogischer Angebote konfrontiert sehen (Thiersch, Grunwald, Köngeter, 2002), oder *Machtstrategien,* mit denen die Profession Sozialer Arbeit ihre eigene Professionalität durchsetzen soll (Staub-Bernasconi, 1995). Dieses klassisch-soziologische Verständnis von Macht findet seine Begründung vor allem in den Arbeiten von Max Weber (1920–21/1995). Weber verdeutlicht, dass bestimmten Menschen aufgrund ihrer Position in einem institutionellen Gefüge (z.B. Leitungsposition in einer Kommunaladministration) oder ihres Charismas (z.B. rhetorische Beschlagenheit einer Hochschullehrerin) eine größere Durchsetzungsmöglichkeit zukommt als anderen Akteur_innen. Die damit benannte Tatsache, dass Menschen als Akteur_innen in strukturell differenten Entscheidungspositionen platziert und mit unterschiedlichen Durchsetzungspotenzialen ausgestattet sind, ist für die Bestimmung Sozialer Arbeit von einiger Bedeutung. So erklärt sie z.B. die konstitutive Asymmetrie, die zwischen Fachkräften der Sozialen Arbeit und den Nutzer_innen ihrer Angebote besteht – ein Sachverhalt, um den jede professionell agierende Sozialarbeiterin und jeder Sozialpädagoge wissen sollte, da hiermit alltäglich umgegangen werden muss. Wir können erst angemessen fachlich handeln, wenn wir verstehen, dass unsere Zugehörigkeit als Fachkraft zu einer (sozial)pädagogischen Organisation – z.B. zu einer stationären Einrichtung der Erziehungshilfe – prinzipiell eine andere Durchsetzungsmöglichkeit mit sich bringt, als sie einem Jugendlichen als Nutzer dieser Einrichtung zur Vergütung steht. Übersehen wir diese Tatsache, geraten wir in die Gefahr, Machtverhältnisse nicht als solche zu erkennen und sie somit zu reproduzieren. Gleichzeitig sind Konstellationen und Situationen in den Feldern Sozialer Arbeit auf unterschiedliche Weise und unterschiedlich stark machtförmig geprägt. Selbstverständlich macht es einen Unterschied, ob wir die Erbringungssituation, also z.B. die gemeinsame Alltagsgestaltung in einer Wohngruppe, demokratisch – also vom fachlichen Anspruch mit möglichst gleichrangigen Mitbestimmungsmöglichkeiten der Bewohner_innen wie der Mitarbeiter_innen – oder autoritär – also in Form einer strengen und nicht-verhandelbaren Regulierung der Bewohner_innen durch die Mitarbeiter_innen resp. die Leitung – organisieren. Aber auch eine demokratisch verfasste Wohngruppe (z.B. aufgrund eines entscheidungskräftigen Heimrates der Bewohner_innen) kann die prinzipielle strukturelle Ungleichheit zwischen Fachkräften und Nutzer_innen nicht ausschalten, da die Fachkräfte in der Sozialen Arbeit auf Basis eines institutionellen Auftrags agieren, dem sich die Nutzer_innen, wollen sie das sozialpädagogische (Hilfs-)Angebot in Anspruch nehmen, bis zu einem gewissen Grad unterwerfen müssen: Sie müssen nämlich dieses Angebot zumindest annehmen, andernfalls bleibt ihnen nur der Verzicht. In Einzelfällen kann ihnen sogar die Verweigerung verweigert werden, wie das Beispiel der Inobhutnahme in der Kinder- und Jugendhilfe manches Mal zeigen kann. Hier zeigt sich für alle Beteiligten also die Macht im Weberschen Sinn, d.h. die Durchsetzungsmöglichkeit, die den Fachkräften und der Organisation zukommt. Dies kann uns die Lektüre von Max Webers Arbeiten für die Soziale Arbeit lehren.

Zugleich scheitert eine solche klassisch-soziologische Konzeption von Macht, wenn es darum geht zu erklären, warum ein institutionelles Gefüge trotz der grundlegenden Asymmetrie keine unidirektionale Konstellation darstellen muss, innerhalb der der einen Seite (z.B. der Leitung einer Einrichtung) die alleinige Durchsetzungsmöglichkeit zukommt, während die andere Seite (z.B. die Bewohner_innen) nur ohnmächtig ist. Die bereits skizzierte Wohngruppe, aber auch ein ambulantes Angebot der Kinder- und Jugendhilfe, z.B. eine Sozialpädagogische Familienhilfe (SPFH), kann eben nicht nur gleichrangige Positionen (demokratische Organisation) oder sehr ungleiche Positionen (autoritäre Organisation) vorsehen: Sie kann durchaus trotz einer bestimmten, z.B. demokratischen Organisation in unterschiedlichen Situationen einmal die Durchsetzungsmöglichkeit stärker und einmal weniger stark aufseiten der Fachkräfte oder der Einrichtungsleitung konzentrieren. Wie ist das zu erklären?

Dabei kann uns ein zweites, alternatives Machtkonzept helfen. Soziale Situationen erweisen sich spätestens auf den zweiten Blick eben nicht nur als Konstellationen, in denen unterschiedliche Akteure mit unterschiedlichen Durchsetzungsmöglichkeiten ausgestattet sind, sondern auch als Geflechte wechselseitiger Beziehungen, mit denen „mehrere Personen, Gruppen oder Parteien miteinander verknüpft sind" (Sofsky, Paris, 1991, S. 12, zit. nach Berger, 2009, S. 20). Eine Konzeption der Macht, die an diese Einsicht anknüpft, macht daher auf die jeweils historisch konkret bestehenden Kräfteverhältnisse aufmerksam, nicht etwa nur auf die scheinbar gegebenen, also vorausgesetzten allgemeinen Hierarchien zwischen Positionen und Personen. Eine solche, zum klassisch-soziologischen Modell alternative Machtkonzeption findet sich in den Arbeiten von Michel Foucault, ist in analoger Weise aber z.B. auch aus den regulationstheoretischen Arbeiten von Nicos Poulantzas (2002) zu gewinnen. Vor allem die Machtkonzeption, wie sie Michel Foucault (1976/1999, S. 114) als „Name(n)" für die „komplexe strategische Situation in einer Gesellschaft" vorschlägt, wird im Folgenden als *machtanalytische* Alternative zur klassisch-soziologischen Machttheorie präsentiert. Erkenntnistheoretisch unterscheiden sich die diesen innewohnenden Perspektiven vor allem in Bezug auf die Annahme, ob Macht als gegeben (essenziell) oder als historisch-spezifisch und situationsabhängig (relational) verstanden wird. Das Erste trifft eher für die Machtkonzeption im Sinne Max Webers zu, das Zweite eher für diejenige, die sich auf die Überlegungen von Michel Foucault bezieht.

Was zeigt sich nun, wenn wir diese beiden Machtkonzepte einmal an ein konkretes Beispiel aus der Jugendhilfepraxis anlegen? Werfen wir solch einen analytischen Blick auf unterschiedliche Jugendhilfeplangespräche, zeigt sich, dass dem/der anwesenden Jugendamtsmitarbeiter_in aufgrund der Position als Vertreter_in der Entscheidungsbehörde (öffentlicher Träger: Jugendamt), die zugleich Auftraggeber_in der eigentlichen Erbringungsorganisation (freier Träger: z.B. Heimeinrichtung) ist, eine besondere Position zukommt. Sie hat während und auf Basis des Gesprächs die Macht (im Weberschen Sinne), Dinge zu entscheiden, z.B. ob (dem Jugendamt) eine Hilfe für eine_n Jugendliche_n oder die Familie überhaupt notwendig erscheint und in welcher Form diese erteilt werden kann (z.B. als ambulantes oder stationäres Angebot der Erziehungshilfe). Soweit die machttheoretische Einsicht mit Weber im Rücken. Schauen wir uns die Situation aber noch etwas länger an, dann wird deutlich, dass die Entscheidungen der Jugendamtsmitarbeiter_in nur realisiert, also umgesetzt werden können, wenn die anderen Akteur_innen am Tisch – die Mitarbeiter_innen des freien Trägers, aber nicht minder die Familie des Kindes und nicht zuletzt der/die Jugendliche selbst – mitspielen. Das durchaus mächtige Personal des Jugendamts ist also zugleich in das bestehende Kräfteverhältnis eingewoben, das sich zwischen den Akteur_innen (z.B. als Vertreter_innen einer Organisation) und durch diese hindurch (z.B. als institutionell formierte Asymmetrie) aufspannt (im Sinne des Foucaultschen Machtmodells). Am deutlichsten wird dieser Sachverhalt, wenn wir uns der Möglichkeit vergewissern, dass sich einzelne Akteur_innen, z.B. der/die Jugendliche als potenzieller Nutzer_in, dem Gespräch schlicht entziehen kann – auch wenn das ggf. Sanktionen nach sich zieht. Trotz der eventuellen Durchsetzungsmöglichkeit, die z.B. über Sanktionen in der Wohngruppe gegenüber dem/der Jugendlichen vollzogen werden könnte, ist die Realisierung des Gespräches im Fall des Fernbleibens des Jugendlichen u.U. gar nicht mehr möglich. Auch aus der im Weberschen Sinne strukturell schwächeren Position kann also das bestehende Kräfteverhältnis beeinflusst oder sogar (temporär) gestört werden. Das kann uns ein machtanalytischer Blick lehren, wie er auf Basis der Arbeiten Michel Foucaults eingenommen werden kann.

Machttheoretische bzw. machtanalytische Positionen ermöglichen theoretische Perspektiven auf Soziale Arbeit, die es ermöglichen, die Frage von unterschiedlichen Einflussmöglichkeiten einerseits (klassischer Machtbegriff) und historisch-spezifischer Kräfteverhältnisse (machtanalytischer Begriff) andererseits systematisch aufzuwerfen und zu bearbeiten.

Im weiteren Text wird in Bezug auf die Frage von Macht ein Schwerpunkt auf die *machtanalytische* Perspektive gelegt, da die klassisch-soziologische Variante das lange Zeit vorherrschende Verständnis in den theorie-systematischen Debatten zur Sozialen Arbeit war und in vielen Fällen auch heute noch ist und insofern als weithin bekannt vorausgesetzt werden kann. Fragen wir uns aus einer machtanalytischen Perspektive, wo und in welcher Weise Kräfteverhältnisse zu bestimmten historischen Zeitpunkten entstehen, rückt vor allem die Dimension der Regulation und Gestaltung von menschlichen Zusammenhängen in den Blick. Die Praxis dieser Regulation und Gestaltung ist nichts anderes als das, was wir ›das Politische‹ nennen. Wie zeigt sich das historisch? Dass sich im 19. Jahrhundert, z.B. im deutschsprachigen Kontext, nach und nach eine veränderte Thematisierung menschlicher Notlagen durchsetzt, die diese nicht (mehr) als Privatangelegenheit fasst, sondern als Moment, das eine öffentliche Verantwortung aufruft (soziales Problem), ist ein Ausdruck eines solchen historischen Kräfteverhältnisses (Evers, Nowotny, 1987). Dieses ist direkt verbunden mit den Vorboten einer (professionellen) Sozialen Arbeit, die seither und bis Anfang des 20. Jahrhunderts institutionalisiert wird. Da machtanalytische Arbeiten an der Gestalt und der Durchsetzung solcher historisch-spezifischer Kräfteverhältnisse interessiert sind („Wie zeigt sich dieses Kräfteverhältnis zu einem bestimmten historischen Zeitpunkt?"), nehmen sie insbesondere die Sphäre des Politischen in den Fokus. Das Politische verweist nämlich auf die Dimension der Regulation und Gestaltung menschlicher Zusammenhänge, wie sie sich historisch, z.B. in Form der Etablierung einer ›Sozial-Politik‹ realisiert, haben.

Was hat eine solche machtanalytische Perspektive nun mit diskursanalytischen Perspektiven zu tun, der zweiten theorie-systematischen Position, die in diesem Beitrag vorgestellt werden soll?

Zum einen beziehen sich beide Perspektiven auf dieselbe grundlagentheoretische Basis: die Arbeiten von Michel Foucault; zum anderen wenden sich beide Perspektiven dem gleichen Untersuchungsgegenstand zu: Auch diskursanalytische Arbeiten widmen sich der Sphäre resp. der Dimension des Politischen (vgl. zum Folgenden die Beiträge in Angermüller, van Dyk, 2010). Machtanalytische Perspektiven wollen erschließen, was als Sphäre des Politischen definiert wird. Sie richten ihren forscherischen Fokus also auf die Gestalt der jeweiligen politischen Denkweisen, das heißt auf den Inhalt und die Form der Übereinkünfte, wie kulturelle, soziale und ökonomische Zusammenhänge gestaltet und reguliert werden (sollen). Das Interesse diskursanalytischer Vorgehensweisen gilt dagegen den damit verbundenen diskursiven Praktiken, in denen sich der jeweilige historisch-spezifische Möglichkeitsraum des Da-Seins aufspannt. Damit ist die Gestalt gemeint, wie kulturelle, soziale und ökonomische Zusammenhänge rationalisiert (thematisiert und problematisiert) werden. Während in machtanalytischen Arbeiten eher die „komplexe strategische Situation in einer Gesellschaft" (Foucault 1976/1999, S. 144) in ihrer Gestalt und ihrer historischen Genese erfasst werden soll, interessiert diskursanalytische Forscher_innen stärker, wie das entsprechende Wissen formiert wird, d.h. wie sich die Praktiken des Denkens und Sprechens zu einem bestimmten historischen Zeitpunkt gestalten. Es geht Diskursanalytiker_innen also um die Analyse der „Bedingungen, nach denen sich eine Praxis vollzieht, nach denen diese Praxis teilweise oder völlig neuen Aussagen Raum gibt, nach denen sie (die Aussagen;

F.K.) schließlich modifiziert werden" (Foucault 1973/1981, S. 297). So lassen sich macht- und diskursanalytische Zugänge entlang ihrer Verortung am „Machtpol" (Machtanalyse) oder am „Wissenspol" (Diskursanalyse) differenzieren und ihrem stärkeren analytischen Interesse an der „strategische(n) Dimension" (Machtanalyse) oder an der „Regelhaftigkeit von Macht-Wissen-Komplexen" (Diskursanalyse), so Ullrich Bröckling und Susanne Krasmann (2010, S. 39f.). Allerdings wird mit dieser analytischen Trennung auch bereits deutlich, dass es sich bei der Differenz zwischen Machtanalyse und Diskursanalyse nicht um eine polare oder dichotome handelt, sondern um differente Zugänge in einer analogen Perspektive.

Diskursanalytische Vorgehensweisen verstehen ihren Untersuchungsgegenstand, den Diskurs, als ein System von Aussagen. An der Rekonstruktion dieses Systems sind Diskursanalytiker_innen interessiert. Was sie als Diskurs rekonstruieren, lässt sich als *historisch-spezifisches Regelmäßigkeitssystem des Sagbaren* beschreiben. Diskursanalytische Arbeiten zielen also darauf, solche Denk- und Deutungslogiken, die vorherrschenden Regelmäßigkeitssysteme des Denkens und Sprechens aufzudecken. Was damit gemeint ist, können konkrete diskursanalytische Studien für das Feld der Sozialen Arbeit zeigen. Innerhalb der deutschsprachigen Fachdebatte hat in jüngster Zeit z.B. Mark Humme (2015) in seiner Studie zur sozialpädagogischen Praxis im Kontext des Übergangs Schule-Beruf verdeutlicht, wie diese Praxis von den Fachkräften gedacht wird. In ihrer diskursanalytischen Arbeit rekonstruiert Mareike Patschke (2016) die Art und Weise der Problematisierung, die die Legitimierung der sogenannten ›frühen Hilfen‹ in den vergangenen Jahren ermöglicht hat. Die Forschungsgruppe um Bernd Dollinger und Henning Schmidt-Semisch (Dollinger, Rudolph, Schmidt-Semisch, Urban, 2015) hat schließlich untersucht, wie Jugendkriminalität von Fachkräften der Sozialen Arbeit und der Polizei in der zweiten Hälfte des 20. Jahrhunderts diskursiv konstruiert wird. Alle diese Arbeiten gehen somit der Frage nach, wie die beteiligten Akteur_innen im Feld Sozialer Arbeit das zu einem bestimmten historischen Zeitpunkt einflussreiche oder wenig(er) einflussreiche Wissen (re)produzieren. Dieser Frage gehen Diskursanalytiker_innen nach. Damit wird deutlich, dass Diskurse im Sinne Foucaults keine Wissensstrukturen darstellen, die hinter der Oberfläche der gegenwärtigen sozialen Praxis vermutet werden müssen. Vielmehr ist die gegenwärtige diskursive Praxis von Regelmäßigkeiten durchzogen, die die Diskursanalytiker_in erfassen möchte. Sie sucht somit nicht nach (Wissens-)Strukturen jenseits der gegenwärtigen Praxis, sondern nach den Logiken, den Regelmäßigkeiten, innerhalb der auftretenden, der sichtbaren und beobachtbaren Aussagen. In einer eigenen Studie (Kessl, 2005) stand in diesem Sinne die Gestalt(ung) der politischen Denkweisen im Feld der bundesrepublikanischen Kinder- und Jugendhilfe nach der Implementierung des veränderten Staatsverständnisses (Aktivierender Sozialstaat) spätestens seit Ende der 1990er-Jahre im Zentrum des Interesses. In der diskursanalytischen Rekonstruktion bundesdeutscher Periodika von Landesjugendämtern konnten hierbei die Konturen eines Machtdispositivs der „Aktivierung" für die Kinder- und Jugendhilfe sichtbar gemacht werden, d.h. einer historisch wirkmächtigen und stabilen Verknüpfung unterschiedlicher Elemente: kulturelle Überzeugungen, politische Legitimationsmuster, institutionelle Vereinbarungen, die ein bestimmtes Muster ausbilden.

Dieses Beispiel macht deutlich, dass es auch ein Missverständnis ist, Diskursanalysen als reine Sprachanalysen zu begreifen. Im Unterschied zum sprachwissenschaftlichen Interesse an der Logik oder Struktur der Sprache selbst geht es in Diskursanalysen um das *Tun der Aussage* (Foucault 1973/1981, S. 128ff.), d.h. um die bereits benannten diskursiven Praktiken – und zwar „in ihrer Komplexität und in ihrer Dichte" (ebd., S. 297). Der Untersuchungsgegenstand diskursanalytischer Vorgehensweisen ist also die Praxis, die einen Diskurs in jeder Situation erst mit herstellt und dabei zugleich auf vormalige diskursive Ordnungen zurückgreifen muss, also immer auch eine Wiederherstellung des Diskurses kennzeichnet. Das Untersuchungsziel diskursanalytischer Studien ist eine Aufdeckung dieser spezifischen diskursiven Ordnungen, d.h. der zu einem historischen Zeitpunkt gültigen Regeln der Artikulation: Was ist wann wie sagbar und was eher nicht – z.B. in den Handlungsfeldern Sozialer Arbeit am Ende des 20. Jahrhunderts? Diese Frage wollen diskursanalytisch arbeitende Forscher_innen beantworten und damit über die dominierenden (hegemonialen), aber damit zugleich auch die weitgehend ungehörten (marginalisierten) Positionen aufklären. Diskursanalytische Vorgehensweisen leisten also in Bezug darauf Aufklärungsarbeit, welche Wahrheit zu bestimmten historischen Zeiten als solche anerkannt wird und welche nicht. Vergewissert man sich dieses diskursanalytischen Erkenntnisinteresses, wird nicht nur die Verwandtschaft von Macht- und Diskursanalysen nochmals deutlich – was manche Autor_innen, wie Marion Ott und Daniel Wrana (2010) bereits dazu gebracht hat, einen gemeinsamen korrespondierenden Ansatz vorzuschlagen: eine „Gouvernementalität diskursiver Praktiken", also eine machtanalytisch arrangierte Diskursanalyse.[1] An diesem Punkt lässt sich aber auch das subjekttheoretische Verständnis herausschälen, das Diskursanalysen zugrunde gelegt wird, allerdings in erziehungswissenschaftlichen, sozialphilosophischen, aber auch soziologischen Debatten immer wieder missverstanden wird. Entgegen allen Unkenrufen gibt Michel Foucault nämlich gerade in seinen diskursanalytischen Arbeiten die Idee des Menschen als Subjekt keineswegs auf. Vielmehr widmet er sich dort intensiv den historisch-spezifischen Bedingungen von Subjektivität, genauer: den jeweiligen Formen, wie Subjektwerdung (Subjektivierung) gestaltet wird und damit auch, wie sie gestaltet werden kann. Die Analyse von Diskursen, aber auch von Machtstrukturen insgesamt (Machtanalysen), darf daher auch nicht als Analyse von fi-

---

1 Der Begriff der Gouvernementalität meint in der machtanalytischen Debatte eine bestimmte Weise der ›Regierung‹ resp. der ›Führung‹. Etymologisch speist sich der Begriff aus dem französischen ›gouverner‹ und meint analog zu ›musicalité‹ (›Musikalität‹) eine bestimmte Art und Weise des Regierens bzw. der Regierung. Gouvernementalität lässt sich daher als Regierungs- oder Führungsweise übersetzen. ›Regierung‹ oder im deutschsprachigen vielleicht besser: ›Führung‹ fasst Michel Foucault nun allerdings nicht (nur) als staatliche Leitung. Er meine, schreibt Foucault (1978/2004, S. 173f.) in seiner Vorlesung zur Geschichte der Gouvernementalität, mit Regierung „nicht dasselbe wie ›Herrschen‹, nicht dasselbe wie ›Kommandieren‹ oder ›Befehlen‹ (...)". Regierung bzw. Führung sei aus der von ihm gewählten Perspektive „nicht dasselbe (...) wie Souverän sein, wie Lehnsherr sein, wie Landesherr sein, Richter sein, General sein, Eigentümer sein, Herr sein, Professor sein" (ebd.). Vielmehr beschreibe Gouvernementalität eine spezifische Form der Führung, wie sie für das Abendland seit dem 16. Jahrhundert bestimmend sei, nämlich die „Kunst der Führung der Individuen, verstanden als Teil einer statistisch beschreibbaren Bevölkerung", wie es Philipp Sarasin (2005, S. 176) in seiner Einführung in das Foucaultsche Denken zusammenfasst. Teil dieser Gouvernementalität ist die Regierung des Sozialen, u.a. als Ausbildung von Wohlfahrtsstaat und Sozialpolitik, und somit auch von Sozialer Arbeit v.a. im 19. und beginnenden 20. Jahrhundert als Regulations- und Gestaltungsinstanz von subjektiver Lebensführung in bestimmten Fällen (s.o.).

xen, d.h. determinierenden Strukturen betrachtet werden, in die die Menschen zu einem bestimmten historischen Zeitpunkt unbeweglich eingewoben sind, und die ihr Handeln daher unweigerlich in eine bestimmte Richtung führen. In Bezug auf sein diskursanalytisches Verständnis formuliert Michel Foucault (1973/1981, S. 298) in diesem Zusammenhang ganz deutlich:

> „Ich habe nicht verneint – ja ganz im Gegenteil –, daß die Möglichkeit der Veränderung des Diskurses besteht: ich habe das ausschließliche und augenblickliche Recht dazu der Souveränität des Subjekts entrissen".

Diskursive Praktiken zeigen bestehende Wissensordnungen, d.h. sie verweisen auf historisch-spezifische Macht-Wissens-Komplexe – so würde Michel Foucault das nennen –, die sie aber zugleich erst mit herstellen. Diese Dimension der (Re-)Produktion bestimmter, als gültig anerkannter Wissens- als Machtordnungen verweist zugleich auf die Möglichkeit von deren „Umkehrung" (Foucault, 1978/1992, S. 40), von deren Subversion oder auch deren Überschreitung: Jeder Macht-Wissens-Komplex ist zugleich Ausdruck einer bestehenden strategischen Situation in einer Gesellschaft, eines ›Wahrheitsspiels‹, d.h. diese Situation weist als gültig anerkannte Regeln auf und verweist auf unterschiedliche Positionen – die einen verfügen z.B. über Trümpfe, die anderen nicht. Diese Situation erfordert aber auch bestimmte Einsätze und Spielzüge; daher muss sie als solche immer auch unerwartete Spielzüge und überraschende Wendungen zulassen. Genau diese Logik der Wahrheitsspiele ist es, die darauf verweist, dass Foucault in seinem Denken keineswegs das Konzept des Subjekts aufgegeben hat. Denn die ›(Wahrheits)Spieler_innen‹ sind notwendige Voraussetzung für das jeweilige Spiel. Der einzelne Akteur wird allerdings von Foucault nicht (mehr) als unabhängige Handlungseinheit, als ›autonomes Subjekt‹, betrachtet, wie dies spätestens seit der Aufklärung in manchen Fällen angenommen wird – gerade in pädagogischen und politischen Zusammenhängen. Foucault bleibt dem aufklärerischen Programm der subjektiven Autonomie dennoch explizit verpflichtet. Deren Programm ist für ihn aber seinerseits auch auf die Bedingungen seiner historischen Ermöglichung zu befragen, nicht als bereits vollzogen vorauszusetzen. Mit Blick auf die Subjektivierungsformen in modernen Gesellschaften kommt Foucault in seinen umfänglichen Analysen von Disziplinierungs- und Normalisierungsstrategien, -praktiken und -formen daher zu der eher subjektkritischen Einschätzung, die später z.B. von Slavoj Žižek (2008, S. 59) in der psychoanalytischen Formel, das Subjekt sei nicht mehr Herr im eigenen Haus, zugespitzt wird. Der Akteur ist nicht per se Subjekt, sondern ist seit der Aufklärung aufgefordert, kontinuierlich an seiner Subjektwerdung zu arbeiten. Foucault hat diese subjektkritische Position, ebenso wie die an seine Arbeiten anschließenden Denker_innen (z.B. Slavoj Žižek oder Judith Butler), die Kategorie des Poststrukturalisten eingebracht. Solchermaßen gelabelte Denker_innen suchen nach den immanenten Strukturen, die unsere Praxis prägen (Regelmäßigkeits*strukturen*), zugleich verstehen sie diese Strukturen im Unterschied zu den Strukturalisten (z.B. ökonomistische Marxisten, für die die Strukturlogik des Kapitals die Quelle aller Erklärung ist) nurmehr als historisch-spezifische, d.h. als immer wieder neu hervorzubringende Regelmäßigkeitsmuster. Genau aufgrund dieser radikal historisierenden Einschränkung haben diese Denker_innen das Präfix „post" angeheftet bekommen.

Die Analyse diskursiver Praktiken zeigt uns die damit verbundenen Regeln, die für eine „Initiative des Subjekts" (ebd., S. 297) entscheidend sind, ohne dass damit endgültig vorausbestimmt wäre, *wie* Menschen in spezifischen Situationen handeln. Das ist die Sache mit den unerwarteten Spielzügen und den möglichen überraschenden Wendungen. Diskursanalytischen Vorgehensweisen unterliegt also nicht die „majestätisch abgewickelte Manifestation eines denkenden, erkennenden und es aussprechenden Subjekts" (Foucault, 1973/1981, S. 82). Ganz im Gegenteil meint der Diskurs, so formuliert es Foucault in der *Archäologie des Wissens*, „eine Gesamtheit, worin die Verstreuung des Subjekts und seine Diskontinuität mit sich selbst sich bestimmen können" (ebd.). Es ist dieses Modell der Verstreuung – oder der Dezentrierung, wie es Jacques Derrida nennt –, das bis heute immer wieder die subjekttheoretischen Irritationen post-strukturalistischer Positionen auslöst. Dennoch: Nicht die Akteur_in als Subjekt ist mit diesen Perspektiven verloren gegangen, sie kann nur nicht mehr als „schlechthin Erstes" angenommen werden, als souveräne Handlungsquelle: Als Subjekt *gehorcht* die Akteur_in „vielleicht einem Subjektprinzip, ist aber keines" (Waldenfels, 1987, S. 115).

Diskursanalyse in der Denktradition Foucaults zielt somit auf eine systematische Dechiffrierung und damit Identifizierung der Logiken (diskursiver) Praktiken, und sie lässt sich als Analyse der historisch-spezifischen Artikulationsmuster bestimmen.

2. Was hat Sie dazu gebracht, die Theoriebildung in diese Richtung voranzutreiben

Mein Interesse an Macht- wie Diskursanalysen für eine theorie-systematische Bestimmung Sozialer Arbeit entstammt deren Fokus auf die Dimension des Politischen. Das hat vor allem zwei Gründe: *Erstens* ist nach meiner Beobachtung die Theoriebildung wie die Fachdebatte zur Sozialen Arbeit in vielen Teilen durch eine *eigenartige Frontstellung* geprägt, die einen Gegensatz zwischen dem Interesse an der ›Arbeit am Menschen‹ und einer ›Arbeit am Gemeinwesen‹ konstruiert. So versuchen z.B. manche gemeinwesenbezogenen Ansätze, sich „anti-pädagogisch" zu präsentieren (Hinte, 2009), obwohl nichts pädagogischer ist, als Menschen die Arbeit ›in‹ ihrem Gemeinwesen zu eröffnen oder besser zu ermöglichen, also Bildungsprozesse zu initiieren – oder auch vorgängige Erziehungs- und Sorgeprozesse zu gewährleisten, die die Bedingungen politischer Einmischung herstellen. Fallbezogene (kasuistische) Zugänge weisen dagegen politische Positionierungen Sozialer Arbeit teilweise explizit zurück, weil damit von der notwendigen Fokussierung auf die Mikroprozesse sozialpädagogischer Erbringung abgelenkt werde (Müller, 2002). Dabei ist wiederum nichts (sozial)politischer, als deren Bedingungen, die Bedingungen der Erbringung konkreter Leistungen Sozialer Arbeit, in den Blick zu nehmen.

Macht- und diskursanalytische Zugänge öffnen hier mit ihrem Blick auf das Politische einen Horizont, vor dem wir als Denker_innen über die komplexe strategische Situation, also die historisch-spezifischen Kräfteverhältnisse, aufklären und die Regelmäßigkeiten der aktuell dominierenden und marginalisierten Thematisierungsweisen verstehen können. ›Gemeinwesenbezüge‹ können damit nicht mehr aus sich heraus als legitim präsentiert werden, sondern haben das Konzept des Gemeinwesens und die damit verbundene Praxis selbst in Bezug auf ihre Einbindung in gegenwärtige Kräfteverhältnisse zu befragen: „Stabilisieren gemeinwesenbezogene Konzepte, die Fachkonzepte einer ›Sozialraumorientierung‹, aufgrund ihrer fallübergreifenden Perspektive nicht die Reduktion von individuellen Leistungsrechten?" wäre eine solche Frage oder: „Reproduzieren Strategien der Bewohneraktivierung nicht das Programm des ›aktivierenden Sozialstaats‹?" eine andere. Gleichzeitig können ›(Einzel-)Fallbezüge‹ angesichts des Wissens über die vorherrschenden wie auch die verschatteten Regelmäßigkeitsstrukturen, was gesagt und gedacht werden kann und was nicht, nicht mehr ohne deren Inblicknahme geschehen, weil sie sonst naiv gegenüber den veränderten Bedingungen der Erbringung sozialpädagogischer und sozialarbeiterischer Praxis wären. Im Fall einer stationären Unterbringung von Kindern und Jugendlichen in einer Wohngruppe einzig die Frage des Einzelfalls und dessen Bearbeitung in den Blick zu nehmen, ist fachlich und damit professionell unzureichend, weil damit die spezifischen Bedingungen der Erbringung sozialpädagogischer Leistungen in institutionalisierter und professionalisierter Form aus dem Blick geraten. Diese sind aber von zentraler Bedeutung für die Möglichkeit der Erbringung dieser Leistungen.

Macht- und diskursanalytisch geschult stellen sich denjenigen, die Soziale Arbeit theoretisch fassen wollen, vereinfachte Gegenüberstellungen als ungenügend dar: Scheinbare Dichotomien, wie ›Gemeinwesenbezug versus Pädagogisierung‹ oder ›Einzelfallbezug versus politische Einmischung‹ erweisen sich als analytisch unzureichende Verortungsversuche in Bezug auf die Soziale Arbeit.

Der *zweite Grund* für meine Präferenz für macht- und diskursanalytische Perspektiven als Theorien der Wahl zur Bestimmung Sozialer Arbeit ist ein *zeitdiagnostischer*. Die Beobachtung, dass fachliche Positionen, die ihrem Selbstverständnis nach seit den 1970er-Jahren gesellschafts- oder herrschaftskritisch ausgestaltet und positioniert waren, spätestens in den 1990er-Jahren zu dominierenden (hegemonialen) Positionen geworden sind, hatte mich zunehmend irritiert. Wenn z.B. zentrale Semantiken und Perspektiven von kritischen Konzepten, wie eben Gemeinwesenarbeit oder partizipationsorientierte Ansätze (z.B. Stadtteilorientierung), aber auch alltagsorientierte Positionen (Lebenswelt) inzwischen in *vorherrschende* Konzepte eingewoben werden, stellt sich ebenso die Frage nach angemessenen Erklärungsversuchen wie im Fall von Ansätzen, die z.B. semantische und konzeptionelle Bestandteile aus der Dienstleistungstheorie zur Legitimierung einer marktbezogenen Konzipierung Sozialer Arbeit heranziehen (z.B. um Nutzer als »Kunden« sozialarbeiterischer Angebote zu bestimmen). Auf der Suche nach einer systematischen Erklärung dieses Phänomens der begrifflichen und konzeptionellen Umnutzung und Umdeutung bin ich auf macht- und diskursanalytische Positionen gestoßen. Diese boten eine Erklärung an, die mich überzeugt hat, z.B. in den Worten von Susanne Maurer (2006, S. 241):

„›Regieren‹ trifft im neuen Sinne des Neoliberalismus dabei in spezifischer Weise auf ›Emanzipation‹. Michel Foucault spricht unter anderem diejenigen ›Listen der Macht‹ an, die Wahrnehmungen wie kämpferische Energien oppositioneller Kräfte und Strömungen (bzw. ›der Kritik‹) häufig auf bereits überkommene Formen und Modalitäten des Regierens ›umlenken‹. Der trickreichste Aspekt in diesem Zusammenhang scheint der Umstand zu sein, dass dies gerade auch mit der Hilfe und im Medium ›Kritischer Theorie‹ geschieht (…)".

Ehemals gesellschaftskritische Positionen werden herrschaftsfähig und dabei umgedeutet zur Legitimation bestehender (Herrschafts-)Verhältnisse. Das schien mir eine einleuchtende Erklärung und zugleich eine extrem wichtige Erkenntnis für die Soziale Arbeit – denn so sicher, wie sie sich selbst an vielen Stellen ihres kritischen Impetus war oder immer noch ist, scheint sie sich dessen nicht (mehr) sein zu können. Positionen der (Herrschafts-)Kritik werden somit herausgefordert, diesen Aspekt ihrer tendenziellen Verwicklung mit zu bedenken. Am besten lässt sich eine solche Op-Position (lat. opponere – entgegensetzen) daher als *kritische Haltung beschreiben, die nur gelingen kann, wenn eine kontinuierliche Reflexion der unweigerlichen Verstrickung im alltäglichen Spiel der Sozialen Arbeit realisiert wird* – der Verstrickungen auf professioneller wie disziplinärer Ebene. Dazu können Macht- und Diskursanalyse wie auch theoretische Vermittlungspositionen einiges beitragen.

3. Wie werden Gegenstand und Aufgabe der Sozialen Arbeit in dieser Theorie bestimmt?

Soziale Arbeit erweist sich aus macht- und diskursanalytischer Perspektive zuerst als historisch-spezifisches Phänomen. Sie ist demnach nicht überhistorisch bestimmbar, sondern nur in Bezug auf einen spezifischen (historischen) Kontext. Diese Annahme stellt nun zwar keine Besonderheit der macht- und diskursanalytischen Theorieperspektiven dar. Auch in anderen theorie-systematischen Modellen ist schließlich eine ähnliche (analoge) Einsicht zu finden: So wird Soziale Arbeit z.B. *systemtheoretisch* als Kind des historischen Prozesses funktionaler Differenzierung betrachtet; *modernisierungstheoretisch* wird sie als Instanz im Prozess von Pluralisierung und Individualisierung kategorisiert, wie er moderne Gesellschaften kennzeichne; und *alltagstheoretisch* als Instanz der Bearbeitung von Lebensführungsproblemen in gegenwärtigen Gesellschaften. Allerdings tendieren diese Theorieangebote dazu, aus dem historisch-spezifischen Kontext übergreifende Funktionsprinzipien und Aufgabenstellungen für Soziale Arbeit abzuleiten: systemtheoretisch gilt die Aufgabe der (Re-)Inklusion resp. der Verhinderung oder Verwaltung von Exklusion als übergeordnetes Funktionsprinzip – eben – funktional-differenzierter Gesellschaften. Soziale Arbeit hat daher (Re-)Inklusion zu leisten oder Exklusion zu vermeiden. Modernisierungstheoretisch wird der Prozess der Pluralisierung und Individualisierung als allgemeines Kennzeichen moderner Gesellschaften präsentiert und diese werden daher als gegebene Bedingungen Sozialer Arbeit präsentiert. Alltagstheoretisch wird die Bearbeitung der Lebensführungsprobleme auf Basis anthropologischer Annahmen zum Alltag des Menschen gefasst. Für eine lebensweltorientierte Perspektive ist daher z.B. die Routinisierung menschlichen Handelns eine fixe Ausgangsgröße. Demgegenüber verhalten sich macht- und diskursanalytische Bestimmungen Sozialer Arbeit streng historisch.

Wenn man Soziale Arbeit aus einer machtanalytischen Perspektive theoretisch bestimmt, lässt sie sich als aktive Gestaltung und geplante Beeinflussung von subjektiven Lebensführungsweisen fassen – und zwar in den Fällen, in denen diese Lebensführungsweisen als sozial problematisch oder potenziell sozial problematisch markiert werden. Diese Definition ist im Unterschied zu den genannten systemtheoretischen, modernisierungstheoretischen oder alltagstheoretischen aber keine Bestimmung, die sich aus überhistorischen Entwicklungsgesetzen resp. Funktionslogiken von Gesellschaft oder anthropologischen Annahmen ableitet, sondern aus der Analyse einer spezifischen historischen Entwicklung: Seit dem 19. Jahrhundert setzt sich, wie ich bereits skizziert habe (S. 86), eine veränderte Thematisierung menschlicher Notlagen durch, die diese als soziale Probleme übersetzt und damit deren Bearbeitung in die öffentliche Verantwortung stellt. Für die personenbezogenen Anteile, die sich in diesem Kontext stellen, wird die soziale Dienstleistungsinstanz Soziale Arbeit zuständig erklärt. Damit ist eine Funktion Sozialer Arbeit benannt und auch eine damit verbundene gesellschaftliche Entwicklungslogik sowie ein Bild, *wie der Mensch als Bevölkerungsmitglied* eines national- und wohlfahrtsstaatlichen Arrangements *gedacht wird* – all das ist das Ergebnis historischer Vereinbarungen, der Ausdruck bestimmter Kräfteverhältnisse, und damit verbundener institutioneller Konstellationen. Dies ist insofern entscheidend, weil damit erst deutlich wird, dass sich diese Bestimmung Sozialer Arbeit auch wieder ändern kann, sich also z.B. die Funktion sozialpädagogischer und sozialarbeiterischer Leistungen und Angebote verschieben kann. Das lässt sich an einer weithin geteilten Dimension illustrieren, mit der die Logik des Tuns Sozialer Arbeit häufig beschrieben wird: Spätestens seit dem Beitrag von Lothar Böhnisch und Hans Lösch (1973, S. 368), Soziale Arbeit als *widersprüchliche Gleichzeitigkeit von ›Hilfe und Kontrolle‹* zu beschreiben bzw. in einer alternativen Figur als ›Hilfe und Herrschaft‹ (Heft 1 der Widersprüche 1981) ist diese Einsicht Allgemeingut theoretischer Bestimmungen Sozialer Arbeit. Die damit verbundene Aufgabe der öffentlichen Dienstleistungsinstanz „Soziale Arbeit" verweist daher auch auf eine doppelte Verantwortung: erstens gegenüber der Öffentlichkeit als formalem Auftraggeber und zweitens gegenüber den Nutzer_innen und Adressat_innen als direkten Konsument_innen der Angebote. Anders gesprochen muss die Realisierung von Bildung, Erziehung und Sorge, als die sich die Angebote Sozialer Arbeit kategorisieren lassen, unter den gesellschaftlichen und damit verbundenen institutionellen Bedingungen (u.a. gesetzlicher Auftrag) für die Adressat_innen und Nutzer_innen geschehen.

Analog lässt sich auch aus machtanalytischer Perspektive formulieren, der Gegenstand ›Soziale Arbeit‹ lässt sich als gleichzeitige Ermöglichung subjektiver Autonomie *und* als deren Regulation systematisch fassen. Allerdings können Macht- und Diskursanalysen gegenüber der allgemeinen Figur einer Gleichzeitigkeit von ›Hilfe und Kontrolle‹ oder von ›Hilfe und Herrschaft‹ auch darüber aufklären, dass diese Figur selbst wiederum einen Ausdruck historisch-spezifischer Arrangements darstellt: Die Bedingung der widersprüchlichen Gleichzeitigkeit von Hilfe und Kontrolle oder Hilfe und Herrschaft ist Ausdruck des wohlfahrtsstaatlichen Programms und einer damit verbundenen institutionellen Erbringungsstruktur, die die individuelle Lebensführung einerseits ermöglichen, aber andererseits in Bezug auf Normalitätsvorstellungen auch regulieren wollen. Das dabei vollzogene Zusammenspiel von ›Hilfe und Kontrolle‹ ist eben kein überhistorisches, sondern Ausdruck dieses wohlfahrtsstaatlichen und nationalstaatlichen Modells des Sozialen, das Nikolas Rose (2000, S. 75) aus machtanalytischer Perspektive als „die Bedingungen, unter denen die intellektuellen, politischen und moralischen Instanzen und Institutionen der Menschen an bestimmten Orten und in spezifischen Zusammenhängen über ihre gemeinsame Erfahrung nachdachten und auf sie Einfluss nahmen" beschreibt.

Soziale Arbeit ist Teil dieser historischen Konstellation des Sozialen, also einer bestimmten Konstitution des Politischen. Mit ihrem Interesse an der historisch-spezifischen Gestalt(ung) des Politischen fokussieren Machtanalysen entsprechende Fragen der Regulierung und Gestaltung sozialer Zusammenhänge, d.h. der aus „Institutionen, den Vorgängen, Analysen und Reflexionen, den Berechnungen und den Taktiken gebildete(n) Gesamtheit" (Foucault, 1978/2004, S. 162). Dies konkretisiert sich in den vergangenen Jahren in machtanalytischen Gegenwartsdiagnosen, die auf eine zunehmende ›Ökonomisierung‹ der Sozialen Arbeit hinweisen: Soziale Arbeit bewege sich seit dem Ende des 19. Jahrhunderts zunehmend in einer solchen „ökonomisierten Gesellschaft" (Dederich, 2009) bzw. degeneriere in den gegenwärtigen, veränderten aktivierungspolitisch regulierten Gesellschaftsformationen zunehmend zur professionalisierten Reglementierungs- und Regierungstechnik (Dahme, Wohlfahrt, 2007).

4. Wie werden die Adressat_innen theoretisiert?

Aufgrund der post-strukturalistischen Annahme (Prämisse), dass der/die Akteur_in nicht mehr als „schlechthin Erstes", als souveräne Handlungsquelle, angenommen werden kann (Waldenfels, 1987, S. 115), ist macht- und diskursanalytisch keine Adressatenfigur denkbar, die als gegebener Ausgangs- oder Zielpunkt gesetzt werden kann. Das hat Konsequenzen für die theorie-systematische Perspektive Sozialer Arbeit. Der oder die Adressat_in kann z.B. nicht als die Quelle der gegebenen und eindeutigen Bedürfnisse oder Interessen angenommen werden, auf die Soziale Arbeit ohne Weiteres reagieren sollte.

> „Die Unterstellung des Nutzers oder der Adressatin als des entscheidenden Akteurs mit den eigentlich berechtigten Bedürfnissen, die allerdings potenziell von fachlichen Interessen unsichtbar gemacht werden, ist analytisch so (....) nicht haltbar – unabhängig von ihrer berufsethischen Motivation" (Kessl, Klein, 2010, S. 78).

Der/die Adressat_in ist aus macht- und diskursanalytischer Perspektive nur subjektkritisch denkbar – es ließe sich auch von einem schwachen (Vattimo, 1990) gegenüber einem starken Subjektbegriff sprechen. Dieser Hinweis sollte nun nicht zu dem Missverständnis führen, das Subjekt sei nur noch ein Spielball anderer

Kräfte, ein Punkt im fixen Gefüge von Strukturen. Das Subjekt ist zwar „keineswegs ein souveräner Protagonist", aber „ein aktiver" (Bublitz, 2003, S. 88), oder anders formuliert: Subjekte agieren als positionierte und sich zugleich selbst positionierende Subjekte.

5. Welche Relevanz hat die Theorie für die Bestimmung des Theorie-Praxis-Verhältnisses?

Aus macht- und diskursanalytischer Perspektive ist die Frage nach dem ›Theorie-Praxis-Verhältnis‹ immer bereits in der Gefahr, eine vereinfachte (simplifizierte) Form der Gegenüberstellung (Dichotomie) zu unterstellen: Allzu leicht wird unter dieser Überschrift angenommen, ›Theorie‹ sei als Reflexion nur die Beschäftigung mit abstraktem Gedankengut und ›die Praxis‹ als das alltägliche Tun der Menschen das einzig Eigentliche. Eine solche Annahme von ›Theorie versus Praxis‹ als distanziertem Bedenken (›Theorie‹) gegenüber einem beteiligten Handeln (›Praxis‹) übersieht aber mindestens das Folgende – und hier lassen sich macht- und diskursanalytische Perspektiven an kritisch-theoretische anschließen.

Praxis ist ohne Theorie nichts anderes als die Bestätigung des Bestehenden, oder, in den Worten von Theodor W. Adorno (1969, S. 171): Das Tun bleibt auf die Rechtfertigung der bestehenden Verhältnisse beschränkt, und Ersteres wird dann zu einer „begriffslosen (Veranstaltung), die kein Maß anerkennt als sich selbst." Foucault würde formulieren, Theorie als Aufklärung muss (historische) Ereignisse prüfen, sie muss „Ereignishaftigkeitsprüfung oder Ereignishaftmachung" sein (Foucault, 1978/1992, S. 39f.) und kann nicht nur eine Prüfung der Legitimität von Erkenntnissen sein. Wir kennen die Rede von „dem da draußen", das „in der Praxis" doch „ganz anders sei" und mit „dem Theoretischen an der Hochschule" nichts zu tun habe. Diese Aussage verweigert sich der Reflexion, der Prüfung, wie Ereignisse zu solchen wurden: Warum denken wir in der Sozialen Arbeit bestimmte Dinge in der Weise, wie wir sie heute denken, und haben andere zu einem anderen historischen Zeitpunkt anders gedacht? Erst wenn wir dies tun, verstehen wir, welche Machtwirkungen, welche Deutungs- und Denkmuster wann wie Einfluss gewonnen haben, und wie Alternativen dazu aussehen könnten.

Gerade für eine professionelle Instanz wie die Soziale Arbeit als öffentlich verfasste Instanz der Unterstützung und Beeinflussung subjektiver Lebensführung ist Theorie daher von entscheidender Bedeutung, also die Distanz von der Unmittelbarkeit, in der uns Welt entgegentritt, denn Praxis ist „nur durch Theorie kritisch bestimmbar" und damit veränderbar (ebd., S. 176), z.B. durch eine macht- und diskursanalytisch inspirierte Theorie Sozialer Arbeit. Allerdings kann es eine solche ›Theorie‹ gegenüber der ›Praxis‹ nicht einfach ›besser wissen‹ als die Praxis selbst. Eine Theorie, die sich als Handlungsanweisung präsentiert, ist keine solche – ja mehr noch: „Diejenige Theorie dürfte noch die meiste Hoffnung auf ihre Verwirklichung haben, welche nicht als Anweisung auf ihre Verwirklichung gedacht ist" (ebd., S. 190).

Fabian Kessl

Reflexionsfragen:

- Inwiefern unterscheiden sich die Machtbegriffe in der Denktradition von Max Weber und Michel Foucault voneinander? Worüber kann welcher der beiden Machtbegriffe in Bezug auf die Soziale Arbeit aufklären?
- Was ist unter einem „historisch-spezifischen Regelmäßigkeitssystem des Sagbaren" gemeint? Was untersuchen diskursanalytische Studien, die sich diesen Regelmäßigkeitssystemen im Feld Sozialer Arbeit zuwenden?
- Inwiefern lässt sich die vorgestellte macht- und diskursanalytische Perspektive als herrschaftskritische verstehen? Was zeichnet diese Form der Herrschaftskritik aus?

Grundlagenliteratur

Adorno, T. W. (1969): Marginalien zu Theorie und Praxis. In: ders.: *Stichworte. Kritische Modelle 2*. Frankfurt a.M.: Suhrkamp, S. 169–191.

Angermüller, J., Dyk, S. van (Hrsg.) (2010): *Diskursanalyse meets Gouvernementalitätsforschung. Perspektiven zum Verhältnis von Subjekt, Sprache, Macht und Wissen*. Frankfurt a.M., New York: Campus.

Berger, W. (2009): *Macht*. Wien: facultas.wuv.

Böhnisch, L., Lösch, H. (1973): Das Handlungsverständnis des Sozialarbeiters und seine institutionelle Determination. In: Otto, H.-U., Schneider, S. (Hrsg.): *Gesellschaftliche Perspektiven der Sozialarbeit. Zweiter Halbband*. Neuwied/Berlin: Luchterhand, S. 1–40.

Bublitz, H. (2003): *Diskurs*. Bielefeld: transcript.

Dahme, H.-J., Wohlfahrt, N. (2007): Aporien staatlicher Aktivierungsstrategien. Engagementpolitik im Kontext von Wettbewerb, Sozialinvestition und instrumenteller Governance. In: *Forschungsjournal Neue Soziale Bewegungen*, 20. Jg., Heft 2, S. 27–39.

Dederich, M. (2008): *Die Universalisierung der Ökonomie den Grenzen des Individuums*. unveröffentl. Vortragsmanuskript, Das Boot e.V., Emden, 28. Mai 2009 28. Mai 2009.

Dollinger, B., Rudolph, M., Schmidt-Semisch, H., Urban, M. (2015): Von Spitzeln, Zeitbomben und der sozialen Feuerwehr. Die Analyse von Interdiskursen und Kollektivsymbolen am Beispiel von Jugendkriminalität in den 1970er und 1980er Jahren. In: Fegter, S., Kessl, F., Langer, A., Ott, M., Rothe, D., Wrana, D. (Hrsg.): *Erziehungswissenschaftliche Diskursforschung. Empirische Analysen zu Bildungs- und Erziehungsverhältnissen*. Wiesbaden: Springer VS, S. 283–300.

Evers, A., Nowotny, H. (1987): *Über den Umgang mit Unsicherheit: die Entdeckung der Gestaltbarkeit von Gesellschaft*. Frankfurt a.M.: Suhrkamp.

Foucault, M. (1973/1981): *Archäologie des Wissens*. Frankfurt a.M.: Suhrkamp.

Foucault, M. (1976/1999): *Sexualität und Wahrheit. Erster Band: Der Wille zum Wissen*. Frankfurt a.M.: Suhrkamp (11. Aufl.).

Foucault, M. (1978/1992): *Was ist Kritik*. Berlin: Merve.

Foucault, M. (1978/2004): *Geschichte der Gouvernementalität I. Sicherheit, Territorium, Bevölkerung*. Vorlesung am Collège de France 1977–1978. Frankfurt a.M.: Suhrkamp.

Hinte, W. (2009): Eigensinn und Lebensraum – zum Stand der Diskussion um das Fachkonzept ›Sozialraumorientierung‹. *Vierteljahresschrift für Heilpädagogik und ihre Nachbargebiete*, 78. Jg., H. 1, S. 20–33.

Kessl, F., Klein, A. (2010): Das Subjekt in der Wirkungs- und Nutzerforschung. In: Otto H.-U., Polutta, A., Ziegler, H. (Hrsg.): *What works – Welches Wissen braucht die Soziale Arbeit? Zum Konzept evidenzbasierter Praxis*. Leverkusen, Farmington Hills: Barbara Budrich, S. 63–82.

Müller, B. (2002): Beziehungsarbeit und Organisation. Erinnerung an eine Theorie der Professionalisierung sozialer Arbeit. In: Finger-Trescher, U., Krebs, H., Müller, B., Gstach, J.

(Hrsg.): *Professionalisierung in sozialen und pädagogischen Feldern. Jahrbuch für Psychoanalytische Pädagogik 13*. Gießen: Psychosozial, S. 27–46.
Poulantzas, N. (2002): Staatstheorie: Politischer Überbau, Ideologie, Autoritärer Etatismus. Hamburg. VSA.
Rose, N. (2000): Tod des Sozialen? Eine Neubestimmung der Grenzen des Regierens. In: Bröckling, U., Krasmann, S., Lemke, Th. (Hrsg.): *Gouvernementalität der Gegenwart. Studien zur Ökonomisierung des Sozialen*. Frankfurt a.M.: Suhrkamp, S. 72–109.
Sarasin, P. (2005): *Michel Foucault zur Einführung*. Hamburg: Junius.
Staub-Bernasconi, S. (1995): Das fachliche Selbstverständnis Sozialer Arbeit. Wege aus der Bescheidenheit. Soziale Arbeit als ›Human Rights Profession‹. In: Wendt, W.R. (Hrsg.): *Soziale Arbeit im Wandel ihres Selbstverständnisses. Beruf und Identität*. Freiburg: Lambertus, S. 57–104.
Thiersch, H, Grunwald, K., Köngeter, S. (2002): Lebensweltorientierte Soziale Arbeit. In: Thole, W. (Hrsg.): *Grundriss Soziale Arbeit*. Wiesbaden: VS, S. 161–178.
Vattimo, G. (1990): *Das Ende der Moderne*. Stuttgart: Reclam.
Waldenfels, B. (1987): *Ordnung im Zwielicht*. Frankfurt a.M.: Suhrkamp.
Weber, M. (1920–21/1995): Wirtschaft und Gesellschaft: Grundriss der verstehenden Soziologie. Tübingen: Mohr (5. Aufl.).
Žižek, S. (2008): *Lacan – Eine Einführung*. Frankfurt a.M. Fischer.

Weiterführende Literatur

Bröckling, U., Krasmann, S. (2010): Ni méthode, ni approche. Zur Forschungsperspektive der Gouvernementalitätsstudien – mit einem Seitenblick auf Konvergenzen und Divergenzen zur Diskursforschung. In: Angermüller, J., Dyk, S. van (Hrsg.) (2010): *Diskursanalyse meets Gouvernementalitätsforschung. Perspektiven zum Verhältnis von Subjekt, Sprache, Macht und Wissen*. Frankfurt a.M., New York: Campus, S. 23–42.
Humme, M. (2015): *Eine Diskursanalyse sozialpädagogischer Praxis*. Wiesbaden: SpringerVS.
Kessl, F. (2020): *Der Gebrauch der eigenen Kräfte: eine Gouvernementalität Sozialer Arbeit*. Weinheim, Basel: BeltzJuventa (2. Auflage).
Ott, M., Wrana, D. (2010): Gouvernementalität diskursiver Praktiken. Zur Methodologie der Analyse von Machtverhältnissen am Beispiel einer Maßnahme zur Aktivierung von Erwerbslosen. In: Angermüller, J., Dyk, S. van (Hrsg.): *Diskursanalyse meets Gouvernementalitätsforschung. Perspektiven zum Verhältnis von Subjekt, Sprache, Macht und Wissen*. Frankfurt a.M., New York: Campus, S. 155–181.
Patschke, M. (2016): *Der Diskurs Frühe Hilfen*. Weinheim, München: BeltzJuventa.

"Der Capabilities Ansatz (und andere Elemente einer materialistisch-emanzipatorischen Theorie Sozialer Arbeit)

Holger Ziegler

> **Zusammenfassung:**
> Vor dem Hintergrund, dass es der Sozialen Arbeit um Fragen der (sozialen) Lebensführung geht, wird als deren Gegenstandsbestimmung „das Problem der Entfremdung" vorgeschlagen. Materialistisch-sozialwissenschaftlich gefasst, birgt diese Kategorie darüber hinaus radikale Implikationen für eine kritische, d.h. emanzipatorische Theorie Sozialer Arbeit. Konturieren lassen sich diese durch die im Capabilities Ansatz begründeten Maßstäbe, welche das reale Ausmaß und die Reichweite des eröffneten Spektrums effektiv realisierbarer und hinreichend voneinander unterscheidbarer Möglichkeiten und Handlungsbemächtigungen fokussieren, über die Subjekte verfügen müssen, um das Leben führen zu können, welches sie mit guten Gründen erstreben.

Ausführungen darüber, was einen zur Beschäftigung mit einem bestimmten Ansatz gebracht hat, sind notorisch in Gefahr zu einer ›Held_innen-Geschichte‹ über wesentliche Einsichten zu verkommen. Diese waren einem – sowie freilich allen anderen auch – bislang verwehrt geblieben. Sie erschlossen sich dann aber durch die Wahl der richtigen Perspektive und deren richtige Interpretation. Solche Geschichten sind im Großen und Ganzen Unfug. Gleichwohl gibt es mit Blick auf theoretische, sozialwissenschaftliche Ansätze zur Sozialen Arbeit – und insbesondere mit Blick auf solche, die sich als kritisch, radikal oder emanzipatorisch verstehen – ein Problem, das die (gegenwärtige) Attraktivität des Capabilities Ansatzes erklärbar macht. Zwar ist die disziplinäre Debatte in der Sozialen Arbeit – mit bedeutsamen Ausnahmen im Einzelnen – sozialwissenschaftlich, methodisch und empirisch stärker fundiert worden, dabei wurde jedoch eine enorm unfruchtbare akademische Arbeitsteilung übernommen: Die Zuständigkeit für politisch-normative Fragen wurde an eine reichlich abstrakte und wirklichkeitswissenschaftlich häufig kaum irritierbare Politische Philosophie abgetreten, während sich die positive Sozialwissenschaft unwillig zeigt, die Auseinandersetzung mit normativen Fragen als Teil ihrer Aufgabe zu verstehen. Eine kritische Theorie Sozialer Arbeit wird indes nicht darum herumkommen können, die Frage nach vermeidbarem menschlichen Leiden (suffering) und damit verbunden auch die Frage nach der Möglichkeit eines gedeihlichen menschlichen Lebens (human flourishing) zu stellen. Sich hinter die Behauptung zurückzuziehen, dass all dies auch nur machtvolle Konstrukte seien und man dazu nichts substanziell Gehaltvolles zu sagen in der Lage sei, ist nicht nur pseudokritisch und in letzter Instanz erzreaktionär, sondern schlechterdings auch falsch. Nun braucht man den Capabilities Ansatz nicht, um sich mit suffering und flourishing auseinanderzusetzen. Nur kommen die meisten gehaltvollen Auseinandersetzungen darüber zu Befunden, die denen des Capabilities Ansatzes zumindest ähnlich sind. Umgekehrt scheinen sich die mit dem Capabilities Ansatz verbundenen Debatten mit diesen Fragen in der derzeit am stärksten systematischen und in der sozialwissenschaftlich am ehesten anschlussfähigen Weise auseinanderzusetzen. Nicht der Capabilities Ansatz als solcher, sondern die Relevanz dieser Fragen ist der (einzige) Grund dafür, sich in der Sozialen Arbeit mit dem Capabilities Ansatz oder eben mit besseren und angemeseneren Alternativen zu diesem Ansatz zu beschäftigen. Unakzeptabel ist es indes, wenn Theorien Sozialer Arbeit diese Fragen ignorieren oder sie mit endlosen reflexiven Schleifen wegzufilibustern trachten.

Der mit den Namen Amartya Sen und Martha Nussbaum verbundene Capabilities Ansatz (CA) ist ein in politisch philosophischen Debatten etablierter, zunehmend in sozialpolitischen Feldern und schließlich auch in Kontexten Sozialer Arbeit diskutierter Ansatz. Der vorliegende Beitrag argumentiert, dass der CA weder ein sozialpädagogischer noch ein sozial- oder gesellschaftstheoretischer Ansatz ist, aus dem sich eine Theorie Sozialer Arbeit ableiten ließe. Allerdings eröffnet der CA Perspektiven, die geeignet sind, um einige Kernelemente einer kritisch-materialistischen Theorie Sozialer Arbeit herauszuarbeiten und zu präzisieren.

Entwürfe zu einer Theorie Sozialer Arbeit beinhalten – wie alle analytischen Arbeiten, die sich mit Phänomenen des Sozialen befassen – Deutungen über gesellschaftliche Prozesse und Zustände. Idealerweise sind solche Deutungen rational-objektiv, soweit sie auf empirisch hinterleg- und theoretisch konsistent begründbaren Aussagen aufbauen. Nichtsdestoweniger finden sie ihr Fundament letztlich in normativ-politischen Perspektiven. Das hier vertretene Argument lautet nicht, man würde sich alleine durch Bezugnahme auf den CA in einem wie auch immer ›kritischen Lager‹ positionieren. Allerdings macht ein Bezug auf den CA vor allem hinsichtlich von Fragen *Sinn*, die sich aus der Perspektive einer kritischen Theorie stellen, sofern sich diese nicht in einem Skeptizismus erschöpft, der nachzuweisen trachtet, Wahrheiten seien Produkte oder ›Machteffekte‹ diskursiver Praktiken, sondern, grob gesprochen, beansprucht, eine über das Anliegen einer „reduction of illusion" (Sayer, 2009, S. 769) hinausweisende, emanzipatorische Perspektive auszuarbeiten.

Dieser Beitrag legt eine solche materialistisch-emanzipatorische Theorie Sozialer Arbeit nicht vor, sondern skizziert lediglich zwei wesentliche Bausteine einer solchen Theorie – eine *Bestimmung des Gegenstands Sozialer Arbeit* sowie eine *Elaboration von Maßstäben zur Analyse und Kritik dieses Gegenstands* – und zeigt, inwiefern der Capabilities Ansatz zu deren Begründung sinnvoll sein kann. Die Argumentation erfolgt in zwei Schritten: In einem ersten Schritt wird begründet, dass der originäre Gegenstand Sozialer Arbeit bzw. das Problem, das Soziale Arbeit bearbeitet, sinnvollerweise als (das Problem der) *Entfremdung* beschrieben werden sollte. In einem zweiten Schritt behauptet der Beitrag, dass der CA ein geeignetes Arsenal bereitstellt, um das Problem der Entfremdung zu präzisieren und bearbeitbar zu machen.

1. Entfremdung als Gegenstand Sozialer Arbeit

Überzeugende Argumente dafür, dass der Gegenstand Sozialer Arbeit das ›Problem der Entfremdung‹ sei, können sich nicht alleine in der Annahme gründen, die

Kategorie der Entfremdung sei anschlussfähig an Traditionen emanzipatorischer Kritik. Vielmehr sollten sie in der Lage sein, die Angemessenheit einer solchen Gegenstandsbestimmung zu verdeutlichen, was hier auf der Basis einer Gegenüberstellung zur Kategorie der sozialen Probleme gezeigt werden soll.

Eine Reihe von Theorieversuchen oder ›Ansätzen‹ der Sozialen Arbeit läuft – in unterschiedlichem Vokabular verpackt – auf die Annahme hinaus, Soziale Arbeit bearbeite ›soziale Probleme‹. Diese Annahme ist in einem engeren Sinne nicht ›falsch‹. Sie ist aber, trotz einiger Stärken, insgesamt unzureichend und analytisch zu wenig präzise. Bereits der Begriff der sozialen Probleme fungiert als ein Containerbegriff, der höchst unterschiedliche Sachverhalte umfasst, die (wie im Einzelnen auch immer) als negative Zustände der Gesellschaft bewertet werden, ohne dass weitere Gemeinsamkeiten oder Zusammenhänge damit geklärt wären. Zur Etablierung des Soziale-Probleme-Begriffs hat vor allem die klassische funktionalistische Sozialwissenschaft beigetragen. Lebenspraktische Leiden ›sozial problematischer‹ oder ›sozial problematisierter‹ Subjekte sind nicht der Gegenstand dieser Perspektive. Sofern sich Theorien Sozialer Arbeit (sei es in affirmativer oder punktuell kritischer Weise) auf die funktionalistische Tradition beziehen, finden sich zwar in der Regel mehr oder weniger plausible Ein- und Auslassungen zur Perspektive der Subjekte (bzw. zu der der Adressat_innen Sozialer Arbeit). Mit Blick auf die theoretische Gegenstandserfassung erscheinen diese aber eher additiv ›zugesetzt‹ als theoriesystematisch begründet.

Aber auch über diesen Aspekt hinaus kann die Formel, Soziale Arbeit sei eine Reaktion auf soziale Probleme als Grundlage einer Theorie Sozialer Arbeit, nur ansatzweise überzeugen: Nicht nur sind institutionelle Reaktionen auf soziale Probleme mannigfaltig, sondern sie werden in der Regel auch nicht als ›Soziale Arbeit‹, sondern als ›soziale Kontrolle‹ beschrieben. Feststellungen, wonach Soziale Arbeit eben soziale Kontrolle sei (Ziegler, 2003), tragen diesbezüglich nur wenig zur Klärung bei, verfehlen sie doch einen entscheidenden Punkt: Soziale Arbeit mag soziale Kontrolle sein, aber soziale Kontrolle ist nicht Soziale Arbeit – jedenfalls findet sich keine etablierte sozialwissenschaftliche Theorie sozialer Kontrolle, die dies behaupten würde. Offensichtlich findet sich nämlich eine ganze Reihe von Institutionen, die weder in problemsoziologischen Arbeiten noch in entsprechenden sozialpädagogischen Theorien zur Sozialen Arbeit aufgezählt werden, die Phänomene bearbeiten, welche genauso plausibel als ›soziale Probleme‹ beschrieben werden können, wie die Gegenstände Sozialer Arbeit. Das Argument kann daher bestenfalls lauten, Soziale Arbeit sei eine bestimmte, näher zu spezifizierende Art sozialer Kontrolle. Am ehesten überzeugend ist diesbezüglich Helge Peters' Vorschlag, Soziale Arbeit ziele

> „auf eine die Autonomie des Adressaten herstellende oder sichernde Veränderung des Adressaten, von der sie sich erhofft [...], sie befähige den Adressaten, Konformität von sich aus anzustreben. Das h[eißt] unter kontrolltheoretischer Perspektive: die Sozialarbeit versucht [...], soziale Kontrolle durch Interaktionen mit den Adressaten in die Adressaten zu verlegen, Kontrolle also durch individualisierende Bedingungsveränderungen zu verinnerlichen" (Peters, 2009, S. 165f.).

In theoretischer Hinsicht korrespondiert mit einer solchen Spezifizierung des Kontrolltyps eine Präzisierung der ›Gattung‹ jener sozialen Probleme, die *so* bearbeitet werden (können). Der Kontrollgegenstand lässt sich insofern als die Lebensform oder Lebensführung der kontrollunterworfenen Akteur_innen beschreiben.

Ein solcher Bezug auf die Kategorie der *Lebensführung* hat jedoch erhebliche Implikationen für eine Theorie Sozialer Arbeit. Wenn die Rede von ›sozialen Problemen‹ unweigerlich auf *normative* Standards verweist, sollte eine Theorie Sozialer Arbeit in der Lage sein, darüber aufzuklären, was an Lebensführungen (mit Blick auf welche normativen Standards) in einer gehaltvollen Weise problematisier- oder zumindest kritisierbar sein soll. Will man sich dabei nicht mit dem abfinden, was (wie auch immer) politisch erfolgreich problematisiert und der Sozialen Arbeit (warum auch immer) zur Bearbeitung übertragen worden ist bzw. wird, müssen Maßstäbe ›guter‹ oder ›gelingender‹ *Lebensführungen* theoretisch begründet werden. Zwar können die begründungstheoretisch am besten fundierten Ansätze mit Blick auf normative Standards gesellschaftlicher Zustände, namentlich (liberale) Gerechtigkeitstheorien, *Gerechtigkeits*forderungen bezüglich der institutionellen Grundstruktur einer ›well-ordered society‹ (Rawls, 1993) und der Gestaltung der Umstände menschlichen Lebens formulieren, bestreiten in der Regel aber die Möglichkeit, ›*das Gute*‹ zu bestimmen (Habermas, 1996). Damit weisen diese Theorien aber genau dort Blindstellen auf, wo es um jene Kernfragen Sozialer Arbeit geht, die sich auf die Komplexität von Lebenswelten, auf Identität, Selbst- und Sinnentwürfe oder kurz auf Fragen der Lebensführung in einem praktischen Sinne beziehen. Um diese evaluativ zu erfassen, ist eine breitere normative Informationsbasis notwendig, die über Standards, Prinzipien und rationale Abwägungen hinaus auch Neigungen, Empfindungen, Erlebnisperspektiven, Sinn- und Symbolsysteme, ästhetische Handlungsmotivationen und affektive Haltungen der Betroffenen, oder kurz: leibhaftige Akteur_innen, ihre praktische Lebensführung und Bedürfnisse in den Blick nimmt. Wie im zweiten Teil des Beitrags zu zeigen sein wird, besteht die Stärke des Capabilities Ansatzes in der Fundierung einer solchen Informationsbasis.

Aus den bisherigen Ausführungen folgt zunächst, dass überzeugende Theorien Sozialer Arbeit drei gegenstandsbezogenen Aspekten der Praxis Sozialer Arbeit gerecht werden sollten:

1. dass es der Sozialen Arbeit um Fragen der (sozialen) Lebensführung geht,
2. dass sie nicht umhinkommt, diese ›Lebensführung‹ zu bewerten und
3. dass eine solche Bewertung von Lebensführung auf Maßstäbe des Guten oder Gelingenden verweist.

Während diese Aspekte in einem (materialistischen) Begriff von *Entfremdung* aufgehoben sind, wird mit ihnen in der Rede von ›sozialen Problemen‹ (wenn überhaupt) nur mit einer Reihe zusätzlicher Annahmen und Präzisierungen gerechnet.

Aber auch darüber hinaus findet sich eine Reihe von Korrespondenzen zwischen Debatten um ›Entfremdung‹ und theoretische Bestimmungen Sozialer Arbeit, die sich mit einem Bezug auf ›Soziale Probleme‹ nicht ohne Weiteres herstellen lassen.

Die allgemeinste der Kategorie der Entfremdung zugrunde liegende Diagnose ist die einer „division between man and society" (Williams, 1976). Bereits in dieser Allgemeinheit zielt die Entfremdungskategorie auf jene Relation ab, die nahezu sämtliche etablierten Theorieentwürfe zur Sozialen Arbeit – in unterschiedlichen Semantiken – hervorheben: Die generelle Aufgabe der Sozialen Arbeit besteht demnach in der Erbringung von Vermittlungsleistungen im widersprüchlichen Verhältnis von Individuum und Gesellschaft. Dieses Thema mag auch aus der Perspektive von Soziale-Probleme-Formulierungen bearbeitbar sein. Der Unterschied besteht aber darin, dass der Fokus auf diese ›Verhältnisproblematik‹ im Falle der Soziale-Probleme-Perspektive auf Zuständen und Praktiken von Akteur_innen liegt, die gegebene soziale Ordnungen missachten, während die Kategorie der Entfremdung umgekehrt ein „radikal soziales" (Bhasker, 2008) Phänomen beschreibt, das auf Zustände und Praktiken und damit verbunden auf die (soziale und personale) Subjektivität der Akteur_innen wirkt.

Im Allgemeinen mag die Frage, ob Problematiken im Subjekt-Gesellschaftsverhältnis auf die Subjekt- oder auf die Gesellschaftsseite bezogen werden, eine theoretisch nicht entscheidbare politisch-normative Frage sein. Im spezifischen Fall der Sozialen Arbeit verhält sich dies anders, denn unabhängig von der Frage, ob die Praktiken Sozialer Arbeit funktional zum Erhalt der bestehenden gesellschaftlichen Ordnung beitragen, scheint die Soziale Arbeit solche Subjekt-Gesellschaftsproblematiken (zumindest *auch*) im Hinblick auf die Ansprüche der Subjekte auf eine gelingende Lebensführung in den Blick zu nehmen. Gleichwohl verweist eine Soziale-Probleme-Perspektive auf einen ›wunden Punkt‹ des Arguments, Entfremdung sei der Gegenstand Sozialer Arbeit, nämlich auf die Frage, ob Entfremdung nicht ein ›Problem‹, bzw. ein objektives Merkmal einer (kapitalistischen) Produktionsweise darstelle, die sich als Gegenstandsbereich der real existierenden institutionalisierten Praxis der Sozialen Arbeit weitgehend entzieht.

1.1 Entfremdung als Parameter und Entfremdung als Problem

Insbesondere in den Arbeiten von Karl Marx ist Entfremdung ein objektiver Sachverhalt, der (notwendig) aus kapitalistischen Produktionsformen bzw. aus dem Verfügungsmachtverhältnis von Lohnarbeit und Kapital folgt. Als ein solcher Sachverhalt ist Entfremdung ein *Parameter*, ein *allgemeiner* Bestandteil einer gesellschaftlich-geschichtlichen Gesamtsituation, der sich im Kapitalismus nicht aufheben lässt. Zwar ist es allemal sinnvoll, wenn sich Theorien Sozialer Arbeit mit der Grundsituation der Produktions- und Organisationsweisen kapitalistischer Gesellschaften inklusive des Verhältnisses von Lohnarbeit und Kapital auseinandersetzen, aber Entfremdung in diesem Sinne eines Parameters einer gesellschaftlichen Situation dürfte für die Mehrheit der Praxisformen Sozialer Arbeit eher einen Kontext als einen praktisch zu bearbeitenden Gegenstand darstellen. Entfremdung ›als Problem‹ – als Beschränkung von gelingenden Lebensformen und Lebensführungen unterschiedlicher Akteur_innen innerhalb der allgemeinen Parameter gesellschaftlicher Verhältnisse – stellt indes sehr wohl einen praktisch zu bearbeitenden Gegenstand Sozialer Arbeit dar. Diese Sichtweise ist weder eine Trivialisierung der Marx'schen Analyse, noch relativiert sie den normativen Kern ihrer Kapitalismuskritik, nämlich dass „capitalism impedes human flourishing" (Wolff, 2015). Vielmehr scheint eine Perspektive, die über ›Entfremdung als Parameter‹ hinaus auch ›Entfremdung als Problem‹ ernst nimmt, jene Dialektik ernst zu nehmen, die neuere Vertreter_innen eines ›No-Bullshit-Marxism‹ betonen, dass nämlich, wie Erik Ohlin Wright (2010) ausführt,

> „while capitalism may have significantly contributed to enlarging the potential for human flourishing, especially through the enormous advances in human productivity which capitalism has generated, and it certainly has created conditions under which a segment of the population has access to the conditions to live flourishing lives, it blocks the extension of those conditions to all people even within developed capitalist countries, let alone the entire world".

Vor allem wenn sie in einer materialistisch-sozialwissenschaftlichen Interpretationslinie verstanden wird, vermag die Kategorie der Entfremdung (›als Problem‹) nicht nur den Gegenstand Sozialer Arbeit treffend zu beschreiben, sondern weist auch radikale Implikationen für eine kritische, d.h. emanzipatorische Theorie Sozialer Arbeit auf.

1.2 Was meint Entfremdung (und was nicht)?

Trotz ihres Potenzials als Kategorie einer kritischen Gesellschaftstheorie und einer (kritischen) Theorie Sozialer Arbeit ist Entfremdung eine in politisch-normativer Hinsicht strittige Kategorie. In gesellschaftspolitischen Diskursen dienten und dienen Entfremdungsdiagnosen auch als Vehikel für konservativ-kulturpessimistische Modernisierungskritiken. Der Entfremdungsbegriff (zur Genese: Ritz, 1972) hat eine durchaus lange Geschichte und weist eine schwerere begriffsgeschichtliche ›Erblast‹ auf als die Rede von ›sozialen Problemen‹.

Insbesondere ab dem 18. Jahrhundert spielt Entfremdung in der Philosophie eine zentrale, wenngleich ambivalente Rolle (im Überblick: Henning, 2015). Die Idee, dass das Neue, Andere und Fremde von Traditionen, Gewohnheiten und gemeinschaftlichen Sitten ›entfremde‹, ist in zahlreichen Werken des 18. und 19. Jahrhunderts angelegt. Die darauf basierende Entfremdungskritik ist vor allem als Forderung nach einer Wiederaneignung von etwas schon vorgängig Bestehendem angelegt (Jaeggi, 2005). Mit einer solchen Deutung verbunden ist eine Tendenz zur Reduktion von Entfremdung auf geistige und sittliche Dimensionen, die von ihren politisch-ökonomischen Verankerungen losgelöst werden. All dies spricht aber möglicherweise weniger gegen den Begriff der Entfremdung als gegen konservativ-kulturalistische und idealistische (im Unterschied zu realistischen bzw. materialistischen) Entfremdungs*deutungen*. Ebenso ist kaum bestreitbar, dass sich Entfremdungskonzeptionen finden, die einen metaphysischen, wahren inneren Wesenskern unterstellen. Bestritten werden kann jedoch, dass eine solche Unterstellung der Rede von Entfremdung immanent sei (dazu: Bhasker, 2008).

Nicht nur in der Philosophie, sondern auch in den Sozialwissenschaften finden sich sehr unterschiedliche Deutungen des Begriffs. Vor allem in den 1960er-Jahren fanden sich Bemühungen, Entfremdung der empirischen Sozialforschung zugänglich zu machen. Paradigmatisch hierfür ist z.b. Melvin Seemans prominenter Vorschlag, Entfremdung empirisch anhand von sechs operationalisierbaren Sub-Dimensionen zu erfassen: „powerlessness", „meaninglessness", „normlessness", „isolation", „self-estrangement" und „cultural estrangement". Dass diese Dimensionen im Kontext von Entfremdung virulent sind, ist ebenso plausibel wie deren potenzielle Relevanz für eine Analyse und theoretische Fassung des Gegenstands der Praxis Sozialer Arbeit. Gleichwohl verfängt eine Konzeptualisierung von Entfremdung „from the social-psychological point of view" (Seeman, 1959, S. 784) im Sinne *manifester Phänomene auf der Erlebensebene von Individuen* nur bedingt. Gleiches gilt, wenn z.B. gegenwärtig Burnout, Depression oder Substanzmissbrauch etc. als Entfremdung thematisiert werden. Entfremdung mag sich in diesen und anderen Phänomenen niederschlagen (kritisch: Wallimann, 1975), nur überzeugt es nicht, Entfremdung mit diesen Phänomenen gleichzusetzen, zumal der Entfremdungsbegriff damit wieder auf das durchschnittliche analytische Niveau der Kategorie ›soziale Probleme‹ reduziert wäre.

Einen Ausgangspunkt zur Erfassung des analytischen Potenzials des Entfremdungsbegriff liefern demgegenüber Karl Marx' Ökonomisch-philosophische Manuskripte (1844/2012; MEW 40). Entfremdung wird dort als eine in politisch-ökonomischen Verhältnissen verortete, dezidiert relationale Kategorie eingeführt, die sich auf das Verhältnis von Menschen zu ihrer lebendigen und toten Arbeit, sprich zu ihren Tätigkeiten und den Produkten ihrer Tätigkeiten, zu ihren Beziehungsformen und schließlich zu ihrer eigenen ›Natur‹ als menschliches Gattungswesen bezieht. Nach einer an Marx' Arbeiten anschließenden kritisch-realistischen Perspektive, wie sie etwa Roy Bhaskar (2008) oder Margaret Archer (2003) ausgearbeitet haben, besteht die Pointe von Entfremdung darin, dass es um ein radikal soziales (und historisch prozessuales) Phänomen geht, welches zum einen die Nicht-Verfügbarkeit von Autonomie und Kontrolle über die eigene Lebensführung, vor allem aber einen Zustand des Abgeschnitten-Seins „from what is constitutive of, or essential to, one's nature, causal powers or wellbeing" (Bhaskar, 2008, S. 394) beschreibt. Diese Unverfügbarkeit mag sich auf innerpsychische Prozesse auswirken, sie ist aber nicht auf Merkmale des ›inner self‹ der Betroffenen zurückzuführen.

Die analytische Stärke der auf eine Verknüpfung von subjektiven Erfahrungen und strukturellen Bedingungen verweisenden Kategorie der Entfremdung besteht in ihrem Potenzial, die Entstehung menschlichen Leidens und lebenspraktischer Verwerfungen aus spezifischen sozialen Beziehungen und Strukturen, kulturellen Vorgaben und ökonomischen Zwängen zu untersuchen. Indem die Kategorie der Entfremdung die Frage nach einem gelingenden Selbstverhältnis (als Verhältnis zu den eigenen Tätigkeiten) verknüpft mit der nach einer gelingenden Bezugnahme auf andere und anderes, im Horizont der jeweiligen Möglichkeiten stellt, sich diese Verhältnisse ›zu eigen‹ zu machen, ist sie aber konstitutiv mit der normativen Frage nach einem guten Leben verbunden.

Sofern die Entfremdungskategorie in diesem Sinne ernst genommen wird, *kann* es dabei nicht darum gehen, die Inhalte der Projekte vorzugeben oder festzulegen, die Menschen in ihrem Leben verfolgen. Dies beschreibt gerade den Zustand von Entfremdung. Vielmehr gilt es, neben der Frage nach dem Ausmaß, in dem die Subjekte in der Lage sind, ›causal powers‹ über ihre Projekte auszuüben (Elder-Vass, 2010), diese Projekte im Sinne real vollzogener Praktiken auch hinsichtlich ihrer Korrespondenz zu dem in den Blick zu nehmen, was Margaret Archer (2006) als ›ultimate concerns‹ beschreibt. Es ist letztlich Teil der Conditio Humana, dass Menschen, um zu überleben und zu gedeihen, Beziehungen zur natürlichen Welt – Arbeits- bzw. Praxisbeziehungen sowie Sozialbeziehungen – aufrechterhalten müssen. Die ›Concerns‹, die Archer (2006) als ›ultimativ‹ beschreibt, sind mit diesen relationalen Natur-, Praxis- und Sozialordnungen verknüpft und verweisen zugleich auf eine Konzeption von Würde (dazu: Ziegler, 2014).

1.3 Das gute Leben

Die ›ultimate concerns‹, die Margaret Archer (2006) beschreibt, manifestieren sich nicht nur in physischem Wohlergehen, Selbstwert und Selbstachtung, sondern beinhalten vor allem die Fähigkeit, „Kontrolle über sich selbst auszuüben, seine Kräfte kompetent und angemessen einzusetzen" (Sayer, 2012, S. 558), um auf diese Weise auch einen Beitrag in kooperativen Praktiken zu leisten. Eine Pointe bezüglich der Theoretisierung von Adressat_innen mit Bezug auf diese ›ultimate concerns‹ besteht darin, dass es sich bei der Annahme, dass Menschen als verletzliche und bedürftige Wesen in der Lage sind, sich zu entfalten oder zu leiden, nicht bloß um eine wesens-metaphysische Setzung handelt, die bisher weder theoretisch noch empirisch widerlegt werden konnte.

> „Leiden und Entfaltung sind Zustände, die nicht nur auf lediglich subjektive, vom Zustand der Welt unabhängige und durch Argumente und empirische Belege irgendwie nicht fassbare Werte verwiesen sind" (Sayer, 2011, S. 8).

Zwar lässt sich nicht objektivierend bestimmen, worin ein je individuell gutes Leben bestehen mag, ohne Autonomie, Subjektivität und Identität zu beschädigen. *Aspekte* eines autonomie- und subjektivitätskonstitutiven ›guten menschlichen Lebens‹ lassen sich indes sehr wohl bestimmen. Sofern, und *nur* sofern dies zutrifft, macht es, wie es Martha Nussbaum (1992, S. 205) im Anschluss an Marx formuliert, Sinn, davon auszugehen,

> „that the capability to function in this [... ›truly human living‹ (Marx)] is not automatically open to all humans, but must be created for them (brought forward from more rudimentary capabilities) by material and social conditions".

Wenn Marx – und ihm folgend z.B. Bhasker, Archer oder Nussbaum – von *menschlichem* Leben und *menschlichen* Bedürfnissen und *diesbezüglich* von Entfremdung sprechen, basiert dies auf einer, wie es Steven Lukes (1967) formuliert, „inextricable mixture of fact and value". Über Entfremdung, die Verhinderung menschlicher ›Realfreiheit‹, lässt sich nur dann und nur insofern gehaltvoll sprechen, wie sie auf ein gehaltvolles Konzept von Subjektivität, Autonomie und Würde bezogen wird. Bei Fragen von Entfremdung geht es darum, dass Menschen von *gedeihlichen* Entwicklungsmöglichkeiten abgeschnitten werden. Es geht um die Abwesenheit oder Nichterreichbarkeit *relevanter* Zielhorizonte eines *gelingenden* eigenen Lebensprojekts sowie die *bedeutungsvollen* und ›resonanten‹ Sozialbeziehungen, auf denen diese Projekte notwendigerweise fußen. Entfremdung ist insofern ein analytisch-normatives oder, besser formuliert, ein ›thick ethical concept‹ (Williams, 1985; Putnam, 2004).

1.4 Entfremdung als ›Thick Concept‹

›Thick ethical concepts‹ sind auch für die Theoriebildung in der Sozialen Arbeit bedeutsam. Sie sind immanent normativ, unterscheiden sich jedoch von jenen „empty moral words" (Murdoch, 1970, S. 40), die auch als ›thin concepts‹ beschrieben werden. Letztere weisen keinen deskriptiven Informations- und eigenen Wahrheitswert auf. Sie basieren darauf, irgendetwas, z.B. als ›gut‹ oder ›böse‹, ›richtig‹ oder ›falsch‹, zu klassifizieren. Der Kern von ›thin concepts‹ sind Wertungen, die an Sachverhalte herangetragen werden. Ihr Informationsgehalt beschränkt sich letztlich darauf, darüber Auskunft zu geben, wie die wertende Person einen Sachverhalt bewertet (Korsgaard, 1996). ›Thick concepts‹ sind demgegenüber ›handlungsbegründende‹ Kategorien, deren analytische Angemessenheit gerade daraus erwächst (Kirchin, 2010), dass ihre deskriptiven und normativen Elemente sich nicht trennen lassen, ohne die analytische Bedeutung dieser Kategorien selbst in Mitleidenschaft zu ziehen.

An dieser Stelle kommt der Capabilities Approach ins Spiel. Er liefert normative Maßstäbe, die es nicht nur erlauben, den normativen Gehalt von ›thick concepts‹ im Allgemeinen zu dechiffrieren und einer begründungstheoretischen Prüfung zu unterziehen. Zugleich stellt er einen an Traditionen und Semantiken einer kritischen Sozialen Arbeit anschlussfähigen Ansatz dar, der in einem hohen Maß genau jene Aspekte von Lebensaussichten in den Blick nimmt, die mit der Entfremdungskategorie beschrieben (und bewertet) werden (dazu u.a. Byron, 2013; DeMartino, 2011; Gangas, 2014). Raekstad (2015) geht mit guten Argumenten einen Schritt weiter, wenn er dafür plädiert, das analytische und kritische Potenzial eines materialistischen Entfremdungsbegriffs durch dessen Verknüpfung mit dem CA auszuschöpfen:

> „The capabilities approach['s ...] understanding of powers and needs, along with a notion of the importance of conscious self-directed activity, underpins the critique of capitalism Marx presents in his theory of alienation [... and] allow[s] us a better understanding of the normative components of Marx's theory of alienation and its plausibility and potential relevance to the theorists and movements it is influencing".

Insbesondere wenn es aber um das Gegenteil von Entfremdung gehen soll, nämlich um die – v.a. in der Marx'schen Tradition zentrale – Frage der sozialen Bedingungen zur Ermöglichung und Sicherung von ›human flourishing‹, dürfte der CA den, wie es Lukes (2005, S. 117) formuliert, „most promising attempt to work out such an account" darstellen. Dies ist nicht nur der Schwäche der Alternativen, sondern den Stärken zuzuschreiben, die der CA trotz aller Unzulänglichen im Einzelnen (dazu z.B. Sayer, 2014; Otto, Ziegler, 2017) aufweist.

2. Der Capabilities Ansatz – eine knappe Skizze

Der Capabilities Ansatz ist keine eigenständige Sozial- oder Gesellschaftstheorie, aber auch keine ›vollständige‹ Gerechtigkeitstheorie. Im Mittelpunkt des CA steht die Begründung einer Maßeinheit, in der Lebensaussichten bewertet werden sollen: In Form von Capabilities.

Versteht man den CA als einen sozialarbeiterischen Handlungsansatz oder gar als einen Theorieansatz für die Soziale Arbeit, kann er an diesem Anspruch nur scheitern. Was der CA zu einer Theorie (und ggf. auch für die Praxis) Sozialer Arbeit beitragen kann, ist, einen normativen Begründungs- und Bewertungsrahmen zu liefern. Dieser Begründungsrahmen ist bisweilen – und mit wenig überzeugendem Ergebnis – mit allerlei schlichten sozialtheoretischen Ansätzen verknüpft worden (dazu: Sayer, 2014). Normative Begründungs- und Bewertungsrahmen sind zwar ein wichtiges Element, aber sicher kein Ersatz für eine solide Sozial- und Kulturtheoriebildung. Dieses Problem hat sich z.T. dadurch verdoppelt, dass insbesondere eine Interpretationslinie des CA einflussreich geworden ist, die den Schwerpunkt von Struktur- auf Agency-Fragen verschiebt und damit eine Tendenz zur Psychologisierung oder zumindest Individualisierung „wenn schon nicht der Problemursachen, so doch der Wege zu ihrer Lösung" (Bröckling, 2003, S. 330) befördert. Fraglich ist jedoch, ob dies im CA selbst angelegt ist.

Nimmt man den CA ernst, akzeptiert man *erstens* die Möglichkeit einer materialistischen Formulierung von ›human flourishing‹ bzw. eines guten menschlichen Lebens und *zweitens* eine zumindest implizite Anthropologie, welche die Verwundbarkeit von Menschen als soziale bzw. politische Wesen in den Mittelpunkt rückt. In diesem Sinne ist der CA in erster Linie ein Ansatz in der Tradition von Karl Marx (dazu: Qizilbash, 2017). Der CA ist, wie es Andrew Sayer (2011, S. 238) formuliert, zunächst nicht mehr als

> „a set of normative criteria that helps us assess the extent to which the various basic constituents of well-being are met within a certain population. It says nothing about the causes of their being met or not met. To identify these causes we need social science, albeit of a kind that is able to acknowledge and interpret well-being and ill-being as objective states of being, and not merely as norms or preferences".

Der Anspruch des CA besteht insofern zunächst vor allem darin, für die evaluative Beurteilung der Qualität von Handlungs- und Daseinsweisen von Akteur_innen sowie, davon abgeleitet, für die evaluative Beurteilung und Kritik sozialer Arrangements, Institutionen und politischer Strategien einen begründungstheoretisch strapazierfähigen Rahmen auszuarbeiten.

Dabei geht es prioritär um die Spezifizierung jener Sachverhalte, auf die sich Gerechtigkeitsurteile stützen und anhand derer beurteilt werden soll, ob und in welcher Hinsicht Ungerechtigkeiten oder eben Problematiken im Subjekt-Gesellschaftsverhältnis vorliegen. Der CA-Perspektive auf ein gutes Leben geht es dabei *weniger um individuelle Zustände innerer Zufriedenheit, sondern um Fragen von Bedingungen, Möglichkeiten und Qualitäten der praktischen Lebensführung.* Analytisch widmet der CA seine Aufmerksamkeit den personellen, ökonomischen, sozial-kulturellen und politisch-institutionellen Einflüssen, Gruppenbeziehungen und Machtverhältnissen, die es Akteur_innen in selektiver Weise erlauben, Ressourcen, Güter und Dienste in eigene spezifische Praktiken, Beziehungen und Zustände zu überführen. Die Verbindung zwischen diesen Praktiken und Zuständen und der Frage des guten Lebens wird im CA anhand der Unterscheidung zwischen Funktionsweisen *(Functionings)* und Entfaltungsmöglichkeiten *(Capabilities)* hergestellt. Während mit Functionings realisierte Zustände, Beziehungsformen und Handlungen gemeint sind, die Subjekte für ihr eigenes Leben als wertvoll erachten, geht es bei Capabilities um die realen Freiheiten der Subjekte, sich für – oder gegen – die Realisierung von unterschiedlichen Kombinationen solcher Funktionsweisen entscheiden zu können sowie um die lebenspraktischen realen ›Kosten‹, die mit diesen Entscheidungen (in strukturell selektiver Weise) verbunden sind.

Die Pointe des CA besteht darin, den ›Space of Capabilities‹, nicht etwa den ›Space of Functionings‹ als normativ-politischen Maßstab zu betonen. Auch die objektiven Bestimmungen der Befähigungsperspektive beziehen sich alleine auf die (sozialen und politischen) Bedingungen, die das autonomiekonstitutive *gute menschliche Leben* betreffen, während der konkrete Inhalt des *je individuell* guten Lebens die Sache der Individuen bleibt. Der Maßstab, den der CA für die Praxis der Sozialen Arbeit impliziert, ist das reale Ausmaß und die Reichweite des eröffneten Spektrums effektiv realisierbarer und hinreichend voneinander unterscheidbarer Möglichkeiten und Handlungsbemächtigungen, über die Subjekte verfügen, um das Leben führen zu können, welches sie mit guten Gründen erstreben. Entscheidend ist dabei weniger, ob Menschen und ihre Lebensführungen ›different‹ sind, sondern ob sie die gleiche (positive) Freiheit genießen, ihr Leben frei zu wählen, d.h. auch Lebensprojekte zu realisieren, die *sie* sich angeeignet haben, die *sie* wertschätzen und mit Relevanz, Bedeutung, Sorge und Gewicht ausstatten.

Der Raum potenziell förderbarer Möglichkeiten und Befähigungen ist nun offensichtlich weit und vielfältig. Aber mit Blick auf das *gute menschliche Leben* sind nicht alle möglichen Befähigungen gleichermaßen fundamental. In der mit dem Namen Martha Nussbaum verknüpften Tradition des CA findet sich an dieser Stelle eine Auseinandersetzung mit der Frage der ›menschlichen Natur‹. Im Anschluss an Karl Marx wird diese als zieloffene Natur eines prinzipiell vulnerablen und care-bedürftigen Zôon politikon formuliert. Sie liefert sowohl das Fundament dafür, den Möglichkeitsraum kreativer menschlicher Entwicklung zu markieren, als auch dafür, die Abschneidung von Menschen von ihren Entwicklungsmöglichkeiten – also ihre ›Entfremdung‹ – thematisieren und kritisieren zu können. Sie mündet in den Vorschlag einer Liste von zentralen menschlichen Capabilities. Diese Liste hat die Funktion, „[to] isolat[e] those human capabilities that can be convincingly argued to be of central importance in any human life, whatever else the person pursues or chooses"[1] (Nussbaum, 2000, S. 74).

Im Sinne einer Präzisierung solcher Grundbefähigungen als Bedingungen für die Realisierung eines guten menschlichen Lebens hat Elizabeth Anderson (1999) zwei Capabilities weiter ausgearbeitet und näher bestimmt. Ihr Anliegen besteht darin, jene Capabilities zu präzisieren, die notwendig sind, um Akteur_innen in modernen Gesellschaften zu befähigen, aus sozialen Deprivations- und Marginalisierungsverhältnissen zu entkommen. Der Gedanke besteht darin, dass Gerechtigkeit in Bezug auf Lebensaussichten von Menschen zwar über die Verteilung von Ressourcen und Chancen reguliert wird, aber nicht lediglich ein Verteilungsideal darstellt, sondern vor allem ein Ideal bezüglich der Beziehungen, in denen Menschen zueinander stehen. Auf Basis dieser Überlegung formuliert Anderson (1999, S. 288f.) zentrale Ziele gerechtigkeitstheoretisch fundierter Gleichheitsforderungen:

> „The proper negative aim of egalitarian justice is not to eliminate the impact of brute luck from human affairs, but to end from human affairs, but to end oppression, which by definition is socially imposed. Its proper positive aim is not to ensure that everyone gets what they morally deserve, but to create a community in which people stand in relations of equality to others".

Andersons Argument läuft darauf hinaus, politisch vor allem die Ermöglichung jener Capabilities zu fokussieren, die es Menschen erlauben, die Funktionsweise als gleichberechtigte_r Teilnehmer_in an einem System kooperativer Produktion zu realisieren und damit die materiellen Bedingungen ihrer Existenz zu beeinflussen. Andersons zweite wesentliche Capability richtet sich darauf, die Funktionsweise als Bürger_in eines demokratischen Staates zu ermöglichen und damit sicherzustellen, dass die Betroffenen nicht von der Partizipation an kollektiven Entscheidungen ausgeschlossen sind, die sie selbst betreffen und den Rahmen ihrer Selbstbestimmung mit definieren. Dies beinhaltet insbesondere auch die Befähigung von Akteur_innen gegenüber öffentlichen Institutionen, die eigenen Präferenzen, Wünsche und Erwartungen zu äußern und ihnen Gewicht zu verleihen, statt sich lediglich von außen an sie herangetragenen Vorgaben und Zumutungen zu unterwerfen. In dieser Hinsicht findet sich im CA eine theoriekonstitutive Verkopplung von substanziellen und prozeduralen Aspekten: *Das gute Leben, ist das gute Leben*

---

[1] Sehr knapp zusammengefasst beinhaltet diese Liste nicht aufeinander reduzierbare und nicht voneinander ableitbare individuell und sozial tatsächlich realisierbare Freiheiten von Menschen 1. ein lebenswertes, menschliches Leben von ›normaler‹ Länge führen zu können, 2. körperliche, sexuelle und gesundheitliche Integrität wahren zu können, 3. unnötigen Schmerz vermeiden und lustvolle Erfahrungen genießen zu können, 4. Sinne und Phantasie gebrauchen und entwickeln; denken und urteilen zu können, 5. sorgende, liebende und andere emotional empathische Beziehungen zu anderen eingehen und eigene Gefühle entwickeln zu können, 6. eine eigene, revidierbare Vorstellung vom Guten entwickeln und das eigene Leben daraufhin in kritischer Reflexion planen und gestalten zu können, 7. Beziehungen – mit Archer könnte man von bedeutender Beziehung (›of concern‹) sprechen – zu anderen aufzubauen sowie über eine soziale Basis für Selbstrespekt verfügen und frei von Demütigungen (bzw. ›würdevoll‹) leben zu können, 8. eine Beziehung zur Welt der Natur aufbauen zu können, 9. spielen, lachen und sich erholen zu können, 10. politische und materielle Kontrolle über die eigene Umwelt ausüben zu können.

von Menschen, d.h. ein Leben über das Menschen verfügen. Dieser Gedanke ist insofern nicht banal, wie er konzeptionell zwingend erfordert, über den Rekurs auf die Sicherstellung der ökonomischen und sozialen Bedingungen eines guten menschlichen Lebens im Sinne des substanziellen Aspekts von Autonomie und Freiheit hinaus und gleichrangig mit diesem den Verfahrensaspekt von Freiheit zu betonen. In dieser Hinsicht liegen Interpretationen nahe, den CA nicht nur als Gerechtigkeits-, sondern auch als demokratietheoretischen Ansatz zu verstehen. Die Betonung solcher Verfahrensaspekte und der Fokus auf Capabilities statt auf Funktionsweisen entschärft die dem CA (aber auch der Sozialen Arbeit) inhärente Paternalismusproblematik: Es geht darum, den realen Macht- und Autonomiespielraum der Betroffenen zu erweitern, nicht darum, die Akteur_innen zu inhaltlich fixierten Daseins- und Handlungsweisen zu bewegen.

3. Der Beitrag des Capabilities Ansatzes für eine emanzipatorische Soziale Arbeit

Der CA ist – gerade weil er einen Ansatz und keine eigen- und vollständige Theorie darstellt – mit einer Reihe unterschiedlicher (durchaus auch konservativer) Theorien, Erklärungs- und Handlungsansätze kombinierbar und mit solchen Ansätzen kombiniert worden. Daher finden sich zwar häufig Bezüge auf diesen Ansatz, aber eben keine kohärenten Handlungskonzepte im Sinne einer ›capabilities-orientierten Sozialen Arbeit‹. Trotz der ›Offenheit‹ des CA spricht jedoch vieles dafür, dass sinnvolle Verbindungen zu Theorien und Handlungsansätzen nicht beliebig sind. Zumindest werden die radikalen Implikationen des CA nicht erfasst, wenn die strukturellen und institutionellen Beschränkungen der Realisierung von Capabilities ignoriert werden oder, anders formuliert, wenn von den sozialen und politischen Realitäten des real existierenden Kapitalismus abstrahiert wird und die Rede von Capabilities zu einem Fokus auf individuelle Kompetenz- und Resilienzentwicklung verkommt.

Wenn sich die Soziale Arbeit auf den CA bezieht, geht es weniger um die Frage, ob sich eine ›capabilities-orientierte Soziale Arbeit‹ formulieren lässt, sondern ob es möglich ist, strapazierfähige Kriterien zur Evaluation einer emanzipatorischen Sozialen Arbeit zu begründen. Der CA ist als Fundament für eine solche Begründung zumindest vielversprechend: Eine emanzipatorische Kritik an realen Verhältnissen und Praktiken ist ohne eine Konzeption von ›human flourishing‹ kaum denkbar.

Es verwundert daher nicht, dass der CA vor allem dort Impulse geben kann, wo es um Soziale Arbeit als politisch situierte emanzipatorische Praxis geht. Während umstritten ist, ob – und in welcher Interpretationslinie – es dem CA wirklich gelingt, eine universalisierbare Perspektive auf ›human flourishing‹ zu fundieren, kann es wohl unbestritten als ›universell‹ gelten, dass normative Metriken *alleine* zu keiner Zeit und in keiner ›Kultur‹ einen Ersatz für kritische Analysen und reflexive Praktiken darstellen können. Es kann dem CA angerechnet werden, dies auch nicht zu behaupten.

> **Reflexionsfragen:**
>
> - Überzeugt es Soziale Arbeit als Reaktion auf soziale Probleme zu begreifen? Warum könnte ein Bezug auf Probleme der Lebensführung für Theorien Sozialer Arbeit angemessener sein?
> - Der Capabilities Ansatz verspricht Maßstäbe einer gelingenden Lebensführung begründen zu können. Überzeugt Sie diese Begründung? Braucht die Soziale Arbeit solche Begründungen? Reicht es nicht aus sich an den Wünschen und Vorstellungen der Adressat_innen zu orientieren?
> - Was könnte es für die Praxis Sozialer Arbeit meinen, das Problem der Entfremdung zu bearbeiten und zentrale menschliche Grundbefähigungen zu erweitern? Welche Vorgehensweisen lassen sich so begründen? Welche Vorgehensweisen werden kritisiert oder ausgeschlossen? Versuchen Sie ihre Überlegungen an einem Beispiel zu erläutern.

Grundlagenliteratur

Anderson, E. (1999): What is the point of equality? *Ethics*, 109. Jg. H. 2, S. 287-337.
Archer, M. (2003): *Structure, Agency and the Internal Conversation*. Cambridge: Cambridge University Press.
Archer, M. (2006): Persons and Ultimate Concerns: Who We Are Is What We Care About. In: Malinvaud, E. (Hg.): *Conceptions of the Human Person*. Vatican City: Vatican City Press, S. 261-283
Bhaskar, R. (2008): *Dialectic: The Pulse of Freedom*. London: Routledge.
Bröckling, U. (2003): You are not responsible for being down, but you are responsible for getting up. Über Empowerment. *Leviathan*, 31. Jg., H. 3, S. 323-344.
Byron, C. (2013): The Normative Force behind Marx's Theory of Alienation. *Critique: Journal of Socialist Theory*, 41. Jg., H. 3, S. 427-435.
DeMartino, M. (2011): Capabilities, Equality, and Class Justice. *Global Discourse*, 2. Jg., H. 1, S. 39-47.
Elder-Vass, D. (2010): *The Causal Power of Social Structures*: Emergence, Structure and Agency. Cambridge. Cambridge University Press.
Gangas S. (2014): From alienation to capability deprivation: Reconstructing a sociological concept. *Social Science Information*, 53. Jg., H. 1, S. 54-75.
Habermas, J. (1996): *Die Einbeziehung des Anderen. Studien zur politischen Theorie*. Frankfurt a.M.: Suhrkamp.
Henning, C. (2015): *Theorien der Entfremdung zur Einführung*. Hamburg: Junius.
Jaeggi, R. (2005): *Entfremdung. Zur Aktualität eines sozialphilosophischen Problems*. Frankfurt a.M.: Suhrkamp.
Kirchin, S. (2010): The Shapelessness Hypothesis. *Philosophers' Imprint*, 10. Jg., H. 4, S. 1-28.
Korsgaard, C. (1996): *The Sources of Normativity*. Cambridge: Cambridge University Press.
Lukes, S. (1967): Alienation and Anomie. In: Laslett, P., Runciman, W. (Hg.): *Philosophy, Politics and Society*. Oxford: Blackwell.
Lukes, S. (2005): *Power: A Radical View*. Basingstoke: Blackwell.
Marx, K. (1844): Ökonomisch-philosophische Manuskripte. *MEW, Bd. 40, Karl Marx: Schriften bis 1844 (2012)*. Berlin: Dietz.
Murdoch, I. (1970): *The Sovereignty of Good*. London: Routledge.
Nussbaum M. (1992): Nature, function, and capability: Aristotle on political distribution. In: McCarthy, G. (Hg.): *Marx and Aristotle: Nineteenth-century German Social Theory and Classical Antiquity*. Savage: Rowman & Littlefield, S. 175-212

Nussbaum, M. (2000): *Women and Human Development. The Capabilities Approach.* Cambridge: Cambridge University Press.

Otto, H.U., Ziegler, H. (2017): The rocky path to capability-friendly policy innovation – Why the capabilities approach should ally with critical social science. *Journal of Human Development and Capabilities* (i.E.).

Peters, H. (2009): *Devianz und soziale Kontrolle. Eine Einführung in die Soziologie abweichenden Verhaltens* (3. Aufl.). Weinheim: Juventa..

Putnam, H. (2004): *Ethics without Ontology.* Cambridge: Harvard University Press.

Qizilbash, M. (2017): Some Reflections on Capability and Republican Freedom, In: Otto, H.-U., Ziegler, H. (Hg.): *Human Development in times of crisis.* Basingstoke: Palgrave (i.E.).

Raekstad, P. (2015): Human Development and Alienation in the Thought of Karl Marx. In: *European Journal of Political Theory* (i.E.).

Rawls, J. (1993): *Political Liberalism.* New York: Columbia University Press.

Ritz, E. (1972): Entfremdung. In: Ritter, J. (Hg.): *Historisches Wörterbuch der Philosophie.* Basel: Schwabe, S. 509–525.

Sayer, A. (2009): Who's afraid of critical social science? *Current sociology,* 57. Jg., H. 6, S. 767–778.

Sayer, A. (2011): *Why Things Matter to People: Social Science, Values and Ethical Life.* Cambridge: Cambridge: University Press.

Sayer, A. (2012): Würde am Arbeitsplatz. *Deutsche Zeitschrift für Philosophie,* Jg. 60, H. 4, S. 557–572.

Sayer, A. (2014b): Contributive justice, class divisions and the capabilities approach. In: Otto, H.-U., Ziegler, H. (Hg.): *Critical social policy and the capability approach.* Opladen/Leverkusen: Barbara Budrich, S. 179–189.

Seeman, M. (1959): On the Meaning of Alienation. *American Sociological Review,* 24. Jg., H. 6, S. 783–791.

Wallimann, I. (1975): Alienation – In Marx and Modern Empirical Sociology. *Zeitschrift für Soziologie,* 4. Jg., H. 3, S. 273–282.

Williams, B. (1985): *Ethics and the Limits of Philosophy.* London: Fontana.

Williams, R. (1976): *Keywords: A Vocabulary of Culture and Society.* York: Oxford University Press.

Wolff, J. (2015): Karl Marx. In: Zalta, E. (Hg.): *The Stanford Encyclopedia of Philosophy* (Winter 2015 Edition) http://plato.stanford.edu/archives/win2015/entries/marx/ (zuletzt aufgerufen am 16.10.2020).

Wright, E. O. (2010): *Envisioning Real Utopias.* London: Verso.

Ziegler, H. (2003): *Jugendhilfe als Prävention – Die Refiguration sozialer Hilfe und Herrschaft in fortgeschrittenen liberalen Gesellschaftsformationen.* Bielefeld: Universität Bielefeld.

Ziegler, H. (2014): Unerbetene Hilfen: Versuch einer Begründung einiger Kriterien zur Legitimation paternalistischer Eingriffe in der Sozialen Arbeit. *Soziale Passagen,* 6. Jg., H. 2, S. 253–274.

Weiterführende Literatur:

Heite, C./Magyar-Haas, V. (Hg.) (2021): *Entfremdung.* Wiebaden: Springer VS

Mührel, E./ Niemeyer, C./Werner, S. (Hg.) (2017): *Capability Approach und Sozialpädagogik. Eine heilige Allianz?* Weinheim und Basel: Beltz Juventa

Otto, H.-U./Ziegler, H. (Hg.) (2007): *Capabilities – Handlungsbefähigung und Verwirklichungschancen in der Erziehungswissenschaft.* Wiesbaden: VS

Lebensweltorientierung und Lebensbewältigung

Cornelia Füssenhäuser

> **Zusammenfassung:**
> In dem vergleichend angelegten Beitrag werden zentrale Prämissen und Grundaussagen der Lebensweltorientierung und der Lebensbewältigung, die zunächst eng miteinander verbunden waren, im weiteren Verlauf der eigenen Theorieentwicklung aber eigene Schwerpunkte gesetzt haben, in ihrem gegenseitigen Bezug bzw. ihrer Differenz rekonstruiert. Während beide Ansätze subjektbezogene und gesellschaftliche Bedingungen einbeziehen, fokussiert im Unterschied zur Lebensweltorientierung der Lebensbewältigungsansatz stärker auf psychosoziale Aspekte und integriert psychoanalytische bzw. individualpsychologische Überlegungen in die jeweilige Theoriekonstruktion. Lebensweltorientierung ist hingegen stärker an den alltäglichen Praktiken und Routinen der Adressat_innen und den darin eingelagerten gesellschaftlichen wie institutionellen Verdeckungen und Zumutungen interessiert. Vor diesem Hintergrund werden Gemeinsamkeiten und Differenzen der beiden Theoriekonzeptionen hinsichtlich der Gegenstandsbestimmung der Sozialen Arbeit, des Adressat_innenbildes sowie des Theorie-Praxis-Verhältnisses herausgearbeitet.

1. Einleitung

Anliegen des nachfolgenden Beitrages ist eine an den Fragestellungen des vorliegenden Bandes orientierte Rekonstruktion der zentralen Kernpunkte der Lebensweltorientierung sowie der Lebensbewältigung. Mit Blick auf die Vielzahl der Beiträge und Auseinandersetzungen zu den beiden Theoriekonzepten fokussiert der Beitrag auf eine skizzenhaft angelegte und nicht abschließende Betrachtung des Wandels sowie der Kontinuitäten der zentralen Begriffe und thematischen Zugänge der beiden Positionen.

Die Alltags- und Lebensweltorientierung ist eine seit den 1970er-Jahren zunehmend ausdifferenzierte und in der Praxis vielfach aufgegriffene Fokussierung Sozialer Arbeit (Füssenhäuser, 2015a, S. 1760). Eine alltags- und lebensweltorientierte und kritische Soziale Arbeit orientiert sich an den Adressat_innen Sozialer Arbeit, an den Selbstdeutungen ihrer Verhältnisse sowie ihren lebensweltlichen Anstrengungen, räumliche, zeitliche und soziale Bezüge zu gestalten. Sie bezieht dabei sowohl subjektbezogene als auch gesellschaftliche Bedingungen ein (ebd.).

Das seit Mitte der 1980er-Jahre entwickelte Konzept der Lebensbewältigung versteht sich als mehrdimensionales Paradigma und „Theorie-Praxis-Modell" (Böhnisch, 2019, S. 11).[1] Eine bewältigungsorientierte Soziale Arbeit zielt darauf, Menschen in kritischen Lebenslagen so zu unterstützen, dass sie Anerkennung er-

---

[1] Lothar Böhnisch verweist diesbezüglich auf seine produktive Zusammenarbeit mit Karl Lenz und Wolfgang Schröer, die sich u.a. in folgenden Arbeiten widerspiegelt: Böhnisch, Lenz, Schröer, 2009; Böhnisch, Schröer, 2013; Litau u.a., 2016.

fahren, psychosoziale Handlungsfähigkeit und soziale Orientierung (wieder)erlangen und (neue) soziale Bezüge aufbauen können (Böhnisch, 2012, 2016a).

Wenngleich für beide Positionen in Bezug auf Fragen der Profession hohe Relevanz und Anschlussfähigkeit konstatiert werden kann, sprechen insbesondere folgende Aspekte für eine intensive Beschäftigung mit der Lebensweltorientierung: Sie ermöglicht in ihrem Anschluss an zentrale Theoriedimensionen Sozialer Arbeit (Füssenhäuser, 2015a) eine Ausdifferenzierung und Weiterentwicklung Sozialer Arbeit in unterschiedliche Arbeitsfelder und Arbeitsprogramme hinein und versteht sich hierbei selbst als institutionen- wie professionskritische Soziale Arbeit (Grunwald, Thiersch, 2016b). Sie beharrt zugleich als Kritische Soziale Arbeit gegenüber neoliberalen Ansätzen der Dethematisierung des Sozialen (Grunwald, Thiersch, 2016b, S. 595) und der damit einhergehenden Privatisierung sozialer Probleme auf der Unhintergehbarkeit des Anspruches auf soziale Gerechtigkeit und greift so aktuelle gesellschaftliche Verwerfungen und Konfliktlinien in besonderem Maße auf.

2. Entwicklungslinien der Lebensweltorientierung und Lebensbewältigung

Mit Blick auf die Lebensweltorientierung verweisen Klaus Grunwald und Hans Thiersch (2016a, S. 24–26) auf drei Phasen der Entwicklung und Konsolidierung der Lebensweltorientierung. *Erstens:* Im Kontext der Modernisierung Sozialer Arbeit, der Demokratisierung und des Ausbaus des Sozialstaats in den 1960er- und 1970er-Jahren etablierte sich die Lebensweltorientierung, beginnend mit dem Beitrag „Alltagswende und Sozialpädagogik",[2] gegenüber einer Zersplitterung der Diskurse, dem radikalen Selbstanspruch der kritisch-emanzipativen Theorie sowie daraus resultierender Schwierigkeiten in der Vermittlung von Theorie und Praxis. Gegenüber den beiden Entwicklungen einer Politisierung und Sozialtechnologie Sozialer Arbeit insistierte die Lebensweltorientierung auf der „Unhintergehbarkeit der Alltagserfahrungen der Adressat_innen" und der darin liegenden Möglichkeit der Kritik an und Befreiung aus Verhältnissen (Grunwald, Thiersch, 2016a, S. 25; Thiersch, Böhnisch, 2014, S. 18) und wählte diese als zentralen Bezugspunkt der sozialpädagogischen Theorie. Lebensweltorientierung zielt daher von Beginn an auf eine veränderte Sicht auf die Adressat_innen Sozialer Arbeit wie auf die Kritik gesellschaftlicher Verhältnisse und Institutionen Sozialer Arbeit. *Zweitens:* Die weitere Entwicklung Sozialer Arbeit führte in den späten 1970er- und 1980er-Jahren zur Differenzierung der Lebensweltorientierung und ihrer Etablierung als spezifisches Handlungskonzept (Grunwald, Thiersch, 2016a, S. 25). Die Normalisierung Sozialer Arbeit, der weitere Ausbau der sozialen Infrastruktur, sowie die Formulierung der Struktur- und Handlungsmaximen im 8. Jugendbericht führten zu einer breiten Rezeption in der Praxis Sozialer Arbeit und dem „Entwurf integrierter und flexibler Organisationsformen und methodischer Zugänge" (ebd.) sowie

---

2 Eine wichtige Zäsur für die „Alltagswende" war 1978 der sechste Kongress der Deutschen Gesellschaft für Erziehungswissenschaft. Im Vordergrund stand damals die kritische Auseinandersetzung mit dem Scheitern der Bildungsreform während der sozialliberalen Regierungsphase. Der in der neuen praxis, Heft 8/1978 veröffentlichte Vortrag „Alltagshandeln und Sozialpädagogik" von Hans Thiersch gilt als „Auftakt" der Alltagswende in der Sozialen Arbeit.

der Entwicklung innovativer Praxismodelle. *Drittens:* Seit den 1990er-Jahren wird die Konsolidierung und Normalisierung Sozialer Arbeit durch sozialtechnologische und ökonomistische Anforderungen und Überlegungen infrage gestellt. Effektivität und Effizienz dominieren, Prinzipen sozialer Gerechtigkeit werden zunehmend unterlaufen (ebd., S. 25f.).

Vor diesem Hintergrund entwickelt die Lebensweltorientierte Soziale Arbeit ihr Aufgaben- und Arbeitsfeld, indem sie soziale Gerechtigkeit als aktive Gestaltung von Verhältnissen versteht und diese gegenüber den Anforderungen des Neoliberalismus stark macht (Grunwald, Thiersch, 2016a, S. 31). Sie verknüpft dabei die Rekonstruktion der Lebensverhältnisse der Adressat_innen mit professionellen Handlungsmustern und reflektiert ihr eigenes Handeln wie auch ihre institutionellen Arrangements kritisch. Lebensweltorientierung steht, wie kaum ein anderes Konzept, für eine spezifische Fokussierung und fachliche Neujustierung der Sozialen Arbeit seit den frühen 1980er-Jahren. Das Konzept vereint dabei die Professionalisierung Sozialer Arbeit mit einem professionsethischen Anspruch sowie einer emanzipativen Zielperspektive: einer gelingenderen Lebenswelt bzw. „einer eudaimonischen[3] Perspektive auf das gute Leben" (Otto, Ziegler, 2015, S. 197).

Wie die Perspektive der Lebensweltorientierung wurde auch das Konzept der Lebensbewältigung in den letzten Jahrzehnten weiter ausgearbeitet und dabei sowohl als „problemorientierte" Grundlegung Sozialer Arbeit (Böhnisch, Schröer, 2013) als auch als allgemeine Sozialisationstheorie (Böhnisch, Lenz, Schröer, 2009) ausdifferenziert.

Wenngleich der Begriff und die Grundintention der Lebensbewältigung von Lothar Böhnisch und Werner Schefold bereits 1985 formuliert wurden, verbindet sich mit den Erfahrungen Böhnischs in der wissenschaftlichen Begleitung des Antigewaltprogramms der Bundesregierung in den Neuen Bundesländern ein zentraler Entwicklungsschub des Lebensbewältigungskonzepts (Böhnisch, 2016c, S. 18). Ein akzeptierender und an der Lebenswelt der Jugendlichen und Heranwachsenden orientierter Zugang kam hier aufgrund der inneren Betroffenheit sowie der „verdeckten Tiefendynamiken" der Jugendlichen (ebd., S. 37) an seine Grenzen und führte zu einer Weiterentwicklung des Bewältigungskonzepts. Zentral war hierbei die Überlegung, dass die Themen der „verwehrten Anerkennung und des fragilen Selbstwerts" (ebd.) konstitutiv für die Mehrzahl der Adressat_innen Sozialer Arbeit sind. Während die Lebensweltorientierung den Aspekt Lebenswelt als Schnittstelle subjektiver Deutungs- und Handlungsmuster („Verhalten") sowie objektiver gesellschaftlicher und/oder institutioneller Vorgaben und Bedingungen („Verhältnisse") fokussiert, konzentriert sich die Lebensbewältigung stärker auf die psychodynamischen Tiefenschichten der Lebenswelt (Böhnisch, 2016c S. 38). Diese zeigt sich in der Betroffenheit eines entgrenzten Subjekts und dessen Scheitern sowie dem „daraus erwachsenden (...) Streben nach unbedingter Handlungsfähigkeit, nach Anerkennung und Selbstwirksamkeit" (ebd.).

---

[3] Mit dem Begriff Eudämonismus weisen Otto und Ziegler auf die philosophische Lehre des Glücks bzw. des guten Lebens hin. Angesprochen werden hierin unterschiedliche ethische Lehren der Glückseligkeit (Eudaimonia), die das Glücklich Sein als höchstes Gut betrachten. Hierzu zählen u.a. die Überlegungen von Sokrates, Aristoteles und Epikur.

Dies gelingt Böhnisch durch eine tiefenpsychologische Fundierung des zuerst gemeinsam mit Schefold entwickelten Konzepts. Er verknüpft dies mit den psychodynamischen Modellen von David W. Winnicott (1988) und Arno Gruen (1992), die beide stärker „die psychodynamischen Prozesse der Abspaltung und Bewältigung" (Böhnisch, 2016c, S. 20) thematisieren. Diese werden in der weiteren Differenzierung der Lebensbewältigung mit den Arbeiten der Wiener Individualpsychologie verknüpft,[4] da die Lücke zwischen der psychodynamischen und der soziodynamischen Dimension geschlossen werden soll. Das vor diesem Hintergrund formulierte Konzept der Lebensbewältigung interessiert sich für „Betroffenheiten und darauf bezogenes Verhalten in kritischen Lebenssituationen" (Böhnisch, 2016c, S. 23).

In einem weiteren Schritt arbeitet Böhnisch gemeinsam mit Karl Lenz und Wolfgang Schröer das Konzept der Lebensbewältigung zu einer allgemeinen Sozialisationstheorie aus (Böhnisch, Lenz, Schröer, 2003). Die Thematisierung der Lebensbewältigung ermöglicht hier die Einbeziehung der Bewältigungsaufforderungen, wie sie sich aus der Entgrenzung der Normalbiografie und des Lebenslaufs heraus ergeben (Böhnisch, 2016c, S. 34). Lebensbewältigung stellt sich so dar als ein „sozialisationstheoretisches Vermittlungskonzept, das sowohl in das personale Innere des Subjekts als auch in seine Interaktions- und Gesellschaftssphäre" hineinreicht (ebd.).

2013 führt Böhnisch gemeinsam mit Wolfgang Schröer seine bisherigen Überlegungen zur Lebensbewältigung zu einem Theoriekonzept mittlerer Reichweite zusammen (Böhnisch, Schröer, 2013). Lebensbewältigung wird nun diskutiert als ein „Drei-Zonen-Modell" (Böhnisch, Schröer, 2013, S. 25). Dieses besteht „aus einer personal-psychodynamischen Zone des *Bewältigungsverhaltens*, einer relational-intermediären Zone der *Bewältigungskulturen* und einer sozialstrukturell-sozialpolitischen Zone der *gesellschaftlichen Freisetzung von Bewältigungsproblemen*" (Böhnisch, Schröer, 2013, S. 25f., Herv. i. O.), in der spezifische Lebens- und Bewältigungslagen zum Ausdruck kommen (ebd.).

3. Gegenstand und Aufgabe Sozialer Arbeit

Zentraler Gegenstand einer Lebensweltorientierten Sozialen Arbeit ist der Alltag bzw. die Lebenswelt von Menschen. Das heißt: Gegenstand der Sozialen Arbeit ist die Beschreibung und Rekonstruktion des Alltags bzw. der Lebenswelt der Adressat_innen, der damit verknüpften Herausforderungen, aber auch der im Alltag vorfindlichen Ressourcen und Möglichkeiten sowie die Destruktion der Pseudokonkretheit des Alltags.

Die zentralen Begriffe Alltag, Alltags- bzw. Lebenswelten sowie Alltäglichkeit verweisen dabei auf unterschiedliche wissenschaftstheoretische Diskurse. Lebensweltorientierung als Wissenschaftskonzept steht in der Tradition einer „hermeneutisch-pragmatischen Erziehungswissenschaft und einer pragmatisch-orientierten

---

4 Böhnisch schließt hier an die Überlegungen Alfred Adlers sowie an die Arbeit „Die Seele des proletarischen Kindes" des sozialistischen Pädagogen Otto Rühle an, der in den 1920er-Jahren eng mit der Wiener Individualpsychologie verbunden war.

Sozialen Arbeit" (Grunwald, Thiersch, 2016a, S. 29) sowie deren sozialwissenschaftlicher Reformulierung. Das Konzept verknüpft dabei die hermeneutische Grundfigur von Verstehen mit einer interaktionistisch-phänomenologischen Analyse (Schütz, 1991; Husserl, 1936) auf Alltag bzw. Lebenswelt sowie der Kritik und Überschreitung gegebener Alltagsverhältnisse im Horizont der kritischen Alltagstheorie von Karel Kosik (1967). Sie versteht sich dabei als pragmatische Wissenschaft, die auf Wissen und Handeln zielt (vgl. Thiersch, 2020, S. 29).

Alltag und Alltäglichkeit sind nicht allein aus sich heraus zu verstehen, sondern nur in biografischen, sozialen und gesellschaftlichen Kontexten. Im Anschluss an Kosik wird Alltag verstanden als Möglichkeit, in der „der Mensch sich zugleich mit anderen selbst realisieren kann" (Thiersch, 1986, S. 34, 2003). Lebenswelt bzw. „Alltäglichkeit ist die Schnittstelle von Verhältnissen und Verhalten, von objektiven und subjektiven Gegebenheiten" (Thiersch, 2016, S. 6) und zugleich zentraler Gegenstand Sozialer Arbeit. Lebensweltorientierung fragt dabei zunächst nach der Normalität von Gesellschafts- und Lebensverhältnissen und erst in diesem Kontext nach zugespitzten Lebensverhältnissen und schwierigen Handlungsmustern (ebd.).

Der Begriff des Alltags bzw. der Alltäglichkeit zielt auf das pragmatische Handeln im Unmittelbaren und bezieht sich auf die unmittelbaren räumlichen, zeitlichen und sozialen Erfahrungen von Subjekten (Thiersch, 1995, S. 222): „Alltag" markiert ein vertrautes und als sicher erlebtes Feld – er meint nicht neue oder zufällige Erfahrungen. Krisenerfahrungen von Menschen, mit denen Soziale Arbeit zentral konfrontiert ist, entstehen im Zusammenbrechen alltäglicher Handlungsmuster und Sicherheiten oder aufgrund unzureichend routinisierter Bewältigungs- und Lösungsmöglichkeiten. Alltag verweist sowohl auf konkrete Lebensverhältnisse als auch auf real bestehende Produktionsverhältnisse. In und mit dem Alltagsparadigma wird so die Subjekthaftigkeit und Befindlichkeit des Menschen mit der Sozialstruktur verknüpft und kann so zum Ausgangspunkt kritischer Analyse und De-Konstruktion in der Perspektive einer kritischen Theorie Sozialer Arbeit werden.

Insbesondere die frühen Arbeiten von Hans Thiersch zur Alltags- und Lebensweltorientierung wie der grundlegende Beitrag „Alltagshandeln und Sozialpädagogik" (1978) oder der Band „Die Erfahrung der Wirklichkeit" (1986) veranschaulichen sehr pointiert die Mehrdeutigkeit des Alltags, der im Anschluss an Karel Kosik mit dem dialektischen Begriff der „Pseudokonkretheit" eingefangen wird.[5]

> „Die Welt der Pseudokonkretheit ist ein Dämmerlicht von Wahrheit und Täuschung. Ihr Element ist die Zweideutigkeit. Die Erscheinung zeigt das Wesen und verbirgt es zugleich" (Kosik, 1967, S. 8).

---

5 Zur Welt der Pseudokonkretheit gehören „die Welt der äußeren Erscheinungen (...); die Welt der Versorgung und Manipulation (...), die Welt der geläufigen Vorstellungen" als Projektion äußerer Erscheinungen im Bewusstsein und die Welt der quasi natürlichen Objekte, deren eigentlich gesellschaftliche Bedingtheit verschleiert bleibt (Kosik, 1967, S. 9).

Cornelia Füssenhäuser

Anders formuliert: Im Alltag, in dem das Subjekt immer wieder zum Opfer seiner Routinen wird – so die Perspektive einer kritischen Alltagstheorie –, liegt zugleich die Option der Befreiung und Selbstrealisation des Subjekts aus diesen Zwängen (ebd.), als die Entwicklung eines gelingenderen Alltags. Alltäglichkeit bedeutet zugleich Entlastung sowie Offenheit und Widersprüchlichkeit und führt in dieser Spannung zur Option, im Gegebenen das Mögliche eines gelingenderen Alltags zu erahnen (Thiersch, 1986, S. 38). Alltag beinhaltet entsprechend nicht sichtbare Protestpotenziale und verdeckte Hoffnungen und insistiert darauf, dass „gegenüber der philosophisch und erkenntnistheoretisch eingeforderten rigiden Trennung von Sein und Sollen im Gegebenen das Bessere, Mögliche angelegt ist" (Grunwald, Thiersch, 2015, S. 937).

Im Mittelpunkt der Arbeiten in den frühen 1990er-Jahren, in denen primär der Begriff der „Lebensweltorientierung" gewählt wird, steht die Auseinandersetzung mit *Aufgabe und Funktion Sozialer Arbeit*. Dabei ist folgende Grundfigur zentral: Soziale Arbeit erweitert sich in der modernen Gesellschaft hin zu einer Doppelgestalt, der Hilfe in besonderen Belastungen und Schwierigkeiten sowie der unterstützenden Begleitung in der Normalität von Lebensbewältigungsaufgaben (Thiersch, 1995). Sie agiert in der Komplexität des Alltags begleitend und unterstützend, aber auch provozierend und kritisch, um soziale Strukturen und Lebensräume so zu gestalten, dass Menschen sich in ihnen als Subjekt ihres Lebens erfahren können; sie ist dabei subjektorientiert und parteilich.

Die „Philosophie" der Lebensweltorientierung verdeutlicht insbesondere die Struktur- und Handlungsmaximen, die über den 8. Jugendbericht sowohl in die Neugestaltung der Gesetzgebung als auch die Praxis der Kinder- und Jugendhilfe (bzw. daran anschließend) in weitere Felder der Sozialen Arbeit Eingang fanden (Grunwald, Thiersch, 2016a, S. 43). Die Struktur- und Handlungsmaximen orientieren die konkrete Ausgestaltung des professionellen Handelns. Sie sind jedoch zugleich zentrale Leitorientierung bezüglich der Ausgestaltung von Institutionen und/oder Organisationen Sozialer Arbeit. Die bereits im 8. Jugendbericht formulierten Maximen der Prävention, Dezentralisierung/Regionalisierung, Alltagsorientierung, Integration und Partizipation werden im Weiteren ergänzt um das Prinzip der Einmischung, das, querliegend zu den vorgenannten Maximen, auf die sozialpolitische (wenn gleich nachgeordnete) Rückgebundenheit jeglichen professionellen Handelns verweist (Grunwald, Thiersch, 2016a, S. 42). Einmischung ist dabei nicht situativ, sondern als kontinuierliche Beteiligung und Einflussnahme im politischen Diskurs, in politischen Kämpfen und auf unterschiedlichen Ebenen zu verstehen.

Prävention als primäre Prävention zielt auf die Herstellung und Stabilisierung unterstützender Infrastrukturen und allgemeiner Kompetenzen zur Lebensbewältigung sowie – verkürzt gesprochen – auf die Initiierung gerechterer Lebensverhältnisse. Primäre Prävention ist auch Bestandteil sozialer Infrastrukturpolitik und fokussiert auf die „normalen Krisen und Widrigkeiten" einer modernen Gesellschaft (Grunwald, Thiersch, 2016a, S. 43). Sie wird ergänzt um Angebote der sekundären Prävention, die in Erweiterung der primären Prävention darauf zielen, erkennbare Belastungen und Risiken im Vorfeld abzufedern und so weitergehende Schwierigkeiten zu verhindern (ebd.).

Die Maxime der Regionalisierung berücksichtigt die räumliche Dimension lebensweltlicher Erfahrungen und schließt an raumtheoretische Begriffe und Überlegungen sowie die Sozialraumorientierung an. In diesem Sinn unterstützt Soziale Arbeit räumliche Bezüge und Erfahrungen ihrer Adressat_innen; sie unterstützt zudem die Entwicklung sozialer Räume, damit in und mit diesen lebensweltliche Unterstützungsangebote und Ressourcen verankert und zugänglich werden (ebd., S. 45). Aktuelle Publikationen fokussieren hier stärker auf den Aspekt der Sozialraumorientierung und beziehen zudem die Frage nach dem virtuellen Raum mit ein (vgl. Thiersch, 2020, S. 122–127). Für die Lebensweltorientierte Soziale Arbeit relevante Aspekte wie „Bewältigungsmuster der Alltäglichkeit, (…), die Routinen, die Pragmatismen (…) und die Kämpfe um Selbstdarstellung und Selbstbehauptung im Horizont der Träume und Ansprüche an ein gelingenderes Lebens müssen für die virtuellen Welten und die Soziale Arbeit" (Thiersch, 2020, S. 125) entschlüsselt und als neuer Fokus professionellen Handelns herausgearbeitet werden.

Alltagsorientierung bzw. Alltagsnähe verweist sowohl auf die Wahrnehmung der Adressat_innen als auch auf die institutionelle wie die organisationale Ausgestaltung von Angeboten. Zentrale Kategorien der Alltagsorientierung sind Nähe, Erreichbarkeit, Niedrigschwelligkeit sowie der Abbau von Zugangsbarrieren. Alltagsorientierung insistiert auf der vorrangigen Unterstützung lebensweltlicher Arrangements; in der unmittelbaren Lebenswelt angesiedelte Maßnahmen Sozialer Arbeit sind daher vorrangig gegenüber lebensweltersetzenden Angeboten und Maßnahmen (Grunwald, Thiersch, 2016a, S. 44). Alltagsnähe ist in ihrem Eindringen in Privatheit immer auch „strukturell ambivalent" (Thiersch 2020, S. 121). Soziale Arbeit bewegt sich dabei in der Spannung von „Schutz der Privatheit" (ebd., S. 122) und Zudringlichkeit im Alltag, die sich durch Modi der digitalen Kommunikation zudem verschärft.

Die Maxime der Integration wird in den neueren Texten ergänzt um den Begriff der Inklusion (vgl. Grunwald/Thiersch, 2016a, S. 45, Thiersch, 2020, S. 132–136). Inklusion zielt auf elementare „Gleichheit in den alltäglichen Bewältigungsaufgaben und ihren sozialen Rahmenbedingungen" (Grunwald, Thiersch, 2016a, S. 45). Stärker als der Begriff der Integration betont der Begriff der Inklusion Aspekte der Gleichheit und Gleichberechtigung in der Gesellschaft. Inklusion ist zugleich eine zentrale Aufgabe der „gespaltenen und entgrenzten Gesellschaft" (Thiersch 2020, S. 137), gesellschaftliche Prozesse der Spaltung verbinden sich so mit subjektiven Erfahrungen und vielfältigen Bewältigungsstrategien, in denen die „Spannung von Alltagsselbstverständlichkeit und den Möglichkeiten eines gelingenderen Alltags offensiv (.) bestimmt werden" (ebd., S. 139).

Partizipation fokussiert auf die Stärkung von Beteiligungs- und Mitbestimmungsmöglichkeiten; sie geht in ihrem Bezug auf Menschen- und Bürgerrechte über den Aspekt der Beteiligung hinaus. Die Herstellung von Gleichheit ist dabei eine unverzichtbare Voraussetzung; diese erfordert eine reflexive Perspektive auf den asymmetrischen Bezug zwischen den Adressat_innen, die auf Hilfe und Unterstützung angewiesen sind, und den Professionellen, die diese gewähren. In diesem Kontext sind daher die Anerkennung der Rechtsposition der Adressat_innen sowie die Institutionalisierung und rechtliche Verankerung von Einspruchs- und Beschwerderechten unabdingbar (Grunwald, Thiersch, 2016a, S. 46).

Neben den Struktur- und Handlungsmaximen ist professionelles Handeln durch strukturierte Offenheit charakterisiert. Professionelles Handeln erfordert methodische Absicherung und fachliches Wissen, es erfordert jedoch zugleich auch Offenheit und Flexibilität gegenüber der „Unvorhersehbarkeit allen Handelns in der den Menschen gegebenen Freiheit zur Wahl" (Thiersch, 2016, S. 9). Strukturierte Offenheit eröffnet den Professionellen somit einen Handlungsspielraum, der die Offenheit lebensweltlicher Bewältigungsmuster zulässt, sich diesen aussetzt und sie im Bewusstsein um deren Risiken zugleich methodisch absichert und reflexiv rückbindet (Grunwald, Thiersch, 2016a, S. 51).

In Hans Thierschs Beitrag „25 Jahre alltagsorientierte Soziale Arbeit" (2003) wird – neben der Vergewisserung und Rekonstruktion der Alltagsorientierung als einem kritischen Konzept – diese als ein spezifisches Rahmenkonzept zum Verständnis heutiger Lebenswelt und als eine spezifische Gestalt Sozialer Arbeit verstanden, die im Zusammenspiel mit anderen Zugängen zu sehen ist (Thiersch, 2003, S. 121). Lebensweltorientierung als Konzept einer kritischen Sozialen Arbeit ist durchzusetzen gegen ein verkürztes Verständnis von Alltag und Lebenswelt, das sich auf die deskriptive Darstellung von Alltag beschränkt und darüber das im Alltag liegende Protestpotenzial und darin eingelagerte gesellschaftliche Verdeckungen übersieht (Thiersch, 2003). Lebensweltorientierung versteht sich zugleich als Konzept einer „praktischen Wissenschaft" (Thiersch, 2003, S. 126). Lebensweltorientierter Sozialer Arbeit kommt zugleich ein gesellschaftlicher Auftrag zu: Sie ist ein Moment in der Realisierung sozialer Gerechtigkeit und muss „gegenüber der zunehmenden Definitionsmacht des Neoliberalismus offensiv ausgewiesen werden" (Grunwald, Thiersch, 2016a, S. 30). Soziale Gerechtigkeit ist dabei nicht nur allgemeine Leitorientierung, sondern muss im Respekt vor der Eigensinnigkeit von Lebensentwürfen und lebensweltlichen Bewältigungsmustern sowie in der „Unterschiedlichkeit von individuellen und situativen Lebenssituationen" (ebd., S. 31) differenziert und zugleich konkretisiert werden. Der in diesem Kontext ins Spiel gebrachte Begriff der „moralisch inspirierten Kasuistik" (Grunwald, Thiersch, 2016a, S. 31; Thiersch, 1995) zielt dabei nicht nur auf einzelne Adressat_innen oder Adressat_innengruppen, sondern auch auf spezifische Lebenslagen und professionelle Aufgaben (ebd.).

Der zentrale Gegenstand des Lebensbewältigungskonzepts wird bereits in der grundlegenden Veröffentlichung von Böhnisch und Schefold markiert:

> „Mit dem Paradigma ›Lebensbewältigung‹ wollen wir nun versuchen, die gesellschaftliche Situation jener Personen und Gruppen aufzunehmen, die sich und ihr Leben nicht länger im Horizont der Chancen und der Werte definieren können, welche der Sozialstaat in seiner Blüte suggeriert hat (…). ›Lebensbewältigung‹ heißt also erst einmal nicht mehr, als ›über die Runden zu kommen‹" (Böhnisch, Schefold, 1985, S. 76).

3. Gegenstand und Aufgabe Sozialer Arbeit

Wichtig waren für das Konzept der Lebensbewältigung zwei Stoßrichtungen: die Fokussierung auf die Subjektperspektive der Adressat_innen Sozialer Arbeit mit dem Begriff der „Lebensbewältigung" sowie deren Verknüpfung mit sozialstrukturellen Lagen und sozioökonomischen Ressourcen über den Begriff der „Lebenslage" (Böhnisch, 2016c, S. 18). Diese Überlegungen wurden in der Arbeit „Abweichendes Verhalten" (Böhnisch, 2017b) mit Blick auf die Subjektseite weiter ausformuliert: Handlungsfähigkeit als weiterer zentraler Gegenstand der Lebensbewältigung stellt sich sowohl in konformem als auch in abweichendem Verhalten her und ist als ein zentrales Grundmuster von Lebensbewältigung zu verstehen und pädagogisch aufzuschließen. Der Begriff der Lebensbewältigung zieht sich im Weiteren wie ein „roter Faden" (Böhnisch, 2017a, S. 25) durch die Veröffentlichungen von Lothar Böhnisch. Mit ihm könne, so die Perspektive von Böhnisch, sowohl der „gesellschaftliche Ort aufgeschlossen werden, an dem psychosoziale Probleme für den modernen Menschen entstehen können" (Böhnisch, 2017a, S. 25), als auch die „Betroffenheiten und Befindlichkeiten der Klient_innen erkannt" (ebd.) und ihr diesbezügliches Bewältigungsverhalten verstanden werden.

Im Lebensbewältigungskonzept wird Soziale Arbeit im Anschluss an Siegfried Bernfeld (1925) als „gesellschaftliche Reaktion auf die Bewältigungstatsache" (Böhnisch, 2012, S. 219, 2017a, S. 12) verstanden. Diese Reaktion ist gesellschaftlich bedingt durch die in der Entwicklung der Moderne angelegte soziale Desintegration und anomische Grundstruktur der Gesellschaft, die in „biografischen Integrations- und Integritätsproblemen und darauf bezogenen kritischen Lebensereignissen" (Böhnisch, 2012, S. 223) zum Ausdruck kommt. Die damit einhergehende Entkoppelung von System- und Sozialintegration führt zugleich zu spezifischen gesellschaftlichen Risiken und psychosozialen Problemen der Lebensbewältigung. Da die gesellschaftliche Bedingtheit dieser Dauerkrise nicht aufhebbar ist, müssen ihre Folgen „pädagogisch transformiert" (Böhnisch, 2012, S. 219) werden: Pädagogik wird so zum Mittel der Wahl. Böhnisch verweist in diesem Kontext auf den bereits von Mennicke (1926) formulierten engen „*Zusammenhang von Entgrenzung, Freisetzung, Bewältigung und Integration*" (Böhnisch, 2015, S. 212, Herv. i.O.).

Die Eigenständigkeit der Sozialen Arbeit liegt „im Eingehen auf die sozial beschädigte Individualität des Menschen und Neuformierung seiner sozialen Bezüge" (Böhnisch, 1999, S. 262). Sie ist zugleich der Sozialpolitik nachgeordnet und damit „verlängerter Arm der Sozialpolitik" (Böhnisch, 2016d, S. 14), indem sie biografisierte soziale Risiken pädagogisch-interaktiv bearbeitet und somit soziale und kulturelle Spielräume beeinflusst, ohne dabei zentrale Faktoren der Lebenslage wesentlich zu verändern. Vor diesem Hintergrund übernimmt Soziale Arbeit als unverzichtbare Reaktion auf die moderne Bewältigungstatsache folgende Aufgabe: Soziale Arbeit unterstützt Menschen in kritischen Problemkonstellationen, damit diese ihre psychosoziale Handlungsfähigkeit erhalten oder wiedererlangen und soziale Bezüge aufbauen können (Böhnisch, 2016c, S. 20f.). Oder weitergehend formuliert: Soziale Arbeit befasst sich in der Regel mit Menschen in „kritischen Lebenskonstellationen (…) die darin meist psychisch und sozial desintegriert oder isoliert sind" (ebd., S. 22) und deren Handlungsfähigkeit sich – gesellschaftlich betrachtet – häufig in „antisozialem und abweichendem Verhalten" (ebd.) äußert. Diesbezüglich arbeitet Böhnisch vier miteinander verknüpfte Grunddimensionen sozialer Handlungsfähigkeit heraus, um somit die Bewältigungsdynamik weiter auszudifferenzieren: die Erfahrung des Selbstwertverlustes, die Erfahrung sozialer Orientierungslosigkeit, die Erfahrung des fehlenden sozialen Rückhalts sowie die Sehnsucht nach Normalisierung bzw. die Suche nach Handlungsfähigkeit und Integration (Böhnisch, 2017a). In seinem Entwurf einer „Sozialpädagogik der Lebensalter" (2017a) werden diese auf das Lebensalter bezogen – Kindheit, Jugend, Erwachsenen- und Erwerbsalter, Alter sowie hinsichtlich der Übergänge zwischen den Lebensaltern – konkretisiert und nach ihren spezifischen Bewältigungsherausforderungen ausdifferenziert.

Zur weiteren Konkretisierung des Gegenstands der Sozialen Arbeit sind für die Lebensbewältigung die theoretischen Konstrukte der *Lebenslage* – als gesellschaftlich und sozialstaatlich präformierende Strukturvorgabe – und der *Lebensweise* – als subjektive Bewältigungsleistung in Deutungs- und Handlungsmustern – wesentliche Bezugspunkte. Das Lebenslagenkonzept fungiert sozusagen als Scharnier zwischen gesellschaftlichen Bedingungen und deren Realisierung in „sozialen Spielräumen, in denen das Leben je biografisch unterschiedlich bewältigt wird" (Böhnisch, 2016d, S. 14). Indem Soziale Arbeit von der Lebenslage von Individuen als zentralem Bezugspunkt ausgeht, stellt sie gesellschaftlich-strukturelle Vorgaben infrage, wie sie z.B. mit dem Konzept der Normalbiografie verknüpft sind (Böhnisch, 1994). In und mit dem Begriff der Lebenslage werden im Konzept der Lebensbewältigung psycho- und soziodynamische Aspekte verknüpft. Lebensbewältigung fokussiert auf die Hilflosigkeit von Menschen und diskutiert diese unter dem psychodynamischen Begriff der „Betroffenheit" (Böhnisch, 2016d, S. 13). Vor diesem Hintergrund zielt Lebensbewältigung auf eine personenbezogene biografische Unterstützung sowie nachgeordnet, über die Verknüpfung mit der Figur der Bewältigungskulturen, auf sozialstrukturelle und sozialräumliche Interventionen.

Der Begriff der Bewältigungskulturen verdeutlicht, dass neben der personal-psychodynamischen Dimension bzw. der Betroffenheit von Individuen das jeweilige Milieu, in dem Kinder und Jugendliche aufwachsen bzw. Menschen ihr Leben gestalten, eine zentrale Rolle einnimmt. Der Begriff des Milieus ist im Anschluss an Böhnisch als sozialwissenschaftliches Konstrukt zu verstehen, das die zentrale „Bedeutung persönlich überschaubarer, sozialräumlicher Gegenseitigkeits- und Bindungsstrukturen – als Rückhalte für soziale Orientierung und soziales Handeln" (Böhnisch, 2016d, S. 13) zum Ausgangspunkt wählt. Milieubindungen und Milieustrukturen sind dabei durch „intersubjektive biografische und räumliche" (Böhnisch, 2016d, S. 13) Bezüge und Erfahrungen gekennzeichnet und stark durch Emotionen geprägt. Im Konzept der Lebensbewältigung verknüpft Böhnisch über den Begriff des Milieus bzw. der Bewältigungskulturen soziale Strukturen und deren gesellschaftliche Überformungen mit der psychodynamischen Zone der Lebensbewältigung.

Mit dem Ziel der weiteren Operationalisierung der Bewältigungslage unterscheiden Böhnisch und Schröer (2013, S. 48–55) vier zentrale Dimensionen, die eng miteinander verwoben sind: Abhängigkeit, Ausdruck, Anerkennung und Aneignung. Jede von ihnen beinhaltet jeweils die Seite der Chance wie auch deren Verwehrung. *Abhängigkeit* beschreibt eine Bewältigungslage, in der die Erfahrung eines selbstbestimmten Handelns sowohl ermöglicht als auch stark eingeschränkt sein kann. *Ausdruck* bezeichnet die Möglichkeit, seine Betroffenheit mitteilen zu können und sich damit nicht abspalten zu müssen. *Anerkennung* zielt auf die Herausforderung der sozialen Einbindung und Integration. *Aneignung* verweist auf die Zielsetzung, sich in seiner Umwelt personal wie sozial beteiligen zu können (Böhnisch, 2016c, S. 28).

Soziale Arbeit als Handlungswissenschaft übernimmt pädagogisch-interaktive Aufgaben. Vorrangiges Ziel jeglicher professionellen Intervention ist die Wiederherstellung psychosozialer Handlungsfähigkeit. Professionellen kommt hierbei der Auftrag zu, Adressat_innen sowohl „interpersonal" zu stabilisieren als auch „prosozial" zu integrieren. In der Perspektive der Lebensbewältigung wird zudem zwischen „einfacher Handlungsfähigkeit" als vorrangigem Ziel Sozialer Arbeit (Böhnisch, 2019, S. 112) und „erweiterter Handlungsfähigkeit" (ebd.) unterschieden. Einfache Handlungsfähigkeit ist erreicht, wenn Menschen wieder in die Lage versetzt worden sind, ihren Alltag „sozial verträglich und darin subjektiv befriedigend zu organisieren" (ebd.). Der Begriff der erweiterten Handlungsfähigkeit verweist darüber hinaus auf die Fähigkeit von Menschen, soziale Netzwerke aktiv zu nutzen und einschätzen zu können (ebd.).

Für das lebensbewältigungsorientierte professionelle Handeln werden folgende Anforderungen formuliert: Die subjektive Bedeutung des Verhaltens von Adressat_innen ist anzuerkennen, auch wenn dieses gesellschaftlich abweichend, destruktiv oder selbstschädigend ist (Böhnisch, 2019, S. 106). Diese Akzeptanz und Anerkennung des Verhaltens wird im Anschluss an Lorenzer (1976) um die Kompetenz des bewältigungsdynamischen szenischen Verstehens und Grenzen-Setzens ergänzt (ebd., S. 115–119). Akzeptanz verbindet sich zudem mit „Reframing" (ebd.), d.h. einer Umdeutung und veränderten Rahmung des bisherigen Verhaltens sowie der Zielsetzung, die Adressat_innen selbst wieder am Geschehen zu beteiligen. In diesem Kontext ist es bedeutsam, Spielräume zu eröffnen, in denen die Adressat_innen Anerkennung erfahren, sich neu verorten und darin ihre Betroffenheit und Befindlichkeit zum Ausdruck bringen können. Ermöglicht wird dies durch die pädagogische Inszenierung funktionaler Äquivalente (Böhnisch, 2019, S. 113, 2016d). Mit dem Begriff der funktionalen Äquivalente bezeichnet Böhnisch Räume bzw. Beziehungen (z.B. zu anderen Jugendlichen und/oder Erwachsenen), die es den Adressat_innen ermöglichen, alternative Erfahrungen in und mit Beziehungen zu machen und so Anerkennung zu erfahren, Vertrauen zu entwickeln und darüber ihren Selbstwert zu stabilisieren. Voraussetzung hierfür sind Projektmilieus, in denen Adressat_innen unterschiedliche Rollen einnehmen, sich erproben, sich in Beziehungen erfahren und hierüber Selbstwert und Anerkennung gewinnen. So wird ihnen schrittweise ermöglicht, auf abweichendes und/oder selbstdestruktives Verhalten zu verzichten (Böhnisch, 2016d, S. 15). Neben der Arbeit mit und an der Betroffenheit von Menschen sind zudem die Beeinflussung und aktive Gestaltung sozialer und kultureller Strukturen, die Entwicklung sozialräumlicher Milieus sowie die „Perspektive der Befähigung" (Böhnisch, 2016d, S. 15) als bewältigungsorientierte und soziale Erweiterung des Konzepts des Empowerments (ebd.) zentral für sozialpädagogische Professionalität. Diese wird ergänzt und gestützt durch eine sozialpolitische Reflexivität (Böhnisch, Schröer, 2013, S. 159) sowie ein Verständnis von Sozialpolitik als Bewältigungspolitik, zumal für die Frage des biografischen Gestaltungsspielraums die ökonomische wie auch die sozialstaatliche Relation von Lebenslagen bedeutsam ist (Böhnisch, 2012, S. 231, 2019, S. 212–215).

In der Überarbeitung des Bandes „Lebensbewältigung" formuliert Böhnisch nunmehr zudem „Anforderungen an die Organisationen der Sozialen Arbeit" (Böhnisch, 2019, S. 139–143) und verweist in diesen auf die Anschlussfähigkeit der Maximen einer Lebensweltorientierten Sozialen Arbeit für eine bewältigungsorientierte Soziale Arbeit, da diese ebenfalls „lebensweltlich eingebettet ist" (ebd., S. 139). Angebote und Organisationen Sozialer Arbeit sind von daher nicht nur fachlich (bewältigungsorientiert), sondern ebenso niedrigschwellig und regional anzusiedeln und zu organisieren. Mit Blick auf die unaufhebbare Spannung von Hilfe und Kontrolle gilt es zudem, dieses Spannungsverhältnis strukturell abzusichern und nicht in die Person der Professionellen hinein zu verschieben. Zugleich ist es für Professionelle Sozialer Arbeit hilfreich, wenn „sie in ihrem Status unabhängig sind, also nur ihrer Fachlichkeit und ihrem Gewissen verantwortlich" (Böhnisch, 2019, S. 140). Eine bewältigungsorientierte Soziale Arbeit verlangt ebenso wie eine Lebensweltorientierte Soziale Arbeit die Entwicklung einer sozialen Infrastruktur sowie die regionale Vernetzung und Kooperation.

4. Adressat_innen

Lebensweltorientierte Soziale Arbeit fokussiert auf die Lebenswelten und Lebensverhältnisse der Adressat_innen Sozialer Arbeit, die sich in den vielfältigen Lebensfeldern, privaten wie öffentlichen, repräsentieren und eng mit gesellschaftlichen wie institutionellen Bedingungen verflochten sind (Thiersch, 1995, S. 117). So gesehen sind die Adressat_innen „Repräsentanten der in der lebensweltlichen Erfahrung verbürgten Sicherheit in der alltäglichen Lebenswelt ebenso wie ihrer Unzulänglichkeiten und der Hoffnungen auf einen gelingenderen Alltag" (ebd.). Vor diesem Hintergrund zielt Lebensweltorientierte Soziale Arbeit darauf, Adressat_innen in ihrer Eigensinnigkeit zu respektieren (ebd., S. 119) und diese in der Ausgestaltung der Institutionen Sozialer Arbeit aufzugreifen. Lebensweltorientierung basiert insofern auf dem Respekt vor den Bewältigungsleistungen der Adressat_innen und insistiert in ihrer Anerkennung auf deren Überschreitung und Transzendenz (Grunwald, Thiersch, 2016a, S. 37). Soziale Arbeit agiert hierbei in einer gewissen Widersprüchlichkeit. Sie geht einerseits von den alltäglichen Erfahrungen der Adressat_innen aus, verfügt über methodische und theoretische Kompetenz bezüglich der Alltagsbefangenheit der Adressat_innen und zielt darauf, gemeinsam mit ihnen Perspektiven zu erschließen. Sie ist sich andererseits der eigenen Selbstreferenzialität und des Risikos, alltägliche Erfahrungen und Ressourcen der Adressat_innen zu übergehen, bewusst (Grunwald, Thiersch, 2016a, S. 37).

Soziale Arbeit ist sich dabei ihrer asymmetrischen Struktur und der Macht professioneller Unterstützung gewahr und gestaltet diese kritisch-reflexiv. Die Vermittlung von Anerkennung und die Eröffnung von alternativen Perspektiven in Bezug auf die subjektiven Bewältigungs- und Deutungsmuster setzen hierbei Verhandlung in gegenseitiger und wechselseitiger Anerkennung voraus. Aufgabe Sozialer Arbeit ist es nicht, Probleme der Adressat_innen zu lösen, sondern „Lösungsmöglichkeiten miteinander zu vermitteln" (Grunwald, Thiersch, 2016a, S. 37), damit sich darin Menschen als Subjekte ihrer Verhältnisse erfahren können. Lebensweltliche Erfahrungen und Bewältigungsleistungen zu respektieren bedeutet zugleich nicht, diese „per se" stehen zu lassen. Die Orientierung an den Adressat_innen erfordert auch, lebensweltliche Deutungen zu hinterfragen, aufzubrechen sowie mit anderen Möglichkeiten zu konfrontieren (Thiersch, 1995, S. 124). Die Erfahrungen der Adressat_innen zu respektieren, ist dabei ein zentrales Moment der Lebensweltorientierung, bleibt jedoch wirkungslos ohne eine (sozial)politische Arbeit an und Gestaltung von Strukturen und Verhältnissen (Thiersch, 1995, S. 127).

Der Lebensbewältigungsansatz fordert mit seinen zentralen Aspekten Selbstwert, soziale Anerkennung, Selbstwirksamkeit und dem darauf gerichteten Streben nach Handlungsfähigkeit von Individuen ebenfalls die Adressat_innenperspektive ein (Böhnisch, Schröer, 2013, S. 25). Dies wird insbesondere in der Bezugnahme auf die personal-psychodynamische Zone deutlich. Lebensbewältigung ist sich dabei bewusst, dass die „Lebens- und Bewältigungslagen von Adressat_innen Sozialer Arbeit maßgeblich durch den Interventions- und Kontrollrahmen der Sozialen Arbeit und mithin durch einen Klientenstatus bestimmt sind" (ebd., S. 55). Daher muss die Bewältigungslage der Adressat_innen quer zu ihrer Lebenslage und hinsichtlich der Dimensionen „Abhängigkeit, Ausdruck und Aneignung" (ebd., S. 56) aufgeschlossen werden. Methodisch ergeben sich hieraus zwei Konsequenzen: die kontinuierliche Reflexion der Beziehung zwischen Professionellen und Adressat_innen, um Machtstrukturen und Abhängigkeiten zu erkennen. Zudem sind professionelle Beziehungen im Sinne des Konfliktmodells als „Konfliktbeziehung" (Böhnisch, Schröer, 2013, 56) zu verstehen und hinsichtlich anderweitiger Bezüge zu öffnen, damit Adressat_innen „aus dem Klientenstatus heraustreten können" (ebd.). Ebenso können sie in der Vergemeinschaftung mit anderen (z.B. in offenen Gruppen, Quartiertreffs, projektförmigen Angeboten) und jenseits professioneller Interaktion Anerkennung und Selbstwert erfahren (ebd.).

Bedingt durch gesellschaftliche Entwicklungen der zweiten Moderne wie die Entgrenzung der Subjekte und die Auflösung des Normallebenslaufs adressiert das Lebensbewältigungskonzept alle Menschen, die „soziale Hilfe zur Bewältigung" (Böhnisch, 2016c, S. 23) benötigen. Adressiert wird dabei auf Subjekte, deren individuelle Ressourcen zur Bewältigung nicht ausreichen und die von sozialer Benachteiligung, Gewaltstrukturen, sozialer Ausgrenzung sowie dem Mangel an Ressourcen „betroffen" sind (Böhnisch, Schröer, 2013, S. 19). In diesem Kontext kommt Sozialer Arbeit die Aufgabe zu, Betroffenheiten und damit einhergehende Hilflosigkeit in ihrer sozialen Strukturiertheit zu erkennen und adressat_innenorientiert zu bearbeiten. Wie bereits in Bezug auf die Lebensweltorientierung unter dem Stichwort Respekt formuliert, ist dabei die Akzeptanz und Anerkennung abweichender und/oder selbstdestruktiver Bewältigungsmuster unabdingbar (vgl. Böhnisch, 2019, S. 114f.). Dies erfordert die Differenzierung von Person und Verhalten (vgl. Böhnisch, 2012, S. 224), sowie nachfolgend bewältigungsdynamisches Verstehen, Grenzen setzen und Reframing des Bewältigungsverhaltens (vgl. Böhnisch, 2019, S. 113–122).

5. Relevanz der Lebensweltorientierung und Lebensbewältigung für die Bestimmung des Theorie-Praxis-Verhältnisses

Für die Lebensweltorientierung ist eine durchgängige Intention zentral: die Etablierung und Differenzierung einer eigenständigen Praxis Sozialer Arbeit in einer modernisierten Gesellschaft. Umgesetzt wird dies in einer professionsorientierten Perspektive, d.h. über die Etablierung einer akademischen Ausbildung und die Entwicklung einer wissenschaftlichen Reflexions- und Vermittlungsfähigkeit in Bezug auf Praxisfragen (Füssenhäuser, 2005). Lebensweltorientierung zielt zudem auf die Herstellung sozialer Gerechtigkeit in den alltäglichen Lebensverhältnissen (Grunwald, Thiersch, 2016a, S. 30). Lebensweltorientierung beschränkt sich dabei nicht auf die Institutionen- und/oder Gesellschaftskritik, sondern nimmt die alltäglichen Erfahrungen der Adressat_innen als einen zentralen Bezugsort Sozialer Arbeit im Sinne einer bewältigungsorientierten Unterstützung zur „Selbsthilfe" auf (Grunwald, Thiersch, 2016a, b) und bindet diese an eine kritische Rekonstruktion ihrer gesellschaftlichen Bedingtheit zurück. Subjektive Deutungs- und Bewältigungsmuster sowie gesellschaftliche und/oder institutionelle Verhältnisse werden dabei über den Begriff der Lebenswelt miteinander verknüpft und aufeinander bezogen.

Die Durchsetzung der Lebensweltorientierung in der Theorie wie auch insbesondere in der Praxis begründet sich auch in der Anschlussfähigkeit ihrer zentralen Begriffe sowie ihrer Nähe zu alltäglichen Lebensverhältnissen. Angesichts dieses Erfolgs in der sozialpädagogischen Praxis, der sich z.B. in der häufigen Bezugnahme auf zentrale Begriffe wie „lebensweltlich" oder „Lebensweltorientierung" zeigt, ist gegenüber einer Verkürzung des Begriffs immer wieder an dessen kritische und emanzipative Intention zu erinnern, um das im Begriff des Alltags angelegte Protestpotenzial nicht zu übergehen (Grunwald, Thiersch, 2016a, b). Dabei gilt es auch, Widerständigkeit und Protestpotenzial zu mobilisieren gegen sozialstrukturelle Zumutungen, die sich nicht in Routinen auflösen lassen, um so – im Sinne einer kritischen Alltagstradition – zu einer deutlicheren Betonung des gesellschaftskritischen Moments neben der notwendigen Orientierung an der biografisch verankerten Subjekthaftigkeit des Menschen zu kommen. Eine Lebensweltorientierte Soziale Arbeit beharrt dabei auf dem „Respekt vor der Eigensinnigkeit des Alltagswissens" und Alltagshandelns (Grunwald, Thiersch, 2016a, S. 59) und steht als kritische Soziale Arbeit gegen eine Politik des Neoliberalismus und dessen Dethematisierung sozialer Gerechtigkeit. Soziale Arbeit in diesem Sinne zu schärfen sowie als kritische und selbstreflexive Soziale Arbeit weiter auszuarbeiten, bleibt dabei eine unabgeschlossene Aufgabe der Profession wie der Disziplin (Füssenhäuser, 2015b; Grunwald, Thiersch, 2016b). Der Entwurf einer Lebensweltorientierten Sozialen Arbeit als immer auch kritische Soziale Arbeit wird von Thiersch in seinen neueren Publikationen noch einmal geschärft (vgl. Thiersch, 2020, S. 193–197); Soziale Arbeit agiert im „Widerspruch und Doppelspiel von ‚Kritik und Handeln'" (ebd., S. 193) und geht von daher über die Kritik an gesellschaftlichen Verhältnissen hinaus. „Kritik dient dem gelingenderen Handeln im Alltag, in der professionellen Arbeit *und in der Gesellschaft*" (ebd., S. 193; Hervor., C.F.).

Als „Theorie-Praxis-Modell" zielt auch die Lebensbewältigung auf die Aufklärung des Zusammenhangs von „Theorie, Methodik und Praxis" (Böhnisch, Schröer, 2013) und nimmt daher ebenfalls eine vorrangig professionsorientierte Perspektive ein. Neben der wohlfahrtsstaatskritischen Analyse beansprucht diese, methodische Handlungsaufforderungen für die Soziale Arbeit zu entwickeln und diese in Bezug auf die unterschiedlichen Aufgaben der Ausbildung, Praxis und Forschung[6] zu orientieren (Böhnisch, 2019).

Insbesondere die im Kontext der Lebensbewältigung entwickelten Arbeitsprinzipien und Methoden zur Entlastung und Erweiterung der Bewältigungslagen der Betroffenen (Böhnisch, 2017a, S. 295–344) sind in Bezug auf den Dialog von Theorie und Praxis von hoher Relevanz. Für die Perspektive der Lebensbewältigung sind dabei folgende methodische Zugänge handlungsleitend: akzeptierende Haltung, bewältigungsdynamisches Verstehen, Reframing, funktionale Äquivalente, Milieubildung, geschlechtshomogene Gruppenintervalle und Krisenintervention (Böhnisch, 2016a, S. 105–129). Diese sind neben der Person des Professionellen und dem pädagogischen Bezug (Böhnisch, 2017, S. 295–298) zentrale Schlüsselmomente professioneller Intervention, um die „ambivalenten *Abhängigkeiten* der Betroffenen (…) aufzulösen und – in der *Ausdruckdimension* – zum Sprechen zu bringen" (Böhnisch, 2017a, S. 295, Herv. i. O.).

Lebensbewältigung versteht sich zugleich als ein reflexiver Zugang (Böhnisch, 2015, S. 210), der es ermöglicht, die „sozialpädagogische Verlegenheit der Moderne", wie bereits von Mennicke (1926) formuliert, in ihrer Widersprüchlichkeit aufzuschließen, die damit einhergehende Betroffenheit von Menschen zu versprachlichen und pädagogisch-interaktiv zugänglich zu machen. Lebensbewältigung zielt dabei auf die Wiederherstellung und/oder Weiterentwicklung psychosozialer Handlungsfähigkeit. Sie entwickelt zudem Hypothesen zum Betroffen Sein und zum darauf bezogenen Bewältigungsverhalten von Menschen in kritischen Lebenskonstellationen. Lebensbewältigung sensibilisiert zudem aufgrund ihrer wohlfahrtsstaatskritischen Rückbindung eine individualisierende Deutung von abweichenden und/oder selbstdestruktiven Verhaltensweisen (Wey u.a., 2016, S. 8f.). Sie formuliert zudem über die Figur der Gestaltung funktionaler Äquivalente konkrete Handlungsaufforderungen Sozialer Arbeit (vgl. Böhnisch, 2019, S. 11, S. 112ff.).

Mit Blick auf die Entwicklung und Konsolidierung des Konzepts zeigt sich eine zunehmende Verdichtung und Verknüpfung der zentralen Bezüge. Zu nennen sind

---

6 Vgl. hierzu die unter Fußnote 7 (S. 130) genannten Arbeiten.

hierbei insbesondere die tiefenpsychologische Fundierung der Perspektive der Lebensbewältigung im Anschluss an die Wiener Individualpsychologie und die Überlegungen von Winnicott und Gruen, die historisch-sozialpädagogische Vergewisserung der Lebensbewältigung im Kontext der Arbeiten von Carl Mennicke sowie die Ausdifferenzierung der sozialisationstheoretischen Perspektive (Böhnisch, Lenz, Schröer, 2009; Wey u.a., 2016, S. 13).

6. Gemeinsamkeiten und Differenzen von Lebensweltorientierung und Lebensbewältigung

Mit Blick auf die beiden Konzepte der Lebensweltorientierung und Lebensbewältigung ist zu konstatieren, dass mit beiden Perspektiven zentrale Themen und Fragen der Sozialen Arbeit diskutiert sowie wesentliche Widersprüche und Dilemmata der Profession wie der Disziplin Sozialer Arbeit reflektiert werden. Beide sind von hoher Relevanz für die Praxis und wurden in Forschungsarbeiten[7] vielfach produktiv als theoretische Folie genutzt.

Lebensweltorientierung sieht sich angesiedelt an der „Schnittstelle zwischen Verhalten und Verhältnissen" (Thiersch, 2016). Sie fragt nach den Möglichkeiten im Gegebenen, nach Voraussetzungen in den Menschen, einen zunehmend gelingenden Alltag realisieren zu können. Darin entwickelt sie im Anschluss an Ernst Blochs Begriff der konkreten Utopie (1975) eine emanzipative Zielperspektive: der komparative Begriff der gelingenderen Lebenswelt. Diese beinhaltet zugleich die professionsethische Perspektive des Respekts vor der Lebenswelt:

> „Des Respekts vor den Möglichkeiten und Leistungen, die in den lebensweltlichen Verhältnissen der Subjekte liegen sowie des Respekts vor den idiosynkratischen Lebensentwürfen (…), mit denen Subjekte den Problemen und Verwerfungen ihrer Lebenswelt begegnen" (Otto, Ziegler, 2015, S. 194).

Dagegen fokussiert die Lebensbewältigung, aufgrund ihrer Verortung in der Individualpsychologie, stärker auf die Entgrenzung des Subjekts, auf dessen Betroffenheit und Hilflosigkeit: Soziale Arbeit, so Böhnisch (2016b), hat es in der Mehrzahl der Situationen mit „massiven Selbstwert- und Anerkennungsstörungen" (ebd., S. 12) zu tun. Stärker als die Lebensweltorientierung zielt die Lebensbewältigung – durch die Stärkung und Stabilisierung des Subjekts in seiner Verknüpfung mit den Bewältigungskulturen – auf sozialstrukturelle Interventionen.

Gegenüber der psychodynamischen Dimension der Lebensbewältigung und deren Interesse an Aufklärung und Reframing setzt die Lebensweltorientierung auf Respekt vor der Lebenswelt und Takt gegenüber den Selbstdeutungen der Adressat_innen. Thiersch verweist diesbezüglich auf das „Ineinander von Wahrhaftigkeit und Nichtwahrhaftigkeit" (Thiersch, 2015, S. 333). Der Nichtwahrhaftigkeit bzw. der Täuschung kommen in diesem Kontext unterschiedliche Funktionen zu,

---

[7] Vgl. hierzu für die *Lebensweltorientierung* z.B. die Studien von Astrid Woog (1988), Heidi Reinl (2008) und Hanna Weinbach (2016). Für die *Lebensbewältigung* z.B. die Arbeiten von Andreas Walther (2000), Barbara Stauber, Axel Pohl und Andreas Walther (2007) sowie John Litau (2011).

wie z.B. Konvention, Klugheit, Takt, Resignation, Selbstschutz (ebd., S. 334). Vor jeglicher aufdeckenden professionellen Deutung stehen daher die Prüfung der Belastbarkeit einer Situation, die Stabilisierung des Feldes in seinen Ressourcen sowie die Entwicklung alternativer Routinen. Aufklärung tritt insofern zurück gegenüber der Unterstützung in pragmatischen Arrangements (Thiersch, 2015, S. 335f.). Lebensweltorientierung betont das Sich-Arrangieren im Alltag, die Erfahrbarkeit der Lebenswelt in ihren räumlichen, zeitlichen und sozialen Bezügen sowie die Überformung der Lebenswelt durch gesellschaftliche wie institutionelle Verhältnisse. Auch im Lebensbewältigungskonzept werden im weitesten Sinne lebensweltliche Aspekte thematisiert. So werden die psycho- und soziodynamischen Dimensionen der Bewältigung in lebensweltliche Kontexte eingebunden und mit der gesellschaftlich-sozialstrukturellen Dimension verknüpft (Böhnisch, Schröer, 2013). Deutlicher als die Lebensweltorientierung zielt jedoch die Lebensbewältigung darauf, die „inneren Antriebe und das damit verbundene Handeln der Betroffenen in bestimmten Gesetzmäßigkeiten aufzuschließen und sozial rück(zu)binden" (Böhnisch, 2016b, S. 531). Die Bearbeitung von sozialpolitischen Themen wird dabei stärker in eigenständige Arbeiten ausgelagert (z.B. Böhnisch, 1994; Böhnisch, Schröer, 2012; Böhnisch, Schröer, 2016b, S. 531).

Böhnisch verweist zudem auf folgende wissenschaftstheoretisch bedingte Differenz: Die Lebensweltorientierung geht von der unmittelbaren Erfahrung der Lebenswelt aus und beschreibt phänomenologisch-deskriptiv die Erscheinungsformen des Alltags. Dieser wird hierdurch, so Böhnisch, bei Adressat_innen Sozialer Arbeit häufig „regressiv verengt, ›borniert‹, trotzdem aber stecken in ihm Anknüpfungspunkte für die Entwicklung von sozial erweiterter Handlungsfähigkeit" (Böhnisch, 2016b, S. 534). Vor diesem Hintergrund ist die Lebensbewältigungstheorie systematisch-deduktiv konzeptioniert und basiert auf zentralen Kernhypothesen, von denen aus eine weiterführende Systematik entwickelt wird (Böhnisch, 2019, S. 149), um so in Differenz zur Lebensweltorientierung auch „in die Tiefenschichten lebensweltlicher Ausdrucksmuster vorstoßen" (Böhnisch, 2016b, S. 533) zu können. Die Lebensweltorientierung orientiert sich hingegen stärker an „Alltäglichkeit in ihrer Pragmatik und ihren Routinen" (ebd.). Sie ist weniger interessiert an der Analyse der tiefer liegenden Begründung der Deutungs- und Handlungsmuster von Adressat_innen als an deren Bewältigung in der Lebenswelt selbst.

Neben der aufgezeigten Verwandtschaft der beiden zentralen Begriffe Lebenswelt und Lebensbewältigung ist für die beiden Theoriekonzepte auch eine Nähe der Zielperspektive festzuhalten: Die Lebensweltorientierung sucht im Rekurs auf Bloch und insbesondere Kosik nach dem *Möglichen im Gegebenen* und insistiert auf der Unterstützung von Menschen in der Entwicklung eines gelingenderen Alltags (Kosik, 1967; Thiersch, 1986; Grunwald, Thiersch, 2015). In Abgrenzung zum Capability Approach und dessen Frage nach einem guten Leben votiert Böhnisch für den Begriff des „besseren Lebens" (Böhnisch, 2017a, S. 19), der auf die soziale Differenz in den Lebenslagen sowie den Lebenschancen der Adressat_innen und der gesellschaftlichen Teilhabe verweist (ebd.). Der Begriff des besseren Lebens verweist dabei auf den Diskurs zur sozialen Gerechtigkeit, der für beide

Konzepte als normativer Rahmen zentral ist (Böhnisch, 2017a, S. 17; Grunwald, Thiersch, 2016a, S. 30–32). Soziale Arbeit ist insofern eng an den modernen Sozialstaat und dessen „Integrationsgewissheit und Hintergrundsicherheit" (Böhnisch, 2017a, S. 19) geknüpft. Soziale Arbeit wird in beiden Konzepten als die Profession verstanden, die gesellschaftliche Integrationsdefizite bearbeitet und auf die (Wieder)Herstellung sozialer Gerechtigkeit und gesellschaftlicher Teilhabe zielt. Gerechtigkeit muss dabei über eine „moralisch inspirierte Kasuistik" (Grunwald, Thiersch, 2016a, S. 31) in der „Unterschiedlichkeit von individuellen und situativen Lebenssituationen" (ebd.) durchdekliniert sowie in Bezug auf die dahinterliegenden sozialen Konflikte thematisiert und gesellschaftlich verdeutlicht werden (Böhnisch, 2017a, S. 21).

Reflexionsfragen

- Arbeiten Sie die zentralen Begriffe und unterschiedlichen (wissenschafts-)theoretischen Bezüge der beiden Ansätze heraus! Welche Implikationen für die Praxis der Sozialen Arbeit gehen damit einher?
- Welche Perspektiven auf Adressat_innen sowie auf Professionelle der Sozialen Arbeit werden in den beiden Theorieperspektiven entworfen? Welche Gemeinsamkeiten und Unterschiede sehen Sie hier?
- Welche Rolle spielt in den beiden Konzepten der Aspekt der sozialen Gerechtigkeit?

Grundlegende Literatur

Böhnisch, L. (2012): Lebensbewältigung. In: Thole, W. (Hrsg.): *Grundriss Soziale Arbeit. Ein einführendes Handbuch*. 4. Auflage. Wiesbaden VS, S. 219–233.

Böhnisch, L. (2016b): Zum Verhältnis der Konzepte Lebensweltorientierung und Lebensbewältigung. In: Grunwald, K./Thiersch, H. (2016): *Praxishandbuch Lebensweltorientierung. Handlungszugänge und Methoden in unterschiedlichen Arbeitsfeldern*. Weinheim und Basel: BeltzJuventa, S. 531–536.

Böhnisch L. (2019): *Lebensbewältigung. Ein Konzept für die Soziale Arbeit*. 2. Auflage, Weinheim und Basel: BeltzJuventa.

Böhnisch, L., Lenz, K., Schröer, W. (2009): *Sozialisation und Bewältigung. Eine Einführung in die Sozialisationstheorie der zweiten Moderne*. Weinheim und München: Juventa.

Füssenhäuser, C. (2015b): Was bleibt!? 1978–2015: Vier Jahrzehnte Alltags- und Lebensweltorientierung. *Zeitschrift für Sozialpädagogik: Hans Thierschs Alltags- und Lebensweltorientierung – eine kritische Würdigung anlässlich seines 80. Geburtstags*, Heft 2, S. 118–124.

Grunwald, K., Thiersch, H. (2016a): Lebensweltorientierung. In: Grunwald, K./Thiersch, H. (2016): *Praxishandbuch Lebensweltorientierung. Handlungszugänge und Methoden in unterschiedlichen Arbeitsfeldern*. Weinheim und Basel: BeltzJuventa, S. 25–59.

Thiersch, H. (2015): *Soziale Arbeit und Lebensweltorientierung: Handlungskompetenzen und Arbeitsfelder. Gesammelte Aufsätze*. Band 2. Weinheim und Basel: BeltzJuventa.

Thiersch, H. (2020): *Lebensweltorientierte Soziale Arbeit – revisited*. Weinheim und Basel: BeltzJuventa.

Thiersch, H., Böhnisch, L. (2014): *Spiegelungen. Lebensweltorientierung und Lebensbewältigung. Gespräch zur Sozialpädagogik*. Weinheim und Basel: BeltzJuventa.

Weiterführende Literatur

Bernfeld, S. (1925): *Sisyphos oder die Grenzen der Erziehung*. Leipzig, Wien, Zürich: Internationaler Psychoanalytischer Verlag.

Bloch, E. (1975): *Geist der Utopie*. Bearbeitete Neuauflage der zweiten Fassung von 1923. Gesamtausgabe Band 3. Frankfurt: Suhrkamp.
Böhnisch, L. (1994): *Gespaltene Normalität. Lebensbewältigung und Sozialpädagogik an den Grenzen der Wohlfahrtsgesellschaft*. Weinheim und München: Juventa.
Böhnisch, L. (1999): Sozialpädagogik und Sozialpolitik. In: *Zeitschrift für Pädagogik*, Beiheft 1999, S. 261–276.
Böhnisch, L. (2015): Wissenschaftsgenerationen – Aus den Gesprächen mit Hans Thiersch. *Zeitschrift für Sozialpädagogik: Hans Thierschs Alltags- und Lebensweltorientierung – eine kritische Würdigung anlässlich seines 80. Geburtstags*, Heft 2, S. 206–213.
Böhnisch, L. (2016a): *Lebensbewältigung. Ein Konzept für die Soziale Arbeit*. Weinheim und Basel: BeltzJuventa.
Böhnisch, L. (2016c): Der Weg zum sozialpädagogischen Konzept Lebensbewältigung. In: Litau, J./Walther, A./Warth, A./Wey, S. (Hrsg.): *Theorie und Forschung zur Lebensbewältigung. Methodologische Vergewisserungen und empirische Befunde*. Weinheim und Basel: BeltzJuventa, S. 18–38.
Böhnisch L. (2016d): In die Mitte der Gesellschaft. *Sozialpädagogische Impulse*, Heft 4. Hollabrunn: mbc, S. 12–15.
Böhnisch, L. (2017a): *Sozialpädagogik der Lebensalter. Eine Einführung*. 7. Auflage, Weinheim und München: BeltzJuventa.
Böhnisch, L. (2017b): *Abweichendes Verhalten. Eine pädagogisch-soziologische Einführung*. 5. Auflage, Weinheim und München: BeltzJuventa.
Böhnisch, L., Schefold, W. (1985): *Lebensbewältigung*. Weinheim und München: Juventa.
Böhnisch, L., Schröer, W. (2012): *Sozialpolitik und Soziale Arbeit. Eine Einführung*. Weinheim und München: Juventa.
Böhnisch, L., Schröer, W. (2013): *Soziale Arbeit: eine problemorientierte Einführung*. Bad Heilbrunn: Klinkhardt.
Böhnisch, L., Schröer, W. (2016): *Das Sozialpolitische Prinzip. Die eigene Kraft des Sozialen an den Grenzen des Wohlfahrtsstaats*. Bielefeld: transcript.
Füssenhäuser, C. (2005): *Werkgeschichten der Sozialpädagogik; Klaus Mollenhauer – Hans Thiersch – Hans-Uwe Otto. Der Beitrag der ersten Generation nach 1945 zur universitären Sozialpädagogik*. Baltmannsweiler: Schneider Verlag Hohengehren.
Füssenhäuser, C. (2015a): Theoriekonstruktion und Theoriepositionen Sozialer Arbeit. In: Thiersch, H./Otto, H.-U. (Hrsg.): *Handbuch Soziale Arbeit*. 5., erweiterte Aufl. München und Basel Reinhardt, S. 1755–1769.
Gruen, A. (1992): *Der Verrat am Selbst. Die Angst vor der Autonomie bei Mann und Frau*. München: dtv.
Grunwald, K., Thiersch, H. (2015): „Lebensweltorientierung". In: Thiersch, H./Otto, H.-U. (Hrsg.): *Handbuch Soziale Arbeit*. 5., erweiterte Aufl. München und Basel: Reinhardt, S. 934–943.
Grunwald, K., Thiersch, H. (2016b): Nachwort. In: Grunwald, K./Thiersch, H. (2016): *Praxishandbuch Lebensweltorientierung. Handlungszugänge und Methoden in unterschiedlichen Arbeitsfeldern*. Weinheim und Basel: BeltzJuventa, S. 582–597.
Husserl, E. (1936): *Die Krise der europäischen Wissenschaften und die transzendentale Phänomenologie*. Hamburg: Meiner.
Kosik, K. (1967): *Dialektik des Konkreten*. Frankfurt a.M.: Suhrkamp.
Litau, J. (2011): *Risikoidentitäten. Alkohol, Rausch und Identität im Jugendalter*. Weinheim und München: Juventa.
Litau, J., Walther, A., Warth, A., Wey, S. (Hrsg.) (2016): *Theorie und Forschung zur Lebensbewältigung. Methodologische Vergewisserungen und empirische Befunde*. Weinheim und Basel: BeltzJuventa.
Lorenzer, A. (1976): *Sprachzerstörung und Rekonstruktion*. Frankfurt a.M.: Suhrkamp.

Mennicke, C. (1926): Das sozialpädagogische Problem in der gegenwärtigen Gesellschaft. In. Tillich, P. (Hrsg.): *Kairos. Zur Geisteslage und Geisteswendung.* Darmstadt, S. 311–344.

Otto, H.-U., Ziegler, H. (2015): Soziale Arbeit als emanzipatorische Sozialwissenschaft. Ein radikalisiertes Programm der Lebensweltorientierung. *Zeitschrift für Sozialpädagogik: Hans Thierschs Alltags- und Lebensweltorientierung – eine kritische Würdigung anlässlich seines 80. Geburtstags*, Heft 2, S. 193–205.

Reinl, H. (2008): *Stationäre Drogentherapie im Spiegel professioneller Arbeitskonzepte. Eine sozialpädagogische Fallstudie.* Tübingen: http://nbn-resolving.de/urn:nbn:de:bsz:21-opus-33706
http://hdl.handle.net/10900/47585

Schütz, A. (1991): *Der sinnhafte Aufbau der Welt.* 5. Aufl. Frankfurt a.M.: Suhrkamp

Stauber, B., Pohl, A., Walther, A. (2007): *Subjektorientierte Übergangsforschung: Rekonstruktion und Unterstützung biografischer Übergänge junger Heranwachsender.* Weinheim und München: Juventa.

Thiersch, H. (1978): Alltagshandeln und Sozialpädagogik. *neue praxis* 8, S. 6–25.

Thiersch, H. (1986): *Die Erfahrung der Wirklichkeit. Perspektiven einer alltagsorientierten Sozialpädagogik.* Weinheim und München: Juventa.

Thiersch, H. (1995): *Lebenswelt und Moral. Beiträge zur moralischen Orientierung Sozialer Arbeit.* Weinheim und Basel: Juventa.

Thiersch, H. (2003): „25 Jahre alltagsorientierte Soziale Arbeit – Erinnerung und Aufgabe". *Zeitschrift für Sozialpädagogik*, Heft 2, S. 114–130.

Thiersch, H. (2014): Zur Bedeutung des Konzepts der Lebensweltorientierten Sozialen Arbeit in der Krise des Sozialstaats. In: Bütow, B./Chassé, K. A./Lindner, W. (Hrsg.): *Das Politische im Sozialen. Historische Linien und aktuelle Herausforderungen der Sozialen Arbeit.* Opladen u.a.: Barbara Budrich, S. 147–166.

Thiersch, H. (2016): Alltag und Lebenswelt im 21. Jahrhundert. *Sozialpädagogische Impulse*, Heft 4. Hollabrunn: mbc, S. 6–11.

Walther, A. (2000): *Spielräume im Übergang in die Arbeit. Junge Erwachsene im Wandel der Arbeitsgesellschaft in Deutschland, Italien und Großbritannien.* Weinheim und Basel: BeltzJuventa.

Weinbach, H. (2016): *Soziale Arbeit mit Menschen mit Behinderungen. Das Konzept der Lebensweltorientierung in der Behindertenhilfe.* Weinheim und München.

Wey, S., Warth, A., Walther A., Litau, J.: Theorie und Forschung zur Lebensbewältigung. In: Litau, J./Walther, A./Warth, A./Wey, S. (Hrsg.): *Theorie und Forschung zur Lebensbewältigung. Methodologische Vergewisserungen und empirische Befunde.* Weinheim und Basel: BeltzJuventa, S. 7–17.

Winnicott, D. W. (1988): *Aggression. Versagen der Umwelt und antisoziale Tendenz.* Stuttgart: Klett Cotta.

Woog, A. (1988): *Soziale Arbeit in Familien. Theoretische und methodische Ansätze zur Entwicklung einer pädagogischen Handlungslehre.* Weinheim und München: Juventa.

Psychoanalytische Soziale Arbeit

Margret Dörr

> **Zusammenfassung:**
> Vor dem Hintergrund eines Blicks auf die Anfänge der psychoanalytischen Bewegung und ihrer Verhältnisbestimmungen zur Pädagogik und zur Sozialen Arbeit sowie deren Wiederentdeckung nach dem Zweiten Weltkrieg, wird die Kontroverse um den Wissenschaftscharakter psychoanalytischer (Sozial-)Pädagogik rekonstruiert. Sinnlich erfahrbares Leiden, das nach Aufhebung verlangt sowie die Herstellung einer hinreichend fördernden Umwelt wird als deren Gegenstand bestimmt. Herausgearbeitet wird, dass unbewusste Dimensionen, die auch das professionelle Arbeitsbündnis selbst durchziehen, durch Theorie nicht gebannt werden können. Die für psychoanalytische Sozialarbeit charakteristische Subjektorientierung verlangt den Fachkräften die Fähigkeit zu einem Dialoghandeln ab, mit der es für deren Adressat_innen möglich werden kann, ihre oftmals fragmentarische Verfasstheit des Selbst (mit-)teilen zu dürfen und zu können. Dazu benötigen Fachkräfte auch einen inneren Raum, um den gemeinsam erzeugten Inszenierungen mit ihren latenten Übertragungen und Gegenübertragungen „Gehör" zu schenken und so zu einer Wissensorganisation zu kommen, in der auch sie selbst mit ihren Affekten und Gefühlen aufgehoben sind.

1. Ein Blick auf die Anfänge der Psychoanalytischen Bewegung

Ein hinreichendes Verständnis der theoretischen Bezüge einer „Psychoanalytischen Sozialen Arbeit" setzt voraus, den Blick auf die Anfänge der Psychoanalytischen Bewegung zu richten. Darüber kann gezeigt werden, dass zahlreiche – auch aktuell gültige – Denkfiguren bereits aus der „Blütezeit" der Psychoanalytischen Pädagogik in der ersten Hälfte des 20. Jahrhunderts oder aus der Zeit der „Renaissance" in der zweiten Hälfte des 20. Jahrhunderts stammen, die später wieder aufgenommen und weiterentwickelt wurden. Wesentlich erscheint mir, daran zu erinnern, dass sich die Psychoanalyse seit ihren Anfängen nicht allein mit psychopathologischen Phänomenen, ihren Bedeutungen und der klinischen Behandlung jener Menschen, die daran leiden, beschäftigt hat. Tatsächlich wurde der Begründer der Psychoanalyse, Sigmund Freud, vor allem in seinen (aktuell wenig bekannten) kulturtheoretischen Schriften nicht müde, die Wirksamkeit unbewusster Triebkräfte zu betonen, die es zu erkennen gelte, um das menschliche Zusammenleben, das Soziale, nicht zu gefährden. In diesen Schriften ließ er keine Zweifel daran, dass es ihm im Rahmen der Auseinandersetzung zwischen Trieb und Kultur, zwischen Subjekt und Gesellschaft immer auch um den konkreten Zustand der Kultur sowie um die Kritik an der ihn umgebenden Gesellschaft geht. Kultur ist für Freud etwas, „was einer widerstrebenden Mehrheit von einer Minderzahl auferlegt wurde, die es verstanden hat, sich in den Besitz von Macht- und Zwangsmitteln zu setzen" (Freud, 1927c, S. 327). Dabei weist er auf den Doppelcharakter der Kultur hin: *Einerseits* gilt sie ihm als notwendige Voraussetzung, um den Menschen sozial und lebensfähig zu machen. Verbunden ist dies mit der Hoffnung, die Menschen mögen eine Kultur schaffen, die es ihnen erlaubt, ihre Wünsche besser zu befriedigen, wobei ein gewisses Maß an Triebunterdrückung unvermeidlich bleibt. *Andererseits* aber sieht er eine Bedrohung der Kultur durch eine zu starke Triebunterdrückung. Diese Ambivalenz wirkt sich auch auf sein Verständnis der Erziehungspraxis aus.

> „Die Erziehung hat also ihren Weg zu suchen zwischen der Scylla des Gewährenlassens und der Charybdis des Versagens. Wenn die Aufgabe überhaupt nicht unlösbar ist, muß ein Optimum für die Erziehung aufzufinden sein, wie sie am meisten leisten und am wenigsten schaden kann." (Freud, 1939a, S. 160).

Seine Kritik an der repressiven Erziehung seiner Zeit ist es, die das sozialkritische Sensorium der psychoanalytischen Sozialpädagogik auch heute noch zu schärfen vermag.

Freud hat sich nie als Pädagoge verstanden, aber er war davon überzeugt, dass die psychoanalytischen Erkenntnisse über das Unbewusste einschließlich der Sexualität(sentwicklung) der Menschen von außerordentlicher Relevanz für die Pädagogik seien. Dabei wies er der Psychoanalyse den Status einer Hilfswissenschaft für die Pädagogik zu. Ihm galt die Erziehungsarbeit als

> „etwas sui generis (...) das nicht mit psychoanalytischer Beeinflussung verwechselt und nicht durch sie ersetzt werden kann. Die Psychoanalyse des Kindes kann von der Erziehung als Hilfsmittel herangezogen werden. Aber sie ist nicht dazu geeignet, an ihre Stelle zu treten" (Freud, 1925, S. 565).

Den Begriff „Psychoanalytische Pädagogik" prägten Freuds Wegbegleiter_innen[1] und Mitglieder der ersten psychoanalytischen Vereinigung, die als Sozialarbeiter_innen, (Heil-)Pädagog_innen, Psychoanalytiker_innen sowohl die Hinweise auf Erziehung in Freuds Schriften in ihrer Bedeutung erkannten als auch ihre persönlichen psychoanalytischen Erfahrungen und Erkenntnisse für die pädagogische Praxis zu nutzen wussten. Erkennbar verweist der Bezug auf erzieherische, pädagogische Aspekte als wesentliche Interventionsform auf eine Theorietradition der Sozialen Arbeit, die sich im Feld der Erziehungswissenschaft verortet hat und folglich als sozialpädagogische Linie beschrieben werden kann.

Durch die Gründung der gleichnamigen Zeitschrift trugen die Psychoanalytischen Pädagog_innen 1926 diese Bezeichnung nach außen,[2] allerdings ohne damit bereits wissenschaftstheoretische Überlegungen zu verbinden (Hierdeis, 2016, S. 19). Es war diese Gruppe, die auf die Psychoanalyse der damaligen Zeit eine große Wirkkraft entfaltete und den größten Anteil am „Aufblühen" der Psychoanalytischen Bewegung hatte (Kaufhold, 2001, S. 42). Dabei stellten ihre Mitglieder die Aufklärung über das Trieb- und Affektgeschehen, über Sexualität und die gefühl-

---

[1] Um nur an einige Vertreter_innen zu erinnern: *Alfred Adler, August Aichhorn*, Erik Homburger Erikson, *Fritz Redl, Hans Zulliger,* Siegfried Bernfeld, Wera F. Schmidt, Dorothy Burlingham, Oskar Pfister.

[2] Die Zeitschrift „Psychoanalytische Pädagogik" musste 1937 aus politischen Gründen wieder eingestellt werden.

ten Vorgänge im eigenen Körper in den Mittelpunkt ihrer pädagogischen Arbeit und behielten durch ihre Arbeit mit Kriegswaisen, traumatisierten Kindern, „Verwahrlosten" und sozial Ausgegrenzten einen offenen Zugang zu der von Freud charakterisierten Unvollkommenheit bisher entwickelter Kulturformen, in denen ihre Zielgruppe lebte und sich zurechtfinden musste. Insofern verknüpften die Psychoanalytischen Pädagog_innen der Weimarer Zeit ihren Kampf gegen eine repressive Gesellschaft mit einem Kampf für die sexuelle Aufklärung (Niemeyer, 2012, S. 110).

In diesem Rahmen können nicht die vielfältigen, kreativen Ideen und Konzepte der Mitglieder der psychoanalytischen Bewegung dargelegt werden. Stellvertretend stelle ich im Folgenden zentrale Prämissen von Siegfried Bernfeld vor, der als Psychoanalytiker, Erzieher und Sozialist als Kritiker der Verstrickung bürgerlicher Pädagogik in gesellschaftliche Herrschaftsverhältnisse (v. Werder, Wolff, 1969) hervorgetreten ist und von Burkhard Müller (1992, S. 67) als „eigentlicher Begründer einer Wissenschaft der Sozialpädagogik" bezeichnet wird. Seine Grundthesen haben auch für die Psychoanalytische Soziale Arbeit in der derzeitigen neoliberal-kapitalistischen Gesellschaft keineswegs an erkenntnisgewinnender Brisanz verloren.

Siegfried Bernfeld – der erste Psychoanalytische Sozialpädagoge

Siegfried Bernfeld geht davon aus, dass eine wissenschaftliche Pädagogik gar nicht möglich ist, wenn sie nicht bereit ist, ihren Gegenstand mit psychoanalytischen (und mit sozialwissenschaftlichen) Methoden zu durchdringen. Dies ist allerdings – worauf zu Recht auch Müller (1992) insistiert – etwas gänzlich anderes als „angewandte Psychoanalyse". Als solche hat Bernfeld (1926/1970, S. 469) die Psychoanalytische Pädagogik als „letzte Illusion der Pädagogik" verspottet.

In seiner Abhandlung „Der soziale Ort und seine Bedeutung für Neurose, Verwahrlosung und Pädagogik" (1929/1969) spricht er sich nicht nur für eine grundlegende Veränderung der Erziehungsinstitutionen aus, sondern radikalisiert – in Konsequenz seiner marxistischen Einstellung – Freuds Gesellschaftskritik und baut dabei zielstrebig eine Brücke zur Soziologie, ohne die Analyseebenen der Disziplinen zu vermischen. Indem Bernfeld aufzeigt, dass die Schwere der Neurose und ihre Erscheinungsformen grundsätzlich vom „sozialen Ort" abhängen, begründet er seine Forderung – gleichermaßen an Pädagog_innen wie Psychoanalytiker_innen –, dass die Pädagogik sich eine realistische Vorstellung von der jeweils gegebenen Gesellschaftsstruktur zu machen habe und sich dabei „an die kaum bestreitbare Tatsache" halten müsse, dass „die heutige Gesellschaft über höchst verschiedenen sozialen Orten errichtet ist, zwischen denen zum Teil mächtige Spannungen bestehen" (Bernfeld, 1931/1970, S. 657). Mit seinem Schlüsselbegriff „sozialer Ort" nimmt er drei Dimensionen in den Blick, deren Verwobenheit er erkennt und die eine Multiperspektive auf jegliches (sozial-)pädagogische Geschehen verlangt:

1. Die objektiv gegebene ökonomische Struktur einschließlich der durch die Produktionsbedingungen strukturierten Form der Gesellschaft.

2. Den Relevanzbereich der erlebten, erfahrenen und erzählbaren Alltagswelt der Individuen, mit der die in Praxis verbundenen Subjekte sich und ihre Äußerungen in sozialen Räumen und historischen Zeiten lokalisieren und datieren.
3. Deren Niederschlag in den psychischen Strukturen des Individuums, denn das Triebschicksal des Menschen stellt sich in der Auseinandersetzung von innerer und äußerer Natur her.

Demnach bezeichnet der „soziale Ort" ein dem Menschen Äußeres, aber er bleibt dem Einzelnen nicht äußerlich, sondern wandert in die Psyche des Subjekts ein, hat Teil an dessen Strukturbildung und wirkt in Form sozialer Handlungen und kultureller Deutungsmuster wiederum auf vorgängig bestehende soziale Verhältnisse ein (Dörr, 1996).

Diese Dimensionen vertieft Bernfeld durch die Herausarbeitung von drei unhintergehbaren „Grenzen der Erziehung": (1) Jede_r Erzieher_in scheitere an dem Glauben, es gebe einen Handlungsspielraum, eine pädagogische Autonomie, außerhalb gesellschaftlicher Machtfaktoren. (2) Jede_r Erzieher_in sei Opfer der gesellschaftlichen Zurichtung ihrer/seiner Triebwünsche, und deswegen reproduziere sie/er unbewusst das, was ihr/ihm selbst durch Erziehung angetan worden sei. (3) Jede Erziehung habe mit der Selbsttätigkeit des Kindes zu rechnen, damit verbunden sei die Begrenzung jeglicher Erziehung durch die Anerkennung der Eigen- bzw. Besonderheiten des Kindes. In diesem Zusammenhang fordert er von den Pädagog_innen, den Widerspruch „zwischen dem berechtigten Willen des Kindes und dem berechtigten Willen des Lehrers" (Bernfeld, 1921/1970, S. 92) als Grundlage allen pädagogischen Handelns anzuerkennen.

2. Zur Wiederentdeckung der Psychoanalytischen Pädagogik nach dem Zweiten Weltkrieg

Durch das Aufkommen des Nationalsozialismus in Europa wurden die meisten Vertreter_innen der Psychoanalyse wie der Psychoanalytischen Pädagogik in die Emigration gezwungen, was die Weiterentwicklung ihrer Theorien und Methoden behinderte.

Es ist sicher kein Zufall, dass sich gerade Sozialarbeiter, Pädagogen und Psychoanalytiker wie Rudolf Ekstein, Bruno Bettelheim, Hans Keilson, Ernst Federn sowie Fritz Redl lebenslang um das Verstehen und um einen professionellen Umgang mit jenen Kindern und Jugendlichen bemühten, die häufig aufgrund traumatisierender Gewaltwiderfahrnisse in einer Welt des „Alptraums" eingeschlossen sind, „aus der sie nicht aufwachen konnten" (Staigl, 2013, S. 12). Sie selbst waren mit der „Realität des staatlichen Terrors, der Konzentrationslager, des Exils, der ermordeten Angehörigen" (ebd.) konfrontiert, sodass sie ihre Fragen zur inneren zerstörten Welt der Kinder immer im Zusammenhang mit der äußeren Realität zu beantworten suchten. Hierzu stellvertretend eine Aussage von Ernst Federn, der wegen seines antifaschistischen Engagements von den Nazis sieben Jahre in Dachau und Buchenwald gefangen gehalten wurde:

> „Ich habe so lange und so intensiv unter Gewalt gelebt (...), daß ich etwas von ihr verstehe. (...) Ich weiß, wie es ist, Opfer von Gewalt zu sein, weiß

aber auch, wie man sich fühlt, wenn man selbst gewalttätig sein will. (...) Es ist daher wichtig, sich selbst zu kennen. Und um sich selbst zu kennen, müssen Sie lernen, Gewalttätigkeit zu verstehen" (Federn, 1999, S. 86).

Bettelheim, Ekstein und Federn repräsentieren in wohl einmaliger Weise die geschichtliche Kontinuität dieses Forschungs- und Praxisfeldes. Ihnen ist zu verdanken, dass die Psychoanalytische Pädagogik/-Sozialarbeit überhaupt während dieser Zeit (vor allem in den USA) – wenn auch teilweise durch medizinisches Denken überformt – lebendig gehalten wurde (Kaufhold, 2001).

In den 1960er- und 1970er-Jahren rebellierte eine aktive Minderheit der nach dem Zweiten Weltkrieg aufgewachsenen Generation in Westdeutschland gegen das Beschweigen der Hitlerdiktatur und des Holocausts, gegen antidemokratische Tendenzen, deren Ausdruck die Notstandsgesetze waren, sowie gegen den Vietnamkrieg. Die Protestierenden nutzten die Ideen der wiederentdeckten frühen Psychoanalytischen Pädagogik für ihre Argumentation gegen eine konservative ›triebfeindliche‹ Erziehungspraxis: Ihre Kritik richtete sich gegen gewaltförmige Zustände in Kinderheimen, sie engagierten sich für die Errichtung von Kinderschutz-Zentren, hingen aber auch einer „Erziehungsutopie" an, die nicht nur in der Kinderladenbewegung ihren Ausdruck fand. In dieser neuen Bewegung der „Antiautoritären Erziehung" wurde nämlich der Mythos der Neurosenprophylaxe wiederbelebt. Dabei entstand eine pädagogische Theorie und Praxis, die auf der Annahme einer unmittelbaren Kausalbeziehung, also einer tendenziell berechenbaren, „wenn-dann"-Beziehung, zwischen pädagogischem Handeln und zukünftiger psychischer Entwicklung des Kindes basierte. Diese Idee fußt auf einer Machbarkeitsfantasie der Neurosenprophylaxe, d.h. der Idee, mittels herrschaftsfreien pädagogischen Handelns neurosefreie Kinder erziehen zu können. Allerdings relativierten sie damit die Macht des Unbewussten, wenn sie sie nicht gar verleugneten. Gleichwohl setzten sich jenseits dieser zu kritisierenden Machbarkeitsfantasie im Zuge der Protestbewegung wichtige Einsichten der Psychoanalyse in der (Kleinkind-)Erziehung durch, die noch aktuell eine hohe entwicklungspsychologische Bedeutung haben: Die tolerante Haltung in der Sauberkeitserziehung, die enorme Bedeutung der frühen Mutter-Kind-Beziehung einschließlich der Wichtigkeit von Kuscheltieren oder Schlafzipfel als Übergangsobjekte bei der Bewältigung von Verlust- und Trennungsängsten (Winnicott, 1971) sowie das Konzept des Urvertrauens (Erikson, 1973/1992).

Auf das neu erwachte gesellschaftliche Interesse an der Psychoanalyse in den 1970er-Jahren reagierte – mit nachhaltigem Einfluss auch auf die derzeitige Psychoanalytische Soziale Arbeit – der Sozialpsychologe, Psychiater und Psychoanalytiker Alfred Lorenzer. Vor allem seine Überlegungen zu einer „materialistischen Sozialisationstheorie" (1972), seine Symboltheorie (1970a), sein Nachdenken über den Wissenschaftscharakter der Psychoanalyse (1974) sowie über das Verfahren der Psychoanalyse (1970b) wurden in ihrer bzw. seiner Fruchtbarkeit für psychoanalytisch-pädagogisches Denken und Handeln von (Sozial- und Sonder-)Pädagogen (u.a. Leber 1972, 1983; Reiser 1972; Trescher 1979, 1985) aufgenommen und in unterschiedlichen Feldern der pädagogischen Praxis eingeführt.

Einige bedeutende Aspekte sollen im Rahmen dieses Artikels kurz dargelegt werden.

Alfred Lorenzer: Interaktion, Szene und szenisches Verstehen

Lorenzer begründet mit seiner Re-Lektüre der Freud'schen Triebtheorie die Psychoanalyse als Sozialwissenschaft und hält dabei an der Idee einer grundsätzlichen Vermitteltheit der leib-psychischen Struktur des Menschen zwischen innerer Natur und sozial-kulturellen Eingriffen fest: Jede Interaktion – sei sie bewusst oder unbewusst erlebt und verarbeitet – hinterlässt Spuren, die wiederum die zukünftige Interaktion mitgestaltet. Diese „Spuren" nennt Lorenzer „Interaktionsformen". In dieser Weise gilt ihm der Trieb als geprägt durch reale Beziehungserfahrungen, d.h. die unbewusst-triebhafte innere Welt sieht er als Niederschlag von erlebten Szenen und den von ihnen hinterlassenen „Spuren" in Gestalt von „Interaktionsformen" (Lorenzer, 1970a, b). Um zu erläutern, wie (Vor-)Bewusstsein entsteht, greift Lorenzer auf das Symbolverständnis u.a. des Philosophen Ernst Cassirer zurück, für den das Symbol der Schlüssel zum Wesen des Menschen darstellt:[3] Bewusstsein kann erst entstehen, wenn die sinnlich-organismischen (leiblichen) Spuren (das Unbewusste) sich mit Bedeutungsträgern (Symbolen) verknüpfen. Erst diese Verbindung macht es möglich, dass Menschen ihre Erlebnisse und Erfahrungen mit besonderen anderen sowie mit der gegenständlichen Welt ›zum Ausdruck‹ bringen und/oder mit einem *Namen* versehen können. Lorenzer (2002) unterscheidet unter Bezugnahme auf Susanne K. Langer (1942) zwischen zwei verschiedenen Symbolformen, die sich lebensgeschichtlich nach und nach herstellen und zeitlebens wirksam bleiben: *Bereits im embryonalen Stadium* bilden sich im Zusammenspiel zwischen mütterlichem Körper und Embryo/später Kind sogenannte „sinnlich-organismische" Interaktionsformen, die als einsozialisierte sensomotorische Praxisfiguren ein eigenständiges unbewusstes Verhaltenssystem darstellen. Diese sinnlich-organismischen Praxisfiguren verknüpfen sich im Zuge der weiteren Sozialisation zum einen mit *präsentativen* (sinnlichen) Symbolen. Dieses Gefüge der sinnlich-symbolischen Interaktionsformen stellt die erste ›Ich-Struktur‹ dar, die Lorenzer (2002) als affektnahe ›Schaltstelle der Persönlichkeitsbildung‹ bezeichnet, da sie als ›logisches Bild der Emotionen‹ verstanden werden kann. Solche präsentativen bzw. sinnlich-symbolischen Interaktionsformen sind vor allem aus der Kunst (Theater, Musik, Malerei, Literatur etc.), d.h. aus dem Bereich der ästhetischen Erfahrung bekannt. Sie können nicht Sagbares bildhaft zur Darstellung bringen und artikulieren so menschliche Erlebnisse, die der Sprache (noch) unzulänglich bleiben.[4] Zum Zweiten können sich *im Zuge sozialer Interaktionsprozesse* die sinnlich-organismischen Interaktionsformen mit Sprachsymbolen verknüp-

---

3 Soziales Handeln wird durch seinen permanenten Bezug auf die symbolisch dargestellte, individuell anzueignende gemeinsame Welt aller Beteiligten überhaupt erst möglich. Dieser Symbolperspektive Cassirers fügt Lorenzer die Sicht auf die innere Natur des Menschen hinzu und ermöglicht darüber, die psychosoziale Menschwerdung als *Bildungsgeschichte der Persönlichkeit* zu erfassen: Interaktion ist „körperbestimmte Interaktion". Erst die Verzahnung von Körperbedürfnis und Interaktion bildet den Zusammenhang einer Lebensgeschichte.

4 Das macht den aufklärerischen bzw. emanzipatorischen Gehalt von Kunst begreifbar, der diktatorische Herrscher dazu bringt, ihnen gefährlich werdende Kunst (als entartete Kunst, wie im Nationalsozialismus) zu verbieten, da diese einen Sinngehalt transportiert, der quer zum bestehenden Regime steht. Präsentative Sym-

fen. Diese Sprachsymbole (Begriffe) repräsentieren das generative System von kulturell gültigen Handlungsmustern. Denn Sprache, die sich auch als Praxis des „Übersetzens" szenischer Erfahrungen in symbolische Formen charakterisieren lässt, stellt eine objektive Systematik dar. Erst sie ermöglicht eine Einordnung von Erfahrungen und erlaubt eine Reflexion des Geschehens, unabhängig von einer unmittelbaren situativen Präsenz. Mit Sprache ist Probehandeln im Sinne von Denken ebenso möglich wie der wissenschaftliche Diskurs und die Verwendung von Sprache zur alltäglichen Verständigung mit Anderen. Beide Symbolformen – die repräsentativen und diskursiven – sind eingewoben in ein kulturell tradiertes Sinn-System objektiv gültiger Handlungsmuster, eine Voraussetzung sozialer Verständigungspraxis der Menschen. Und beide Symbolformen bedürfen der Verknüpfungen mit den – in den Leib eingeschriebenen – Praxisfiguren (den unbewussten Wünschen und Sehnsüchten). Dies ist die Voraussetzung für subjektives Bewusstsein. Aber diese Verknüpfungen können auch zerfallen, ein Prozess, den Lorenzer als Sprachzerstörung beschreibt: Während der „Sprach-Zerfall" als Aufspaltung von darstellungslos gewordenen Interaktionsformen (Klischees) und ausdruckslosen, erstarrten Zeichen beschrieben wird, zeigt sich der Zerfall der sinnlichen Symbole als schablonierte Darstellungsform, als Fixierung auf das bloß gegenwärtig Geltende (Lorenzer, 2002).

Auch unter Bezugnahme auf seine – notwendig nur sehr verkürzt dargestellte – materialistische Sozialisationstheorie begründet Alfred Lorenzer die Psychoanalyse als Sozialwissenschaft und betont dabei ausdrücklich die leibliche Matrix der Menschen. In der Weise macht er die Lehre vom Unbewussten für das sozial- und sonderpädagogische Denken – u.a. im Anschluss an Bernfeld – fruchtbar. Eine besondere Praxisrelevanz gewinnt seine Antwort auf die Frage, welches die spezifische Verfahrensweise der Psychoanalyse ist. Entsprechend seiner Theorie der Interaktionsformen, mit der er das Subjekt als szenisch konstituiert begreifen kann, entfaltet er das „szenische Verstehen" als ›Königsweg‹ der psychoanalytischen Erkenntnisgenerierung. Darüber gewinnen die Handlungsformationen des Subjekts – und damit die sinnlich-symbolische Dimension lebenspraktischer Äußerungen – einen hohen Stellenwert. Die Aufgabe der Psychoanalytiker_innen liegt demnach darin zu erkennen, wie das jeweilige Subjekt mit seiner sozialen Um- und Nahwelt interagiert, wie es sich in seinen sozialen Beziehungen realisiert und/oder wie es sich selbst und die Welt sieht. Die in gemeinsamen Interaktionen (Szenen) gezeigten Ausdrucksformen (sinnlich-organismisch, sinnlich-symbolisch und sprachsymbolisch) begreift Lorenzer als Darstellungen des gelebten Lebens der Patient_innen, ihres intimen Leidens, ihrer Ängste, Freuden und Wünsche usw. Demnach wurzelt für Lorenzer auch die Widerständigkeit des Subjekts in der Trias von Soma, Psyche und Kulturprozess. Wesentlich hierbei ist ihm, dass ein professionelles Verstehen dieser (gemeinsam hergestellten) symbolischen Interaktionen nicht von außen möglich ist, sondern nur im Zusammenspiel mit dem Gegenüber, daher der Name „szenisches Verstehen", den Lorenzer in Abgrenzung bzw. Weiterführung zum logischen und psychologischen Verstehen (Einfühlung) einführt. Was

bole ermöglichen Freilegung und Freisetzung der noch nicht entdeckten, unbewussten Fantasien für den Einzelnen wie für die kulturelle Gemeinschaft.

Lorenzer für die Vorgehensweise in der psychoanalytischen Behandlung beschreibt, wird auch von der psychoanalytischen (Sozial-)Pädagogik aufgegriffen. Darüber erhält das „szenische Verstehen" einen hohen Rang als Methode zur Entzifferung der Interaktionen mit den Adressat_innen einschließlich der psychischen Prozesse, die sich in Übertragung, Gegenübertragung[5] und/oder Widerständen[6] manifestieren. Auch in pädagogischen Feldern zielt das szenische Verstehen darauf, die sinnlich-organismischen, sinnlich-symbolischen und/oder sprachsymbolischen Ausdrucksformen der Akteure zu entziffern, womit ein tieferes Begreifen interpersonaler Beziehungsprozesse möglich wird.

3. Zur Diskussion um den Wissenschaftscharakter einer Psychoanalytischen (Sozial)Pädagogik

Im Zuge der Geschichte der jüngeren Psychoanalytischen Pädagogik/Sozialarbeit, die ich mit Bittner (2015, S. 34) „vom Kieler Kongress der Deutschen Gesellschaft für Erziehungswissenschaft 1984" an datiere (Bittner, Ertle, 1985), setzte eine dezidierte Debatte über „Übereinstimmungen und Unterschiede im Wissenschaftscharakter von Pädagogik und Psychoanalyse" ein (Hierdeis, 2016, S. 71). Ein Blick darauf zeigt ein enorm breites Spektrum theoretischer Standpunkte. Die Extreme bildeten die Positionen von Hans-Georg Trescher (1985) und Reinhard Fatke (1985): Für Trescher galt die Psychoanalytische Pädagogik als ein Teil der Psychoanalyse, da diese auch im Freud'schen Verständnis gerade nicht auf eine therapeutische Praxis zu beschränken sei. Notwendig aber seien settingspezifische Ausdifferenzierungen. Dagegen bestand Fatke (ebd.) auf der Eigenständigkeit der Pädagogik: Nur von der Pädagogik und ihren „einheimischen Begriffen" her lasse sich bestimmen, was Psychoanalyse für sie zu leisten vermag. Dazwischen lagen weitere Positionen, die für eine kritische Kooperation von Psychoanalyse und Pädagogik votierten.[7] Einer der letzten Versuche (Datler, Steinhardt, Gstach & Ahrbeck, 2009), das Verhältnis der beiden Referenzwissenschaften zu bestimmen, hebt die zahlreichen Varianten von Psychoanalyse und Pädagogik heraus, so „dass es keine ›zwingend richtige‹ Auffassung von Pädagogik und Psychoanalyse mehr geben könne" (Bittner, 2015, S. 35). Geleitet von der Frage, was Professionelle der Psychoanalytischen Pädagogik tun, führte dies in den letzten Jahren dazu, mittels Fallgeschichten (Kasuistik) die Charakteristika von Psychoanalytischer (Sozial-)Pädagogik in der Praxis und deren Reflexionen vor Augen zu führen.

---

5 *Übertragung* bezeichnet den unbewussten Vorgang, wodurch unbewusste Wünsche an und Erlebnisse mit ehemaligen Objekten im Rahmen einer gegenwärtigen Beziehung aktualisiert werden. *Gegenübertragung* ist die unbewusste Reaktion dieser gegenwärtigen Beziehungsperson auf diese aktualisierten Übertragungen (Laplanche, Pontalis, 1973/1986).
6 Als *Widerstand* benennt die Psychoanalyse jene Handlungen und Worte der Analysierten, die sich einem Zugang ihres Unbewussten entgegenstellen (ebd.).
7 Eine sehr kenntnisreiche Zusammenstellung und Diskussion dieser differenten Positionen in Helmwart Hierdeis (2016).

3.1 Was hat mich dazu gebracht, die Theoriebildung in diese Richtung voranzutreiben?

Meine Suche nach Antworten auf die Frage, welche Bedeutung Affekte/Gefühle in der Sozialen Arbeit haben und wie darüber in der Sozialen Arbeit und Pädagogik (nicht) nachgedacht wird, nahmen ihren Ausgang in meiner 10-jährigen Tätigkeit als Sozialpädagogin auf der Akutstation einer Kinder- und Jugendpsychiatrie. Dort wurde ich von der medizinischen Leitung mit dem Anspruch konfrontiert, mir gemeinsam mit dem Team die Überlegungen von Bettelheim, Redl und Aichhorn anzueignen und darauf aufbauend eine pädagogische Konzeption zu formulieren, die „unsere" Ideen psychoanalytisch-pädagogischer Praxis mit den mehrheitlich als psychisch krank geltenden jungen Patient_innen einer Fachöffentlichkeit (vor allem für die Kooperationspartner_innen der KJH) zugänglich machen sollte. Tatsächlich führte uns diese Aufgabe dazu, uns intensiv in einem fortwährenden Austausch über unser Erleben mit den Jugendlichen, unseren Handlungen und Erfahrungen kollegial auszutauschen, was wir manchmal als schmerzhaft, dennoch letztlich als eine große Entlastung wahrnahmen, um auf die oft bizarren, aggressiven, feindlichen, regressiven und/oder ambivalenten Beziehungsangebote der Jugendlichen zu antworten. Zwei mir wichtige Erinnerungen möchte ich als ›Initialzünder‹ meines Interesses an einer theoretischen Auseinandersetzung im Hinblick auf den Umgang mit Gefühlen in der Theorie Sozialer Arbeit kurz skizzieren: Es ist Wochenende, die Station ist mit jugendlichen Patient_innen überbelegt, wir sind lediglich zwei Mitarbeiter_innen im Dienst. Zu diesem Zeitpunkt ist unsere tägliche Medikamentenliste zu einer – für unsere Verhältnisse – langen Liste angewachsen. Ich komme zum Dienst, sehe diese und denke, „oh je, was haben wir gerade schwierige Jugendliche". Mein Kollege Franz-Josef kommt kurz nach mir ins Stationszimmer, schaut auf die lange Medikamentenliste, schüttelt mit dem Kopf und fragt mich nachdenklich: „was ist mit uns los, dass wir zurzeit so viele Medikamente verteilen müssen?" Ich fühle mich ertappt!

Dem zweiten Baustein meines Interesses liegt eine Begebenheit mit einer Gruppe von Studierenden der Sozialen Arbeit zugrunde. Diese waren zu einem Gespräch mit uns Pädagog_innen eingeladen und nach der Diskussionsrunde fragte mich eine Studentin schlicht und einfach: „Sag mal Margret, ihr redet alle von Beziehungsarbeit, was ist das überhaupt?"

Meine genauere Betrachtung des Begriffs „Beziehungsarbeit", wie er im pädagogischen, sozialpsychologischen und psychoanalytischen Tätigkeitsfeld verwandt wird, nahm dann ihren Ausgang in der Frage: Was bedeutet es jenseits soziologischer und philosophischer Reflexionen, wenn der Freud'sche Begriff „psychische Arbeit" mit diesem (Schlag-)Wort in Anspruch genommen wird? Dazu habe ich grundlegende Argumentationszusammenhänge betrachtet, insbesondere welche Implikationen der Freud'sche Arbeitsbegriff (Traumarbeit, Trauerarbeit, Durcharbeiten) vor allem bezüglich affektiver Prozesse im Kontext der Rede von Beziehungsarbeit besitzt (Dörr, 1996, 1999; Dörr, Karlson, 1996).

3.2 Gegenstand und Aufgabe der Psychoanalytischen Sozialen Arbeit

Für das Denken und Handeln in der Psychoanalytischen Sozialen Arbeit gilt, dass es immer auch auf eine Veränderung von Bewusstsein und Lebenspraxis seiner Adressat_innen angelegt ist. Ihr Gegenstand ist vor allem Sprache und Interaktion. In einer abgewandelten Formulierung von Alfred Lorenzer: „Motor" der Psychoanalytischen Sozialen Arbeit ist „nicht das Interesse an Selbstreflexion, sondern sinnlich erfahrbares Leiden, das nach Aufhebung verlangt" (Lorenzer, 1973, S. 142). Ein Leiden, das sich in den Interaktionen der Akteur_innen ebenso in Szene setzt, wie es sich in Lebensentwürfe, Handlungen sowie kulturellen Objektivationen manifestiert. Bezogen auf den besonderen Gegenstand – das Unbewusste – gilt auch für die Psychoanalytische Soziale Arbeit: Sie nähert sich diesem letztlich nicht greifbaren Gegenstand über Interaktion, Sprache und Lebenspraxis.

Entsprechend betont Trescher (1985, S. 146) die Orientierung *am Besonderen* des Gegenübers. Demnach richtet die Psychoanalytische Soziale Arbeit ihre Aufmerksamkeit auf die Besonderheit ihres Gegenübers (als Subjekt) sowie auf die „sozialen und institutionell gesetzten Einschränkungen und Behinderungen von Erziehungs- und Bildungsprozessen" (Trescher, 1993, S. 171), um eine Entfaltung von Subjektivität zu ermöglichen.

Indem die Psychoanalytische Soziale Arbeit diese doppelte Perspektive aufnimmt, kann ihr eine Annäherung an das von *gesellschaftlichen Verhältnissen* durchdrungene, aber auch von diesen Verhältnissen bedrohte, verletzte und darunter leidende *Subjekt* gelingen. Entgegen einem ingenieurialen Handlungskonzept zielt sie auf Menschenbildung im Sinne von Bildungs- und Umbildungsprozessen (Bittner, 2013) unter Bedingungen der Ungewissheit. Bereits Freud sprach in seinem Vorwort zu Aichhorns „Verwahrloster Jugend" von den drei „unmöglichen" Berufen des „Erziehens, Kurierens und Regierens". Das jeweils „Unmögliche", bedingt durch die Unbestimmtheit und Unverfügbarkeit der menschlichen Natur wie der gesellschaftlich (rasanten) Entwicklung, lässt die „Bewältigung von Ungewissheit" zu einer zentralen professionellen Herausforderung werden (Dörr, Müller, 2019). Auch ist der von Wimmer (1996, S. 425f.) beschriebene Widerspruch des Pädagogischen ernst zu nehmen, „ […] nämlich durch Erziehung eine Intention verfolgen zu wollen, es aber eigentlich nicht zu können, weil, was gewollt wird, nur vom Anderen selbst hervorgebracht werden kann". Eine Pädagogik, die mit dem Unbewussten rechnet, hat dieser Widersprüchlichkeit besonders Rechnung zu tragen. Entsprechend mahnt Bittner (2009, S. 127) seine Kolleg_innen aus der Psychoanalytischen Pädagogik, Freuds Aussage ernst zu nehmen und auch psychoanalytische Fachbegriffe nicht für die Sache selbst zu halten. Diese psychoanalytischen Begriffe „tun so, als sei das Unbewusste eigentlich ein Bewusstes und Wissbares, das in diesen Begriffen und Theoremen ausgedrückt werden kann." Pädagog_innen mögen es daher mit Adressat_innen zu tun haben, deren Verhalten durch psychoanalytische Begriffe wie Regression, Widerstand, Abwehr, Trauma, Übertragung, ödipaler Konflikt etc. bezeichnet werden kann, dennoch ist mit diesen Begriffen die Kraft des Unbewussten in den jeweiligen Interaktionen keineswegs gebannt.

Insbesondere Burkhard Müller hat sich mit der Rekonstruktion und Weiterentwicklung der Psychoanalytischen Sozialen Arbeit im Denkgebäude der Psychoanalytischen Pädagogik auseinandergesetzt. Beharrlicher als Trescher (1985) bringt Müller zur Sprache, dass Soziale Arbeit sich nicht in kommunikativen Akten erschöpft, die es mittels des szenischen Verstehens zu rekonstruieren gelte, und betont die Notwendigkeit der Aufklärung der „Bedingungen" und „Grenzen" sozialpädagogischer Prozesse und sozialarbeiterischen Handelns. Das zentrale Thema der Psychoanalytischen Sozialen Arbeit „ist eben nicht allein die Frage nach der ›pädagogischen Qualität der (Übertragungs-)Beziehung‹, oder die Bereitstellung eines ›fördernden Dialogs‹, sondern die nach der Herstellbarkeit" (Müller, 1991, S. 167) einer, in den Worten Winnicotts, „hinreichend fördernden Umwelt" – selbstredend unter Einschluss von Beziehungen. Dabei warb er (u.a. gemeinsam mit Robert Hörster, 1992) darum, die Multidimensionalität der Bernfeld'schen Schriften als „Schlüssel" für den Diskurs einer Psychoanalytischen Sozialen Arbeit zu nutzen. Demnach gilt es, konsequent vier Perspektiven zu unterscheiden: (1) Die des sozialpädagogisch Handelnden, (2) die Eigentätigkeit und Eigensinnigkeiten der Adressat_innen, (3) die Verfasstheit der Gesellschaft und (4) die Psychoanalyse. Diese Perspektiven gilt es aufeinander zu beziehen, ohne sie zu vermischen (Hörster, Müller, 1992, S. 3). Auf diese Weise nimmt die Psychoanalytische Soziale Arbeit eine grundlegende Anforderung an pädagogisches Handeln ernst, die Paul Natorp an die Sozialpädagogik stellte, nämlich, „die sozialen Bedingungen der Bildung und die Bildungsbedingungen des Sozialen" als eigene Voraussetzung pädagogischen Denkens und Handelns in den Blick zu nehmen und diese über die gemeinsame Herstellung sozialer Orte – an denen Erfahrungs- und Lernmöglichkeiten (hoffentlich) eröffnet werden – zuallererst zu sichern (Hörster, Müller, 1996). Auch eine Psychoanalytische Soziale Arbeit kann und darf sich gegenüber der historischen und aktuellen gesellschaftlichen Wirklichkeit, die das Feld pädagogischen Handelns mit konstituiert, nicht neutral verhalten.

3.3 Wie werden die Adressat_innen theoretisiert?

Im Unterschied zur üblichen Psychologie lag die Besonderheit der Freud'schen Psychoanalyse von Anfang an nicht nur in der Betonung der Triebe, der Sexualität und des Unbewussten, sondern zugleich darin, den Menschen im Zusammenhang seiner Lebensgeschichte und der hierfür bedeutsamen sozialen Beziehungen zu begreifen. Wie oben bereits hervorgehoben, hat Lorenzer (1972, 2002) in seiner materialistischen Sozialisationstheorie entschieden die menschliche Psyche als einen Ort vielfältiger, schöpferischer, mitunter rätselhafter, geheimnisvoller Erlebensvorgänge und Fantasieproduktionen dargestellt. Und zugleich betrachtet er die Psyche als einen Ort, der entscheidend geprägt ist von den (auch gewaltförmigen) Einflüssen, die die umgebende gesellschaftliche Realität ausübt. Damit wird die Bildung der Persönlichkeit konsequent als Bestandteil gesellschaftlicher Praxis betrachtet. Es ist evident, dass darin der „Orts-Gedanke" von Bernfeld aufgehoben ist, da sich in den inneren Strukturmomenten der Persönlichkeit immer auch die eigenständige, intim-konflikthafte Logik des jeweiligen institutionellen Sozialisationsfeldes (Familie, Schule, Kirche, Peergroup, Milieu usw.) realisiert und das heißt, individuelles Leiden – über die Familie hinaus – in den restriktiven Bedingungen herrschender gesellschaftlicher Strukturen wurzelt, eben auch in Angeboten und Interventionen Sozialer Arbeit. Erkennbar ist, die Theorie und Praxis Psychoanalytischer Sozialer Arbeit basiert auf einem Subjektverständnis, das vom Konflikt ausgeht, da der Mensch, „lebenslang – zunächst ausschließlich unterhalb der Schwelle von Bewusstheit und Reflexivität, später zunehmend reflexiv – in einer stetigen Pendelbewegung zwischen dem Widerstand gegen die Welt und ihrer Annahme zu einer je einmaligen Biographie führt" (Hierdeis, 2016, S. 93). Dieses Subjektverständnis ist mit dem Respekt vor dem geschichtlichen Gewordensein, dem Eigensinn, der Würde und Unverfügbarkeit ihrer Adressat_innen verwoben und bestimmt den professionellen Blick auf Kinder, Jugendliche, Erwachsene wie alte Menschen in ihren je spezifischen Lebenslagen und Milieus. Mit einem Blick auf „das Konkrete, auf das um seinen je individuellen Weg ringende Subjekt", zielt sie konsequent auf „die Auslegung seiner Werde-Möglichkeiten und Werde-Hemmungen, gerade auch unbewusster Art" (Bittner, 2003, S. 152f.). Dies ist mit einer schematischen Bestimmung von „Hilfebedürftigkeit" (Brumlik, Keckeisen, 1976) und einfachen, standardisierten Interventionen nicht zu vereinbaren. Aber auch eine Psychoanalytische Soziale Arbeit ist sich darüber bewusst, dass dieser Blick durch die eigene sozial gestaltete Institution mit ihren jeweiligen Aufgaben geformt ist. Und sie weiß, dass sie noch die sensibelste Bezugnahme auf die „Realitäten" von gelebtem Leben anerkennen muss, dass es einerseits für jede biografische und lebensweltliche Facette mehrere Interpretationsmöglichkeiten gibt und dass andererseits alle diese Interpretationen auch stets im Modus der *Ausübung von sozialer Kontrolle* gelesen werden müssen (Egger, 2013, S. 49f.). Zudem garantiert auch ein offener Zugang zu Adressat_innen über die Anbahnung von offenen selbsterzählten (Episoden von) Lebensgeschichten und alltäglichen Begebenheiten für sich genommen keine machtfreien Interaktionen (Stehr, 2015). Dabei sind biografische Äußerungen keineswegs nur als subjektive Befindlichkeit zu lesen. Vielmehr sind diese Denk-, Gefühls- und Handlungsweisen als „Teil eines historisch-kulturellen Kontextes" zu betrachten, „der durch Ressourcen, Zugangschancen, Institutionen und symbolische Ordnungen strukturiert ist" (Karl, 2005, S. 75). Und wir wissen gerade aus den Arbeiten von Devereux (1973/1998), dass die Fachkraft unhintergehbar selbst als interessegeleitet handelnde Person im Geschehen präsent ist und dass ein Bericht, den sie zu hören bekommt, „niemals mit dem identisch sein kann, den derselbe Berichterstatter einer anderen Person gibt" (ebd., S. 29). Die lebenspraktischen Äußerungen sind verwoben in die jeweils aktuelle Situation des (erzählenden) Subjekts mit der/dem Professionellen, weshalb der Adressat_innenbegriff grundsätzlich relational zu betrachten ist. Die mit Macht und Kompetenz ausgestatteten Fachkräfte wirken in der sozialpädagogischen Praxis mit ihren sedimentierten Theoriebeständen an den Selbstdeutungen von Erfahrungen und Erleben ihrer Adressat_innen, allzu häufig unheilvoll, mit (Dörr, Füssenhäuser, 2015, S. 7f.). Und, mit ihren Deutungen und Handlungen bleiben Fachkräfte der Sozialen Arbeit unweigerlich an institutionelle Aufträge und konkrete Lebenslagen der Hilfesuchenden gebunden, die das Leben der Adressat_innen (mit) prozedieren: Auch der psychoanalytisch orientierte Blick auf Adressat_innen lässt sich nicht aus dem Grundkonflikt zwischen Befähigung und einem machtvollen Zugriff herauslösen. Auch psychoanalytisch orientierte Fachkräfte der Sozialen Arbeit bleiben gefordert, kontinuierlich ihre institutionellen Hilfeprozesse selbstkritisch zu hinterfragen. In den Begegnungen mit den Adressat_innen ist die Grundlage der Freud'schen Behandlungsmethode ernst zu nehmen, die Alfred Lorenzer (1984) als „radikale Umkehrung des Arzt-Patient-Verhältnisses" beschrieben hat. Diese bestand gerade im Verzicht auf die professionelle Definitionsmacht. Freud ließ der Patientin den Vortritt, indem er ihren freien Einfällen folgte. Seine Würdigung des einzelnen Krankenbildes beruhte elementar auf der Selbstdarstellung der Patientin, und nicht auf ärztlich angeleiteten Dialogen nach Art der traditionellen Krankenexploration (ebd.). Zudem ist sie dem von Freud eingeführten ›Krankheitsbegriff‹ verpflichtet. Dieser hatte die Vorstellung von Krankheit als Gegensatz von gesunder Normalität überschritten, indem er gesund und krank, anormal und normal auf einem Kontinuum betrachtete, wodurch Krankheiten nur ›Zuspitzungen‹ des sogenannten ›Gesund-Normalen‹ sind. Folglich begreift eine psychoanalytische Soziale Arbeit eine „Pathologie" als das Maß an Gesundheit, das eine Lebenspraxis in ihrem Lebenskampf und in ihrer Traumatisierungsgeschichte maximal erreichen konnte. Daraus folgt nun aber quasi paradigmatisch, dass notwendiger Ausgangspunkt jeder Praxis die Reste jener ›gesunden Anteile‹ sein müssen, die es auseinanderzuerkennen und im Unterstützungsprozess wiederherzustellen oder zumindest zu stärken gilt (Oevermann, 1996). Ausgangspunkt ist, im Dialog das Erleben und Handeln der Adressat_innen konsequent in Verhältnissen zu adressieren und so das prinzipielle Vermögen zur aktiven Lebensgestaltung zu unterstellen – jenseits der faktischen gesellschaftlichen Formierung psychosozialen Leids. Ihre Lebensbewältigung geschieht vielfach durchaus mit ›Geschick‹, wenn auch oftmals in einer Weise, die kaum gesellschaftskonform, die sozial anstößig, angstmachend, widersprüchlich und/oder verrückt ist und/oder den eigenen manifesten Interessen zuwiderläuft. Das Wissen, dass Menschen mit Lösungen, wenn auch mit solchen, mit denen sie (oder ihre soziale Nahwelt) nicht mehr zurechtkommen, zum ›Fall‹ Sozialer Arbeit werden, bleibt auch in dieser Perspektive orientierungsleitend. Daraus ergibt sich eine radikale Subjektorientierung, die sich einer einseitigen Opferorientierung entgegenstellt. Diese Subjektorientierung verlangt den Fachkräften die Fähigkeit zu einem Dialoghandeln ab, mit der es für die Adressat_innen möglich werden kann, ihre oftmals fragmentarische Verfasstheit des Selbst (mit-)teilen zu dürfen und zu können. Weil aber das Erzählen von (alltäglichen) Geschichten eine (Rück-)Gewinnung von Sinn im eigenen Leben trotz eines und mit einem Leiden möglich machen kann, und weil es einen – bruchstückhaften – Zukunftsentwurf enthält, haben Professionelle der Sozialen Arbeit für den praktischen Vollzug eines Dialogs (auch im gemeinsamen Tun) nicht nur einen geschützten äußeren Rahmen bereitzustellen. Sie müssen sich im Prozess des aktiven Zuhörens auch für die Konstituierung eines inneren Raumes verantwortlich zeigen können (Dörr, 2004). Sowohl der äußere Rahmen – als institutionalisierte (Lebens)Orte – als auch der ›Möglichkeitsraum‹ in der unmittelbaren Begegnung mit den Adressat_innen dürfen, aufgrund unerträglicher und zugleich nicht begriffener Affekte, nicht zu sehr durch Abwehrhaltungen seitens der Professionellen (dauerhaft) ge- oder gar zerstört werden. Diese Vorgabe veranschaulicht die hohe Relevanz, sich nicht defizitorientiert am jeweiligen Symptom/Syndrom der Adressat_innen zu orientieren. Sowohl ein

›diagnostisches Fallverstehen‹ als auch das daraus resultierende methodische Handeln zielt auf das Verbinden der formalen äußeren Strukturen (einschließlich der Verwaltung) mit den inneren Erfahrungsstrukturen der Klientel (biografische Sinndimension). Dies geschieht mit dem Ziel, den Adressat_innen Sichtweisen und Handlungsalternativen zu ihrer Lage zur Verfügung zu stellen, die sie aus eigenem Vermögen nicht gewinnen konnten. Diese können aber immer nur eine schrittweise Annäherung an hypothetische Erkenntnisse sein. Dabei ist eine unmittelbare Überprüfbarkeit erfolgter Interaktionen in der Sozialen Arbeit eher selten der Fall. Professionelles Handeln bleibt als ein Wagnis zu charakterisieren, die Angemessenheit einer ›begleitenden Deutung‹ erweist sich aufgrund ihres Prozesscharakters erst in der Zukunft (Hörster, Müller, 1996). Demgemäß mahnt auch Bittner (1984, S. 417) seine Mitstreiter_innen, im Kontakt mit ihren Adressat_innen aus dem „ständige[n] Auspendeln zwischen Banalität und Verrücktheit" nicht auszusteigen. „Dehumanisierend wäre dann jede Tendenz, den Menschen eine falsche Eindeutigkeit und Einheitlichkeit einzureden und ihre Zerrissenheit zu pathologisieren" (ebd.). Diese Mahnung greift Müller (1989, S. 127) dezidiert als Aufforderung an die Soziale Arbeit auf und macht darüber auf eine zentrale Perspektive auf Adressat_innen der Psychoanalytischen Sozialen Arbeit aufmerksam:

> „Gerade der Beitrag der Psychoanalyse zu einer humanen Sozialpädagogik – human für ihre Adressaten wie für ihre Handlungsträger – ist in dieser Richtung zu suchen. Ihr Beitrag zur Überwindung des Null-Summen-Spiels von Hilfe und Kontrolle bestünde aus dieser Perspektive darin, dass sie gegen die eindeutigen Lösungen misstrauisch macht. Die ›Erziehung zum Sozialvertrag‹, auch ›unter Rückgriff auf Machtressourcen‹ und die Unterstützung der ›Bemühungen des Klienten zur Wiedererlangung der Autonomie seiner Lebenspraxis‹ miteinander zu vermitteln, kann demnach nur demjenigen gelten, der tiefere Einsicht in die Ambivalenz dieser Lebenspraxis seines Klienten – ebenso wie seiner eigenen – hat; und der damit leben kann, indem er die Banalität und Verrücktheit seines beruflichen Alltags ausbalancieren kann." (ebd.).

Die Besonderheit – die den Beinamen „psychoanalytisch" rechtfertigt – liegt demnach im konstitutiven Moment einer Praxis mit ihren Adressat_innen, in der es hinreichend gut gelingt, den gemeinsam erzeugten Inszenierungen mit ihren Übertragungen und Gegenübertragungen „Gehör" zu schenken. Dies erfordert, dass die Fachkraft sich einlässt auf die Erfahrungswelt ihres Gegenübers, die sowohl in den sprachlichen, sinnlich-symbolischen als auch leiblichen Mitteilungen zum Ausdruck kommt. Das Unbewusste lässt sich rational nicht kontrollieren, und so ist eine letztliche Wahrheit über Adressat_innen über dessen Ansprache nicht zu erringen. Der Mensch lässt sich psychoanalytisch nicht in Form von positiven Merkmalen definieren. Aber es ist möglich – wie Lorenzer (1983) zeigen kann – eine Einstellung der Wahrheitssuche einzunehmen, die das dialektische Spannungsverhältnis von Sprache, Interaktion und Lebenspraxis zu berücksichtigen weiß.

3.4 Zum Theorie-Praxis-Verhältnis der Psychoanalytischen Sozialen Arbeit

„In der Psychoanalyse bestand von Anfang an ein Junktim zwischen Heilen und Forschen, die Erkenntnis brachte den Erfolg, man konnte nicht behandeln, ohne etwas Neues zu erfahren" (Freud, 1927, S. 293). Hier betont Freud die enge Verbindung von psychoanalytischer Behandlungspraxis und der Erforschung des Innenlebens des Menschen. An dieser Sichtweise hält die Psychoanalytische Pädagogik fest und spricht in Abwandlung der Begrifflichkeit von einem „Junktim von Praxis und Erkenntnisbildung" (Müller, 1995, S. 192). Auch im Professionalisierungsdiskurs einer Psychoanalytischen Sozialen Arbeit gilt nämlich als Konsens, dass Soziale Arbeit dadurch charakterisiert ist, dass sie sich als diagnostizierend, interpretierend und zugleich als intervenierend, also als praktisch folgenreich auszuweisen hat. Wissenserzeugung und Wissensverwendung erfolgen situativ (auf den jeweiligen Fall bezogen), d.h. uno actu (Dewe, 2002). Folglich betont die Psychoanalytische Soziale Arbeit zum einen, dass professionelles Wissen als ein Wissen im Vollzug zu betrachten ist, zum anderen insistiert sie darauf, dass es sich hierbei um eine Art der Wissensorganisation handelt, in der die Professionelle als Handelnde (auch mit ihren Emotionen) eingeschlossen ist. Kritisiert wird daher an dem aktuellen soziologisch gängigen Professionalisierungsdiskurs in der Sozialen Arbeit, dass gerade die affektiven Handlungselemente ausgeblendet werden. Hiermit bleibt dann der Aspekt des Erlebens unberücksichtigt, der doch für das konkrete (Nicht-)Zustandekommen von pädagogischen Beziehungsprozessen von hoher Relevanz ist (Dörr, 2004). Die in Kommunikationsprozessen auftauchenden Affekte wirken sich nämlich – wenn auch mehr unbewusst als bewusst – als drängende Botschaften auf die Akteure aus und sind somit als selbst- und fremdmotivierte beziehungsregulierende Mechanismen zu begreifen (Krause, 1997, S. 62f.). Nun ist die Bedeutung, die emotionalen Handlungselementen in einzelnen Situationen und Beziehungen zukommt, oft nur sehr schwer auszumachen. Dies hat nicht allein mit der Vielschichtigkeit psychischer Prozesse zu tun, sondern auch damit, dass Gefühle – vor allem unangenehme, peinliche und/oder schmerzliche – im Subjekt unbewusst das Bedürfnis nach Affektregulation nach sich ziehen (Datler, 2003). Insofern gehört aus Sicht einer psychoanalytisch orientierten Sozialen Arbeit zur professionellen Kompetenz auch die Fähigkeit, die affektiven Handlungselemente und deren Bedeutung nicht bloß bei anderen, sondern auch bei sich selbst wahrzunehmen.

> „Und genau dies ist der Grund, weshalb eine in diesem Sinn ›psychoanalytische‹ Orientierung nach unserer Auffassung keine beliebige (oder gar besonders verdächtige) Variante, sondern eine der konstitutiven Bedingungen für eine entfaltete sozialpädagogische Professionalität ist" (Dörr, Müller, 2005, S. 235).

Gemeinsam mit Theorie-Wissen und (tiefen-)hermeneutischer Kompetenz stellt die Fähigkeit zum selbstreflexiven Umgang mit Emotionen eine weitere wesentliche Bedingung dafür dar, dass die Ausgestaltung von (sozial-)pädagogischen Beziehungen nicht unbedacht in den Dienst der Affektregulation gestellt wird. Insofern haben Müller und ich formuliert:

> „Die Pädagogin ist als Person mit anderen Subjekten (und deren Problemen), mit Institutionen und Organisationen in je besonderen gesellschaftlichen und kulturellen Deutungsmustern konfrontiert. Dies macht es geradezu erwartbar, dass sie mit emotionsgeladenen Themen wenn nicht gar Konflikten zu tun hat, in denen sowohl Zuneigung, Zärtlichkeit, Sexualität, als auch Macht, Ohnmacht, Hass, Aggressionen, personale und strukturelle Gewalt mit im Spiel sind. In der Wahrnehmung und Handhabung dieser affektiven Handlungselemente wird die Dringlichkeit umso offensichtlicher, dass erst angemessene Fähigkeit zur Distanznahme die handlungslogisch notwendige Einheit der Erzeugung und der Verwendung der Erkenntnisse, Deutungen etc. ermöglicht" (Dörr, Müller, 2019, S. 21).

Eine besondere Aufmerksamkeit widmen wir in diesem Zusammenhang den Arbeiten des psychoanalytischen Ethnologen Georges Devereux (1973/1998), denn dieser hat die emotionale Wahrnehmung und die Regulation von Affekten ebenso als eine dringliche Aufgabe der Forscher_innen im Forschungsprozess beschrieben. Wir haben hierbei insbesondere die Brisanz in seinen Aussagen herausgestellt, „dass auch wissenschaftliche Methoden und Techniken über die Möglichkeit verfügen, sich sozusagen als objektives Wissen zu ›tarnen‹ und darüber umso unauffälliger wirksam werden" (Dörr, Müller 2005, S. 236).[8] Zentral ist für uns also, dass die Problematik des Umgangs mit den eigenen Gefühlen sowohl den Umgang als Person mit anderen Subjekten (und deren Problemen) betrifft *als auch* den Umgang mit Institutionen und Organisationen in je besonderen gesellschaftlichen und kulturellen Deutungsmustern, in welche solche Beziehungen eingebettet sind, ebenso die Wechselwirkungen zwischen beiden. Wie bereits erwähnt, fasst Bernfeld *das Erleben* situations- und positionsbedingten Elends als die jeweils einzigartige Kennzeichnung des „sozialen Ortes" zusammen, an dem „Objektives" subjektiv angeeignet und verarbeitet wird. Dabei besitzt jeder soziale Ort seine Eigensinnigkeit, die nicht reduziert werden kann. Folglich ist ein theoretisches Wissen über Lebenslagen, Lebenswelt und Milieu wichtig. Aber es hilft wenig weiter, wenn nicht der Blick genauer darauf gelegt wird, wie die äußeren Bedingungen die Subjekte bis in ihre Tiefenstrukturen hinein (mit-)geprägt haben und sich in den konkreten Lebensentwürfen und Handlungsmustern zeigen. Eine Sensibilität gegenüber den latenten Bedeutungen von Interaktionszusammenhängen und die Fähigkeit, sie szenisch zu verstehen, ist allemal hilfreich für die Sozialpädagog_in in ihrer/seiner professionellen Praxis (Würker, 2016).

---

8 Devereux' These ist, dass gerade das notwendige wissenschaftliche Instrumentarium gleichzeitig die Funktion der Angstabwehr habe und dass der Erkenntnisgewinn eben durch die Verleugnung dieses Tatbestandes bedroht sei.

Reflexionsfragen:

- Welche verschiedenen Dimensionen verbinden sich mit Bernfelds Begriff des Sozialen Ortes und welche Bedeutung haben diese für psychoanalytische Sozialarbeit?
- Welche Konsequenzen hat die Subjektorientierung psychoanalytischer Sozialarbeit für die Praxis?
- Was kennzeichnet aus der Perspektive psychoanalytischer Sozialarbeit einen professionellen Umgang mit den affektiven Dimensionen im Beziehungsgeschehen zwischen Fachkraft und Adressat_innen?

Grundlagenliteratur

Bernfeld, S. (1921/1970): Kinderheim Baumgarten. Bericht über einen ernsthaften Versuch mit neuer Erziehung. In: Werder, L. v., Wolff, R. (Hrsg.) (1970): Siegfried Bernfeld: Antiautoritäre Erziehung und Psychoanalyse. Ausgewählte Schriften, Band 1, Frankfurt a.M.: März, S. 84–190.

Bernfeld, S. (1926/1970): Sisyphos oder die Grenzen der Erziehung. Vorwort zur zweiten Auflage. In: Werder, L. v., Wolff, R. (Hrsg.) (1970): Siegfried Bernfeld: Antiautoritäre Erziehung und Psychoanalyse. Ausgewählte Schriften, Band 2, Frankfurt a.M.: März, S. 468–469.

Bernfeld, S. (1929/1969): Der soziale Ort und seine Bedeutung für Neurose, Verwahrlosung und Pädagogik. In: Werder, L. v., Wolff, R. (Hrsg.) (1969): Siegfried Bernfeld: Antiautoritäre Erziehung und Psychoanalyse. Ausgewählte Schriften, Band 1, Frankfurt a.M.: März, S. 198–211.

Bittner, G., Ertle, Ch. (Hrsg.) (1985): Pädagogik und Psychoanalyse. Beiträge zur Geschichte, Theorie und Praxis einer interdisziplinären Kooperation. Würzburg: Königshausen und Neumann.

Devereux, G. (1973/1998): Angst und Methode in den Verhaltenswissenschaften. 4. Aufl., Frankfurt a.M.: Suhrkamp.

Dörr, M., Füssenhäuser, C. (2015): Einleitung. In: Dörr, M., Füssenhäuser, C., Schulze, H. (Hrsg.): Biografie und Lebenswelt. Perspektiven einer Kritischen Sozialen Arbeit. Wiesbaden: SpringerVS, S. 1–21.

Dörr, M., Müller, B. (2005): „Emotionale Wahrnehmung" und „begriffene Angst". Anmerkungen zu vergessenen Aspekten sozialpädagogischer Professionalität und Forschung. In: Schweppe, C., Thole, W. (Hrsg.): Sozialpädagogik als forschende Disziplin. Theorie, Methode, Empirie. Weinheim, München: Juventa, S. 233–251.

Dörr, M., Müller, B. (4.2019): Einleitung. In: Dörr (Hrsg.): Nähe und Distanz. Ein Spannungsfeld pädagogischer Professionalität. 4. aktualisierte und erweiterte Auflage, Weinheim, Basel: Beltz, Juventa, S. 14–39.

Federn, E. (1999): Ein Leben mit der Psychoanalyse. Von Wien über Buchenwald und die USA zurück nach Wien. Gießen: Psychosozial.

Freud, S. (1925f): Geleitwort zu August Aichhorn, Verwahrloste Jugend. Wien. GW Bd. XIV. Frankfurt a.M.: Fischer, S. 565–567.

Hierdeis, H. (2016): Psychoanalytische Pädagogik – Psychoanalyse in der Pädagogik. Stuttgart: Kohlhammer.

Hörster, R., Müller, B. (1996): Zur Struktur sozialpädagogischer Kompetenz. Oder: Wo bleibt das Pädagogische der Sozialpädagogik? In: Combe, W., Helsper, W. (Hrsg.): Pädagogische Professionalität. Untersuchungen zum Typus pädagogischen Handelns. Suhrkamp: Frankfurt a.M., S. 614–648.

Hörster, R., Müller, B. (Hrsg.) (1992): Jugend, Erziehung und Psychoanalyse: Zur Sozialpädagogik Siegfried Bernfelds. Neuwied: Luchterhand.

Leber, A. (1972): Psychoanalytische Reflexion – ein Weg zur Selbstbestimmung in Pädagogik und Sozialarbeit. In: Leber, A., Reiser, H. (Hrsg.): Sozialpädagogik, Psychoanalyse und Sozialkritik. Perspektiven Sozialer Berufe. Neuwied, Berlin: Luchterhand, S. 13–52.

Leber, A. (Hrsg.) (1983): Reproduktion der frühen Erfahrung. Psychoanalytisches Verständnis alltäglicher und nicht alltäglicher Lebenssituationen. Frankfurt a.M.: Fachbuchhandlung Psychologie.

Lorenzer, A. (2002): Die Sprache, der Sinn und das Unbewusste. Psychoanalytisches Grundverständnis und Neurowissenschaften. Hrsg. von Ulrike Prokop. Stuttgart: Klett Cotta.

Müller, B. (1989): Psychoanalytische Pädagogik und Sozialpädagogik. In: Trescher, H.-G., Büttner, Ch., (Hrsg.): Jahrbuch für Psychoanalytische Pädagogik 1. Mainz: Grünewald, S. 120–135.

Müller, B. (1992): Bernfelds Konzept des ›Sozialen Ortes‹ und seine Bedeutung für die Sozialpädagogik. In: Hörster, R., Müller, B. (Hrsg.): Jugend, Erziehung und Psychoanalyse: zur Sozialpädagogik Siegfried Bernfelds. Neuwied: Luchterhand, S. 59–74.

Müller, B. (1995): Außensicht – Innensicht. Beiträge zu einer analytisch orientierten Sozialpädagogik. Freiburg i. Br.: Lambertus.

Müller, B. (2017): Sozialpädagogisches Können. Ein Lehrbuch zur multiperspektivischen Fallarbeit. 8. überarbeitete und erweiterte Auflage. Freiburg i.B.: Lambertus.

Stemmer-Lück, M. (2012): Beziehungsräume in der Sozialen Arbeit. Psychoanalytische Theorien und ihre Anwendung in der Praxis. Stuttgart: Kohlhammer.

Trescher, H.-G. (1985): Theorie und Praxis der psychoanalytischen Pädagogik. Frankfurt a.M./New York: Campus.

Werder, L. v., Wolff, R. (Hrsg.) (1969): Siegfried Bernfeld: Antiautoritäre Erziehung und Psychoanalyse. Ausgewählte Schriften, Band 1 bis 3. Frankfurt a.M.: März.

Winnicott, D.W. (1971): Vom Spiel zur Kreativität. Stuttgart: Klett-Cotta.

Würker, A. (2007): Lehrerbildung und Szenisches Verstehen. Professionalisierung durch psychoanalytisch orientierte Selbstreflexion. Baltmannsweiler: Schneider Verlag, Hohengehren.

Weiterführende Literatur

Aichhorn, Thomas (Hrsg.) (2011): August Aichhorn. Pionier der psychoanalytischen Sozialarbeit. Wien: Erhard Löcker.

Bernfeld, S. (1931/1970): Die Tantalussituation. In: Werder, L. v., Wolff, R. (Hrsg.) (1970): Siegfried Bernfeld: Antiautoritäre Erziehung und Psychoanalyse. Ausgewählte Schriften, Band II, Frankfurt a.M.: März, S. 649–663.

Bittner, G. (1984): Was ist human? In: Neue Sammlung 32. Jg., S. 408–421.

Bittner, G. (2003): Psychoanalytische Pädagogik – heute? In: Rathmayr, B., Ralser, M. (Hrsg.): Zukunft Erziehungswissenschaft. Innsbruck: studia, S. 149–159.

Bittner, G. (2009): Psychoanalyse an der Universität? – oder: Aschenputtel versus „dogmatische Form" (Freud) In: Datler, W., Steinhardt, K., Gstach, J., Ahrbeck, B. (Hrsg.): Der pädagogische Fall und das Unbewusste. Psychoanalytische Pädagogik in kasuistischen Berichten. Jahrbuch für Psychoanalytische Pädagogik 17. Gießen: Psychosozial, S. 124–137.

Brumlik, M., Keckeisen, W. (1976): Etwas fehlt. Zur Kritik und Bestimmung von Hilfebedürftigkeit für Sozialpädagogik. In: Kriminologisches Journal 7. Jg., S. 241–262.

Datler, W. (2003): Erleben, Beschreiben, Verstehen: Vom Nachdenken über Gefühle im Dienst der Entfaltung von pädagogischer Professionalität. In: Dörr, M., Göppel, R. (Hrsg.) Bildung der Gefühle. Gießen: Psychosozial, S. 241–264.

Datler, W., Steinhardt, K., Gstach, J., Ahrbeck, B. (Hrsg.) (2009): Der pädagogische Fall und das Unbewusste. Psychoanalytische Pädagogik in kasuistischen Berichten. Jahrbuch für Psychoanalytische Pädagogik 17. Gießen: Psychosozial.

Dewe, B. (2002): Handlungslogische Probleme „klinischer Sozialarbeit" und professionstheoretische Perspektiven für ein praktizierbares Handlungsmuster. In: Dörr, M. (Hrsg.): Klinische Sozialarbeit. Baltmannsweiler: Schneider, S. 104–119.

Dörr, M. (1996): Beziehungsarbeit. Zur Fragwürdigkeit eines Modebegriffs in der psychosozialen Praxis. Frankfurt a.M.: Brandes & Apsel.

Dörr, M. (1999): Beziehungsarbeit. Eine Begriffsanalyse des Zeitgeistjargons in der psychosozialen Praxis. In: Neue Praxis, 29. Jg., S. 169–179.

Dörr, M. (2004): Lebensgeschichte als Mit-Teilung über die Verfasstheit des Selbst. In: Hanses, A. (Hrsg.): Biographie und Soziale Arbeit. Baltmannsweiler: Schneider, S. 127–143.

Dörr, M. (2019): Soziale Orte im Spannungsfeld von Professionalisierungsanforderungen und organisationaler Rahmung. In: Zimmermann, D., Rauh, B., Trunkenpolz, K., Wininger, M. (Hrsg.): Sozialer Ort und Professionalisierung. Psychoanalytisch-pädagogische Perspektiven. Berlin, Toronto: Barbara Budrich, S. 77–91.

Dörr, M., Karlson, M. (1996): Zum Arbeitsbegriff im psychoanalytischen Kontext. In: Bruns, G. (Hrsg.): Psychoanalyse im Kontext. Soziologische Ansichten der Psychoanalyse. Opladen: Westdeutscher Verlag, S. 195–238.

Egger, R. (2013): Biografie und Lebenswelt. In: Bakic J., Diebäcker M., Hammer, E. (Hrsg.): Aktuelle Leitbegriffe der Sozialen Arbeit. Ein kritisches Handbuch. Bd. 1, Wien: Löcker, S. 41–55.

Erikson, E.H. (1973/1992): Der vollständige Lebenszyklus. Frankfurt a.M.: Suhrkamp.

Fatke, R. (1985): „Krümel vom Tisch der Reichen?" Über das Verhältnis von Pädagogik und Psychoanalyse aus pädagogischer Sicht. In: Bittner, G., Ertle, Ch. (Hrsg.): Pädagogik und Psychoanalyse. Beiträge zur Geschichte, Theorie und Praxis einer interdisziplinären Kooperation. Würzburg: Königshausen und Neumann, S. 47–60.

Finger-Trescher, U., Heilmann, J., Kerschgens, A., Kupper-Heilmann, S. (2019): Angst im pädagogischen Alltag. Herausforderungen und Bewältigungsmöglichkeiten. Gießen: Psychosozial.

Freud, S. (1927a) Nachwort zur Frage der Laienanalyse. GW Bd. 14, S. 287.

Freud, S. (1927c): Die Zukunft einer Illusion. GW Bd. 14, Frankfurt a.M.: Fischer, S. 323–380.

Freud, S. (1939a): Der Mann Moses und die monotheistische Religion. GW Bd. 16, Frankfurt a.M.: Fischer, S. 101–246.

Jantzen, W,. (2020): Seele, Sinn und Emotionen. Essays zu Grundfragen der Humanwissenschaften. Gießen: Psychosozial.

Karl, U. (2005): Zwischen/Räume. Eine empirisch-bildungstheoretische Studie zur ästhetischen und psychosozialen Praxis des Altentheaters. Münster: Lit.

Kaufhold, R. (2001): Bettelheim, Ekstein, Federn: Impulse für die psychoanalytisch-pädagogische Bewegung, Gießen: Psychosozial.

König, H.D., König, J., Lohl, J., Winter, S. (2020): Alfred Lorenzer zur Einführung. Psychoanalyse, Sozialisationstheorie und Tiefenhermeneutik. Berlin, Toronto: Utb.

Krause, R. (1997): Allgemeine psychoanalytische Krankheitslehre. Band 1: Grundlagen. Stuttgart: Klett-Cotta.

Langer, S. K. (1979 [1942]). Philosophy in a New Key. A Study in the Symbolism of Reason, Rite, and Art. Cambridge, Mass.: Harvard University Press [dt. Ausg. (1965): Philosophie auf neuem Wege. Das Symbol im Denken, im Ritus und in der Kunst. Frankfurt a.M.: Fischer.]

Langer, S.K. (1953/2018): Fühlen und Form. Eine Theorie der Kunst. Hamburg: Felix Meiner Verlag.

Laplanche, J., Pontalis, J.-B. (1973/1986): Das Vokabular der Psychoanalyse. Frankfurt a.M.: Suhrkamp.

Lorenzer, A. (1970a): Kritik des psychoanalytischen Symbolbegriffs. Frankfurt a.M.: Suhrkamp.

Lorenzer, A. (1970b): Sprachzerstörung und Rekonstruktion. Vorarbeiten zu einer Metatheorie der Psychoanalyse. Frankfurt a.M.: Suhrkamp.
Lorenzer, A. (1972): Zur Begründung einer materialistischen Sozialisationstheorie. Frankfurt a.M.: Suhrkamp.
Lorenzer, A. (1973): Über den Gegenstand der Psychoanalyse oder: Sprache und Interaktion. Frankfurt a.M.: Suhrkamp.
Lorenzer, A. (1974): Die Wahrheit der psychoanalytischen Erkenntnis. Ein historisch-materialistischer Entwurf. Frankfurt a.M.: Suhrkamp.
Lorenzer, A. (1983): Sprache, Lebenspraxis und szenisches Verstehen in der psychoanalytischen Therapie. In: Psyche 37. Jg., S. 97–115.
Lorenzer, A. (1984): Intimität und soziales Leid. Archäologie der Psychoanalyse. Frankfurt a.M.: Fischer.
Müller, B. (1990): Vom Nutzen und Nachteil der Psychoanalyse für das Sozialpädagogen/innen-Leben. In: Büttner, C./Finger-Trescher, U./Scherpner, M. (Hrsg.): Psychoanalyse und soziale Arbeit. Mainz: Matthias-Grünewald, S. 29–42.
Müller, B. (1991): Multiperspektivität als Aufgabe Psychoanalytischer Pädagogik. Zur Aktualität Siegfried Bernfelds. In: Trescher, H.-G., Büttner, Ch. (Hrsg.): Jahrbuch für Psychoanalytische Pädagogik 3. Mainz: Grünewald, S. 163–177.
Niemeyer, C. (2019): Sozialpädagogik zwischen sexueller und sozialer Frage. Zur fortdauernden Ambivalenz eines Grundkonflikts. In: Dörr, M. (Hrsg.): Nähe und Distanz. Ein Spannungsfeld pädagogischer Professionalität. 4, aktualisierte und erweiterte Auflage, Weinheim, Basel: Beltz Juventa, S. 112–129.
Oevermann, U. (1996): Theoretische Skizze einer revidierten Theorie professionalisierten Handelns. In: Combe, A., Helsper, W. (Hrsg.): Pädagogische Professionalität. Untersuchungen zum Typus pädagogischen Handelns. Frankfurt a.M.: Suhrkamp, S. 70–182.
Reinke, E. (2013) (Hrsg.): Alfred Lorenzer. Zur Aktualität seines interdisziplinären Ansatzes. Gießen: Psychosozial.
Reiser, H. (1972): Zur Praxis der psychoanalytischen Erziehung in der Sonderschule. In: Leber, A., Reiser, H. (Hrsg.): Sozialpädagogik, Psychoanalyse und Sozialkritik. Perspektiven Sozialer Berufe. Neuwied, Berlin: Luchterhand.
Staigl, J. (2013): Verein für Psychoanalytische Sozialarbeit Rottenburg-Tübingen (Hrsg.): Jenseits des Borderline-Syndroms. Grenzfallkinder im Wandel. Frankfurt a.M.: Brandes & Apsel, S. 11–19.
Stehr, J. (2015): Über einige Bedingungen von biographischer Forschung als widerständiger Praktik. In: Dörr, M., Füssenhäuser, C., Schulze, H. (Hrsg.): Biografie und Lebenswelt. Perspektiven einer Kritischen Sozialen Arbeit. Wiesbaden: Springer VS, S. 123–140.
Trescher, H.-G. (1993): Handlungstheoretische Aspekte der Psychoanalytischen Pädagogik. In: Muck, M., Trescher, H.-G. (Hrsg.): Grundlagen der Psychoanalytischen Pädagogik. Mainz: Grünewald, S. 167–201
Trescher, H.-G.(1979): Sozialisation und beschädigte Subjektivität. Frankfurt a.M.: Fachbuchhandlung für Psychologie.
Wimmer, M. (1996): Zerfall des Allgemeinen – Wiederkehr des Singulären. Pädagogische Professionalität und der Wert des Wissens. In: Combe, C., Helsper, W. (Hrsg.): Pädagogische Professionalität. Untersuchungen zum Typus pädagogischen Handelns. Frankfurt a.M.: Suhrkamp, S. 404–447.
Würker, A. (2016): Der Pädagoge als psychoanalytisch aufgeklärter Sisyphos – Vom Nutzen der Psychoanalyse für die Pädagogik. In: Hierdeis, H. (Hrsg.): Austauschprozesse: Psychoanalyse und andere Humanwissenschaften. Göttingen: Vandenhoeck + Ruprecht, S. 182–206.
Zimmermann, D., Winninger, M., Finger-Trescher, U. (2020): Migration, Flucht und Wandel. Herausforderungen für psychosoziale und pädagogische Arbeitsfelder. Jahrbuch für Psychoanalytische Pädagogik 27. Gießen: Psychosozial.

Auf dem Weg zu einer Materialistisch-Dialektischen Theorie Kritischer Sozialer Arbeit

Michael May

> **Zusammenfassung**
>
> Ausgangspunkt des Beitrages ist eine Kritik daran, dass von Ansätzen zu einer Theorie Sozialer Arbeit im Anschluss an Marx nur solche des sog. „Wissenschaftlichen Sozialismus" aus den 1970er und -80er Jahren Eingang in gängige Lehrbücher gefunden haben und diese dadurch auch ein verzerrtes Bild materialistischer Dialektik kolportieren. Vor diesem Hintergrund wird an Marx' Dialektik-Verständnis anschließend die Verwirklichung menschlichen Gemeinwesens als Gegenstand der Kritischen Sozialen Arbeit vorgeschlagen. Dies wird ins Verhältnis zu Ansätzen gesetzt, die diesen als die Überwindung von Entfremdung bestimmen. Es wird dargelegt, warum und wie Kritische Soziale Arbeit residuale und subalterne, gegenständliche Wesenskräfte adressiert und in welcher Weise dabei die theoretische Dialektik Kritischer Theorie im Dienste des Primates der praktischen Dialektik Kritischer Sozialer Arbeit steht.

Ansätze zu einer marxistischen Theorie Sozialer Arbeit im Kontext von „68"

In der gängigen Überblicksliteratur zu Theorien Sozialer Arbeit finden sich zumeist Hinweise auf Ansätze einer sich auf Marx beziehenden dialektisch-materialistischen Theoriebildung Sozialer Arbeit im Kontext der in der sog. 68er-Bewegung gegründeten *Arbeitskreise Kritischer Sozialer Arbeit (AKS)*. Im Hinblick auf die damit verbundenen praktischen Initiativen verweist Lambers auf die „antiautoritären Kinderläden, später die Psychiatriereform, die Heimreform in der Jugendhilfe (Heimkampagne) und die politische Gemeinwesenarbeit, die sich als »Kritische Sozialarbeit« verstand" (2015, S. 101f.). Hammerschmidt, Aner und Weber erwähnen weitere Selbstbezeichnungen, wie *antikapitalistische Sozialarbeit, fortschrittliche Sozialarbeit* oder *Sozialarbeit von unten* (vgl. 2019, S. 97[1]). Als Theorie näher vorgestellt wird in diesem Zusammenhang unter Überschriften wie „Soziale Arbeit als »revolutionäre Praxis«" (Hammerschmidt et al., 2019, S. 97) oder „Ausbeutung und Verelendung überwinden" (Engelke, Borrmann & Spatscheck, 2018, S. 402) zumeist die Theorie von Karam Khella. Lambers bezeichnet ihn als „exponiertes Beispiel der Indienstnahme historisch-materialistischer Theorie für die Theorieentwicklung der Sozialen Arbeit" (2015, S. 282).

Unter der Überschrift „Soziale Arbeit als Herrschaftssicherung" stellen Hammerschmidt et al. (vgl. 2019, S. 89ff.) als weiteres Beispiel einer Theoriebildung Sozialer Arbeit in dieser Theorietradition auch noch den Sammelband „Sozialarbeit unter kapitalistischen Produktionsbedingungen" von Hollstein & Meinhold (1980) vor. Mit den unterschiedlichen Überschriften verweisen sie auf die grundlegende Differenz zwischen diesen Ansätzen im Hinblick darauf, was sie als „Kernbestim-

---

[1] Hervorhebungen in Zitaten sind immer aus dem Original.

mung Sozialer Arbeit" bezeichnen. Während aus der Perspektive von Hollstein & Meinhold Soziale Arbeit „in der kapitalistischen Klassengesellschaft [...] als Reproduktions-, Sozialisations-, Kompensations-, Oppressions- und Disziplinierungsagentur" (Hammerschmidt et al., 2019, S. 96) abzulehnen sei – was Khella als *Sozialarbeit von oben* bezeichnet – ist eine *Sozialarbeit von unten* für diesen „in dem Maß fortschrittlich, wie sie den Kampf gegen das kapitalistische System, das soziales Elend produziert, unterstützt" (ebd., S. 105).

Demgegenüber hat Hans-Ludwig Schmidt in seiner „Systematisierung vorliegender Theorieentwürfe von Sozialpädagogik" (1981, S. 296) jene ersten, auch bei Hammerschmidt et al. Erwähnung findenden Schritte „auf dem Weg zu einer marxistischen Sozialpädagogik" (ebd., S. 188) hinsichtlich ihrer „wissenschaftstheoretischen Prämissen" (ebd., S. 174) zu Recht dem sog. *Wissenschaftlichen Sozialismus* (ebd., S. 182) des *dogmatisch-marxistisch-leninistischen Ansatzes (ML)* (ebd., S. 202) zugeordnet. Seine „Kategorien zur Situationsanalyse sozialpädagogischer Praxis" (ebd., S. 248) suche dieser „aus dem Regreß eines auf die Ökonomie verkürzten Marx" (ebd.) zu gewinnen und konzentriere sich auf „die Rolle des Proletariats im Klassenkampf" (ebd., S. 174). Deshalb hat er diese Ansätze auch zu einer entsprechenden klassentheoretischen „Systemskizze" (ebd., S. 194) und „Funktionsbestimmung" (vgl. ebd. S. 205f.; vgl. auch S. 248f.) zu bündeln versucht, während sie Hammerschmidt et al. aus besagten Gründen getrennt unter den Überschriften „Soziale Arbeit als Herrschaftssicherung" (2019, S. 89) und „... als »revolutionäre Praxis«" (ebd., S. 97) abhandeln.

Hinzuweisen ist in diesem Zusammenhang jedoch darauf, dass Marx gar keine Klassenanalyse ausgearbeitet hat. Das letzte, „Die Klassen" überschriebene Kapitel des *Kapitals* umfasst gerade mal eine gute Seite und endet: „Hier bricht das Ms. ab" (Marx, 1978a, S. 893). Marx konzentriert sich im *Kapital* darauf, die für die Warenförmigkeit der Arbeitskraft konstitutive Trennung der Produzierenden von den Produktionsmitteln als (wert)formkonstitutives Strukturprinzip der kapitalistischen Produktionsweise (vgl. Ellmers, 2007) herauszuarbeiten. Demzufolge fasst er am Ende des dritten Bandes des *Kapitals* seine sich selbst gestellte Aufgabe der „Analyse des Kapitals in seiner Kernstruktur" (Marx, 1978a, S. 278) dahingehend zusammen, dass es ihm „nur" darum ginge, „die innere Organisation der kapitalistischen Produktionsweise, sozusagen in ihrem idealen Durchschnitt, darzustellen" (ebd., S. 839) als eine Form, die zugleich formierend wirkt. Demgegenüber gehen die skizzierten, sich auf Marx berufenden „klassentheoretischen" Ansätze von einer konkreten, anhand ihrer *objektiven Interessen* zu identifizierenden Substanz von Arbeiterklasse aus. Diese gelte es als Kollektiv entsprechend politisch zu organisieren und das Klientel Sozialer Arbeit als dessen ‚deklassiertem' Teil emanzipatorisch in diese zu reintegrieren (vgl. z.B. Zander, 1973, S. 262).

Marx nutzt vor dem Hintergrund seines Erkenntnisinteresses im *Kapital* den Begriff der *Charaktermaske* als „Träger von bestimmten Klassenverhältnissen und Interessen" (1977, S. 16) im Sinne der „Personifikation ökonomischer Kategorien" (ebd.). Demgegenüber hat es die Soziale Arbeit mit konkreten Individuen zu tun. Vor diesem Hintergrund kritisieren Hammerschmidt et al. an Hollsteins Theorie, dass darin „[k]ollektive und individuelle Akteure [...] im eigentlichen

Sinne nicht als Akteure, sondern bloß als Charaktermaske auf[tauchen], die lediglich Funktionen erfüllen, wenn nicht gar quasi-subjektlos prozessieren" (2019, S. 93). Möglicherweise ist dies auch der Hintergrund, weshalb Lambers Marx' Materialismus unterstellt, „dass der Mensch stets das Produkt seiner gesellschaftlich-ökonomischen Verhältnisse" (2015, S. 101) sei. Damit unterschlägt er aber, dass dieser in seiner dritten These über Feuerbach jene „materialistische Lehre, daß die Menschen Produkte der Umstände und der Erziehung, veränderte Menschen also Produkte anderer Umstände und geänderter Erziehung sind" (Marx, 1990b, S. 533), dahingehend kritisiert, „daß die Umstände eben von den Menschen verändert werden und daß der Erzieher selbst erzogen werden muß" (ebd.).

Wenn nun Marx in dieser These weiterhin ebenso kritisch hervorhebt, dass mit der von ihm kritisierten materialistischen Lehre notwendig einhergehe, „die Gesellschaft in zwei Teile zu sondern, von denen der eine über der Gesellschaft erhaben ist" (ebd.), dann betrifft dies nicht nur den von ihm als Beispiel herangezogenen utopischen Sozialist Robert Owen. Diese Kritik ist auch auf alle jene angesprochenen Theorien Sozialer Arbeit zu beziehen, die vor dem Hintergrund eines zur Staatsreligion des ehemaligen Ostblocks verkommenen, sog. *Wissenschaftlichen Sozialismus* das Ziel Sozialer Arbeit darin sehen, „ihre Klientel zum Aufbau einer sozialistisch gerechten Gesellschaftsordnung zu befähigen" (Lambers, 2015, S. 282).

Zu erinnern ist in diesem Zusammenhang daran, dass Marx den Sozialismus nicht nur als einen „Verein freier Menschen" (Marx, 1977, S. 92) charakterisiert hat, „die mit gemeinschaftlichen Produktionsmitteln arbeiten und ihre vielen individuellen Arbeitskräfte selbstbewußt als eine gesellschaftliche Arbeitskraft verausgaben" (ebd.), sondern zugleich auch als einen „Verein freier Menschen, die sich wechselseitig erziehen" (Marx, 1978c, S. 95). Und wenn jener Ostblock damals behauptete, im Übergang vom Sozialismus zum Kommunismus zu sein, dann muss nicht nur an Marx' Formel erinnert werden: „Kommunismus ist als vollendeter Naturalismus = Humanismus, als vollendeter Humanismus = Naturalismus, er ist die *Wahrhafte* Auflösung des Widerstreites zwischen dem Menschen mit der Natur und mit dem Menschen" (Marx, 1990a, S. 536). Wie weit entfernt davon der Ostblock war, zeigt sich allein schon darin, dass Marx die Abschaffung des Staates (!) als zentrales Merkmal des Kommunismus benannt hat.

Nun existierten schon zu Zeiten von Schmidts „Systematisierung vorliegender Theorieentwürfe von Sozialpädagogik" (1981, S. 296) auch solche, die explizit an Marx' *Thesen über Feuerbach* und sein Verständnis einer materialistischen Dialektik anschließen. Auf eine Kurzformel (vgl. dazu ausführlich May & Schmidt, 2021) gebracht geht es dieser darum, „die durch ideologische Legitimation entwicklungshemmender Herrschaftsverhältnisse verzerrten Bilder von Möglichkeiten der Selbstaneignung des Menschen in Produktion und Reflexion wiederherzustellen (kritische Rekonstruktion) und auszumalen (utopische Projektion)" (Frese, 2010, S. 202). Dabei entwickeln Marx und die an ihn anschließenden Ansätze einer materialistischen *Dialektik als Kritik* eine *offene Dialektik*, wie Ritsert (2017, S. 213) sie bezeichnet hat. Diese hält sich „für bis zu Gegensätzen zugespitzte andere Bestimmungen ebenso offen wie dafür, was praktisch auch ganz anders sein oder getan werden könnte" (ebd.).

Nicht nur, dass in den gängigen Lehrbüchern fast ausschließlich nur Theorien Sozialer Arbeit abgehandelt werden, die sich auf den *Wissenschaftlichen Sozialismus* eines dogmatischen *ML* beziehen. Es finden sich darin auch hochproblematische Darstellungen materialistischer Dialektik (vgl. dazu May i.E.b.) – vor allem in denen von Lambers (vgl. 2015, S. 280ff.) und Sandermann & Neumann (vgl. 2018, S. 73, 86f.). Um nun auf jene frühen Ansätze einer Theorie Sozialer Arbeit zurückzukommen, die nicht dem sog. *Wissenschaftlichen Sozialismus* des dogmatischen *ML*, sondern jener Methodologie der Marxschen materialistischen Dialektik folgten, so hat schon Timm Kunstreich Mitte der 1970er Jahre nach den Beziehungen zwischen jener von Marx im Kapital analysierten „Kernstruktur" (Marx, 1978a, S. 278) „und bestimmten Erscheinungen" (Kunstreich, 1975, S. 187) von als Professionalisierung bezeichneten „Tendenzen und Entwicklungen im Bereich der vermittelnden Lohnarbeit (hier: der Sozialarbeit)" (ebd., S. 168) gefragt. Diese hat er als „Reaktion auf Systemprobleme der kapitalistischen Produktionsweise (und damit der Staatsapparaturen)" (ebd., S. 175) analysiert.

Dabei zeichnet er nicht nur nach, wie der die „bürokratische Form der Produktivkraft Organisation" (ebd., S. 170) kennzeichnende Widerspruch zwischen der gesellschaftlich immer notwendigeren „Steigerung der Arbeitseffektivität" (ebd., S. 175) und „der Form traditioneller Kontrolle" (ebd.) als *institutionalisierter Konflikt* über unterschiedliche Strategien von Professionalisierung zu ‚lösen' versucht wird. Er hat mit seinem empirisch rekonstruierten Modell einer *solidarischen Professionalität* zugleich auch konkrete Handlungsoptionen einer *Kritischen Sozialen Arbeit* eröffnet. Mit dieser Arbeit und vielen weiteren Veröffentlichungen hat Timm Kunstreich die Diskussionen weit über jene Gruppen des AKS hinaus maßgeblich angeregt, die dem *Sozialistischen Büro (SB)* nahestanden. Dieses – wie wir heute wohl sagen würden „Netzwerk" (vgl. Becker, 2017) – wollte im Unterschied zu den damals aus dem Boden schießenden diversen *K(=kommunistischen)-Gruppen* keine Partei sein, sondern hatte sich die Devise „Nicht nach Köpfen, sondern nach Interessen organisieren!" (Negt, 1976) auf die Fahnen geschrieben.

Im Hinblick auf die „Wirkungsgeschichte der [...] im AKS vertretenen Theoriepositionen" (Lambers, 2015, S. 102) gesteht Lambers zwar zu, „dass sie die weiteren, sich kritisch und emanzipatorisch verstehenden Theorieentwicklungen der Sozialpädagogik und Sozialarbeit bis heute inspirieren. In der heutigen Theorieentwicklung Sozialer Arbeit" (ebd.) sieht er diese „jedoch keine Rolle mehr" (ebd.) spielen. Lediglich konstatiert er eine „gewisse Reaktualisierung marxistisch inspirierter Aufklärungsrhetorik [...] in der im Jahr 2005 gestarteten, bundesweiten Initiative zur Neu- oder Wiedergründung des Arbeitskreises [...] Kritische Soziale Arbeit (AKS)" (ebd.). Damit aber ignoriert er all die Theoriedebatten, wie sie bis heute gleichermaßen anspruchsvoll wie engagiert vor allem in den 1981 u. a. aus der ersten Generation von AKS zusammen mit Gruppierungen anderer „Arbeitsfelder" (wie es im *SB* heißt) gegründeten „Widersprüche – Zeitschrift für sozialistische Politik im Bildungs-, Gesundheits- und Sozialbereich" geführt werden, zu deren Gründungsmitgliedern auch Timm Kunstreich gehörte. Von den durch die Redaktionsmitglieder in ganz unterschiedlicher Weise vorgenommenen Theoretisierungen Sozialer Arbeit im Anschluss an Marx' materialistische Dialektik, hat nur Heinz Sünkers (2012) bildungstheoretische Variante sowie Andreas Schaarschuchs *Dienstleistungstheorie* in einige der gängigen Lehrbücher zu Theorien Sozialer Arbeit Eingang gefunden: Letztere bei Hammerschmidt et al. (vgl. 2019, S. 173ff.) oder aber in sehr verzerrter Form bei Sandermann & Neumann (vgl. 2018, S. 107).

Zu meinen Gründen, Theoriebildung Sozialer Arbeit auf der Basis der Marxschen materialistischen Dialektik voranzutreiben

In ihrer „Einführung" in die „Theorien der Sozialen Arbeit" verweisen Engelke et al. nicht nur auf das aus ihrer Sicht „aufschlussreiche" (2018, S. 416) Phänomen, dass im Unterschied zu den deutschen „in angloamerikanischen Lehrbüchern über Theorien der Sozialen Arbeit auch weiterhin marxistische Ansätze dargestellt werden" (ebd.). Sie sprechen bezüglich der deutschen Debatte explizit von einer „Ausgrenzung durch Nichtthematisierung" (ebd.), die „ihren Höhepunkt mit dem Zusammenbrechen der sozialistischen Staaten des ehemaligen Ostblocks Ende der 1980er Jahre" (ebd.) erreicht habe. Genau diese „Ausgrenzung durch Nichtthematisierung" (ebd.) zu jenem Zeitpunkt war für mich ein zentraler Anlass, mich intensiver mit der Marxschen Theorie auseinanderzusetzen und mich durch dessen materialistische Dialektik sowie die an sie anschließende Praxisphilosophie für meine Ansätze einer Theoretisierung Sozialer Arbeit anregen zu lassen. Vorangegangen waren dem bereits einige von mir stark affektiv getroffene Entscheidungen:

Aufgewachsen bin ich als Kind einer Flüchtlingsfamilie. Meine Eltern stammten aus kleinbäuerlichen Verhältnissen. Durch die Flucht wurden sie proletarisiert. Auf dem biederen Gymnasium, das ich besuchte, wurde mir vermittelt, dass ich als Arbeiter- und Flüchtlingskind hier fehl am Platze sei. Entsprechend war mein Abitur gerade mal mittelmäßig. Gerne hätte ich damals an der Hochschule, an der ich heute Professor bin, aufgrund des dort angebotenen Projektstudiums Soziale Arbeit studiert. Dafür aber war mein Abitur zu schlecht. So habe ich an der Universität Erziehungswissenschaften mit den Schwerpunkten Sozialpädagogik/Sozialarbeit sowie Erwachsenen- und außerschulische Jugendbildung mit dem Fach Philosophie studiert. Im ersten Semester habe ich mich in verschiedenen Veranstaltungen intensiv mit Theorien zum Nationalsozialismus beschäftigt, wurde der für mich bis heute unfassbar gebliebene Gräuel doch im Unterricht des kleinstädtischen Gymnasiums, das ich besuchte, weitgehend totgeschwiegen.

Besonders angesprochen fühlte ich mich vor dem Hintergrund meiner Herkunft damals durch Ernst Blochs (1976) „Erbschaft dieser Zeit". Während ich damals Adorno so verstand, dass er den Nationalsozialismus den „Barbaren aus der Provinz" in die Schuhe schieben wolle, legte Bloch mit seiner *Dialektik der Ungleichzeitigkeit* die revolutionären Potenziale frei, die sich mit den *uneingelösten* Elementen der durch den Kapitalismus bedrohten subsistenzwirtschaftlichen Produktionsweise verbinden. Bloch (1979) weckte mit seiner Begrifflichkeit im *Prinzip*

Hoffnung in meinem Gehirn nicht nur Bilderstürme, sondern *leiblich* auch sehr warme Gefühle, weshalb mir sein Begriff vom „Wärmestrom des Marxismus" (ebd., S. 241) absolut einleuchtete. Dieses Buch war dann so etwas wie eine Erleuchtung für mich. Mit Marx´ (1990a) „ökonomisch-philosophischen Manuskripten" erging es mir ganz ähnlich. Demgegenüber konnte ich mich mit Adorno, der mir als enthusiastischer Jazz-Fan damals auch wegen seiner Abwertung von Jazz[2] suspekt war, erst nach der Lektüre seiner „Theorie der Halbbildung" (1986c) „versöhnen". So hab ich mich doch ab diesem Zeitpunkt stolz als ungebildeter, aber bildbarer „Barbar" bekannt, dem Adorno dort den Vorzug gegenüber den Halbgebildeten gab, mit denen ich jene Lehrkräfte assoziierte, unter denen ich am Gymnasium so gelitten hatte.

Ich war damals nicht in der Lage, die Differenzierungen und leidenschaftlich geführten Kontroversen unter denjenigen Theorien nachzuvollziehen, die an Marx anschlossen, obwohl ich mit Jürgen Ritsert einen Professor hatte, dessen Veranstaltungen didaktisch vorbildlich strukturiert waren und der geduldig auf all meine naiv – eben „barbarisch" in Adornos positiver Konnotierung – aber voller Herzblut gestellten Fragen antwortete. Diese bezogen sich damals aber nahezu ausschließlich auf orientierende Aspekte für eine *praktische Dialektik*. Auch meine Skepsis gegenüber Habermas (1981) und seiner „Theorie kommunikativen Handelns" gründete sich hauptsächlich auf meine eigenen biographischen Erfahrungen. So erfolgte doch in meiner Familie Sinnstiftung nicht über verständigungsorientierte Sprachhandlungen, sondern über unmittelbare praktische Kooperation in der Ausgestaltung des Alltagslebens, weshalb ich Habermas' Unterscheidung zwischen *kommunikativem* und *instrumentellem Handeln* absolut nicht nachvollziehen konnte.

Noch suspekter waren mir aber jene damals aus dem Boden schießenden *K-Gruppen*, die eine jede mit ihren Heilslehren meinte besser zu wissen, wie die *Arbeiterklasse*, aus der ich ja schließlich stammte, zu organisieren sei. Ihre Propaganda reichte noch nicht einmal an die der KPD heran, welche Bloch in „Erbschaft dieser Zeit" kritisierte, sie spreche nicht zu Menschen. Stärkere Sympathien hegte ich für die kreativen, lustvoll-ironischen und damit wenngleich auch teilweise etwas *pubertär* – wie Habermas nicht ganz zu Unrecht konstatierte – so doch weitaus menschlicheren Aktionen der *Spontis* (= spontaneistische Alternative). Deren aus bildungsbürgerlichen Milieus stammende Protagonist_innen empfand ich jedoch zum Teil als ähnlich ignorant wie Adorno gegenüber den Lebenserfahrungen von Menschen aus unterprivilegierten soziokulturellen Milieus, wie jenem, aus dem ich selbst entstammte. Angesprochen und bis heute überzeugt hat mich hingegen das Organisationskonzept des *SB*, das ich als absolut kongruent zu Oskar Negts Theorien – auch denen gemeinsam mit Alexander Kluge (vgl. Negt & Kluge, 2001b) – empfand. An denen begann ich mich ebenso begeistert abzuarbeiten, wie an jenen von Henri Lefebvre, um zumindest eine blasse Ahnung von der Substanz zu bekommen, von der mir damals noch vieles kryptisch verborgen blieb, die mir

---

2 Vermutlich setzte er Jazz mit Swing gleich, den auch ich musikalisch eher als bieder empfand.

aber von jenem „Wärmestrom" erfüllt zu sein schien, der mich schon bei Bloch affizierte.

Zu dieser Zeit galt es in den Sozialwissenschaften offensichtlich als „chic", sich auf Marx zu berufen. Dies änderte sich jedoch schlagartig mit jenem von Engelke et al. angesprochenen „Zusammenbruch" des Ostblocks. Es geht die Mär, dass auf dem Kongress der Deutschen Gesellschaft für Soziologie nach der Wiedervereinigung Deutschlands einzig und allein noch Niklas Luhmann Marx zitiert habe, dessen Systemtheorie ja nun wahrlich nicht auf einer materialistischen Dialektik gründet (vgl. den Beitrag von Klassen in diesem Band). Dies war dann der Auslöser für mich, im Gegensatz zu den sich für mich nun als „Wendehälse" entpuppenden und auf neue Theoriemoden, wie der von Luhmann oder Habermas, später dann Foucault oder Bourdieu, umschwenkenden „Wellenreitern" nun erst Recht die nun zu einer *objektiven Ungleichzeitigkeit* gewordenen, *nicht-eingelösten* Aspekte dieser materialistisch-dialektischen Tradition für eine Theoriebildung Sozialer Arbeit aufzugreifen und weiterzudenken.

Zur Gegenstandsbestimmung Sozialer Arbeit

Vor dem Hintergrund, dass Natorp die „*sozialen* Bedingungen der Bildung und die *Bildungsbedingungen des sozialen* Lebens" (1974, S. 86) als Gegenstand der *Sozialpädagogik* bestimmt hat, haben Timm Kunstreich und ich (1999) Soziale Arbeit als „Bildung *des* Sozialen" zu bestimmen versucht, die in *praktischer Dialektik* unlösbar mit einer dabei zugleich stattfindenden „Bildung *am* Sozialen" vermittelt ist. Damit greifen wir bewusst die Doppelbedeutung des Begriffs von Bildung auf. Mit „Bildung *des* Sozialen" bezeichnen wir jene Arbeit an der Gesellschaft, wie sie eben nicht nur professionell, sondern in jeglichen Formen von Sozialitäten, in denen Menschen sich zusammenfinden, geleistet wird. Damit einhergehend vollziehen sich stets *Bildungsprozesse*, wie sie Natorp und die klassische, vor allem aber die Kritische Bildungstheorie fokussiert hat. Angeknüpft haben wir dabei vor allem an Heydorn, der ja auch für die angesprochenen Arbeiten von Sünker sehr bedeutend ist. Wenn Heydorn Bildung als eine Form von *Selbsthilfe* fasst in Gestalt eines „Akt[s] gegen das Verhängtsein, eine Hilfe, die der Mensch dem Menschen als Gegenüber leistet" (1994/1995, S. 311), klingt schon jene praktische Dialektik an, deren Zusammenhang wir mit unserem Begriff einer zugleich erfolgenden Bildung *des* und *am* Sozialen in den Blick rücken wollen.

Diesen dialektischen Zusammenhang habe ich dann später als eine spezifischere Gegenstandsbestimmung Kritischer Sozialer Arbeit als „Arbeit am Gemeinwesen" (May, 2017) zu bestimmen versucht. Zugrunde gelegt habe ich dabei den Marxschen Begriff von Gemeinwesen als „das *Leben* selbst, das physische und geistige Leben, die menschliche Sittlichkeit, die menschliche Tätigkeit, der menschliche Genuß, das *menschliche* Wesen" (Marx, 1978b, S. 408) als „das *wahre Gemeinwesen* der Menschen" (ebd.). Dieser zielt ja auf das, was der Gattung Mensch im Unterschied zu anderen Lebewesen *gemein*(sam) ist. Als Reichtum menschlicher Vermögen im Rahmen deren Geschichte *gemein*schaftlich hervorgebracht, fungiert es im Kapitalismus allerdings vor allem zur Vermehrung von Kapital. Zudem ist unter diesen herrschaftlichen Verhältnissen die Mehrzahl der Menschen nicht nur vom Reichtum in Form von Kapital, sondern auch in Gestalt der historisch ausgebildeten Vermögen jenes *menschlichen Gemeinwesens* ausgeschlossen, weil sie von entsprechenden Bildungsmöglichkeiten gesellschaftlich abgeschnitten ist.

Für Marx ist „die heillose Isolierung von diesem Wesen unverhältnismäßig allseitiger, unerträglicher, fürchterlicher, widerspruchsvoller [...] als die Isolierung vom politischen Gemeinwesen" (ebd.). Deshalb ist für ihn „auch die Aufhebung dieser Isolierung und selbst eine partielle Reaktion, ein *Aufstand* gegen dieselbe um so viel unendlicher, wie der *Mensch* unendlicher ist als der *Staatsbürger,* und das *menschliche Leben* als das *politische Leben*" (ebd.). Marx spricht diesbezüglich von einer *sozialen Revolution*. Diese unterscheidet er strikt von einer – wie er es nennt – „Revolution von *politischer Seele*" (ebd.). Denn diese organisiere nur „der *beschränkten* und *zwiespältigen* Natur dieser Seele gemäß, einen herrschenden Kreis in der Gesellschaft, auf Kosten der Gesellschaft" (ebd.). Vor diesem Hintergrund sind alle bisherigen Revolutionen unter kommunistischen Vorzeichen nur als Revolutionen von *politischer Seele* zu bewerten, nicht aber als *soziale* im Marxschen Sinne.

Die von Marx mit Blick auf seinen Begriff von *sozialer Revolution* angesprochene „partielle Reaktion, ein *Aufstand*" (ebd.) gegen das, was er als „heillose Isolierung" (ebd.) vom „wahre[n] Gemeinwesen der Menschen" (ebd.) bezeichnet, nennt der Befreiungspädagoge Paulo Freire (1975), auf den Timm Kunstreich und ich (vgl. 2020) uns ebenfalls sehr stark beziehen, *Grenzakt*. Ein solcher „Akt gegen das Verhängtsein" (Heydorn, 1994/1995, S. 311) ist als Bildung stets mit der Verwirklichung menschlicher Subjektivität verbunden.

Die Beförderung von Subjektivität sieht auch Michael Winkler als zentrale Aufgabe der Sozialpädagogik in Gestalt eines – wie er es nennt – *sozialpädagogischen Ortshandelns*. Dieses habe „für die in kritische Lebenssituationen Geratenen Lebensräume zur Verfügung" (Winkler, 1988, S. 226) zu stellen, die „als Lebensbedingung vom Subjekt kontrolliert" (ebd., S. 278) werden können. Ein solches *Ortshandeln* habe selbst „in der Tätigkeitsform der Versorgung Aneignungsmaterial" (ebd., S. 281) darzubieten, „über welches sich der Bildungsprozess des Subjekts entfalten kann" (ebd.). Entsprechend stellt sich für Winkler das *sozialpädagogische Problem* – wie er es nennt – immer dann, „wenn der Subjektivitätsmodus durch nichtvollzogene Aneignung gekennzeichnet ist und dieser Zustand beharrlich bleibt" (ebd., S. 152).

Winkler konkretisiert dann das, was er *sozialpädagogisches Problem* nennt, weitergehend „als eine Negation der Subjektivität, welcher keine Aufhebung in Gestalt einer erweiterten Subjektivität, sondern eine Destrukturierung des Aneignungssubjekts folgt" (ebd.). Dabei schließt er explizit an „die unvermeidliche Entäußerung und die Entfremdung" (Winkler, 2004, S. 77) an, wie sie Marx (vgl. 1990a, S. 570ff.) in seinen Pariser Manuskripten analysiert hat. Winkler fasst dessen Argumentation dahingehend zusammen, dass sich „menschliches Handeln [...] in der Welt und als solche [vergegenständlicht], um als eine fremde Wirklichkeit wieder aufgenommen und in die subjektive Tätigkeit zurückgenommen werden zu müssen" (2004, S. 77). Auch hier handelt es sich um einen gleich doppelten Bildungsprozess: Etwas wird als Werk gebildet, vermittels dessen und an dem sich der Handelnde selbst bildet, um sich schließlich in diesem Werk auch als menschliches Subjekt und Gattungswesen wiederzuerkennen. Wenn Lefebvre im Anschluss an Marx davon spricht, es gelte das „Alltagsleben zum wichtigsten Werk der endlich bewussten Praxis" (1977, Bd. III, S. 10) auszugestalten, ist damit zugleich das Ziel einer an der Verwirklichung *menschlichen Gemeinwesens* orientierten *Kritischen Sozialen Arbeit* präzise umrissen.

Indem Winkler in seiner Konkretisierung dessen, was er *sozialpädagogisches Problem* nennt, an Marx' Theorie der Entfremdung anschließt, wird deutlich, dass es sich bei *Aneignung* und *Entfremdung* um zwei zwar entgegengesetzte Seiten der dennoch selben Medaille handelt. So ist Entfremdung bei Marx auch als eine widersprüchliche Kategorie gefasst. Denn kapitalistische Produktion muss sich zwar notwendigerweise am Tauschwert orientieren. Sie ist aber immer auch noch Gebrauchswertproduktion. Und bei aller kapitalistischer Konkurrenz, wie sie heute sogar bis in die einzelnen Betriebe hinein verlängert wird, ist in der Produktion mehr denn je eine Kooperation erforderlich. Zudem gibt es viele Bereiche menschlicher Existenz, für die gerade auch die Soziale Arbeit zuständig ist, die sich gar nicht kapitalistisch organisieren lassen.

Innerhalb dieses gesellschaftlichen Rahmens vermag der Mensch in dem Maße, wie es ihm gelingt, „seine Lebenstätigkeit selbst zum Gegenstand seines Wollens und seines Bewußtseins" (Marx, 1990a, S. 516) zu machen – also das „Alltagsleben zum wichtigsten Werk der endlich bewussten Praxis" (Lefebvre, 1977, Bd. III, S. 10) auszugestalten – zugleich auch *Entfremdung* zu überwinden und sich damit ein zentrales Element seines *wahren Gemeinwesens* als Mensch anzueignen. Darauf spielt auch Heydorns Begriff von Bildung „als entbundene Selbsttätigkeit, als schon vollzogene Emanzipation" (1994/1995, S. 5) an. Entsprechend korrespondiert Winklers Gegenstandsbestimmung Sozialer Arbeit als Beförderung subjektiver Vermögen der *Aneignung* in hohem Maße mit Zieglers Plädoyer, diesen als Überwindung von *Entfremdung* zu fassen (vgl. seinen Beitrag in diesem Band).

„In Weiterführung der Argumentation Zieglers" (Schaarschuch, 2019, S. 256) hat jüngst Andreas Schaarschuch dafür plädiert, „diesen Bezugspunkt als die *Entfremdung vom Sozialen*" (ebd.) zu fassen. Sich dabei stärker auf Marx beziehend als Ziegler, akzentuiert er diese Fokussierung auf das Soziale, indem er „dem Begriff der Entfremdung den Begriff der *Vergesellschaftung* zur Seite zu stellen und beide aufeinander zu beziehen" (ebd.) vorschlägt. Eine Überwindung von dieser, wie weiterer, noch zu erläuternder Dimensionen von Entfremdung kann aber unter den herrschenden gesellschaftlichen Verhältnissen nur in einzelnen *Akten* gelingender Aneignung *momenthaft* erfolgen: Menschen fühlen sich in einer Situation durch das gemeinsame Erleben eines tiefen Gefühls verbunden oder geraten in einen Zustand völliger Vertiefung und restlosen Aufgehens in einer Tätigkeit, die wie von selbst vor sich geht, in *flow*.

Winkler spricht im Hinblick auf gelingende Aneignung von einem *Modus der Identität*. Vermutlich will er damit das Zu-*Eigen*-Machen in der Rücknahme des entäußerten Werkes in die subjektive Tätigkeit ausdrücken vermittels jenes gleich doppelten Bildungsprozesses, in dem sich Subjektivität erweitert. Auch spielt dieser Begriff auf Überlegungen der an Marx anschließenden, sowjetischen Kulturtheoretischen Schule an, auf die er sich in seinen „grundlagentheoretische[n] Überlegungen" zu „Aneignung und Sozialpädagogik" (2004) bezieht. Ähnliche finden sich in Piagets (vgl. 1975, S. 39ff.) Dialektik von Assimilation und Akkommodation. Diesen zufolge wird ein Objekt zu einem organischen Teilstück einer Handlungsabfolge und bildet mit ihr dergestalt eine unmittelbare Gesamtheit, dass subjektiver und objektiver Anteil nicht auseinander zu halten sind.

Nicht verwechselt werden darf Winklers Begriff eines *Modus von Identität* mit dem, was Adorno *identifizierendes Denken* nennt. Denn aus materialistischer Perspektive erweist sich eine „Identifikation *der* Sache" (Adorno, 2003, S. 135) nicht nur erkenntnistheoretisch, sondern – sofern es um menschliche Wirklichkeit geht, wie in der Sozialen Arbeit – auch ethisch als problematisch. Erkenntnistheoretisch spricht Adorno deshalb in Bezug auf Materie stets von einem *Nichtidentischen* als „dem, was nicht Geist ist" (ebd., S. 126). Ethisch verweist dieser Begriff auf die Nichtverfügbarkeit menschlicher Individualität. Winklers Begriff vom *Modus der Identität* scheint mir deshalb eher auf „jene Momente der Identifikation *mit* der Sache" (ebd., S. 135) zu zielen, die Horkheimer und Adorno „das mimetische Moment genannt haben: also das Moment des unmittelbaren Sichgleichmachens der Lebewesen und des Bewußtseins an das, was anders ist als sie" (ebd.). Vor diesem Hintergrund dürfte dann auch Adorno Bildung als Zustand gefasst haben, „der weder Kultur beschwört, ihren Rest konserviert, noch sie abschafft, sondern der selber hinaus ist über den Gegensatz von Bildung und Unbildung, von Kultur und Natur" (1986c, S. 120).

Jene mimetischen oder auch – was dann eher den zwischenmenschlichen Bereich betrifft – Empathie-Vermögen, ebenso wie Spontaneität und Kreativität habe ich (vgl. May, 2004) im Anschluss an den von Negt & Kluge (vgl. 2001b) geweiteten Begriff von Marx als *lebendige Arbeit* bezeichnet. Es ist der Gegenbegriff zu dem, was Marx *tote Arbeit* nennt. Mit diesem irritierenden, von Marx (vgl. 1977, S. 209, 446) auf Maschinen und Kapital bezogenen Begriff wollte er verdeutlichen, dass diese nicht aus sich selbst heraus Werte schaffen kann, sondern nur durch Hinzusetzen *lebendiger Arbeit*, durch die sie ja selbst erst geschaffen wurden. Im Anschluss an den von Negt & Kluge geweiteten Begriff lassen sich nicht nur die von Adorno angesprochene *Kultur*, deren *Rest* in materialen Bildungstheorien in einen Kanon gezwängt und zu *konservieren* versucht wird, als *tote Arbeit* theoretisieren, sondern auch alle menschlichen Sinnesorgane.

So entwickelt sich z. B. das Gehirn ja nur dadurch, dass wir wahrnehmen, fühlen, denken und handeln und kann als *tote Arbeit* diese Funktionen erst dadurch ausführen, dass erneut *lebendige Arbeit* zugesetzt wird: In diesem Fall auch in Gestalt neuronaler Erregung sowie der Freisetzung chemischer Botenstoffe und Hormone. Dazu sind schon allein im Gehirn komplexe *Selbstregulierungen* (vgl. May, 2004, S. 58ff.) erforderlich und dann noch einmal anders im Verhältnis zu den anderen Wahrnehmungs- und Handlungsorganen sowie im Verhältnis zu äußeren, dinglichen, kulturellen und sozialen Objekten. Dabei zählen zu letzteren auch menschliche Individuen, mit denen ko-operiert oder inter-agiert wird. Diese sich dann als *tote Arbeit* von neuronalen Verknüpfungen, Wahrnehmungs- und Handlungsmustern sowie Ritualen etc. niederschlagenden *Selbstregulierungen* passen lediglich auf das, was sie zunächst jeweils für sich und dann auch kaskadenhaft aufeinander aufbauend zusammenfassen. Sie mögen zum (überwiegenden?) Teil den von Hegel (vgl. 1979a, 1979b) oder dann Engels (vgl. 1962) formulierten dialektischen Gesetzen *isomorph* sein, wie Ritsert (vgl. 2017) dies formuliert. Aus der Perspektive einer materialistischen Dialektik sind sie jedoch dem zuzuordnen, was Adorno als *Nichtidentisches* bezeichnet.

Theoretisieren lässt sich vor diesem Hintergrund auch die *momenthafte* Überwindung von Entfremdung „als entbundene Selbsttätigkeit, als schon vollzogene Emanzipation" (Heydorn, 1994/1995, S. 5), in Bildungsprozessen, die selbst hinaus sind „über den Gegensatz von Bildung und Unbildung, von Kultur und Natur" (Adorno, 1986c, S. 120). So gehen Negt & Kluge davon aus, dass in dem Maße, wie es in entsprechenden Aneignungsprozessen gelingt „die Fülle primärer, dem menschlichen Willen an sich entzogener und ihm fremder Regulationen ohne Ausschluß in den Zusammenhang der lebendigen Arbeit einzugemeinden" (2001a, S. 69) – was Winkler als *Modus von Identität* bezeichnet –, „daraus ein eigentätiges Kraftfeld [entsteht], das weder in der Natur, noch in der Geschichte als andauernder Zustand *natürlich* vorkommt" (ebd.). Sie kennzeichnen dies im Anschluss an die schon von Marx (vgl. 1990a, S. 536) zitierte Formel für Kommunismus als „Humanisierung der Natur und Naturalisierung des Menschen" (ebd.).

Ein Beispiel dafür im zwischenmenschlichen Bereich, der ja für die Soziale Arbeit von besonderer Relevanz ist, sind *selbstregulierende* Abstimmungen von Rhythmus, Struktur und Funktion praktisch aller organismischen Eigentätigkeiten. Erforscht wurden sie zunächst einmal in der Interaktion zwischen Säuglingen und Müttern (vgl. zusammenfassend May, 2004, S. 113ff.). Sie beziehen bestimmte Parameter des autonomen Nervensystems – wie Blutdruck, Pulsfrequenz, elektrischer Hautwiderstand etc. – ebenso mit ein wie spezifische EEG-Zustände sowie neuronale Erregungsmuster des zentralen Nervensystems. Auf diese Weise verdichten sich diese dem menschlichen Willen an sich entzogenen *Selbstregulierungen* zu einem gemeinsam geteilten emotionalen Geschehen. In beiden Mimiken und Gestiken ist dies so synchron beobachtbar, dass häufig nicht zu entscheiden ist, von wem der Impuls ausgegangen ist.

Auch bei Erwachsenen und selbst in professionellen Kontexten sind solche *Momente* nachweisbar. So konnten in mikroanalytischen Untersuchungen psychodynamischer Therapieprozesse, die sich allerdings rein auf das Interaktionsgeschehen beschränkten, solche – wie sie dort genannt werden – *Begegnungsmomente* beobachtet werden, in denen starke Gefühle geteilt werden, die von beiden Seiten ebenfalls hoch synchron zum Ausdruck gebracht werden (vgl. zusammenfassend May, 2016). Zwar können solche Momente auch nach Deutungen der Therapeut_innen zustande kommen, wenn diese knapp Erzählungen ihrer Klient_innen auch emotional auf den Punkt bringen. Die viele Professionalitätskonzepte gewaltig irritierende Erkenntnis dieser Untersuchungen ist jedoch, dass nur solche *Begegnungsmomente* in der Lage sind, emotionale Schlüsselsituationen im Therapieprozess aufzulösen, die dadurch entstehen, dass die Klient_innen das therapeutische Setting verletzen. In den Interaktionen im Kontext Sozialer Arbeit tauchen solche Settingverletzungen noch sehr viel häufiger auf.

Wenn aus der damit auf beiden Seiten einhergehenden emotionalen Aufladung der Situation, die so stark ist, dass sie beide ganz in die im Hier und Jetzt stattfindende Situation hineinzieht, ein solcher *Begegnungsmoment* entsteht, geht damit ein Quantensprung im Therapieprozess einher. Gleiches gilt für die Festigung eines Arbeitsbündnisses im Kontext Sozialer Arbeit und des Fallverlaufs. Für die Soziale Arbeit besonders bedeutsam ist die Erkenntnis, dass ein solcher *Begegnungsmoment* weitaus stärker wirkt, wenn dieser – in der Sprache von Negt & Kluge – sein eigenes *Kraftfeld* entfalten kann und nicht sofort wieder gedeutet wird. Vor dem Hintergrund, dass diagnostizierte psychische Erkrankungen als massive Formen von Entfremdung interpretiert werden können (vgl. May, 2020b; vgl. dazu ähnlich Schaarschuch, 2019, S. 262) lässt sich postulieren, dass in solchen *Begegnungsmomenten* zumindest situativ die *soziale Entfremdung* im zwischenmenschlichen Verhältnis aufgehoben wird. Bezüglich des beobachteten Effekts auf das Vorangehen im Therapieprozess – was sich aber auch auf Fallgeschichten Sozialer Arbeit übertragen lässt – scheinen sich dadurch jedoch selbst hinter den entsprechenden Diagnosen sich verbergende Aspekte von *Selbstentfremdung* zu lösen.

Ich hatte schon betont, dass unter den herrschenden gesellschaftlichen Verhältnissen eine Überwindung von Entfremdung nur *momenthaft* möglich erscheint. Auf diese situative Begrenztheit verweisen Negt & Kluge, wenn sie davon sprechen, dass es sich bei den dazu notwendigen, gelingenden *Selbstregulierungen* um keinen „andauernde[n] Zustand" (2001a, S. 69) handelt. *Moment* in dem Sinne, wie Hegel diesen Begriff verwendet, verweist aber nicht allein auf solch raum-zeitlich eingegrenzte Situationen. *Moment* verweist zugleich auf eine von ihm als dialektisch gedachte *Vermittlung* zwischen diesen. Ich deute dies so, dass solche *selbstregulierenden* Aufhebungen des Widerspruchs zwischen *Kultur* und *Natur* im Zusammenhang *lebendiger Arbeit* zwar nicht beliebig und willentlich herbeigeführt werden können. Es entsteht aber vermittelt über solche Bildungsprozesse ein sich darin ausdrückender Erfahrungszusammenhang. Um auf das von mir herangezogene Beispiel von *Begegnungsmomenten* zurückzukommen: Diese können zwar nicht willentlich und erst recht nicht von einer Person herbeigeführt werden. Dass sie entstehen können, setzt jedoch *mimetisches Vermögen* voraus, das umgekehrt sich erst über solche *Begegnungsmomente selbstreguliert* als *lebendige Arbeit* verwirklicht. Zugleich wächst damit die subjektive Offenheit für ein solches sich selbst regulierendes *Kraftfeld*.

Vor diesem Hintergrund langt es zur Überwindung von *Entfremdung* jedoch nicht, wie Ziegler dies vorschlägt, sozialstaatlich bzw. im Rahmen Sozialer Arbeit entsprechende soziale und politische Bedingungen im Anschluss an Nussbaums (vgl. 1999, S. 57 f.) Liste der 10 *Capabilities* zu schaffen, ergänzt um die beiden weiteren, von Elisabeth Anderson (vgl. 1999, S. 288 f.) hinzugefügten *Capabilities*, die auf die gleichberechtigte Teilnahme sowohl an kooperativer Produktion wie an kollektiven Entscheidungen zielen. Denn auch bei diesen *Capabilities* handelt es sich um *tote Arbeit*. Diese mögen zwar bedeutsame Bedingungen der Möglichkeit menschlicher Verwirklichung darstellen. Sie können diese Wirkung jedoch nicht aus sich selbst heraus entfalten, sondern nur in dem Maße, wie sie über *lebendige Arbeit angeeignet* und *nutzbar* (vgl. Bareis, 2012) gemacht werden. Im CA bleibt diese, in den erwähnten Theorien von Schaarschuch und Winkler sehr stark akzentuierte Dimension bisher noch weitgehend ausgespart.

Ein noch viel entscheidenderer Grund, weshalb allein durch von Sozialer Arbeit entsprechend vorgehaltenen *Capabilities* Entfremdung nicht überwunden werden kann, findet sich in Winklers erwähnter Rekonstruktion der Marxschen Dialektik von *Aneignung* und *Entfremdung*. So arbeitet er darin nicht nur heraus, dass im Aneignungsprozess die mit der entäußernden Vergegenständlichung – in *toter Arbeit*, wie zu ergänzen wäre – einhergehende Negation der Subjektivität durch deren Wieder-Hineinnahme in die subjektive Tätigkeit aufzuheben ist: also durch *Eingemeindung* in den *Zusammenhang der lebendigen Arbeit* (vgl. Negt & Kluge, 2001a, S. 69). Im Anschluss an Marx betont Winkler darüber hinaus, dass ein solcher Bildungsprozess auf diese Weise erweiterter Subjektivität „durch Eigentumsverhältnisse verzerrt wird, welche die Rücknahme subjektiver Tätigkeit verhindern" (2004, S. 77).

Von daher langt auch Andersons Ergänzung von Nussbaums *Capabilities*-Liste um die Teilnahme an kooperativer Produktion und die Wahlmöglichkeit einer sinnvollen Arbeit aus Marxscher Perspektive nicht aus, um Entfremdung zu überwinden. So ist für Marx die Aufhebung des Privateigentums an Produktionsmitteln die Bedingung der Möglichkeit, dass sich das, was er als „das *wahre Gemeinwesen* der Menschen" (1978b, S. 408) bezeichnet, verwirklichen kann. Denn erst auf dieser Basis kann „dem Menschen in der Gesellschaft die gegenständliche Wirklichkeit als Wirklichkeit der menschlichen Wesenskräfte, als menschliche Wirklichkeit und darum als Wirklichkeit seiner *eignen* Wesenskräfte" (1990a, S. 541) werden. Dass ihm darüber die *tote Arbeit* aller „*Gegenstände* als die *Vergegenständlichung* seiner selbst, als die seine Individualität bestätigenden und verwirklichenden Gegenstände, als *seine* Gegenstände" (ebd.) vermittelt werden, bedeutet aber, dass *Produktionsmittel* hier weiter zu fassen sind im Sinne all derjenigen, die notwendig sind, um ihr „Alltagsleben zum wichtigsten Werk der endlich bewussten Praxis" (Lefebvre, 1977, Bd. III, S. 10) auszugestalten.

Auch diese von Winkler herangezogene, von Marx in seinen *Pariser Manuskripten* entfaltete Entfremdungstheorie kann als Musterbeispiel seiner skizzierten materialistischen Dialektik gelten. So hat er dort zunächst – worauf sich Winkler bezieht – „den Begriff der *entäußerten Arbeit* (des *entäußerten Lebens*) aus der Nationalökonomie als Resultat aus der *Bewegung des Privateigentums* gewonnen" (Marx, 1990a, S. 520). In der Analyse dieses Begriffes zeigt er jedoch, dass „wenn das Privateigentum als Grund, als Ursache der entäußerten Arbeit erscheint, es vielmehr eine Konsequenz derselben ist" (ebd.). So arbeitet Marx heraus, wie der Mensch durch die entfremdete Arbeit „nicht nur sein Verhältnis zu dem Gegenstand und dem Akt der Produktion als fremden und ihm feindlichen Mächten" (ebd., S. 519) erzeugt. Diese Aspekte treten in Schaarschuchs sich auf *soziale Entfremdung* konzentrierender Gegenstandsbestimmung Sozialer Arbeit zurück. Vielmehr fokussiert diese das damit vom Produzierenden zugleich miterzeugte „Verhältnis, in welchem andre Menschen zu seiner Produktion und seinem Produkt stehen, und das Verhältnis, in welchem er zu diesen andern Menschen steht" (ebd.). Wie Marx darlegt, schaffen die Produzierenden „durch die *entfremdete, entäußerte Arbeit*" (ebd., S. 520) so auch „das Verhältnis eines der Arbeit fremden und außer ihr stehenden Menschen zu dieser Arbeit. Das Verhältnis des Arbeiters zur Arbeit erzeugt das Verhältnis des Kapitalisten zu derselben, oder wie man sonst den Arbeitsherrn nennen will. Das *Privateigentum* ist also das Produkt, das Resultat, die notwendige Konsequenz der *entäußerten Arbeit*, des äußerlichen Verhältnisses des Arbeiters zu der Natur und zu sich selbst" (ebd., S. 519f.).

Zugleich zeigt Marx, dass „[i]ndem die entfremdete Arbeit dem Menschen 1. die Natur entfremdet, 2. sich selbst, seine eigne tätige Funktion, seine Lebenstätigkeit" (ebd., S. 516), sie zugleich „3. das *Gattungswesen des Menschen*, sowohl die Natur als sein geistiges Gattungsvermögen, zu einem *ihm fremden* Wesen, zum *Mittel seiner individuellen Existenz* [macht]. Sie entfremdet dem Menschen seinen eignen Leib, wie die Natur außer ihm, wie sein geistiges Wesen, sein *menschliches* Wesen. [...] Überhaupt, der Satz, daß der Mensch seinem Gattungswesen entfremdet ist, heißt, daß ein Mensch dem andern, wie jeder von ihnen dem menschlichen Wesen entfremdet ist" (ebd., S. 517f.): dem *menschlichen Gemeinwesen*.

Vor diesem Hintergrund sehe ich die Notwendigkeit, die in Winklers Konzept *sozialpädagogischen Ortshandelns* eigentümlich blass bleibende *soziale* Dimension stärker auszuarbeiten und diese Bildung *des* Sozialen auch im professionellen Arbeitsbündnis zu demokratisieren (vgl. May, 2019). Letzteres zielt auf die von Ziegler als „Verfahrensaspekt von Freiheit" thematisierte Dimension zur Überwindung der dem CA, aber auch z. B. der bedürfnistheoretischen Ausgestaltung von Sozialer Arbeit als Menschenrechtsprofession (vgl. May, 2018) inhärenten Paternalismusproblematik. Es geht um das Ziel wechselseitiger Produktion von Autonomie, das mit dem Gegenstand Sozialer Arbeit als Verwirklichung *menschlichen Gemeinwesens* unlösbar verbunden ist. Dies setzt auch jenseits sich selbst regulierender *Begegnungsmomente* symmetrische Anerkennungsverhältnisse voraus, wie sie umgekehrt dadurch erst ermöglicht werden. An dieser *praktischen Dialektik* ausrichten muss sich auch das zunächst zweifellos asymmetrisch ausgerichtete und in dieser Asymmetrie nur durch eben solche *Begegnungsmomente* situativ aufgehobene sozialpädagogische Verhältnis, wenn es den hier skizzierten Anspruch einer *Theorie Kritischer Sozialer Arbeit* im Anschluss an Kritische Bildungstheorie nicht verraten will (vgl. May, 2005, S. 114ff.).

Zur Bestimmung der Adressat_innen Sozialer Arbeit

In seiner skizzierten Rekonstruktion des Marxschen Aneignungsbegriffs spricht Winkler nicht vom *Subjekt*, sondern bewusst von *Subjektivität* – an anderen Stellen seiner *Theorie der Sozialpädagogik* noch präziser von einem *Modus der Subjektivität*. Denn von *dem Subjekt* zu sprechen, birgt zumindest latent schon die Gefahr einer Verdinglichung und damit der Negation von *Subjektivität*. Marx selbst hat einen ganz eigenen, nicht-subjektivistischen, sondern materialistisch-dialektischen Begriff von Subjektivität entwickelt. Er schreibt, dass „[w]enn der wirkliche, leibliche, [...] alle Naturkräfte aus- und einatmende *Mensch* seine wirklichen, gegenständlichen *Wesenskräfte* durch seine Entäußerung als fremde Gegenstände *setzt*, [...] nicht das *Setzen* Subjekt [ist]; es ist die Subjektivität *gegenständlicher Wesenskräfte*" (1990a, S. 577).

Wirksam wird diese Subjektivität *gegenständlicher Wesenskräfte* vermittels der verschiedenen menschlichen Sinne, die aber selbst schon Produkt der Gattungsgeschichte sind. In ihnen verwirklicht sich das, was Marx als „das *wahre Gemeinwesen* der Menschen" (1978b, S. 408) bezeichnet hat. Vor diesem Hintergrund sprechen Negt & Kluge in ihrer Interpretation des Marxschen Begriffes *gegenständlicher Wesenskräfte* von „einzelne[n] im Menschen praktisch arbeitenden Eigenschaften" (2001a, 79), die als ein „innere[s] Gemeinwesen, also eine Gesellschaft unterhalb der Person, [...] mit der Gesellschaft außerhalb der Person verkehrt" (ebd.). Die materialistische Dialektik von Marx' Begriff der „Subjektivität gegenständlicher Wesenskräfte" (1990a, S. 577) wird deutlich, wenn er schreibt, dass „nicht nur die 5 Sinne, sondern auch die sogenannten geistigen Sinne, die praktischen Sinne (Wille, Liebe etc.), mit einem Wort der *menschliche* Sinn, die Menschlichkeit der Sinne [...] erst durch das Dasein *seines* Gegenstandes, durch die *vermenschlichte* Natur" (ebd., S. 541) wird.

Als Beispiel dafür wählt er das Ohr, welches sich durch das Hören anspruchsvoller Musik erst zum dem „musikalischen Sinn" (ebd.) entwickelt, der im Unterschied zu einem „unmusikalische[n] Ohr" (ebd.) diese Musik dann differenziert wahr- und aufzunehmen versteht. Entsprechend erscheint hier die Musik als *gegenständliche Wesenskraft*, die auf diese Weise ihre *Subjektivität* entfaltet. Dies verweist auch auf den weiten Begriff von *Gegenstand* und *gegenständlich*, den Marx hier zugrunde legt.

Vor diesem Hintergrund habe ich auch die menschlichen Sinnesorgane im Anschluss an Negt & Kluge in Erweiterung des Marxschen Begriffes als *tote Arbeit* bezeichnet. Um am Beispiel des „musikalischen Sinns" (ebd.) des Ohres zu bleiben, beschränkte sich meine bisherige Theoretisierung jedoch darauf, dass dieser Sinn sich durch die mit dem Hören jeweils erforderliche *lebendige Arbeit* hoch komplexer Selbstregulierungen entwickelt: sowohl zwischen den einzelnen Ohren und dem Gehirn, wie in diesem selbst. Zu ergänzen wäre nun, dass in diesem Hören auch die *tote Arbeit* der dabei im Zusammenhang *lebendiger Arbeit* angeeigneten Musikgeschichte als *gegenständliche Wesenskraft* in ihrer *Subjektivität* wirksam wird. Vor diesem Hintergrund spricht Marx dann davon, dass die *„Bildung* der 5 Sinne [...] eine Arbeit der ganzen bisherigen Weltgeschichte" (1990a, S. 541) sei. An anderer Stellt bezeichnet er die Gesellschaft als *Subjekt* (vgl. 1961, S. 637).

Marx' Formulierung „... so ist nicht das Setzen Subjekt ..." (1990a, S. 577) deuten Negt & Kluge dann weitergehend dahin, dass die „Person und die gesellschaftlichen Repräsentanzen, die sich die historischen Personen im Verlauf der Zeit zurecht gemacht haben, [...] **nicht** das Subjekt [sind]. Beide sind historische Konstrukte, historisch und empirisch real, aber zugleich unwirklich. [...] Sie verdecken den wirklichen Verkehr zwischen den einzelnen gegenständlichen Wesenskräften, die sich innerhalb der Person nur versammeln und innerhalb der Gesamtgesellschaft ebenfalls nur lose zusammenfassen. [...] Ihre wesentlichen Beziehungen verlaufen zwischen [...] der Subjektivität **gegenständlicher** Wesenskräfte. [...] Die wirklichen Beziehungen tauchen durch Ich und gesellschaftliches Ganzes (das als Produktionsprozeß nur eine Vorstellung ist) hindurch" (2001a, S. 79).

Um dies auch noch einmal am Beispiel der Musik zu erläutern: Wenn ein berühmter Geiger ein Violinkonzert gibt, versammeln sich innerhalb seiner Person die *gegenständlichen Wesenskräfte* all dessen, was seinen musikalischen Sinn – wie skizziert – gebildet hat, sowie die über Jahrhunderte ausgefeilten und sich von ihm angeeigneten *gegenständlichen Wesenskräfte* der Greif- und Streichtechnik, um in ihrem diffizilen Verkehr untereinander schließlich in seinem Geigenspiel wirksam zu werden. Ebenso ist aus Marxscher Perspektive (vgl. 1961, S. 637) die Gesellschaft als Subjekt den Vorstellungen, Repräsentanzen, die wir uns von ihr machen, vorgängig. Auf diesen Aspekt der Repräsentation wird noch zurückzukommen sein.

Vor diesem Hintergrund können in einer materialistisch-dialektischen Theorie Kritischer Sozialer Arbeit nicht *Personen* bzw. Personengruppen als Adressat_innen bestimmt werden. Vielmehr hat Kritische Soziale Arbeit in ihrer *praktischen Dialektik* spezifische *gegenständliche Wesenskräfte* zu adressieren. Dies steht keineswegs im Widerspruch zu dem, was Alice Salomon in ihrer *Grundlegung für das Gesamtgebiet der Wohlfahrtspflege* – was heute Soziale Arbeit genannt wird – betont, dass der „Mensch, dem alle Wohlfahrtspflege gilt, [...] ein unteilbares Wesen (Individuum d.h. Unteilbares)" (1998, S. 139) ist. Deshalb muss er für sie auch „*in seiner Einheit Gegenstand der Wohlfahrtspflege*" (ebd., S. 140) sein, „nicht seine wirtschaftliche Lage oder seine Gesundheit oder seine Sittlichkeit" (ebd.). Denn aus der Perspektive einer materialistischen Dialektik können all diejenigen, die gezwungen sind, ihre Arbeitskraft zu verkaufen und denen in einem weiteren Horizont die (Produktions-)Mittel fehlen, um ihr „Alltagsleben zum wichtigsten Werk der endlich bewussten Praxis" (Lefebvre, 1977, Bd. III, S. 10) auszugestalten, auch nicht ihre *Individualität* verwirklichen. Vielmehr werden im Kapitalismus „die einzelnen gegenständlichen Wesenskräfte, also die einzelnen im Menschen praktisch arbeitenden Eigenschaften" (Negt & Kluge, 2001a, S. 78), im Rahmen der Sozialisation in verwertbare und nichtverwertbare Anteile aufgetrennt und lediglich als entfremdete wieder zusammengefügt. So ist das Einfühlungsvermögen einer Verkäufer_in nur insofern interessant, als es für ein Kund_innengespräch nützlich ist. Durch diese Instrumentalisierung kann es sich aber nicht wirklich als Empathie verwirklichen. Vielmehr wird Entfremdung in all den von Marx ausdifferenzierten Dimensionen wirksam.

Schon Marx hat dargelegt, dass wenn ein für den kapitalistischen Produktionsprozess verwertbares „Detailgeschick treibhausmäßig [ge]fördert" (1977, S. 381) wird, dies notwendigerweise mit der „Unterdrückung einer Welt von produktiven Trieben und Anlagen" (ebd.) einhergeht. Kritische Soziale Arbeit hätte demnach die auf diese Weise unterdrückten und deshalb in einer permanenten Ausweichbewegung befindlichen *gegenständlichen Wesenskräfte* als „einzelne[.] im Menschen praktisch arbeitenden Eigenschaften" (Negt & Kluge, 2001a, S. 78) dergestalt zu adressieren, dass es im Rahmen *sozialpädagogischen Ortshandelns* entsprechende *Gegenstände* anbietet, über dessen Aneignung diese Eigenschaften und Vermögen sich dann verwirklichen können. Z.B. könnte es sein, dass durch schulischen Drill Kreativität und Spontaneität unterdrückt werden. Eine im Rahmen *sozialpädagogischen Ortshandelns* ausgestaltete Kunstwerkstatt könnte hier entsprechendes Anregungsmaterial zur Verfügung stellen.

Verwirklichung *menschlichen Gemeinwesens* wie auch von *Individualität* ist so nur allseitig und *selbstreguliert* möglich. Im Unterschied dazu werden die diesbezüglich als *Selbstzweck* entwickelten *gegenständlichen Wesenskräfte* bei der *treibhausmäßigen* Förderung von *Detailgeschick* als bloße *Mittel* des kapitalistischen Produktionsprozesses instrumentalisiert und damit zugleich auch den Betreffenden entfremdet. Somit wären auch diese in einer Weise zu adressieren, dass ihnen über im Rahmen *sozialpädagogischen Ortshandelns* angebotene *Gegenstände* Möglichkeiten zu ihrer selbstregulierenden Aneignung eröffnet werden. Denn nur so vermögen sie dann auch über die darin als *tote Arbeit* geronnenen *gegenständlichen Wesenskräfte* zur Verwirklichung *menschlichen Gemeinwesens* frei und *für sich*[3] verfügen. Entsprechend zu verfahren gilt es im Rahmen Kritischer Sozialer Arbeit auch bezüglich jener Anteile der Verwirklichung *menschlichen Gemeinwesens,* die als *gegenständliche Wesenskräfte* deshalb verkümmern, weil sie für den kapitalistischen Verwertungsprozess uninteressant (geworden) sind.

Nicht allein im Rahmen einer *theoretischen*, sondern vor allem einer *praktischen Dialektik* von Ideologiekritik aufzubrechen wäre in diesem Zusammenhang auch jener von Negt & Kluge mit dem Begriff der *gesellschaftlichen Repräsentanzen* thematisierte *Verdeckungszusammenhang.* Lefebvre (vgl. 1972, S. 256) spricht diesbezüglich von der Notwendigkeit einer *sozio-analytischen Intervention.* Als *praktische Dialektik* habe diese „die mit einer falschen Evidenz vermischten Aspekte der Alltagssituation an einem Ort und in einer Zeit" (ebd.) zu *dissoziieren.* Zu dieser gehören beispielsweise die vielfältigen (Selbst-)Zwänge eines Impression-Managements: also stets gemäß den jeweiligen Erwartungen in der Situation das „beste Selbst" zur Schau zu stellen. In der *theoretischen Dialektik* seiner Alltagskritik hat Lefebvre diese „falsche Evidenz" mit seinem vielfach aufgefächerten und noch zu erläuternden Begriff der *gesellschaftlichen Repräsentation* kritisch analysiert. Deren praktische *Dissoziation* als Aufbrechen des über diese *Repräsentationen* konstituierten Verdeckungszusammenhangs sieht Lefebvre als notwendige Voraussetzung, um eine *Assoziation* der „bis dahin äußeren Erfahrungen" (ebd.) zu ermöglichen. Es gilt also – um beim Beispiel des Impression-Managements zu bleiben – diese Form der Selbstdarstellung zu irritieren, damit sich das, was sich hinter diesem bloß äußerlich repräsentierten „besten Selbst" an am „wahren menschlichen Gemeinwesen" orientierten Selbstverwirklichungswünschen verbirgt und in das Korsett dieser Selbstrepräsentation gezwängt wird, *selbstreguliert* entfalten kann.

In dieser Weise *äußerlich* geblieben ist in meiner Interpretation also die Erfahrung *menschlichen Gemeinwesens,* da die von diesem hervorgebrachten *gegenständlichen Wesenskräfte* zumeist bloß instrumentalistisch im kapitalistischen Verwertungsprozess vernutzt werden. Sie vermochten sich unter diesen Bedingungen

---

[3] Der Begriff „für sich" zielt in der auf Hegel zurückgehenden Dialektik auf Bewusstheit.

- nicht selbstreguliert als Selbstzweck zu einem im emphatischen Sinne *inneren Gemeinwesen* zu verwirklichen, das
- *für sich* – als situative *Assoziation* entsprechender *gegenständlicher Wesenskräfte* – in einer Weise mit der Gesellschaft außerhalb kooperiert, dass es
- zumindest momenthaft gelingt, „die Fülle primärer, dem menschlichen Willen an sich entzogener und ihm fremder Regulationen ohne Ausschluß in den Zusammenhang der lebendigen Arbeit einzugemeinden" (Negt & Kluge, 2001a, S. 69).

In der *theoretischen Dialektik* seiner Alltagskritik bezieht Lefebvre seinen Begriff von *gesellschaftlichen Repräsentationen* zunächst einmal auf Repräsentationen *der* Gesellschaft als Vorstellung jenes Produktionsprozesses eines gesellschaftlichen Ganzen, dessen Kategorien „nur einzelne Seiten dieser bestimmten Gesellschaft, dieses Subjekts, ausdrücken" (Marx, 1961, S. 637). Marx & Engels haben dargelegt, wie „die ihre materielle Produktion und ihren materiellen Verkehr entwickelnden Menschen [...] mit dieser ihrer Wirklichkeit auch ihr Denken und die Produkte ihres Denkens" (1978, S. 27) ändern.

Diesem methodologischen Postulat materialistischer Dialektik folgend zeigt Lefebvre, wie auch jene mit einem Totalitätsanspruch verknüpften Repräsentationen *der* Gesellschaft mit der Vorherrschaft einer entsprechenden Tätigkeit vermittelt sind. Diese haben eine „in der gesellschaftlichen Praxis bestimmte Form angenommen, [...] ästhetischer, juristischer oder legislativer, wissenschaftlicher, philosophischer oder gar spielerischer oder poetischer oder sonstiger Art" (Lefebvre, 1977, Bd. III, S. 8f.). So wird Gesellschaft im Recht anders *repräsentiert* als in der Kunst oder in den Sozialwissenschaften. Genau dadurch aber erweise sich der jeweilige Totalitätsanspruch einer Repräsentation von Gesellschaft „als partiell" (ebd.).

Freilich jenseits materialistischer Dialektik – aber mit deren erkenntnistheoretischem Postulat absolut kompatibel, bis hin zur *Negativen Dialektik* Adornos (vgl. 1986b) – kritisierte schon Salomon, dass „doch alle begriffliche Formulierung und Einteilung das Leben in seiner Einheit und Mannigfaltigkeit [vergewaltigt]. [...] Man kann die Wirtschaft eines Menschen nicht völlig von seiner Gesundheit und Bildung ablösen. Man kann seine Erziehung und Bildung nicht ohne Rücksicht auf berufliche und wirtschaftliche Zwecke gestalten. Man kann seine Gesundheit nicht fördern, wenn es ihm an Einsicht und Willen, an geistigen und sittlichen Kräften fehlt und wenn die Wirtschaftslage eine gesunde Lebensweise zunichte macht" (1998, S. 139).

Nun hat Lefebvre jedoch postuliert, dass von jeder totalisierenden Bewegung, wie sie mit den verschiedenen Repräsentationen *der* Gesellschaft vermittelt ist, ebenso wie von allen Systemen, „die verbissen, aber erfolglos bemüht sind, sich zu Totalitäten zu erheben, sich zu »mondialisieren«"[4] (1975, S. 334), entgegen ihres Anspruchs *Residuen* (lat. = Rest, Abweichung vom gewünschten Ergebnis) „ausgestoßen und durch den Ausstoß bestimmt werden" (ebd., S. 336). Dies gilt selbst

---

4 Die also nicht nur einen auf Gesellschaft, sondern auf die gesamte Welt – das meint mondial – bezogenen Allgemeinheitsanspruch verfolgen.

für Systeme – Goffman (vgl. 1972) spricht von *totalen Institutionen* – wie z.B. Gefängnisse, die Psychiatrie oder die geschlossene Unterbringung in der Heimerziehung, mit ihren gleichförmigen Regelungen der gesamten Lebensvollzüge ihrer *Insassen*. Trotz strenger Überwachung können sie nicht verhindern, dass einige sich völlig zurückziehen, andere trotz drakonischer Strafen sogar rebellieren. Dabei stellen die genannten Institutionen schon die Endstufe dar, aus der Personen nicht mehr *ausgestoßen* werden können, sehr wohl aber versucht wird, abweichendes Verhalten zu eliminieren. Die *Insassen* dieser *Anstalten* wurden aufgrund einer Stigmatisierung (vgl. Goffman, 1967) bestimmter Lebensäußerungen als *abweichendes Verhalten* aber schon zuvor von zahlreichen gesellschaftlichen Systemen ausgestoßen. Die Rede von den „Maßnahmekarrieren" verweist darauf, dass die Soziale Arbeit da keine Ausnahme darstellt. Ja, paradoxerweise wird vom *Ausstoß* aus pädagogischen Settings nicht selten sogar eine pädagogische Wirkung erhofft.

Demgegenüber muss Kritische Soziale Arbeit auch solch *abweichendes Verhalten* als verzweifelten Versuch lesen lernen, die eigene Subjektivität gegenüber den nicht selten gewaltförmigen Zumutungen bestimmter Systeme zu wahren. Leider sind dem auch bestimmte Erziehungs- bzw. Abrichtungsformen Sozialer Arbeit zuzurechnen. Kritische Soziale Arbeit muss hinter der in sogenanntem *abweichenden Verhalten* zweifellos sich artikulierenden *Entfremdung* auch den Kern dessen aufspüren, was sich darin zugleich als blockierte *Subjektivität gegenständlicher Wesenskräfte* verbirgt. So kann hinter einem Drogenmissbrauch bezüglich der über den Rausch intendierten Auflösung starrer Begrenzungen – nicht nur, aber auch im Hinblick auf eigene Gehemmtheiten – der Wunsch nach Überwindung der erlebten Entfremdung sowohl im Verhältnis zu sich selbst, wie zu anderen, verkappt sein.

Auf diese Trennung von der Verwirklichung *menschlichen Gemeinwesens* verweist Lefebvres Begriff von *Residuum*. *Residuen* im Rahmen Kritischer Sozialer Arbeit zu adressieren, bedeutet deshalb nicht, sie – systemtheoretisch gesprochen (vgl. den Beitrag von Klassen in diesem Band) – in die sie exkludierenden Systeme zu (re-)inkludieren. Vielmehr hat sie seine in eben dieser Trennung vom *menschlichen Gemeinwesen* liegende „Essenz (und seinen essentiellen Charakter) aufzuzeigen, im Gegenzug zu der Macht oder Kraft, die es niederdrückt und dabei ungewollt herausstellt" (Lefebvre, 1975, S. 335).

Kritische Soziale Arbeit hat diese *Residuen* von *gegenständlichen Wesenskräften* nun nicht nur in einer Weise zu adressieren, dass es diesen – wie bisher geschildert – über *sozialpädagogisches Ortshandeln* Gegenstände zu einer selbstregulierenden Verwirklichung anbietet. An Lefebvre anschließend wären sie darüber hinaus im Rahmen eines spezifischen *sozialpädagogischen Ortshandelns* auch zu „versammeln und zusammen[zu]bündeln" (ebd.). Lefebvre geht es darum, dass im „Lauf dieser theoretischen und praktischen Versammlung […] die residualen Elemente einander begegnen und anerkennen" (ebd.) und sich dadurch auch „verändern" (ebd.).

So richten sich beispielsweise Rassismus und Sexismus jeweils gegen bestimmte menschliche Eigenschaften und Vermögen, die als *gegenständliche Wesenskräfte* damit zu *Residuen* werden. Dabei unterscheiden sich schon Antisemitismus und die hinter der Diskriminierung von Schwarzen steckenden Stereotype im Hinblick darauf, welche Eigenschaften damit *ausgestoßen* werden. Wieder andere Eigenschaften werden durch Homophobie zu *Residuen*. Dies allein verdeutlicht, welche Herausforderungen mit einer solchen *Versammlung* verbunden sind.

Für notwendig halte ich (vgl. May, 2017, S. 153ff.) deshalb eine allparteiliche Moderation einer solchen *Versammlung* seitens Kritischer Sozialer Arbeit. Denn nur so kann gewährleistet werden, dass jedes einzelne dieser *Residuen* „wieder die Würde und Kraft einer *Essenz* erlange, jener Essenz, die von derselben Macht, die sie zerstören wollte, überhaupt erst hervorgetrieben wird" (Lefebvre, 1975, S. 336). Entsprechend interpretiere ich Lefebvres Postulat der Veränderung der *Residuen* im Zuge der Versammlung als eine Bildung *des* Sozialen in Form eines gleichermaßen demokratischen wie sozialen *äußeren Gemeinwesens,* die mit einer Bildung *am* Sozialen in Gestalt einer *Assoziation* gegenständlicher Wesenskräfte zu einem *inneren Gemeinwesen* dialektisch vermittelt ist. Aufgabe der allparteilichen Moderation wäre es dabei, Ausschließungsprozesse aus beiden Gemeinwesen zu vermeiden und wechselseitige Anerkennung bezüglich der Bildung des *äußeren Gemeinwesens* in der *Versammlung* zu befördern helfen. Denn durch diese Anerkennung verändert sich auch etwas in der selbstregulierenden *Assoziation* der verschiedenen Vermögen zu einem *inneren Gemeinwesen*.

Dieser *Assoziation* können „Normen, Modelle, Werte, kollektive und zwingende Verhaltensweisen, Reglementierungen und Kontrollen" (Lefebvre, 1977, Bd. II, S. 69) als „Repräsentationen der Gesellschaft" (ebd.) entgegenstehen. Vor allem aber sind es „gesellschaftliche *Repräsentationen* [...] im Innern der Psychostruktur [...] des bewußten Wesens, des gesellschaftlichen Individuum[s]" (ebd.), die dahingehend regulierend wirksam werden, dass diese in ihrem Alltagsleben sich individuell so reproduzieren, dass die „(relative Stabilität)" (ebd.) der Reproduktion des gesellschaftlichen Ganzen nicht gefährdet wird.

Gemäß Lefebvres *sozioanalytischer Interventionsstrategie* wären diese zunächst – wie am Beispiel des Impression-Managements skizziert – zu *dissoziieren* um jene *Assoziation* zu ermöglichen. Auch dabei kann auf entsprechende *Residuen* „gesetzt" (Lefebvre, 1975, S. 335) werden. Zwar umfassen solche gesellschaftlichen *Repräsentationen* heute über das Angebot ganzer Warensammlungen hinaus schon quasi industriell vororganisierte Lebensstile, an denen sich dann ein entsprechendes Impression-Management orientiert. Selbst dabei jedoch werden die in dieser Weise instrumentalisierten *gegenständlichen Wesenskräfte* in denjenigen Teil aufgetrennt, der dann als darauf abgestimmtes „bestes Selbst" *repräsentiert* wird und einen *residualen* Teil, der sich darin gerade nicht verwirklicht (vgl. May, 2004, S. 188). Vor diesem Hintergrund analysiert Lefebvre die Alltäglichkeit als „einerseits eine empirische Organisationsform des menschlichen Lebens und andererseits ein[en] Haufen von Repräsentationen, die diese Organisation maskieren" (1977, Bd. II, S. 153). Dementsprechend haben ja Negt & Kluge „die Person und die gesellschaftlichen Repräsentanzen, die sich die historischen Personen im Verlauf der Zeit zurecht gemacht haben" (2001a, S. 79) als „historische Konstrukte, historisch und empirisch real, aber zugleich unwirklich" (ebd.) bezeichnet.

Auf eine weitere Bedeutung von *gesellschaftlicher Repräsentation* rekurriert Lefebvre in seinem Postulat, dass „[o]hne eine (illusorische) Repräsentation oder (wahre) Erkenntnis der gesellschaftlichen Totalität, ohne eine (illusorische oder wahre, besser eine wahre) *Teilhabe* an der gesellschaftlichen Totalität [...] eine gesellschaftliche Teilgruppe weder Status noch Gewißheit" (1977, Bd. III, S. 8) hat. Dabei geht es darum, ob sich eine durch bestimmte gesellschaftliche Problemlagen gekennzeichnete Gruppe in der Gesellschaft *repräsentiert* sehen kann. Diese Bedeutung *gesellschaftlicher Repräsentation* geht auf Marx' (vgl. 2009) Analyse der französischen Parzellbauern zurück. Marx zufolge bildeten diese zwar von ihren „ökonomischen Existenzbedingungen" (ebd., S. 198) her gesehen, „ihre[r] Lebensweise, ihre[r] Interessen und ihre[r] Bildung [...] eine Klasse" (ebd.) *an sich*, denen andere Klassen „feindlich" (ebd.) gegenüberstehen. Sie vermochten aber ihren Interessen nicht politisch wie eine Klasse *für sich* in organisierter Form in der Gesellschaft Geltung zu verschaffen. Antonio Gramsci (vgl. 1994) hat ebenfalls am Beispiel der Kleinbauern – allerdings der süditalienischen – den Begriff der *Subalternität* geprägt. Als *subaltern* bezeichnet er eine Gruppe, die ihre Interessen nicht (organisiert) zu *repräsentieren* vermag, bzw., wie Spivak präziser formuliert, „nicht fähig ist, sich Gehör zu verschaffen – und Sprechen und Hören machen den Sprechakt erst vollständig" (2008, S. 127) – sodass sie mit ihren Interessen in der Gesellschaft nicht *repräsentiert* ist.

Zwar wäre es in bestimmten Konstellationen eingeforderter sozialstaatlicher Expertise geradezu zynisch, wenn Kritische Soziale Arbeit nicht eine advokatorische Funktion gegenüber solchen *subalternen* Gruppen übernähme. Im Anschluss an Spivak muss sie sich dabei jedoch bewusst sein, dass sie dabei immer zugleich mit dazu beiträgt, diesen ihre eigene Stimme zu nehmen. *Subalternität* im Rahmen Kritischer Sozialer Arbeit zu adressieren erfordert von daher, im Kontext eines erweiterten *sozialpädagogischen Ortshandelns* dem, was – auch in Gestalt von *Residuen* – bisher keine *Repräsentation* in jenem doppelten Wortsinn von Symbolisierung und politischer Vertretung gefunden hat, dazu entsprechende Möglichkeiten zu eröffnen: z.B. in Anknüpfung und Weiterführung der angesprochenen Ansätze von Paulo Freire (vgl. May, 2017, S. 162; May, 2020a). Auszugehen gilt es dabei von auf entsprechende *Residuen* verweisenden Mangel- und Diskriminierungserfahrungen, in denen Menschen – mit Marx gesprochen – sich ihrer Trennung vom *menschlichen Gemeinwesen* ansatzweise bewusst werden, was Freire (vgl. 1975, S. 82) als *Grenzsituationen* bezeichnet. Diese gilt es ihnen in ikonographischer Form – Freire spricht von *Kodierung* – z.B. in Gestalt von Bildern, Fotos, Filmen oder Szenen zu *repräsentieren*, damit sie von den Betreffenden entsprechend *dekodiert* werden. Angestoßen werden damit zugleich „*dialogische, partizipative Prozesse der Bedürfnisinterpretation*" (Fraser, 1994, S. 240), in dessen Rahmen – Fraser spricht von einer *Politik der Bedürfnisinterpretation* – die Betreffenden sich wechselseitig ihrer gemeinsamen Interessen vergewissern und diese dann auch machtvoll zu artikulieren beginnen.

Zum Theorie/Praxis-Verhältnis

Negt & Kluge habe die These vertreten, dass „Theoriearbeit nicht dann die Praxis am entschiedensten prägt, wenn sie unmittelbar auf Praxis angewandt wird und sich den Anforderungen der Praxis unmittelbar fügt" (2001a, S. 484). Denn dieses „mechanische Verhältnis zwischen Theorie und Praxis, bei dem es lediglich noch um Umsetzungsprobleme geht" (ebd.), löse deren jeweilige Eigenqualitäten auf. Vor dem Hintergrund ihres Postulates, dass „Theorie [...] ihre praktische Dimension unter anderem in dem [hat], was Praxis von sich aus nicht zu leisten vermag" (ebd.), sehen sie in der „Herstellung des Zusammenhangs [...] die Grundbestimmung der Theoriearbeit" (ebd., S. 480).

Damit verbindet sich für sie zum einen „die Aufforderung, Verschleierung und Verdinglichung der Verhältnisse zu durchbrechen und zu dem vorzudringen, was diesen Verhältnissen zugrunde liegt" (ebd., S. 481). Adorno (vgl. 2010, S. 77) hat dies als das Charakteristikum materialistischer Dialektik schlechthin bezeichnet. Dabei hebt er hervor, dass „Verdinglichtes, Verhärtetes, Verfestigtes" (ebd.) nicht einfach dadurch aufzulösen ist, dass kritische Theorie „ihm das vorgeblich Lebendige und Unmittelbare einfach entgegenhält" (ebd.). Vielmehr zeichne Dialektik aus, dass sie „gleichsam das geronnene Leben, die geronnene Arbeit, das Sedimentierte darin wahrnimmt" (ebd.). Darauf zielt auch mein von Marx entlehnter und im Anschluss an Negt & Kluge stark ausgeweiteter Begriff von *toter Arbeit*. Als theoretische und praktische sucht materialistische Dialektik auf diese Weise das Verhärtete und Verfestigte dadurch zu überwinden, dass sie es „gleichsam aus seiner eigenen Kraft bewegt, also aus dem Leben, das in den uns entfremdet gegenüberstehenden Dingen [darauf zielt die praktische Dialektik M.M] und Begriffen [darauf zielt die theoretische Dialektik M.M] sich niedergeschlagen hat" (ebd.).

Vor diesem Hintergrund wird auch deutlich, warum Negt & Kluge in einer „bloße[n] theoretische[n] Verdoppelung der Praxis" (2001a, S. 484), wie sie in dem vorherrscht, was Horkheimer (vgl. 1988) *traditionelle Theorie* genannt hat, ein Aufzehren des „Gebrauchswert[s] der Theorie" (Negt & Kluge, 2001a, S. 484) sehen. Ganz im Gegenteil sind die auf diese Weise von *traditioneller Theorie* „angestrebten [...] totalisierenden Bestimmungen [...] gefährlich, weil sie dem »Wirklichen« eine neue, fast vollendet, nahezu endgültige Form aufzwingen und es in dieser Form zum »Wirklichen« konstituieren, indem sie es zu dem machen, was es ist; indem sie es »sein« lassen" (Lefebvre, 1975, S. 352). Wenn *traditionelle Theorien* in dieser Weise der Wirklichkeit Seins-Qualitäten zusprechen und damit einen Anspruch von Objektivität verknüpfen, ist dies damit auch keineswegs wertneutral. Vielmehr ergreifen sie so implizit Partei für das, was sich unter herrschaftlichen Bedingungen – und damit entfremdend – an *lebendiger Arbeit* in der Praxis zu einem entsprechenden *Sein* verobjektivieren konnte. Lefebvre spricht diesbezüglich von einer „brutale[n] Objektivität" (1971, S. 76). Deutlich davon abgegrenzt wird von ihm eine – wie er es nennt – „höchste Objektivität: die der lebendigen Tätigkeit des Menschen, der bewusst das Menschliche hervorbringt" (ebd., S. 76f.).

Genau diese *lebendige Arbeit* bzw. der Anteil, der sich in jener *brutalen Objektivität* gerade nicht als *gegenständliche Wesenskräfte* zu ver*wirklichen* – also *Wirk*lichkeit zu werden – vermag, wird in jenen *traditionellen Theorien* übersehen, ja, sogar negiert. Dies betrifft nicht nur die diversen *Residuen*, die von dieser *brutalen Objektivität* „ausgestoßen und durch den Ausstoß bestimmt werden" (Lefebvre, 1975, S. 336). Es geht auch um bisher latent gebliebene Anteile *gegenständlicher Wesenskräfte* in Gestalt einer bloßen „Tendenz, die zur Realität drängt, aber noch kein eigenes Ausdrucksvermögen hat" (Negt & Kluge, 2001a, S. 481), und aufgrund dieser mangelnden *Repräsentation* (auch in jenen *traditionellen Theorien*) als *subaltern* zu bezeichnen sind. Deren *Wirk*-lichkeit im Sinne von *Wirk*-samkeit erachten Negt & Kluge (vgl. ebd.) höher als jene von *traditioneller Theorie* als *Sein* repräsentierten *Tat*-sachen.

Demgegenüber liegt *Kritischer Theorie* ein Begriff von *Praxis* zugrunde, der „im präzisen Sinne [...] das »Wirkliche« der Menschen – voraus[.]setzt" (Lefebvre, 1975, S. 13), wie es Marx mit seinem Begriff der *gegenständlichen Wesenskräfte* fasst. Dieser *Praxis*-Begriff trennt das *Wirk*-liche „weder von der Geschichte und den geschichtlichen Tendenzen, noch vom Möglichen" (ebd.). Genau darauf zielen Negt & Kluge ab, wenn sie den Gebrauchswert *Kritischer Theorie* im „*Verhältnis von Zusammenhang und Kontinuität*" (2001a, S. 483) sehen. Freilich handelt es sich bei dem von Lefebvre angesprochenen *Möglichen* nicht um „frommes Wunschdenken", sondern um etwas, das sich unter anderen Verhältnissen *verwirklichen* – d.h. zur *Wirk*-lichkeit werden – könnte und nur herrschaftlich blockiert wird. Negt & Kluge sprechen deshalb in Bezug auf das, was Lefebvre *brutale Objektivität* nennt, von einem *Blockierungszusammenhang*[5] und fordern von *Kritischer Theorie*, dass sie als *theoretische Dialektik* „die vorhandene Realität mit der in ihr enthaltenen objektiven Möglichkeit zu konfrontieren" (ebd., S. 482) hat.

Schon vor ihnen hat Bloch (vgl. 1979, S. 258ff.), der die Kategorie des *real Möglichen* – differenziert wie kein anderer – in verschiedene Schichten unterteilt hat, zwei, allerdings miteinander vermittelte Aufgaben einer materialistischen Dialektik unterschieden: Als *Bedingungsanalyse* „mit dem Horizont als einem *begrenzenden*, als den begrenzt Möglichen" (ebd., S. 240) fungiert diese *theoretische Dialektik* „als Entlarvung der Ideologien wie als Entzauberung des metaphysischen Scheins" (ebd.); als „Aussichts-Erforschung des In-Möglichkeit-Seienden geht [sie] auf den Horizont im Sinne *unverstellter ungemessener Weite*, im Sinne des noch unerschöpft und unverwirklicht Möglichen" (ebd.). Bezüglich Letzterem sprechen Negt & Kluge dann auch davon, dass *Kritischer Theorie* in Gestalt *theoretischer Dialektik* „eine detektivische Funktion" (2001a, S. 481) zuwächst und sie „Partei für das noch nicht Gewordene, das nach Wirklichkeit, Ausdruck drängt" (ebd.), zu ergreifen hat. Ja, sie gehen sogar soweit, dass sie *Kritische Theorie*, „die ihrem eigenen Anspruch gerecht wird, als Versprechen bezeichnen, Vertrauen und Mut zur Realisierbarkeit objektiver Möglichkeiten zu schaffen" (ebd., S. 482).

---

5 Diese Kategorie hat als Interpretationsfolie auch Eingang in Dewe und Ottos (2002, S. 188) Entwurf einer Reflexiven Professionalität gefunden.

Freilich vermag eine solche *theoretische Dialektik objektive Möglichkeiten* Kritischer Sozialer Arbeit nur auf einer eher übergreifenden Ebene herauszuarbeiten. Begriffe, wie der des *Residuums*, können dabei als *sensibilisierende Konzepte* (Blumer, 1954) fungieren. Die in den einzelnen und versammelten *Residuen* keimenden *objektiven Möglichkeiten* können jedoch nur in der *praktischen Dialektik* Kritischer Sozialer Arbeit jeweils konkret gemeinsam mit den Betroffenen herausgearbeitet und dann von diesen im Zusammenhang *lebendiger Arbeit* aufgehoben werden. Gleiches gilt für den Begriff von *Subalternität*. Denn in einem Ort mag bezüglich bestimmter *Residuen* eine *Politik der Bedürfnisinterpretation* seitens der Betroffenen bereits in Gang gekommen sein, verbunden sogar mit einer *Repräsentation* der daraus resultierenden Interessen und Ansprüche in dessen *politischem Gemeinwesen*. Demgegenüber kann woanders vom gleichen *Residuum* Tangiertes noch zu *Subalternität* verdammt sein. In jedem Fall ist der Wahrheitsgehalt der *theoretischen Dialektik* an den „Primat der praktischen Dialektik" (Haug, 2008, S. 30) – in diesem Fall: Kritischer Sozialer Arbeit – gebunden. Denn ob es sich jeweils um eine *objektive Möglichkeit* gehandelt hat, wie von *theoretischer Dialektik* behauptet, lässt sich erst entscheiden, wenn sie in *praktischer Dialektik* zur Ver*wirk*lichung gebracht wurde.

Henri Lefebvre (vgl. 1977, Bd. II, S. 127ff.) hat in diesem Zusammenhang das Konzept *strategischer Hypothesen* entwickelt. Dieses lässt sich so interpretieren, dass *strategische Hypothesen* nicht nur zwischen jenen, *objektive Möglichkeiten* fokussierenden Begriffen *theoretischer Dialektik* in ihrer *Aussichtserfoschung des In-Möglichkeit-Seienden* (Bloch, 1979, S. 240) und den entsprechenden *Tat*-sachen der *praktischen Dialektik* gesellschaftlicher *Wirk*-lichkeit vermitteln. Lefebvre beansprucht damit zugleich auch den dialektischen Zusammenhang zwischen den *Problemen*, die bestimmte Gruppen bei der Ausgestaltung ihres Alltagslebens erfahren, und den zu deren Lösung von ihnen präferierten *Strategien* zu fokussieren. Vor dem Hintergrund der zuvor entfalteten Argumentation lässt sich dies dahingehend ausdeuten, dass *strategische Hypothesen* somit auch zwischen den von den Betroffenen als *Grenzsituation repräsentierten* und in einer *bedingungsanalytischen Forschung* (ebd.) als *Momente* eines *Blockierungszusammenhangs* analysierten Aspekten ihres Alltagslebens, sowie diesbezüglich *strategisch* möglichen *Grenzakten* eine Brücke zu schlagen versuchen. Und wenn Lefebvre den dialogischen Charakter dieses „hypothesenhafte[n] Vorgehen[s]" (1977, Bd. II, S. 129) betont, dann liegt es geradezu auf der Hand, Freires (vgl. 1975, S. 87f.) skizziertes Prinzip von *Kodierung/Dekodierung* zur Operationalisierung *Strategischer Hypothesen* zu nutzen (vgl. May, 2017, S. 158ff.).

In all den skizzierten Gebrauchswertaspekten *theoretischer Dialektik* geht es, wie Negt & Kluge verdeutlichen, letztlich um eine Herstellung von Zusammenhang in Gestalt „der konkreten Produktion von Berührungsstellen, an denen lebendige Arbeit entstehen kann" (2001a, S. 484f.). Das lässt sich auch auf das Verhältnis einer eben sinnvoll nur – wie skizziert – *übergreifend* zu entwickelnden Theorie Kritischer Sozialer Arbeit zu ihren einzelnen praktischen Initiativen und Projekten beziehen. So formulieren Negt & Kluge unter implizitem Bezug auf die Hegelsche Dialektik zwischen Allgemeinheit, Besonderheit und Einzelheit die Maxime, dass

Theoriearbeit im Hinblick auf die verschiedenen einzelnen Initiativen in deren „Besonderen die Tendenz zum Ganzen sichtbar" (ebd., S. 485) zu machen und so „das Allgemeine *im* Besonderen" (ebd.) herauszuarbeiten habe. Würde Theorie demgegenüber „einen generalisierenden Begriff dem Einzelnen anhefte[n]" (ebd.), negierte sie damit „das Recht des Besonderen dieser praktischen Initiativen" (ebd.). So markiert zusammengefasst das, was Adorno als „objektive Organisation" (1986a, S. 216) der „ästhetische[n] Form" (ebd.) bezeichnet hat – „die gewaltlose Synthese des Zerstreuten" (ebd.) – zugleich auch eine Maxime der *theoretischen*, aber auch der *praktischen Dialektik* Kritischer Sozialer Arbeit im Hinblick auf das *äußere* und *innere Gemeinwesen*.

> **Reflexionsfragen:**
>
> - In welchem Verhältnis steht die Bestimmung des Gegenstands Sozialer Arbeit als Entfremdung zu der als Verwirklichung menschlichen Gemeinwesens?
> - Wie können residuale, subalterne, gegenständliche Wesenskräfte im Rahmen von Kritischer Sozialer Arbeit adressiert werden?
> - In welchem Verhältnis stehen theoretische und praktische Dialektik im Kontext Kritischer Sozialer Arbeit?

GrundlagenLiteratur

Kunstreich, T. (1975): Der institutionalisierte Konflikt. Eine exemplarische Untersuchung zur Rolle des Sozialarbeiters in der Klassengesellschaft am Beispiel der Jugend- und Familienfürsorge. Offenbach: Verlag 2000.

Kunstreich, T. & May, M. (1999): Soziale Arbeit als Bildung des Sozialen und Bildung am Sozialen. In Widersprüche Redaktion (Hrsg.), Transversale Bildung – wider die Unbilden der Lerngesellschaft (Widersprüche, Zeitschrift für sozialistische Politik im Bildungs-, Gesundheits- und Sozialbereich Bd. 73, S. 35–52). Bielefeld: Kleine.

Kunstreich, T. & May, M. (2020): Partizipation als Arbeitsprinzip – zur Praxis gemeinsamer Aufgabenbewältigung. In Widersprüche Redaktion (Hrsg.), Dialogisches Handeln und Forschen. Mit Freire die neoliberalen Verwüstungen überwinden (Widersprüche. Zeitschrift für sozialistische Politik im Bildungs-, Gesundheits- und Sozialbereich, Bd. 155, S. 49–60). Münster: Westfälisches Dampfboot.

May, M. (2017): Soziale Arbeit als Arbeit am Gemeinwesen. Ein theoretischer Begründungsrahmen (Beiträge zur Sozialraumforschung, Bd. 14). Leverkusen: Budrich, Barbara.

May, M. (2019): Zur Vermittlung von Sozialpädagogik und einer Pädagogik des Sozialen – Oder: (Wie) Kann Sozialpädagogik Subalternen zur Sprache verhelfen. In B. Birgmeier, E. Mührel & M. Winkler (Hrsg.), Sozialpädagogische SeitenSprünge. Einsichten von außen, Aussichten von innen: Befunde und Visionen zur Sozialpädagogik (S. 159–164). Weinheim: Juventa Verlag ein Imprint der Julius Beltz GmbH & Co. KG.

May, M (2021): Materialistische Dialektik in Theorien Sozialer Arbeit: Ein kritischer Blick auf aktuelle Lehrbücher. *Soziale Arbeit*, 70(3), S. 97–106.

May, M. & Schmidt, M. (2021): Zur Bedeutung des dialektischen Materialismus für Wissenschaft und Praxis Sozialer Arbeit. In C. Spatscheck & S. Borrmann (Hrsg.), Architekturen des Wissens. Wissenschaftstheoretische Grundpositionen im Theoriediskurs der Sozialen Arbeit (S. 142–156). Weinheim Basel: Beltz Juventa.

Sünker, H. (2012): Soziale Arbeit und Bildung. In W. Thole (Hrsg.), Grundriss Soziale Arbeit. Ein einführendes Handbuch (4. Aufl., S. 249–266). Wiesbaden: VS Verlag für Sozialwissenschaften / Springer Fachmedien Wiesbaden GmbH Wiesbaden.

Winkler, M. (1988): Eine Theorie der Sozialpädagogik (Konzepte der Humanwissenschaften). Stuttgart: Klett-Cotta.
Winkler, M. (2004): Aneignung und Sozialpädagogik – einige grundlagentheoretischen Überlegungen. In U. Deinet & C. Reutlinger (Hrsg.), „Aneignung" als Bildungskonzept der Sozialpädagogik. Beiträge zur Pädagogik des Kindes- und Jugendalters in Zeiten entgrenzter Lernorte (S. 71–91). Wiesbaden: VS Verlag für Sozialwissenschaften.

Weiterführende Literatur

Adorno, T. (2003): *Vorlesung über Negative Dialektik. Fragmente zur Vorlesung 1965/66* (Nachgelassene Schriften / Theodor W. Adorno. Abt. 4, Vorlesungen, Bd. 16). Frankfurt am Main: Suhrkamp.
Adorno, T. W. (1986a): Ästhetische Theorie. In ders., *Gesammelte Schriften* (Bd. 7). Frankfurt am Main: Suhrkamp.
Adorno, T. W. (1986b): Negative Dialektik. Jargon der Eigentlichkeit. In ders., *Gesammelte Schriften* (Bd. 6). Frankfurt am Main: Suhrkamp.
Adorno, T. W. (1986c): Theorie der Halbbildung. In R. ders., *Gesammelte Schriften* (Bd. 8, S. 93–121). Frankfurt am Main: Suhrkamp.
Adorno, T. W. (2010): Einführung in die Dialektik. In ders., *Vorlesungen* (Nachgelassene Schriften, Abtl. 4, Bd. 2). Frankfurt am Main: Suhrkamp.
Anderson, E. S. (1999): What Is the Point of Equality? *Ethics, 109*(2), S. 287–337.
Bareis, E. (2012): Nutzbarmachung und ihre Grenzen – (Nicht-)Nutzungsforschung im Kontext von sozialer Ausschließung und der Arbeit an der Partizipation. In E. Schimpf & J. Stehr (Hrsg.), *Kritisches Forschen in der Sozialen Arbeit. Gegenstandsbereiche – Kontextbedingungen – Positionierungen – Perspektiven* (Perspektiven kritischer Sozialer Arbeit, Bd. 11, S. 291–314). Wiesbaden: VS Verlag für Sozialwissenschaften.
Becker, E. (2017): Das Sozialistische Büro – ein unvollendetes Projekt? In Widersprüche Redaktion (Hrsg.), *Sprache und Sprechen in der Sozialen Arbeit* (Widersprüche. Zeitschrift für sozialistische Politik im Bildungs-, Gesundheits- und Sozialbereich, Bd. 143, S. 127–148). Münster: Westfälisches Dampfboot.
Bloch, E. (1976): *Erbschaft dieser Zeit* (Gesamtausgabe in 16 Bänden. STW-Werkausgabe, Bd. 4, Erw. Aufl.). Frankfurt am Main: Suhrkamp.
Bloch, E. (1979): *Das Prinzip Hoffnung* (Gesamtausgabe in 16 Bänden. STW-Werkausgabe, Bd. 5, 7. Aufl.). Frankfurt am Main: Suhrkamp.
Blumer, H. (1954): What is Wrong with Social Theory? *American Sociological Review, 19*(1), S. 3–10.
Dewe, B. & Otto, H.-U. (2002): Reflexive Sozialpädagogik. Grundstrukturen eines neuen Typs dienstleistungsorientierten Professionshandelns. In W. Thole (Hrsg.), *Grundriss soziale Arbeit. Ein einführendes Handbuch* (S. 179–198). Opladen: Leske + Budrich.
Ellmers, S. (2007): *Die formanalytische Klassentheorie von Karl Marx. Ein Beitrag zur „neuen Marx-Lektüre"*. Duisburg: Univ.-Verl. Rhein-Ruhr.
Engelke, E., Borrmann, S. & Spatscheck, C. (2018): *Theorien der Sozialen Arbeit. Eine Einführung* (7., überarbeitete und erweiterte Auflage). Freiburg im Breisgau: Lambertus-Verlag.
Engels, F. (1962): Dialektik der Natur. In K. Marx & F. Engels, *Werke* (Bd. 20, S. 307–572). Berlin: Dietz Verlag.
Fraser, N. (1994): *Widerspenstige Praktiken. Macht, Diskurs, Geschlecht* (Gender studies, Bd. 1726). Frankfurt am Main: Suhrkamp.
Freire, P. (1975): *Pädagogik der Unterdrückten. Bildung als Praxis der Freiheit* (2. Aufl.). Reinbek: Rowohlt.
Frese, J. (2010): IV. Die Dialektik von Kant bis zur Gegenwart. 3.1 K. MARX 3.2 FR. ENGELS. In J. Ritter, K. Gründer & G. Gabriel (Hrsg.), *Historisches Wörterbuch der Philosophie* (Bd. 2, S. 198–209). Basel: Schwabe.

Goffman, E. (1967): *Stigma. Über Techniken der Bewältigung beschädigter Identität* (Suhrkamp-Taschenbuch Wissenschaft, Bd. 140). Frankfurt am Main: Suhrkamp.
Goffman, E. (1972): *Asyle. Über die soziale Situation psychiatrischer Patienten und anderer Insassen.* Frankfurt am Main: Suhrkamp.
Gramsci, A. (1994): *Gefängnishefte: kritische Gesamtausgabe.* Hamburg: Argument-Verlag [u.a.].
Habermas, J. (1981): *Theorie des kommunikativen Handelns* (2 Bde.). Frankfurt am Main: Suhrkamp.
Hammerschmidt, P., Aner, K. & Weber, S. (2019): *Zeitgenössische Theorien Sozialer Arbeit* (2., durchgesehene Auflage). Weinheim, Basel: Beltz Juventa.
Haug, W. F. (2008): Für praktische Dialektik. *Das Argument,* (274), S. 21–32.
Hegel, Georg Wilhelm Friedrich (1979a): Enzyklopädie der philosophischen Wissenschaften im Grundrisse. Zweiter Teil: Die Naturphilosophie. In ders., *Werke. Auf der Grundlage der Werke von 1832–1845 neu edierte Ausgabe* (Theorie-Werkausgabe, Bd. 9). Frankfurt am Main: Suhrkamp.
Hegel, Georg Wilhelm Friedrich (1979b): Wissenschaft der Logik. In ders., *Werke. Auf der Grundlage der Werke von 1832–1845 neu edierte Ausgabe* (Theorie-Werkausgabe, Bd. 6). Frankfurt am Main: Suhrkamp.
Heydorn, H.-J. (1994/1995): Über den Widerspruch von Bildung und Herrschaft. 1970. In ders., *Werke* (Bd. 3). Vaduz: Topos Verlag.
Hollstein, W. & Meinhold, M. (Hrsg.). (1980): *Sozialarbeit unter kapitalistischen Produktionsbedingungen* (5., unveränd. Aufl.). Bielefeld: AJZ-Druck + Verlag.
Lambers, H. (2015): *Theorien der Sozialen Arbeit. Ein Kompendium und Vergleich* (UTB, 3775 : Soziale Arbeit, 2., überarb. Aufl.). Leverkusen: UTB; Budrich, Barbara.
Lefebvre, H. (1971): *Der dialektische Materialismus.* Frankfurt am Main: Suhrkamp.
Lefebvre, H. (1972): *Das Alltagsleben in der modernen Welt.* Frankfurt am Main: Suhrkamp.
Lefebvre, H. (1975): *Metaphilosophie. Prolegomena.* Frankfurt am Main: Suhrkamp.
Lefebvre, H. (1977): *Kritik des Alltagslebens* (Athenäum-Taschenbücher Sozialwissenschaften, Bd. 4114). Kronberg/Ts.: Athenäum.
Marx, K. (1961): Einleitung. [zur Kritik der politischen Ökonomie]. In K. Marx & F. Engels, *Werke* (Bd. 13, S. 615–642). Berlin: Dietz.
Marx, K. (1977): *Das Kapital. Kritik der politischen Ökonomie ; Bd. 1, Buch 1. Der Produktionsproceß des Kapitals* (unveränd. Nachdr. der 1. Aufl. 1962). Berlin: Dietz.
Marx, K. (1978a): *Das Kapital. Kritik der politischen Ökonomie. Dritter Band. Buch III: Der Gesamtprozeß der kapitalistischen Produktion.* Berlin: Dietz.
Marx, K. (1978b): Kritische Randglossen. In K. Marx & F. Engels, *Werke* (Bd. 1, 6. Aufl., S. 392–410). Berlin: Dietz.
Marx, K. (1978c): Der leitende Artikel in Nr. 179 der »Kölnischen Zeitung«. In K. Marx & F. Engels, *Werke* (Bd. 1, 6. Aufl., S. 86–104). Berlin: Dietz.
Marx, K. (1990a): Ökonomisch-philosophische Manuskripte aus dem Jahre 1844. In K. Marx & F. Engels, *Werke Bd. 40* (2. Aufl. Unveränd. Nachdr. d. 1. Aufl. 1985., S. 465–588). Berlin: Dietz.
Marx, K. (1990b): Thesen über Feuerbach. Revidierte Fassung von 1888. In K. Marx & F. Engels, *Werke* (Bd. 3, 9. Aufl., S. 533–536). Berlin: Dietz.
Marx, K. (2009): Der achtzehnte Brumaire des Louis Bonaparte. In K. Marx & F. Engels, *Werke* (Bd. 8, 8 Aufl., S. 112–207). Berlin: Dietz.
Marx, K. & Engels, F (1978): *Die Deutsche Ideologie. Kritik der neuesten deutschen Philosophie in ihren Repräsentanten Feuerbach, B. Bauer und Stirner, und des deutschen Sozialismus in seinen verschiedenen Propheten* Berlin: Dietz.
May, M. (2004): *Selbstregulierung. Eine neue Sicht auf die Sozialisation* (Reihe Psyche und Gesellschaft). Gießen: Psychosozial-Verlag.

May, M. (2016): Analyse von Veränderungsprozessen in frühkindlichen Interaktionen und psychodynamischen Therapien: Zu den professionalitätstheoretischen Konsequenzen des integrativen Paradigmas und seiner Kritik. *Sozialwissenschaftliche Literatur Rundschau (SLR)*, (72), S. 112–128.

May, M. (2018): Zur Gefahr eines paternalistischen Umschlags des im Konzept Sozialer Arbeit als Menschenrechtsprofession beanspruchten Tripelmandats. Vorschläge zu einem demokratischeren professionellen Ethos Sozialer Arbeit. In C. Spatscheck & C. Steckelberg (Hrsg.), *Menschenrechte und Soziale Arbeit. Konzeptionelle Grundlagen, Gestaltungsfelder und Umsetzung einer Realutopie* (Theorie, Forschung und Praxis der Sozialen Arbeit, Bd. 16, S. 71–84). Berlin: Verlag Barbara Budrich.

May, M. (2020a): Partizipative Sozialraumforschung und gesellschaftliche Teilhabe. In S. Meier & K. Schlenker (Hrsg.), *Teilhabe und Raum. Interdisziplinäre Perspektiven und Annäherungen an Dimensionen von Teilhabe* (Beiträge zur Sozialraumforschung, Bd. 20). Opladen [u.a.]: Barbara Budrich.

May, M. (2020b): Praktiken Sozialer Arbeit in der Gemeindepsychiatrie. Zwischen Reproduktion von Entfremdung und Perspektiven zu ihrer Überwindung. *Sozial Extra*, 44(4), S. 218–223.

Natorp, P. (1974): *Sozialpädagogik. Eine Theorie der Willensbildung auf Grundlage der Gemeinschaft* (7. Aufl.). Paderborn: F. Schöningh.

Negt, O. (1976): Nicht nach Köpfen, sondern nach Interessen organisieren! In ders., *Keine Demokratie ohne Sozialismus. Über den Zusammenhang von Politik, Geschichte und Moral* (Edition Suhrkamp, Bd. 812, S. 300–312). Frankfurt am Main: Suhrkamp.

Negt, O. & Kluge, A. (2001a): Geschichte und Eigensinn. In dies., *Der unterschätzte Mensch. Gemeinsame Philosophie in zwei Bänden* (Bd. 2). Frankfurt am Main: Zweitausendeins.

Negt, O. & Kluge, A. (2001b): *Der unterschätzte Mensch. Gemeinsame Philosophie in zwei Bänden*. Frankfurt am Main: Zweitausendeins.

Nussbaum, M. C. (1999): *Gerechtigkeit oder Das gute Leben*. Frankfurt am Main: Suhrkamp.

Piaget, J. (1975): *Das Erwachen der Intelligenz beim Kinde* (Gesammelte Werke, Bd. 1). Stuttgart: Ernst Klett.

Ritsert, J. (2017): *Summa Dialectica. Ein Lehrbuch zur Dialektik* (Gesellschaftsforschung & Kritik). Weinheim: Beltz Juventa.

Salomon, A. (1998): Grundlegung für das Gesamtgebiet der Wohlfahrtspflege. In W. Thole, H. Gängler & M. Galuske (Hrsg.), *KlassikerInnen der sozialen Arbeit. Sozialpädagogische Texte aus zwei Jahrhunderten – ein Lesebuch* (S. 131–145). Neuwied: Luchterhand.

Sandermann, P. & Neumann, S. (2018): *Grundkurs Theorien der Sozialen Arbeit. Mit Online-Zusatzmaterial* (utb Soziale Arbeit, Bd. 4948). München: Ernst Reinhardt Verlag; UTB.

Schaarschuch, A. (2019): Entfremdung vom Sozialen: Elemente zu einer Gegenstandsbestimmung der Sozialpädagogik. *Zeitschrift für Sozialpädagogik*, 17(3), S. 249–263.

Schmidt, H.-L. (1981): *Theorien der Sozialpädagogik. Kritische Bestandsaufnahme vorliegender Entwürfe und Konturen eines handlungstheoretischen Neuansatzes* (Theorie und Praxis in Sozialpädagogik und Sozialarbeit, Bd. 1). Rheinstetten: Schindele.

Spivak, G. C. (2008): Ein Gespräch über Subalternität. In dies., *Can the subaltern speak? Postkolonialität und subalterne Artikulation* (S. 119–148). Wien: Turia & Kant.

Zander, H. (1973): Sozialarbeit und Armut – Der Begriff der Armut in seiner Bedeutung für eine marxistische Theorie der Sozialarbeit. In H.-U. Otto & S. Schneider (Hrsg.), *Gesellschaftliche Perspektiven der Sozialarbeit* (2. Aufl., Bd. 1, S. 233–266). Neuwied und Darmstadt: Luchterhand.

Konfliktorientierte geschlechterreflektierende Perspektiven

Maria Bitzan

> **Zusammenfassung:**
> Vor dem Hintergrund, dass Gesellschaften mit strukturellen gesellschaftlichen Ungleichheiten durch Konflikte in Bewegung gehalten werden, wird das Geschlechterverhältnis als grundlegendes Konfliktverhältnis der Gesellschaft in seinen Wirkungsweisen auf struktureller und subjektiver Ebene mit dem Ziel analysiert, diese zu verändern. Mit dem theoretischen Konstrukt des geschlechtshierarchischen Verdeckungszusammenhangs wird der Zusammenhang zwischen Subjektkonstruktionen und sozialpolitischen Konstruktionen von Normalität und gesellschaftlicher Verantwortung ausgeleuchtet, um dessen Relevanz für die Soziale Arbeit und deren Theorie herauszuarbeiten. Demgemäß kann ihr Gegenstand übergreifend als Arbeit an (sozialen) Konflikten und Widersprüchen beschrieben werden. Verdeutlicht wird, dass es in jeder Situation der sozialarbeiterischen Tätigkeiten um eine bestimmte Weise der Problemdeutungen geht, die die Grundkonflikte als Verursachungszusammenhang und als Folie, auf der Konflikte bewältigt werden, mitdenkt. Darum werden adressat_innenorientierte, übergreifende Ansätze, wie sie beispielsweise eher in gemeinwesenorientierten und strukturellen Konzepten zu finden sind, präferiert.

1. Überblick: Konfliktorientierung und der geschlechtshierarchische Verdeckungszusammenhang

Konflikte sind quer zu allen Arbeitsfeldern und Tätigkeitsbereichen grundlegende Bezugspunkte der Sozialen Arbeit. Auseinandersetzungen sind (nicht nur) in der Sozialen Arbeit in der Regel negativ besetzt und begleitet von dem Bestreben, sie schnell aufzulösen oder aber am besten gleich zu vermeiden. Aber in einer Gesellschaft mit strukturellen gesellschaftlichen Ungleichheiten, mit unterschiedlichen Zugängen zu materiellen Gütern und zu Definitions- und Darstellungsmöglichkeiten von Rechten und Teilhabe ist Harmonie nur um den Preis von Unterordnung und Stillstand zu haben. Denn Konflikte halten eine Gesellschaft in Bewegung (Dahrendorf[1]), indem einerseits „Unterlegene" um ihre Anerkennung und andererseits „Stärkere" meistens um die Sicherstellung ihrer Dominanz kämpfen. Feministische Theorien erklären das Geschlechterverhältnis - neben anderen - als grundlegendes Konfliktverhältnis der Gesellschaft und erkennen seine Wirkungsweisen auf struktureller und subjektiver Ebene – mit dem Ziel, diese zu verändern. Es gibt mittlerweile eine Fülle unterschiedlicher feministischer Theorien aus verschiedenen Disziplinen, aber „was sie zusammenhält, ist das sowohl wissenschaftliche als auch politische Interesse an Reflexionen über die Entstehung und Reproduktion von Geschlechterverhältnissen sowie an der Analyse von Macht- und

---

1 Gemäß seinem Modell „sind nicht Konflikt und Wandel, sondern Stabilität und Ordnung der pathologische Sonderfall des sozialen Lebens" (Dahrendorf, 1961, S. 81). „Die Entfaltung des ‚Konfliktmodells der Gesellschaft' versucht Dahrendorf auf dem Wege einer kritischen Revision und Verallgemeinerung der Marxschen Klassentheorie zu erreichen." (Lamna, 2002, S. 208).

Herrschaftsstrukturen, die zu Diskriminierungen und Deklassierungen von Frauen führen" (Funder, 2002, S. 293) und ich ergänze: und

von allen nicht hegemonialen Geschlechtern und Lebensweisen. Dabei wird von einem Gesellschaftsmodell ausgegangen, das Gesellschaft als Arena von Konflikten begreift (Honneth, 1992) und gesellschaftliche Phänomene als (teilweise machtvolles, häufig unbewusstes) Agieren in Konfliktfeldern interpretiert. Es geht in dieser Perspektive wesentlich auch um Orientierungen gegen vorschnelle (attraktive) Glättungen in Problemdeutungs- und Bearbeitungsprozessen (in der Sozialen Arbeit und anderswo).

1.1 Konfliktorientierung

Ein kritischer Konfliktansatz geht davon aus, dass ein großes Erkenntnispotential und somit Produktivität darin liegt, sich der Konflikthaftigkeit gesellschaftlicher Felder bewusst zu sein. Das bedeutet, erkennbar zu machen, was durch spezifische Positionierungen (und darin geronnene Verhältnisse) verdeckt wird bzw. nicht zum Zuge kommt und wo versteckte Machterhaltungen Entwicklungen und Selbstbestimmung beschränken oder verhindern.

‚Konflikt' ist dabei ein schillernder und widersprüchlicher Begriff, keineswegs mit einem eindeutigen Verständnis versehen (Herrmann, 2006, S. 17). Im alltagsweltlichen Kontext werden Konflikte eher als personale Uneinigkeit gesehen und im Konfliktverhalten gegenüber anderen Personen oder Sachen betrachtet. Einer solchen *eng gefassten* Definition (Glasl, 1992, S. 14) steht eine *weit gefasste* Definition gegenüber, die den Blick auf die *gesellschaftliche bzw. strukturelle* Seite von Konflikten legt („Hinterbühne" gem. Thiersch, 2020, S. 45). Beides hängt zusammen. Auch die direkten interaktiven Konflikte verweisen in der Regel auf dahinterliegende Zusammenhänge, auf gegensätzliche Interessenlagen bzw. Widersprüche (z.B. in der Wohnungspolitik), auf unerfüllte Versprechungen (z.B. Kinder aus niedrigen sozialen Schichten sollen in der Bildung die gleichen Chancen haben), Ansprüche oder ungewollte Zumutungen (z.B. mit Kindern zu leben bedeutet für nicht wenige Menschen materieller Verzicht bzw. teilweise sogar ein Armutsrisiko), welche meistens *nicht direkt* zur Sprache kommen (sollen!).

Die *kritische Konfliktorientierung* stellt solche gesellschaftlichen Widersprüchlichkeiten nicht nur fest, sondern denkt sie als Konfliktthema. Somit werden sie „interpretiert als historische und damit veränderbare Konstellationen, die aus den gegebenen Herrschaftsverhältnissen resultieren und den Blick auf das Wirken unterschiedlicher gesellschaftlicher Kräfte frei machen (Bitzan/Klöck 1993). Damit werden konflikthafte und somit tiefergehende Konfliktursachen in die Analyse von Konflikten mit hineingenommen" (Bitzan, 2017, S. 53).

Hier stehen *soziale Konflikte* im Vordergrund – Konflikte, deren erfahrungsbezogene Ausgangspunkte (das Unbehagen, die Verletzung, …) kollektivierbar sind bzw. mit kollektiven Erfahrungen verbunden sind. Sie offenbaren etwas über die Struktur des Sozialen: Mit der Durchsetzung bestimmter geltender Ordnungen (Übereinkünfte, Gesetze, Regeln,…) sind bestimmte Normen des „richtigen" Handelns und Denkens verbunden und zugleich andere Lebens- bzw. Handlungspraxen delegitimiert. Jede Gesellschaft braucht Ordnungen für das Zusammenleben und in jeder (modernen) Gesellschaft wird um diese Ordnungen gerungen – ob in Richtung mehr Freiheit und Autonomie oder in Richtung weiterer Begrenzungen und Engführungen ist dabei offen. Konflikte aus Konfliktverhältnissen (als geronnene Konflikte) sind quasi Anzeiger dafür, wie Gesellschaft ihre Ordnung herstellt und verteidigt. Zugleich, indem sie aktiv bearbeitet werden, sind sie Antrieb für Veränderungen.

Das ist deutlich an sozialen Bewegungen zu erkennen: Zunächst gibt es den scheinbaren gesellschaftlichen Konsens, dass bestimmte Lebensweisen nicht „in Ordnung" sind – Menschen, die sie dennoch praktizieren, werden gemaßregelt, missachtet oder auch kriminalisiert. Sie bekommen also Probleme in ihrer Lebenssituation, für die durchaus sozialpädagogische Angebote als individuell gedachte möglich sind, die aber nicht als gesellschaftlicher Konflikt erscheinen. Indem jedoch soziale Gruppen – z.B. Homosexuelle, Intersexuelle, Hart IV-Empfängerinnen – ihre Diskriminierung kollektiv zum Thema machen, wird deutlich, dass es sich bei der Diskriminierung um eine mit anderen geteilte Erfahrung handelt und dass sie nicht hingenommen werden muss. Durch ihren Kampf um Anerkennung (Honneth, 1992) entsteht ein gesellschaftlicher Diskurs, ein Ringen um die Plausibilität der bisher herrschenden Norm. Und nicht selten gelingen daraus folgend Veränderungen der gesellschaftlichen Bewertung und ggf. der Rechtslage[2].

Demnach können soziale Probleme nicht hinreichend als entstandene Unfähigkeiten oder Einzelprobleme interpretiert werden, sondern sie hängen mit den gesellschaftlichen Ordnungen als Ausdruck sozialer Konflikte zusammen. „Soziale Probleme sind nicht unbedingt dazu da, gelöst zu werden, und politische Maßnahmen können durchaus andere Funktionen erfüllen oder Ziele verfolgen als ihre Programmatik in Bezug auf die Bearbeitung sozialer Probleme angibt" (Groenemeyer, 2018, S. 1504). Es geht auch (vor allem?) um die Etablierung und Bestätigung von Normalitätsstandards.

Deutlich wird: Ob etwas als Konflikt interpretiert wird, hängt zum ersten damit zusammen, ob es als Diskrepanz zu versprochenen Möglichkeiten erkennbar ist. Das „Erscheinen" als Problem bedarf zu seiner diskursiven Konfliktverhandlung zum zweiten einer Benennung, d.h. es muss also besprochen werden können, dass diese Diskrepanz zu gesellschaftlichen Zielen existiert. Denn die Konfliktlinien liegen nicht offen zutage. Es braucht Akteur_innen, die über sie sprechen und sich Gehör verschaffen können. Dann entsteht entweder eine (offene) Unterdrückung der Sprechenden oder ein offener gesellschaftlicher Diskurs, der zur Delegitimierung von geltender Ordnung führt und Veränderungen ermöglicht.

---

2 Ein Beispiel ist Homosexualität, die in unterschiedlichen Zeiten unterschiedlich toleriert wurde. In der Nazizeit massivst verfolgt, sodann verboten und tabuisiert, ist sie ab Mitte der 1970er Jahre zu einem „Kampfthema" geworden (Rosa von Praunheims Film von 1970 „Nicht der Homosexuelle ist pervers, sondern die Situation, in der er lebt" war sozusagen die Initialzündung), das immer mehr Personen dazu brachte, offen homosexuell zu leben. Schließlich „änderte sich" die öffentliche Meinung allmählich und auch die Rechtslage wurde in der Weise angepasst, dass die Verbote fielen. In anderen Ländern und auch historisch in Deutschland waren aber durchaus auch Rückwärtsbewegungen zu verfolgen, die Homosexualität erneut ächten, obwohl sie schon mehr toleriert war.

Maria Bitzan

Das lässt sich beispielsweise an den modernen Familienformen zeigen: so war es lange Zeit „normal" und unhinterfragt, dass ‚Familie' aus Vater-Mutter-Kind(ern) besteht und nur in dieser Konstellation „richtig" ist. Dies bedeutete, dass Personen, die in anderen Verhältnissen lebten, als abweichend, illegal oder schuldbeladen diskreditiert wurden. Mit der Zunahme alternativer Lebensformen entstand allmählich ein öffentlicher Diskurs über die „richtigen" Familienformen, der das normative Bild von Familie öffnete (dieser Prozess ist keineswegs abgeschlossen, z.B. geht es derzeit darum, ob homosexuelle Partner_innen von Geburt eines Kindes an als Eltern akzeptiert werden). Alleinerziehen wird nicht mehr als soziales Problem betrachtet, und die Soziale Arbeit muss die Beteiligten nicht mehr automatisch „behandeln". Dennoch gibt es nach wie vor viele Folgeprobleme, z.B. Armut und Überforderung, die wiederum von der Sozialen Arbeit angegangen werden und die darauf verweisen, wie inkonsequent bisher diese „neue" Familienform wirklich gesellschaftlich gleichgestellt ist: es fehlen Grundsicherungen für Kinder, die Alleinerziehende nicht in Armut bringen; es fehlen gesellschaftliche Hilfen und Betreuungen, um Erwerbsarbeit in lebbaren Konstellationen zu ermöglichen; es fehlen bauliche Wohngelegenheiten, in denen Hausgemeinschaften besser und produktiver zusammenleben können und die sie auch bezahlen können etc. Diese Fragen zeigen den Konfliktgehalt, einhergehend mit noch nicht gelösten Folgeproblemen. Konfliktorientierung würde hier mehr als nur die schwierige Alltagsorganisation in den Blick nehmen.

Eine solche Konfliktorientierung kann als Variante der in diesem Band vorgestellten macht- und diskursanalytischen Zugänge (Kessl) verstanden werden. Die machtanalytische Perspektive fragt nach den Kräfteverhältnissen in den vorhandenen Konfliktverhältnissen und die diskursanalytische eher danach, wie die vorhandenen Verhältnisse rationalisiert, thematisiert und politisiert werden. Damit rücken sowohl die „Dimension der Regulation und Gestaltung von menschlichen Zusammenhängen in den Blick. Die Praxis dieser Regulation und Gestaltung ist nichts anderes als das, was wir ›das Politische‹ nennen" (Kessl, i.d.Bd., S. 86) – als auch die Verhandlungspraktiken über diese Regulationen. Während in „machtanalytischen Arbeiten eher die ‚komplexe strategische Situation einer Gesellschaft' (Foucault, 1976/1999, S. 144) in ihrer Gestalt und ihrer historischen Genese erfasst werden soll, interessiert die diskursanalytischen Forscher_innen stärker, wie das entsprechende Wissen formiert wird, d.h. wie sich die Praktiken des Denkens und Sprechens zu einem bestimmten historischen Zeitpunkt gestalten" (ebd.).

Dies lässt sich an allen Diskursen über gesellschaftliche Ungleichheiten konkretisieren, die sich mit den Hauptkonfliktlinien moderner Gesellschaften beschäftigen: Klassismus, Rassismus, Sexismus/hierarchische Geschlechterverhältnisse und deren Zusammenwirken (Intersektionalität bzw. Interdependenzen, Walgenbach, 2012)[3].

---

3 Intersektionalität bzw. Intersectionality ist ein erstmals von afroamerikanischen Feministinnen geprägtes Paradigma, „mit dem der Wechselbeziehungen von Dimensionen sozialer Macht-, Herrschafts- und Normierungsverhältnisse wie Geschlecht, soziales Milieu, Migrationshintergrund, Nation, Ethnizität, ‚Rasse', sexuelle Orientierung, Behinderung, Generation etc. fokussiert werden. Diese Dimensionen sozialer Ungleichheit

Sollen Ungleichheiten als gesellschaftliche Konfliktfelder analysiert werden (und dementsprechendes Handeln darin angegangen werden), so brauchen wir also nicht nur eine Analyse der Konfliktakteur_innen (Machtanalyse), sondern auch eine Analyse der Diskurse, die diese Konfliktarena stillstellen oder politisieren. Die diesen Diskursen zugrundeliegenden und sie prägenden Konfliktverhältnisse spiegeln sich in den Institutionen und deren Handlungslogiken, sie spiegeln sich in den zwischenmenschlichen Interaktionen und sie wirken in das subjektive Bewusstsein, in subjektive Identitätskonstruktionen und ihre gesellschaftlichen Verortungen.

Konfliktorientierung ist in diesem Sinn als produktive und konstruktive Haltung für die Soziale Arbeit zu begreifen, wenn es ihr gelingt, Konflikte bewusst zu machen. Eine konfliktorientierte Soziale Arbeit

- erhebt Einspruch gegen allzu glatte Klarheiten, welche Probleme die Soziale Arbeit zu bearbeiten habe, und gegen machtvolle Definitionen, was die zentralen Fragen des Sozialen zu sein haben und welche Lebensweisen akzeptabel seien;
- zielt darüber hinaus auf das Aufdecken von Widersprüchen und ist durch das Bemühen gekennzeichnet, die sich darin zeigenden Konfliktstrukturen in die professionellen und öffentlichen Verhandlungsarenen einzubringen (Bitzan, 2018).

1.2 Der geschlechtshierarchische Verdeckungszusammenhang

Eine zentrale Konfliktlinie unserer Gesellschaft, die ganz wesentlich in die Soziale Arbeit hineinspielt bzw. diese trägt, ist das Geschlechterverhältnis (s. Kap. 3). Die Frauenbewegungen des letzten Jahrhunderts haben die Geschlechterverhältnisse erheblich dynamisiert und zu Bewegungen innerhalb der gesellschaftlichen Ordnungen beigetragen. So lassen sich deutliche Modernisierungen konstatieren, die vor allem eine zunehmende Teilhabe von Frauen* und Mädchen* an gesellschaftlichen Zuteilungen und Positionen ermöglicht haben. Erwerbsarbeit ist für Mädchen mittlerweile gleichermaßen zugänglich wie für Jungen, ebenso eine höhere Bildung und gesellschaftliche Positionen. Gleichwohl sind gerade Aufstiegschancen, Entlohnungen und Machtpositionen für Frauen* noch nicht selbstverständlich, werden ständig extra kommentiert und müssen nach wie vor erstritten werden. Auch in anderen Bereichen sind eindeutig Fortschritte erzielt worden: Insbesondere das Thema der sexuellen Gewalt ist als Strukturelement im Geschlechterverhältnis analysierbar geworden und hat zu rechtlichen Verurteilungen geführt, die vor einem halben Jahrhundert niemand zu denken gewagt hat. Somit sind Weiblichkeits- und Männlichkeitsbilder auch nicht mehr so festgeschrieben, dass sie, wie vor etwa 30 Jahren, Rollenabweichungen zu einem subjektiven Risiko werden lassen.

---

werden als soziale Konstruktionen konzeptualisiert, welche nicht isoliert voneinander analysiert werden können, sondern in ihren Überschneidungen (intersections) oder Wechselverhältnissen (Interdependenzen/interdependenten Kategorien) untersucht werden müssen. Additive Perspektiven sollen überwunden werden, indem der Fokus auf das gleichzeitige Zusammenwirken von sozialen Ungleichheiten bzw. Positionierungen gerichtet" wird (Portal Intersektionalität (http://portal-intersektionalitaet.de/konzept/; Zugriff 7.9.2020)).

Dass solche Veränderungen nie *nur* einer sozialen Bewegung geschuldet sind, sie also einer konservativen hegemonialen Ordnung ausschließlich abgetrotzt wurden, sondern auch der Passung für das moderne wirtschaftliche kapitalistische System dienen, ist dabei eine wichtige „Stellgröße" im Diskursverständnis. Die kapitalistische Ordnung ist durchaus anpassungsfähig und weiß sich der kritischen Diskurse zu bedienen. Sollen also mehr Arbeitskräfte mobilisiert werden, kann auch die Emanzipationsforderung von Frauen aufgegriffen werden. Fraser (2012) spricht hier von „gefährlichen Liebschaften" der Frauenpolitik mit dem neoliberalen Kapitalismus. Und somit zeigt sich bei genauerem Hinsehen, dass die Modernisierung des Geschlechterverhältnisses vieles verbessert hat, aber gleichzeitig auch perfiden Einpassungen in die gegebene Ordnung geschuldet ist. Die scheinbare Offenheit moderner und flexibler Strukturen ist nach wie vor mit traditionellen Normen und Funktionalitäten im ökonomischen System unterlegt. Trotz der Modernisierungen sind die hierarchischen Ordnungen innerhalb der Arbeitswelt noch wenig aufgeweicht, d.h. horizontale und vertikale geschlechtshierarchische Arbeitsteilungen (also sowohl in Bezug auf Hierarchien in den Betrieben und Organisationen als auch in Bezug auf geschlechtstypische Muster der Inhalte der Berufswahl) sind kaum relativiert. Und vor allem sind Gewaltverhältnisse im Geschlechterverhältnis und die Missachtung von Care-Arbeit geblieben wie eh und je.

Eher scheint die Emanzipation, mit der die Frauenbewegungen als politisches Projekt antraten, zu einem ‚individuellen Optimierungsprojekt' geworden zu sein. Frau hat modern zu sein, denn angeblich stehen ja alle Möglichkeiten offen, jedes Subjekt kann seine Sexualität leben, wie es will, schließlich sind wir eine freie Gesellschaft, alle Arbeit steht allen offen, wenn sie nur wollen und sich qualifizieren etc.

Was ist da los?

Es scheint, als habe die neoliberale Gesellschaftsveränderung ab ca. Mitte der 1990er Jahre in den westlichen modernen Gesellschaften das Sprechen über Herrschaft, Gewalt und Rollenfestlegungen erschwert, die gegebenen Beeinträchtigungen *verdeckt* unter der allgemeinen Rhetorik der Moderne und der Chancengleichheit, die die Geschlechtergleichheit als im Wesentlichen vollzogen propagiert - Wetterer (2003) nennt dies eine *rhetorische Modernisierung des Geschlechterverhältnisses*. Der Diskurs ist modern und freiheitlich und offen, die erfahrene Realität ist dies häufig eben nicht, aber ihre Deutung verlangt diese Bezugspunkte und zieht damit die Erfahrungen ins Innere, nicht Sprechbare bzw. mindestens Individualisierte („nur mir gelingt es nicht, nur mir passiert das"). Beschämung, Schweigen, Vertuschen ist die Folge.

Zur Analyse und Thematisierung dieser Prozesse haben wir in unserem Forschungszusammenhang (Forschungsinstitut tifs)[4] das theoretische Konstrukt des geschlechtshierarchischen Verdeckungszusammenhangs erarbeitet. Von Anfang an als nicht abgeschlossen konzipiert, bedurfte und bedarf es der ständigen Weiterentwicklung. Dachten wir eine Zeit lang, dass es historisch nur von kurzer Reich-

---

4 Tübinger Institut für gender- und diversitätsbewusste Sozialforschung und Praxis (tifs) e.V., http://www.tifs.de, 1993 gegründet als außeruniversitäres Genderforschungsinstitut.

weite sei und dass es in den ‚gender-theoretischen Aufbruchsjahren' der 2000er Jahre mit den neuen Gender-Bewegungen (LSBT) sowie den Antirassismusbewegungen und queeren Identitäts"experimenten" nicht mehr so relevant sein müsste, konstatieren wir seit einigen Jahren wieder, dass das Grundkonstrukt nach wie vor trägt – und gerade unter den neuen Sichtbarkeiten weiterer Gruppen und Kämpfe seine Erklärungskraft behalten hat. So schrieben wir 1998, „daß sich die hierarchische Struktur des Geschlechterverhältnisses auf vielfältigen gesellschaftlichen und subjektiven Ebenen in einer Weise niederschlägt, die weibliche Lebensrealität verdeckt – sowohl in ihrem Potential wie auch in ihrer strukturellen Problematik und Widersprüchlichkeit. Wesentliche gesellschaftliche Aufgaben und wesentliche Erfahrungsweisen werden individualisiert und damit verdeckt – (Erfahrungen), die nicht per se weiblich oder männlich sind, aber durch die Ausgrenzung aus dem (innerhalb der patriarchalen Logik) männlich konnotierten ‚Allgemeinen' dem Bewusstsein entschwinden und den Frauen als Natur oder zumindest soziale Selbstverständlichkeit zugeordnet und zugemutet werden" (tifs, 1998, S. 6).[5]

Seit die Geschlechterforschung die Frage nach den Unterschieden der Geschlechter als bereits von der Geschlechterhierarchie korrumpierte entlarvt hat (wegen der enthaltenen Suggestion, es gäbe bestimmte Wesenheiten für ein Geschlecht und zwar in Bezug darauf, dass es eben – nur zwei – klar voneinander unterscheidbare Geschlechter gäbe), und sie seither eher danach fragt, wie Geschlecht hergestellt wird, ist das *diskursive* Element des Geschlechterverhältnisses mehr zum Thema geworden (vgl. z.B. Gildemeister/Wetterer, 1992). „Die hergestellten Polarisierungen sind nur aufzulösen", so Ilse Lenz, „wenn die Differenz nicht als gegeben (betrachtet wird) ..., sondern die Frage lautet: wie werden Unterschiede sozial geschaffen und wie werden sie in Ungleichheit umgemünzt?" (Lenz, 1992, 105, in Bitzan, 2000, S. 152). So steht eher die Frage zur Debatte, was die Subjekte „tun", um als Frau oder Mann erkannt zu werden und als „normal" eingestuft zu werden. Denn die polar gedachten Konstrukte ‚Mann' und ‚Frau' sind nicht als Abbildungen von Realität zu begreifen, sondern als Leitbilder, Erfindungen, an denen sich Menschen orientieren wollen bzw. sollen, um als „normal" erkannt und damit akzeptiert zu werden. Gerade die Moderne mit mehr Optionen für die Geschlechter (besonders für Frauen*) macht die Aufgabe, modern zu erscheinen und dennoch „erkannt" zu werden, nicht einfacher. Die scheinbare Offenheit moderner und flexibler Strukturen „schert" sich weniger um das Geschlechterverhältnis als Emanzipationsprojekt, sondern um das passende Funktionieren im ökonomischen System. Selbstbestimmung als Selbstverantwortung für das eigene Leben ist für den modernen Arbeitsmarkt erforderlich, – solange sie sich einpasst, und solange im Grundsatz das *Care-System* weiterhin als teilweise privat erbrachtes Sys-

---

5 Das Konstrukt hat theoretische Nähe zu dem von der Frankfurter Schule ideologiekritisch eingeführten ‚Verblendungszusammenhang' (Adorno, s. Gmünder, 1985, S. 48ff.), mit dem diese die entfremdenden Strukturen der Organisation des Lebens bezeichneten. Mit der theoretischen Aufklärung über die bürgerlich-kapitalistische Gesellschaft werden die gesellschaftlichen Verhältnisse entschleiert als Herrschaftszusammenhang. Allerdings war dieses Konstrukt gegenüber geschlechtlicher Herrschaft (Patriarchat) blind und konnte diese nicht als weiteres dominantes, mit dem kapitalistischen Herrschaftsverhältnis zusammenwirkendes, Verhältnis erkennen – produzierte also auch wieder Ideologie.

tem erhalten bleibt und sich damit nicht als noch größerer Kostenfaktor im öffentlichen System niederschlägt. Die damit verbundene rhetorische Propagierung von Individualisierung und Wahlfreiheit verdeckt aber zugleich die darin liegenden geschlechterbezogenen Normen und Vorgaben und erzeugt damit eine fast unentrinnbare Falle der Widersprüchlichkeiten, die in keinem Fall befriedigend zu lösen sind. Diese Widersprüchlichkeiten sind nun nicht Ungekonntheiten der Einzelnen, die es zu glätten oder in eine Richtung aufzulösen gilt, sondern sie sind genau die ‚Fenster', die uns zeigen, dass es hier um ein Mehr geht, dass es um Subjektivität geht, die sich nicht in festgelegten Geschlechterbildern fangen lassen will. Hier lässt sich ansetzen, um tatsächliche Erfahrungen sprechbar zu machen, ohne sie in ein Schema zu pressen. Dies geht aber nur, wenn das Mehr- bzw. das Anderssein auch erlaubt ist, wenn Räume erkennbar werden, in denen dieses Platz greifen darf. Es geht also darum, Erfahrungen von Bedürftigkeit, von Interessen, aber eben auch von Übergangenheiten, Verletzungen etc. überhaupt in den Raum des Sprechbaren zu holen.

Die Frage, die sich für Forschung und Soziale Arbeit stellt, ist daher die, wo die Differenz zwischen dem Subjekt und den vorgegebenen Bildern sichtbar wird, und welche Anstrengungen das Subjekt unternimmt, entweder diese Differenz praktisch zu leben, oder zu kaschieren oder sie zu bearbeiten; zumal diese Anstrengungen sich kreuzen mit weiteren Identitätsaufgaben, z.B. als Jugendliche erkannt zu werden. Hier können auch Verbindungen zu Theorien des postkolonialen Feminismus hergestellt werden, so z.B. dass mit dem Thema der Artikulation eigener Interessen die Frage der politischen Handlungsfähigkeit der Subjekte verbunden ist (vgl. Spivak, 1988)[6].

Eine Verbindung zwischen diesen subjektiven Anstrengungen und den gesellschaftlich vorgegebenen Wegen der Geschlechterordnung zieht Nancy Fraser (1994) mit ihrem Ansatz einer Politik der Bedürfnisinterpretation. So weist sie darauf hin, dass Politik (im weiteren Sinn) nicht nur bedeutet, um die Durchsetzung definierter Bedürfnisbefriedigung zu streiten, sondern überhaupt erst einmal zu klären, was als (gesellschaftlich relevantes) Bedürfnis anerkannt wird. Das heißt, es gibt Bedürfnisse, die die Subjekte zunächst erst einmal für sich selbst erkennen müssen, indem sie Interpretationsfolien dafür finden, um sie zu kommunizieren, und die erst dann in die gesellschaftliche Konfliktarena eingespeist werden können zur Aushandlung um deren Befriedigung. Damit wird auch deutlich, dass das, was allgemein als übliche Bedürfnisinterpretation gilt, keineswegs die einzig mögliche sein muss – und dass ‚Bedürfnisse' immer als soziale Produktionen bzw. Konstruktionen zu begreifen sind. ‚Verdeckt' sind dabei vor allem Bedürfnisse, die den Le-

---

6 Gayatri Chakravorty Spivak stellte in ihrem berühmten Essay ‚Can the Subaltern Speak?' (Spivak, 1988) etwa „die Frage, ob die Behauptung, eine bestimmte soziale Gruppe könnte „für sich selbst sprechen" (Spivak, 1988a, S. 91) aufgrund der Heterogenität einer solchen Gruppe und der kontingenten Struktur der Sprache möglicherweise eine Fiktion der Linken über sich selbst sei. Aufgrund dieser sprachphilosophischen Annahmen hypostasiert Spivak entsprechend nicht, dass die Frauen der ‚Dritten Welt' zu passiv seien, um sich selbst zur Wehr zu setzen. Vielmehr argumentiert sie, dass Sprechen bedeute, im soziolinguistischen Sinne einen Sprechakt zu vollziehen. Dazu gehöre, dass die Botschaft der Sprechenden auch von den Adressierten verstanden werde, was hier nicht der Fall sei. Da es sich nicht nur um ein harmloses Kommunikationsproblem, sondern um eine Frage der politischen Handlungsfähigkeit handelt, bezeichnet Spivak dieses Phänomen auch als epistemische Gewalt (epistemic violence)" (gender-glossar, o.J., o.S.).

bensalltag derjenigen betreffen, die beispielsweise Kinder erziehen, die Beziehungs- und Sorgearbeit leisten etc., also Arbeiten erbringen, die aus der gesellschaftlichen Verantwortung eher herausgenommen und in die individuelle Verantwortung verlagert sind (Care). „So ergäbe sich als Forschungsaufgabe ebenso wie als Praxisansatz die Dringlichkeit, 1) subjektiv wie normativ übersehene Bedürfnisse herauszufinden und geltend zu machen, 2) verdrängte, gesellschaftlich nicht legitimierte Lebensweisen und Arbeiten aufzuzeigen und 3) privatisierte gesellschaftliche Notwendigkeiten als allgemeine soziale Aufgaben kenntlich zu machen. Dabei kommt zwangsläufig viel Differentes zum Vorschein – Differentes, das u.a. mit Hilfe der Geschlechterkonstruktionen und ihrer sozialpolitischen Formungen keinen Ort haben darf." (Bitzan, 2000, S. 151). Denn dann müsste es Gegenstand gesellschaftlicher Klärungen werden.

In diesem Theorieansatz ist der Zusammenhang zwischen Subjektkonstruktionen und sozialpolitischen Konstruktionen von Normalität und gesellschaftlicher Verantwortung gut zu erkennen, um den es in unserem Konzept des geschlechtshierarchischen Verdeckungszusammenhangs wesentlich geht. Verdeckungen der inneren Passungsprozesse, der sozialen interaktiven Konstruktion von Geschlecht und der äußeren Passungen, der sozialpolitischen Regulierungen entlang der Geschlechterlinie, sind Charakteristiken polarisierender Ideologie und fordern kritische Wissenschaft (und Praxis) dazu auf, aufzudecken – zu dekonstruieren. Das Konstrukt des Verdeckungszusammenhangs kann demzufolge als Ansatz für die Untersuchung struktureller Bedingungen, aber auch von Strategien gesehen werden, mit denen die Subjekte diese (ggf. verändernd) reproduzieren. Der politische Anspruch zielt dabei nicht nur darauf, auf der formalrechtlichen Ebene Veränderungen einzufordern, sondern in seiner Anwendung (z.B. in der Forschung) auch subjektive Emanzipationsprozesse in Gang zu setzen. Es ist darum auch ein parteilicher Ansatz.

Er lässt sich in mindestens drei Dimensionen beschreiben:

1. Im Bereich der *sozialpolitischen Normalitätsproduktion* wirken Normalitätsmuster, die u.a. die Bedeutung von wesentlichen Tätigkeiten jenseits von Erwerbsarbeit als gesellschaftlich notwendige Arbeit verdecken und damit diese sowie damit zusammenhängende Empfindungen und Bedarfe aus dem gesellschaftlichen Relevanzbereich ausklammern. Die Normalitätsmuster wirken somit als Verdecken

   a) des realen Beitrags von in der Care-Arbeit Tätigen (in der Regel Frauen*),

   b) der allgemeinen Bedeutung von Bedürftigkeit und gegenseitiger Angewiesenheit, sozialem Halt und Bindungen,

   c) der gesellschaftlichen Verantwortung für sozialpolitisch unterregulierte Bereiche, die auch weiterhin, teilweise zunehmend, individualisiert werden.

2. Ähnliche Ausklammerungs- und Verallgemeinerungsprozesse gelten für die *gesellschaftliche Symbolproduktion*: Die Bilder, wie moderne Frauen[7] zu sein haben, haben sich gewandelt, sind aber nicht minder frei von Zumutungen. Mit den Bildern einher gehen die Sprache und sonstigen Repräsentationen von Geschlecht, die äußerst widersprüchliche „Botschaften" beinhalten. Gehen in männlich konnotierten Versämtlichungen sowohl Frauen* als auch andere Männlichkeiten unter, werden auch mit den Gleichstellungsabsichten „moderner" Terminologien Wahrnehmungsfenster für Differenzierungen und eigene Erfahrungen geschlossen („Wir behandeln alle gleich..." ist das Motto aufgeklärter Institutionen, die damit aber wiederum in der Regel nur das hegemoniale Muster verdoppeln, dazu Bitzan/Stauber/Kaschuba, 2018), weil die Begriffe „alle" und „gleich" das genaue Hinsehen auf Bedürftigkeiten und Erfahrungen verhindern..
3. Solche Verdeckungen schlagen sich nieder in den subjektiven *biografischen Konstruktionen* als Individualisierung von Gelingen und Scheitern, als Verschweigen von Ambivalenzen, Unsicherheiten und Ungerechtigkeitsgefühlen. Dies ist verbunden mit der Entnennung von Erfahrungen (z.B. ob ich eine Berührung als Übergriff empfinde oder nicht), der Auskühlung von Bedürftigkeiten (die als unangemessen zurückgewiesen werden) und mit Interpretationen des Gegebenen als „in Ordnung", obwohl ein Unbehagen da ist. Ambivalenzen, Wünsche des „sowohl – als auch", biografische Brechungen bleiben im Inneren – sind nicht „erlaubt", auch vor sich selbst irgendwann nicht mehr. So zählt nur das äußerliche Resultat („ich krieg's hin" oder eben nicht)[8].

Diese Dimensionen wirken ineinander, sie bilden einen Verdeckungs*zusammenhang*. „Im Sinne einer ‚Mikrophysik der Macht' (Foucault) durchdringen sie alle Ebenen der Realitätswahrnehmung. Sie leiten unser Denken und Handeln insofern, als sie eine polare und hierarchische Wahrnehmungsstruktur hervorbringen" (tifs, 2000, S. 45) – so fassten wir die Wirkungsweise zusammen und ordneten sie in den aktuellen Machtdiskurs ein. Heute thematisieren wir weitergehend nicht nur die Polarisierung der Wahrnehmungsstruktur, sondern die Kolonialisierung der Wahrnehmung und der Selbstbewertung, die vor allem die individualisierte Aufgabe in den Vordergrund stellt und somit die Wahrnehmung hintergründiger struktureller Zwänge und verwehrter Wahlfreiheiten verdeckt und aus dem Sprechbaren herausnimmt. Der Selbstbezug sowie der Bezug auf andere unterliegen dieser Strukturierung und bewirken einen kollektiven wie subjektiven Realitätsverlust.

Ein erfreuliches Aufbrechen dieses Verdeckungszusammenhangs konnte beispielsweise durch die Kampagne #MeToo[9] erlebt werden, die binnen kurzer Zeit er-

---

[7] Im erweiterten Sinn geht es allgemein um hegemoniale Geschlechterbilder, die nicht nur Frauen*, sondern ebenso Männern* bestimmte Rollen und Klischees zumuten und die für andere geschlechtliche Identitäten und auch Orientierungen keinen Platz lassen. Da wir das Konzept am weiblichen Lebenszusammenhang entwickelt haben, steht hier paradigmatisch ‚Frau'.

[8] Susanne Maurer betont, wie wichtig es ist, der Spur des Unbehagens zu folgen: „‚Die Spur des Unbehagens': Das Nicht-Stimmige, das wahrgenommene und erfahrene Widersprüchlichkeiten ins Zentrum der Betrachtung stellen, sie ernst nehmen und sich ihnen auch nicht entziehen" (KriSa, 2016, S. 25).

[9] Kampagne seit Mitte Oktober 2017, deren Ziel es war, auf sexuelle Belästigung aufmerksam zu machen.

möglichte, sexuelle Übergriffe und Zumutungen als solche sprechbar zu machen und lang versteckte und verdrängte Wut und Beschämung an die Oberfläche kommen zu lassen. Die Heftigkeit und rapide Verbreitung dieser Kampagne (millionenfach in den ersten paar Tagen!) straft einerseits die kommunizierte Überwindung des hierarchischen Geschlechterverhältnisses Lügen und zeigt andererseits genau die bisher verwehrte Wahrnehmung solcher Erfahrungen auf.

Mit dem Konstrukt des geschlechtshierarchischen Verdeckungszusammenhangs liegt ein theoretischer Zugang vor, mit dem auf der Grundlage der Konfliktorientierung gezeigt (und auch empirisch erforscht) werden kann, wie die Entöffentlichung von Konflikten vonstattengeht, die gesellschaftlich als gelöst verkauft werden. Die Aufgabe einer politischen konfliktorientierten Grundorientierung auch der Sozialen Arbeit würde also in dem Bestreben liegen, diese Konflikte wieder in die politische (öffentliche) Sphäre zu bringen, die Individuen zu entlasten mit ihren widersprüchlichen Erfahrungen und kollektiv Thematisierungen (und Lösungen) zu ermöglichen.

2. Was inspirierte und motivierte mich dazu, die Theoriebildung in diese Richtung voranzutreiben?

> „Doch wie entwickelt sich eine Perspektive der Kritik, und was genau inspiriert diese Perspektive? Hier sind auch die biographischen Erfahrungen der Akteur_innen Sozialer Arbeit von Bedeutung, denn der Einstieg in eine 'kritische Szene' ist meist motiviert durch ein – mehr oder weniger bestimmtes – Unbehagen in den bestehenden Verhältnissen, durch diffus oder auch sehr deutlich erlebte Begrenzungen der eigenen (Handlungs-) Möglichkeiten" (Maurer, 2016, S. 18).

Sozialisiert in Theorieaufbrüchen, die gerade (neu) gelernt hatten, Theorie nicht nur als Erklärung großer Strukturfragen (Marxismus, „die Gesellschaft", ...) zu denken, sondern auch als Verstehen der Gestaltung des Konkreten, welche die Erfahrungen der Menschen in den Mittelpunkt stellt, suchte ich nach Verbindungen subjektiver Erfahrungen mit dem Politischen, danach, was an Gesellschaftsveränderndem möglich ist. Von feministischen Kämpfen und Analysen geprägt, hinterfragten wir[10] früh die Arbeitskonzepte der Sozialen Arbeit, die Frauen- und Mädchenwelten übergingen und Erfahrungen darin allenfalls als das Besondere in den Blick zu nehmen vermochten. So war eine kritische Distanz zu gängigen fachlichen Konzepten ebenso wie die „geschlechterkritische" Brille frühzeitig mein Kompass auf der Suche nach Theorieentwicklungen. In der Lebensweltorientierung fanden sich hilfreiche Ansatzpunkte, weil sie nahelegte, genau zu sein und anzusetzen an subjektiven Erfahrungen. Damit konnten die Erfahrungen der subjektiven Bewältigung, der Zumutungen, Geschlecht „richtig" zu performieren etc., eigentlich nicht ausgeblendet werden (was aber leider noch viel zu lange geschah). Zusammen mit meiner Frage nach den strukturellen Verhältnissen, die soziale Probleme hervorbringen oder weiter verschärfen, stärkte sich das Interesse an Ge-

---

10 Auch das gehört dazu: Denken und Handeln im Kollektiv; solche Orientierungen entwickeln sich nicht alleine...

meinwesenarbeit und an der theoretischen Beschäftigung mit Konflikten. In unserem selbstorganisierten Forschungsinstitut waren wir mit feministisch orientierten Fragestellungen zusammengekommen und auf der Suche nach fachlichen Forschungs- und Praxisansätzen, die systematischer die Kategorie Geschlecht einbeziehen, ohne sich in plakativen Geschlechterklischees zu bewegen. Es entstanden die ersten Formulierungen des Konzepts, das m.E. heute in der Weiterentwicklung mit Konfliktorientierung und Adressat_innenorientierung als Angebot für eine theoretische Rahmung für die Soziale Arbeit dienen kann.

3. Wie werden Gegenstand und Aufgabe der Sozialen Arbeit in dieser Theorie bestimmt? Und wie werden die Adressat_innen theoretisiert?

Ursprünglich war das Konzept als forschungsmethodologischer Ansatz konzipiert, mit dem das Problem angegangen werden sollte, dass bei einem oberflächlichen Blick auf die Selbstäußerungen von Frauen* in der sozialpädagogischen Forschung (und Praxis) die widersprüchlichen und wenig anerkannten Erfahrungen, die nicht dem herrschenden Modus der modernen Geschlechterideologie entsprechen, nicht zum Vorschein kommen bzw. wenn, dann als subjektive Erfahrungen, die unverbunden neben der strukturellen Organisation stehen. In Forschungen fanden wir viele Selbstdeutungen von Frauen*und Mädchen*, die sich mit dem Gegebenen arrangiert hatten und eigenes Unwohlsein damit subjektivierten oder verdrängten. Wir brauchten einen Ansatz, der sich nicht so leicht dazu verleiten lässt, gegebene Interpretationen von Geschehnissen oder Zuständen als „Wahrheit" oder auch nur als unstrittig anzunehmen.

Das Konzept lässt sich aber auch als weiterreichende Rahmen-Perspektive für die Soziale Arbeit begreifen. Gesellschaftliche Ungleichheit gilt seit der Moderne nicht mehr als „natürlich" gegeben, sondern als gesellschaftliche Konstruktion, in der sich Machtverhältnisse manifestieren und auch „ausgehandelt" werden. Aus diesem Konzept heraus kann der Gegenstand der Sozialen Arbeit übergreifend als Arbeit an (sozialen) Konflikten und Widersprüchen beschrieben werden. Es macht deutlich, wie Probleme ganz elementar mit gesellschaftlichen Grundkonflikten zusammenhängen und nur, wenn diese auch thematisierbar werden, anders denn als individuelle Verfehlungen oder besondere Bedürftigkeiten interpretiert werden können. So zeigt beispielsweise die Erscheinung von Obdachlosigkeit aufgrund von Zahlungsunfähigkeit, z.B. wegen Arbeitslosigkeit, auf der „Vorderbühne", dass jemand scheitert und der Person geholfen werden müsse in Bezug darauf, wie sie es wieder „schafft". Auf der „Hinterbühne" zeugt sie – neben möglichen anderen Faktoren – von gesellschaftlicher Ungleichheit, der Verteilung von Entlohnungen und dem sozial unerträglichen Wohnungsmarkt, der Mietensteigerungen ins Unanständige wachsen lässt. Zu oft beschäftigt die Soziale Arbeit (nur) die Lebenssituation des Obdachlosen. Es ist aber die Frage, ob das Problem nicht eigentlich ‚zu wenig günstiger Wohnraum' heißen müsste.[11] Zurecht weist Groenemeyer darauf hin, wie „die Art der Definition eines sozialen Problems (...) dabei bereits ebenso Identifikation wie auch Grenzmarkierung von Zuständigkeiten und Aktivi-

---

11 Oder, analog zu R.v.Praunheim: „Nicht der Obdachlose ist pervers, sondern die Situation, in der er lebt".

täten zu seiner Lösung" nahelegt. Somit charakterisiert er Soziale Arbeit als *doing social problems* und verdeutlicht, wie „über die konkrete Fallbearbeitung im Alltag von Institutionen der Problembearbeitung (…) abstrakte Kategorien sozialer Probleme zu konkreten Betroffenheiten und aus Individuen Fälle und Klienten bzw. Klientinnen gemacht" werden (Groenemeyer, 2018, S. 1505) (zur Adressat_innenkonstruktion vgl. auch Bitzan/Bolay, 2017). Soziale Arbeit ist somit widersprüchliche oder ambivalente Akteurin in Konfliktverhältnissen.

Soziale Arbeit war und ist eine gesellschaftliche „Lösung" dafür, den Umgang mit Ungleichheit von einer politischen zu einer pädagogischen sozialarbeiterischen Frage zu machen. So entstehen Kategorien von Problematiken und damit auch von Adressat_innen, mit denen Träger und Fachkräfte Phänomene wahrnehmen, deuten und damit auch reproduzieren (genauer bei Bitzan/Bolay, 2017).

Nicht zufällig ist das Geschlechterverhältnis eng verbunden mit der Sozialen Arbeit. Das Soziale, also die Gestaltung des Zusammenlebens, ist in seinen Strukturproblemen, die in Form von Brüchen und Ungekonntheiten als Alltagsschwierigkeiten und -herausforderungen erscheinen, der Gegenstand Sozialer Arbeit. Die alltagspraktische „Sorge" für das Zusammenleben (Pflege, Ernährung, Erziehung, Beziehungen, …) obliegt als Folge der traditionellen geschlechtsspezifischen Arbeitsteilung den Frauen*. Der größte Teil dieser Care-Arbeit wird – wie oben beschrieben – im Privaten erbracht und selten als öffentliche Verantwortung verhandelt. Er funktioniert in der Regel „nebenbei", unsichtbar, wird stillschweigend vorausgesetzt – in einer nur knapp austarierten Balance von privater Hilfe und öffentlichen Erziehungs- und Unterstützungsangeboten. Die Coronakrise hat die Labilität dieser Balance offengelegt (und den Verdeckungszusammenhang kurzfristig sichtbar gemacht) und daher viele von einer Retraditionalisierung des Geschlechterverhältnisses sprechen lassen. Die Belastungen aus der plötzlich wegfallenden öffentlichen Care-Struktur fingen zu großen Teilen Frauen* auf (nicht ausschließlich, aber mehrheitlich) (Krohn, 2020, Allmendinger, 2020).

Der verberuflichte Teil der Care-Arbeit findet sich in den Sozial- und Pflegeberufen. Nicht zuletzt damit hängt das niedrige Image, die schlechte Bezahlung und die hartnäckige Frauenquote der Studierenden dieses Faches (ca. 80%) zusammen.

Aber auch die Probleme, mit denen die Soziale Arbeit meistens wesentlich zu tun hat, hängen aufs Engste mit den An- und Überforderungen aus der Care-Arbeit zusammen – nicht nur, was die Menge und das Management dieser betrifft, sondern auch in Bezug auf die psychische Belastung, die Erwartungen anderer und die Missachtung bis hin zu Gewalt (genauer Bitzan, 2018a).

Dieses konfliktorientierte Konzept des Verdeckungszusammenhangs kann für die Analyse sozialpädagogischer Handlungspraxis nutzbar gemacht werden.

Ein Beispiel: In Kontexten der Sozialen Arbeit ist es weitgehend Konsens, dass eine überforderte Mutter* Auszeit, Ausgleich und eine ordnende Hilfe brauche, damit sie ihren Alltag wieder managen kann. Die übliche fachliche Deutung diagnostiziert eine fehlende individuelle Alltagskompetenz, einen Bildungsbedarf, ggf. eine mangelnde Erziehungsfähigkeit – dem mit sozialpädagogischen oder Bildungsangeboten beigekommen werden soll. Die „Überforderung" könnte jedoch auch als „Riss" im Verdeckungszusammenhang gedeutet werden. Meistens aber wird das vermutlich dahinterliegende – also verdeckte - Thema, die sozialpolitische und private Alleingelassenheit von Erziehenden, außen vor gelassen. So entsteht selbst durch wohlmeinende Hilfen ein „Mehr desselben", der Verdeckungszusammenhang ist wieder hergestellt (vgl. Bitzan/Herrmann, 2018, darin die ausführliche Besprechung eines Fallbeispiels). Ein weitergehender Horizont der möglichen Wünsche oder Bedürftigkeiten dieser Mutter* bezüglich eines erfüllten intergenerationalen Lebens kann und darf da gar nicht aufscheinen – der Konflikt ist also eingehegt, auf eine private Organisationsfrage reduziert und „behandelbar" gemacht.

Gleichwohl ist zu betonen, dass die Soziale Arbeit selbst hier sehr wohl Chancen hat, gegen die Funktionalisierung zu arbeiten, sie kann, wenn sie dem hier aufgezeigten Anspruch gerecht zu werden versucht, ebenso zur Ermöglichung von subjektiver Autonomie und (Re)Politisierung der Konfliktthemen beitragen.

Dies verweist auf ein Konzept der Theoretisierung von Adressat_innen als eigenständige Subjekte, mit denen zusammen Arenen des „Gehörtwerdens" erarbeitet und geöffnet werden – ohne zugleich dringliche Hilfe auszuschließen.

Gefordert ist eine *konsequente Subjektorientierung*, die kritisch reflektierend jede Kategorisierung noch einmal auf den Prüfstand legt und mit den Adressat_innen zusammen die Gegenstandsbeschreibung ihres Anliegens herausarbeitet; an anderer Stelle beschrieb ich dies als „aufdeckende Beteiligung" (Bitzan, 2001). Weder die Adressat_innen selbst noch die Fachkräfte stehen aber außerhalb des Verdeckungszusammenhangs (auch Forschende nicht), sodass die ständige Selbstreflexion elementarer Bestandteil einer solchen professionellen Haltung sein muss. Das bedeutet auch, die Aufdeckungsprozesse als gemeinsame Entdeckungsprozesse zu konzipieren, nicht immer schon zu wissen, was die Adressat_innen brauchen. Zugleich bedeutet es aber auch, die Adressat_innen nicht zu überhöhen, indem sie als Expert_innen ihrer selbst sozusagen über jeglicher Verdeckung oder Verbrämung ihrer Intentionen und Bedürfnisse stehen würden (ausführlicher bei Bitzan/Bolay, 2017).

Zugleich – und das ist kein Widerspruch, sondern die Dialektik eines kritischen Ansatzes – ist eine konsequente Bewegung *weg von der Individualisierung* vonnöten. Es geht darum, die Befindlichkeiten und Erfahrungen zu kollektivieren, sie von der individuellen auf die kollektive Ebene zu stellen und somit als gesellschaftliche Fragen erkennbar zu machen. Das geht in alltagsweltlichen allgemeinen Zugängen leichter als in professionell so gern überhöhten spezialisierten Einzelkonzepten – wie etwa in der Gemeinwesenarbeit und einer spezifischen (nicht herrschaftslogischen) Sozialraumorientierung (Bitzan, 2016a, Kessl/Reutlinger, 2009 und Schreier, 2011).

Zusammenfassend: Soziale Konflikte (einschließlich der großen gesellschaftlichen Ungleichheitslinien, die hier an der Kategorie Geschlecht verdeutlicht werden) verweisen ganz allgemein auf Widersprüche, die in modernen Gesellschaften aus der Diskrepanz zwischen Versprechungen und Vorenthaltungen entstehen. Sie erscheinen meistens in Form von Zumutungen als individuelles Problem und tauchen oft – individualisiert – in Konflikten um deren Bewältigung in der Sozialen Arbeit auf, in der Lebenswelt. Somit sind häufig gerade nicht die Konfliktursachen und -konstellationen das Thema der Interventionen, sondern die Folgekonflikte. Diese sind nicht zu leugnen und auch wichtig zu bearbeiten, aber die Soziale Arbeit sollte eine Begrenzung ihres Gegenstands auf die Folgekonflikte überwinden. Eine solche konfliktorientierte Arbeit hätte dann dafür zu sorgen, dass sie gegen die ‚Entöffentlichung' und Nicht-Thematisierung arbeitet, dass sie die ihr zugedachte Funktion der Pädagogisierung und Individualisierung kritisch reflektiert und somit andere Verhandlungsarenen öffnet.

4. Welche Relevanz hat die Theorie für die Bestimmung des Theorie-Praxis-Verhältnisses?

Der konfliktorientierte geschlechterreflektierende Ansatz kann wie alle theoretischen Konzepte als Rahmenkonzept (nicht aber Handlungsanleitung) für eine selbstreflexive und kritische Praxis gedacht werden.[12] Dies wird verbunden mit einer konsequenten Adressat_innenorientierung. Insofern ist deutlich, dass es mit dem Ansatz um eine reflektierte und „informierte" Praxis geht, die zwingend selbstreflexive Anteile – bereits in der Organisation der Arbeit – beinhalten muss.

Drei Elemente des Theorie-Praxis-Verhältnisses werden hier besonders betont:

- Keine Hierarchie von Theorie und Praxis, sondern eine gemeinsame, jeweils eigensinnige „Forschungs"arbeit;
- Ausgangspunkt: Konflikte aufsuchen, benennen und kontextualisieren;
- Geschlechterreflexion – in Verschränkung mit anderen sozialen Ungleichheitsstrukturen – als Grundperspektive, die im je Konkreten nach Begrenzungen und Öffnungen sowohl im subjektiven Möglichkeitsraum der Adressat_innen als auch im kollektiven (symbolischen und sozialpolitischen) Raum sucht. Die Frage des Raums (im konkreten wie im symbolischen diskursiven Sinn) bietet eine Schlüsselperspektive für die Praxis an: welchen Geschlechtern wird welcher Raum geboten, welche (symbolischen) Angebote (also erkennbaren Benennungen) bieten Praktiker_innen an, wie stehen die Chancen, im öffentlichen Raum die eigenen Wünsche und Bedürftigkeiten hervorzubringen?

Mit diesen drei Hauptaspekten sind Vorstellungen von Partizipation aufs Engste verbunden, die nicht nur nach Zustimmung heischen, sondern sich auf eine gemeinsame Suche, ein Aushandeln und Weiterentwickeln einlassen. Die „Relevanz der Stimme der Adressat_innen" (Bitzan/ Bolay, 2017 S. 81ff.) zeigt sich

- *im Fallverstehen*: Fall meint dabei nicht eine einzelne Person oder ihr Problem. „Vielmehr geht es um Situationen, Konstellationen oder spezifische Handlungsgefüge, in denen sich eine oder mehrere Adressat_innen befinden. Insofern können auch Gruppen oder eine Organisation Gegenstand der sozialpädagogischen Fallbearbeitung werden" (ebd., S. 81). Dabei wird einerseits aus dem wissenschaftlichen Wissen eine Perspektive des Fragens und Analysierens entwickelt;

---

12 Theorie als Landkarte, nicht als Werkzeug (S. Einleitung i.d.Bd.).

andererseits muss dieses jeweils mit dem Wissensfundus, der sich aus dem praktischen Handeln und aus den Selbstdeutungen der einzelnen oder Gruppen von Adressat_innen speist, verstehend vermittelt werden. Das geht nur mit einer methodisch offenen Perspektive. Konfliktorientierung ist daher eng verbunden mit Verständigung, nämlich gemeinsamen Deutungsversuchen, die sich letztlich auf ein „gemeinsames Drittes" (Kunstreich, 2014, S. 15) beziehen.

Immer muss dabei eine Spannung zwischen Selbst- und Fremddeutung reflektiert werden (Treptow, 2006), die beide wiederum eingebettet sind in den Verdeckungszusammenhang der rhetorischen Modernisierung des Geschlechterverhältnisses und der kapitalistischen Verwertungslogik – auch bei den Aufträgen der Sozialen Arbeit. Denn diese selbst – auch das gehört zur Konfliktorientierung – handelt ja nicht im ethisch-emphatischen „luftleeren" Raum, sondern bezieht ihre Aufträge und Handlungsbedingungen im Gefüge neoliberaler Problemdeutungen. Nach B. Müller erweist sich eine nicht herrschaftliche kasuistische Herangehensweise darin, die Bilder, die sich Professionelle über Adressat_innen machen, zu dekonstruieren: „Kasuistik hat sich in ihrer Fähigkeit zur Dekonstruktion und nicht in der noch so angemessenen Konstruktion von Adressatenbildern zu bewähren" (Müller, 2008, S. 403).

Mit den hier exemplarisch vertieften (Be-)Deutungen des geschlechtshierarchischen Verdeckungszusammenhangs konnte ebenso deutlich werden, wie das Gewicht biografischer Erfahrungen in die Falldeutungen und somit in die Konzeption sozialarbeiterischen Handelns einfließen muss. Das kann in der Einzelfallhilfe nützlich sein, der konfliktorientierte Ansatz legt aber insbesondere kollektive und strukturbezogene Handlungskonstellationen nahe. Partizipation (z.B. als Beteiligung im Gemeinwesen) wird zwar allgemein geteilt als wesentliche Komponente fachlicher Handlungsorientierungen (besonders in der LWO – Thiersch, 2020), aber meistens zu kurz gefasst und damit herrschaftlich unterlegt. Denn damit ist die allgemein geteilte Unterstellung verbunden, dass bestimmte Gruppen (z.B. Jugendliche, besonders aus unteren Schichten, oder Frauen*) nicht oder zu wenig partizipieren, und demzufolge wird Partizipation damit als ein „mittels der Vermittlung von Partizipationskompetenzen zu lösendes pädagogisches Problem" (Walther, 2010, S. 116) konstruiert. Diese Gruppen werden also als bildungsbedürftig identifiziert (Konstruktion von Adressat_innen) – durchaus mit dem Impetus, sozialen Ausschluss zu verringern. Der Horizont verbleibt aber im hegemonialen Machtverhältnis, es geht um vorgefertigte Formen der Teilhabe an vorgefertigten Themen, also Themen, die bereits gesetzt sind. Analysen der wenigen qualitativen Studien zu Partizipation (von Schwanenflügel, 2015; Stövesand, 2007; Munsch, 2003) verdeutlichen jedoch, dass mit solch einem hegemonialen Partizipationsbegriff das durchaus vorhandene Partizipationshandeln von als benachteiligt Etikettierten unsichtbar (gemacht) wird. Sogenannte Nicht-Partizipation erschiene in dieser Perspektive nicht als (Bildungs-)Defizit, sondern als sozialpolitische Frage der Anerkennung subjektiver Relevanzen, die wiederum biografisch aufgeschichtet sind.[13]

---

13 Dies lässt sich gut zeigen an den Erfahrungen mit der Frauenarbeit in der Gemeinwesenarbeit – Bitzan/Klöck, 1993; Stövesand, 2013.

- *in der Gestaltung von Verhältnissen*: So wurde bereits deutlich, dass der strukturelle Ansatz, die kollektive Situationsdeutung und gemeinsame Arbeit an Verhältnissen bei dem konfliktorientierten Ansatz naheliegend sind. Das beinhaltet, potentiell auch in Konflikt zu gehen mit den Vorgaben von Ämtern, Institutionen und vor allem mit Bestrebungen, besonders effektiv und unaufwändig Fälle zu „erledigen". Der Ansatz will nicht erledigen, sondern *aufdecken*, sichtbar machen, welche Konflikte die Lebenswelten der Adressat_innen bestimmen und somit teilweise erst Bedarf sichtbar machen.

Insgesamt dürfte deutlich geworden sein, dass es in jeder Situation der sozialarbeiterischen Tätigkeiten um eine bestimmte Weise der Problemdeutungen geht, die die Grundkonflikte als Verursachungszusammenhang und als Folie, auf der Konflikte bewältigt werden, mitdenkt. Darum verbieten sich verkürzte Handlungskonzepte, befürwortet werden hingegen übergreifende Ansätze, wie sie beispielsweise eher in gemeinwesenorientierten und strukturellen Konzepten zu finden sind. Hierbei geht es immer darum, auch das Geschlechterverhältnis als einen Grundkonflikt mitzudenken und Wünsche und Verhaltensweisen von Adressat_innen in diesem Zusammenhang zu verstehen – als Bewältigung von Anforderungen und als Agieren im Geschlechterverhältnis. Heute geht es dabei um die intersektionale Perspektive ebenso wie um die Öffnung der Geschlechterkategorie hin zu Vielfalt von geschlechtlichen Identitäten und sexuellen Orientierungen. Das kann nicht konfliktfrei geschehen. Auch wenn die Zweigeschlechtlichkeit beachtet wird – gegenüber einer Ignoranz der Geschlechterverhältnisse zunächst ja ein Erkenntnisgewinn – geschehen Verdeckungen (z.B. von queeren Identitäten und deren Bewältigungen, z.B. von marginalisierten Männlichkeiten oder Weiblichkeiten). Die Analyse moderner Geschlechterverhältnisse macht jedenfalls deutlich, dass eine geschlechtshierarchische Struktur noch lange nicht erledigt ist – verdeckt unter den Rhetoriken der Gleichberechtigung (s. prominent den Gleichstellungsbericht der Bundesregierung BMFSFJ, 2017).[14]

Nicht zuletzt – diese Anmerkung sei gestattet – hat die Coronakrise mit all den Konsequenzen zur Eindämmung der Pandemie deutlich gezeigt, wie relevant diese konfliktorientierte Sicht auf das Geschlechterverhältnis ist bzw. wie sehr die strukturelle Ordnung, die die Care-Arbeit ins Private schiebt/oder dort belässt, diejenigen, die für sie verantwortlich (gemacht) sind, im Stich lässt. Zudem zeigte sich als Folge der Verwiesenheit auf den häuslichen Bereich (Kontakteinschränkungen, teilweise bis zu Ausgangssperren), dass die (sexuelle) Gewalt im Nahbereich erheblich angestiegen ist (z.B. Steinert/Ebert, 2020, Südwestumschau 10.9.2020). In Krisen greifen die traditionelleren Strukturen der Hierarchie meistens deutlicher und erkennbarer und zugleich ist ihre Thematisierung schwieriger, da es ja primär um das Krisenmanagement gehe – und der „Luxus" solcher Fragen jetzt keinen Platz habe.

Relevanz hat eine konfliktorientierte geschlechterreflektierte Perspektive auch für die *Forschung*, in deren methodologischer Reflexion das Konzept entstanden ist

---

14 Weitere Überlegungen zum Theorie-Praxis-Verhältnis haben wir in unserem tifs-Buch, das auch Erfahrungen aus dem gemeinsamen Denken mit Praktiker_innen zusammenträgt, festgehalten (tifs, 2000).

(tifs, 2000, Bitzan, 2020). Wurde schon früh die Notwendigkeit der „Erkenntnis als Koproduktion" (Bitzan, 2010) von Forschenden und „BeForschten" propagiert, so hat der dekonstruktivistische Turn der Geschlechterforschung zunächst eine starke Betonung der nur subjektiven Gestaltungsweisen des ‚doing gender' mit sich gebracht. Heute werden wieder stärker zwei Aspekte betont. Zum einen darf die strukturelle Rahmung der doing gender-Prozesse nicht außer Acht gelassen werden – vor lauter Sorge, Geschlecht nicht zu vereinheitlichen und damit eine Kategorie zu stärken, die doch perspektivisch dekonstruiert werden sollte. Zum andern wird aktuell der Anspruch der Partizipativen Forschung in der Sozialwissenschaft und somit auch in der Geschlechterforschung wieder stärker in die Aufmerksamkeit gerückt, die in den Anfängen der Geschlechterforschung (als Frauenforschung) ein unbedingtes Strukturelement war (vgl. Rose/Schimpf, 2020, von Unger, 2014, Bitzan, 2020)[15].

„Es muss dabei insbesondere berücksichtigt werden,

- dass Modernisierung vor allem als rhetorische zu begreifen ist, einhergehend mit Bestrebungen von Retraditionalisierungen, was eine neue Mischung moderner Bilder mit retraditionalisierten Rollenerwartungen und Strukturvorgaben entstehen lässt (McRobbie, 2010), die auf struktureller Ebene beobachtet werden muss;
- dass das Geschlechterverhältnis alle Individuen in spezifischer Weise in Geschlechtermuster zwingt und dass somit strukturell privilegierte Positionen (Männlichkeit) ebenso mit Reduzierungen und Begrenzungen erkauft werden – Geschlechterforschung somit die Wirkungen des Geschlechterverhältnisses für alle Geschlechter in den Blick zu nehmen hat;
- dass neue Erkenntnisse weitgefasster Gender-Theorien und -entwicklungen unter dem Stichwort der sexuellen und geschlechtlichen Vielfalt (queer theory) nicht mehr übergangen werden können;
- dass soziale Ungleichheit (...) nicht mehr entlang nur einer (Haupt)Kategorie gedacht werden kann (Intersektionalität);
- dass die Praxis (der Sozialen Arbeit) in vielen Bereichen von Standardisierungen und Effektivitätsforderungen beherrscht wird, sie im dominanten Diskurs derzeit nicht selten am worst case orientiert ist (Kinderschutz z.B.), wobei Fragen nach Selbsterfahrungen und Entwicklungsräumen eher als Zumutung aufgefasst werden;
- und dass Forschung einen backslash in Form der aktuellen Forderungen einer (unkritischen) Evidenzbasierung erlebt." (Bitzan, 2020, S. 86)

Diese Aspekte lassen sich mit den Denklinien des Konzepts des geschlechtshierarchischen Verdeckungszusammenhangs bearbeiten und in das Konstrukt integrieren. Und: Die Zusammenhänge der Verdeckungen werden zunehmend komplexer und kategorienkritischer.

---

15 „Eine allgemeine Definition von partizipativer Forschung kann etwa lauten: Partizipative Forschung stellt den Versuch dar, einen Erkenntnisprozess zu initiieren und zu gestalten, an dem im Prinzip alle Personen und Gruppen als aktiv Entscheidende beteiligt werden, die von dem jeweiligen Thema und der Fragestellung betroffen sind" (Bergold, 2013, S. 2).

4. Welche Relevanz hat die Theorie für die Bestimmung des Theorie-Praxis-Verhältnisses?

> **Fragen zur Reflexion:**
> - Welches Verständnis von Konflikten wird hier vorgestellt?
> - In welchen Dimensionen und wie wirkt das Konstrukt des geschlechtshierarchischen Verdeckungszusammenhangs?
> - Beziehen Sie den geschlechtshierarchischen Verdeckungszusammenhang auf Praxis-Situationen in der Sozialen Arbeit. Wie lassen sich Problemdefinitionen und Vorgehensweisen analysieren und welche weitergehenden Handlungsansätze lassen sich entwickeln?

Literatur

Grundlagen:

Bitzan, M. (2000): Geschlechtshierarchischer Verdeckungszusammenhang. Überlegungen zur sozialpädagogischen Mädchen- und Frauenforschung. In: Lemmermöhle, D./Fischer D./Klika D./Schlüter A. (Hrsg.): Lesarten des Geschlechts. Zur De-Konstruktionsdebatte in der erziehungswissenschaftlichen Geschlechterforschung. Opladen 2000, S. 146–160.

Bitzan, Maria (2018): Das Soziale von den Lebenswelten her denken. Zur Produktivität der Konfliktorientierung für die Soziale Arbeit. In: Roland Anhorn, Elke Schimpf, Johannes Stehr, Kerstin Rathgeb, Susanne Spindler, Rolf Keim: Politik der Verhältnisse – Politik des Verhaltens. Widersprüche der Gestaltung Sozialer Arbeit. Springer Fachmedien Wiesbaden, S. 51–69.

Bitzan, Maria/Bolay, Eberhard (2017): Soziale Arbeit – die Adressatinnen und Adressaten. Theoretische Klärung und Handlungsorientierung. Leverkusen: Barbara Budrich.

Brückner, Margrit (2015): Dimensionen des Care-Begriffs. Zwischen Fürsorge, Gerechtigkeit und Eigensinn. In: Kreß, Brigitta/ Mehlhorn, Anette (Hrsg.): Füreinander Sorge tragen. Religion, Säkularität und Geschlecht in der globalisierten Welt. Weinheim/ Basel: Beltz Juventa, S. 41–53.

Grönemeyer, Axel, 2018: Soziale Probleme. In: Otto, Hans-Uwe; Thiersch, Hans (Hrsg.): Handbuch Soziale Arbeit, 6. Auflage, München: Ernst Reinhardt Verlag, S. 1492–1507.

tifs Tübinger Institut für frauenpolitische Sozialforschung e.V. (Bitzan, Maria/Funk, Heide/ Stauber, Barbara) (2000): Den Wechsel im Blick – Methodologische Ansichten feministischer Sozialforschung. 2. Aufl., Pfaffenweiler: Centaurus.

Wetterer, Angelika (2003): Rhetorische Modernisierung: das Verschwinden der Ungleichheit aus dem zeitgenössischen Differenzwissen. In: dies.: Achsen der Differenz: Gesellschaftstheorie und feministische Kritik II, Münster: Westfälisches Dampfboot, S. 286–319.

Walgenbach, Katharina (2012): Intersektionalität – eine Einführung. URL: www.portal-intersektionalität.de [29.9.2020]

Weiterführend:

Allmendinger, Jutta 2020: Die Frauen verlieren ihre Würde, Gastbeitrag in der ZEIT vom 12.5.2020

Bergold Jarg B. (2013): Partizipative Forschung und Forschungsstrategien. In: Stiftung Mitarbeit (Hrsg.): eNewsletter Wegweiser Bürgergesellschaft 08.

Beck, Ulrich /Giddens, Anthony /Lash, Scott (1996): Reflexive Modernisierung. Eine Kontroverse, Frankfurt a.M.

Bitzan, M. (2001). Aufdeckende Beteiligung – eine politische Handlungskompetenz (nicht nur) der Mädchenarbeit. Forum Erziehungshilfen Jg. 7 (1): S. 14–22. Münster: Votum.

Bitzan, Maria (2010): Praxisforschung, wissenschaftliche Begleitung, Evaluation: Erkenntnis als Koproduktion. In: Becker, Ruth/Kortendiek, Beate (Hrsg.): Handbuch Frauen- und Geschlechterforschung. Theorie, Methoden, Empirie. VS Verlag für Sozialwissenschaften Wiesbaden, 3. Aufl. 2010, S. 344–350.

Bitzan, Maria (2016a): Gemeinwesenarbeit. In: Grunwald, Klaus/Thiersch, Hans (Hrsg.): PraxisHandbuch Lebensweltorientierte Soziale Arbeit. Handlungszugänge und Methoden in unterschiedlichen Arbeitsfeldern. 3.vollständig überarb. Auflage Beltz Juventa Weinheim, S. 371–381.

Bitzan, Maria (2016): Adressat_innen zwischen Konstruktion und Eigensinn – zur Vermittlung eines kritischen Adressatenbegriffs mit methodologischen Fragen der Genderforschung. In: Zipperle, Mirjana/Bauer, Petra/Stauber, Barbara/Treptow, Rainer (Hrsg.): Vermitteln. Eine Aufgabe von Theorie und Praxis Sozialer Arbeit. Wiesbaden: Springer VS, S. 99–112.

Bitzan (2018a): 'Genderpolitik'. In: Otto, Hans-Uwe/Thiersch, Hans/Treptow, Rainer/Ziegler. Holger (Hrsg.): Handbuch Soziale Arbeit, 6. Überarb. Aufl., Ernst Reinhardt Verlag, München, S. 498–508.

Bitzan, Maria (2020): Zur Relevanz von Verdeckungszusammenhängen im Kontext der sozialarbeitswissenschaftlichen Geschlechterforschung – methodologische Herausforderungen partizipativer Ansprüche. In: Lotte Rose, Elke Schimpf (Hrsg.): „Sozialarbeitswissenschaftliche Geschlechterforschung: Methodologische Fragen, Forschungsfelder und empirische Erträge". Barbara Budrich, Opladen, Berlin, Toronto, S. 75–98.

Bitzan, Maria/Kaschuba, Gerrit/Stauber, Barbara (2018): »Wir behandeln alle gleich«: Herausfordernde Wechselwirkungen zwischen Konstruktion und Dekonstruktion. Überlegungen zu Fallstricken in Gleichstellungspolitik und Praxisforschung. In: Bauer, Gero/Ammicht Quinn, Regina/Hotz-Davies, Ingrid (Hrsg.): Die Naturalisierung des Geschlechts: Zur Beharrlichkeit der Zweigeschlechtlichkeit. Bielefeld: transcript Verlag, S. 201–220.

Bitzan, Maria/Herrmann, Franz (2018): Konfliktorientierung und Konfliktbearbeitung in der Sozialen Arbeit. Mit einer kasuistischen Erörterung. In: Stehr, Johannes/Anhorn, Roland/Rathgeb, Kerstin: Konflikt als Verhältnis – Konflikt als Verhalten – Konflikt als Widerstand. Springer Fachmedien Wiesbaden, S. 43–54.

BMFSFJ Bundesministerium für Familie, Senioren, Frauen und Jugend (2017): Zweiter Gleichstellungsbericht der Bundesregierung, Drucksache 18/12840 https://www.gleichstellungsbericht.de/zweiter-gleichstellungsbericht.pdf (Zugriff am 29.10.2020).

Dahrendorf, Ralf (1961): Gesellschaft und Freiheit. Zur soziologischen Analyse der Gegenwart, R. Piper & Co Verlag: München.

Fraser, Nancy (1994): Der Kampf um die Bedürfnisse: Entwurf für eine sozialistisch-feministische kritische Theorie der politischen Kultur im Spätkapitalismus. In: dies.: Widerständige Praktiken: Macht, Diskurs, Geschlecht. Frankfurt a.M.: Suhrkamp, S. 249–290.

Fraser, Nancy (2012): Feminismus ohne Strategie. Nancy Fraser im Gespräch. Zeitschrift Luxemburg – Gesellschaftsanalyse und linke Praxis, Herausgeber: Vorstand der Rosa-Luxemburg-Stiftung, Berlin, Dez. 2012.

Funder, Maria (2002): Die Konflikttheorie feministischer Theorien, In: Bonacker, Thorsten (Hrsg.), Sozialwissenschaftliche Konflikttheorien. Eine Einführung, Leske + Budrich, Opladen 2002.

Gender Glossar o.J.: Gayatri Chakravorty Spivak, von Miriam Nandi. In: https://gender-glossar.de/g/item/89-gayatri-chakravorty-spivak (Zugriff 10.10.2020).

Gildemeister, Regine (2005): Gleichheitssemantik und die Praxis der Differenzierung. Wann und Wie aus Unterscheidungen Unterschiede werden, in: Vogel, Ulrike (Hrsg.): Was ist weiblich, Was ist männlich. Aktuelles zur Geschlechterforschung in den Sozialwissenschaften, Bielefeld, S. 71–88.

Glasl, Friedrich (1992): Konfliktmanagement. Ein Handbuch für Führungskräfte und Berater., Stuttgart/Bern.

Gmünder, Ulrich (1985): Kritische Theorie, Springer-Verlag GmbH Deutschland.

Herrmann, Franz (2006): Konfliktarbeit. Theorie und Methodik Sozialer Arbeit in Konflikten, Wiesbaden: VS.

Honneth, Axel (1992): Kampf um Anerkennung., Frankfurt a.M., Suhrkamp.

Internet-Portal: Intersektionlität: http://portal-intersektionalitaet.de/konzept/ (Zugriff am 7.9.2020).
Kessl, Fabian/Reutlinger, Christian: Sozialraumarbeit statt Sozialraumorientierung. In: sozialraum.de (1) Ausgabe 2/2009. URL: https://www.sozialraum.de/sozialraumarbeit-statt-sozialraumorientierung.php (Zugriff am 30.09.2020).
Kunstreich, Timm (2014): Grundkurs Soziale Arbeit. Sieben Blicke auf Geschichte und Gegenwart Sozialer Arbeit, Band I, 5. Aufl. Creative Commons-Lizenz CC BY-NC-ND 4.0.
Lamna, Jörn (2002): Die Konflikttheorie als Gesellschaftstheorie, In: Thorsten Bonacker: Sozialwissenschaftliche Konflikttheorien, Opladen 2002, S. 207–229.
KriSA (2016): Maurer, Susanne in: Kritische Soziale Arbeit im globalen Kontext. Dokumentation einer Fachtagung an der OTH Regensburg. Hg. von der Fakultät Angewandte Sozial- und Gesundheitswissenschaften und dem Forum Sozialwissenschaften, OTH Regensburg, Zusammenstellung: AK KRISA.
Krohn, Philipp 2020: Retraditionalisierung? Care-Arbeit und Geschlechterverhältnisse in der Corona-Krise -Essay in: Aus Politik und Zeitgeschichte / Jahrgang 2020 / Care-Arbeit v. 30.10.2020 https://www.bpb.de/apuz/care-arbeit-2020/317845/retraditionalisierung-care-arbeit-und-geschlechterverhaeltnisse-in-der-corona-krise
Maurer, Susanne (2018). Die 'Bildung des politischen Subjekts' im Netz? Oder: Gesellschaftskritik und Selbst-Transformation- digital/analog. kommunikation @ gesellschaft, 19, 1–38. https://nbn-resolving.org/urn:nbn:de:0168-ssoar-60461-9 (Zugriff am 29.10.2020).
Müller, Christa (2008): Parteilichkeit und Betroffenheit: Frauenforschung als politische Praxis. In: Becker, Ruth/ Kortendiek, Beate (Hrsg.): Handbuch Frauen- und Geschlechterforschung. Theorie, Methoden, Empirie. Wiesbaden: VS Verlag für Sozialwissenschaften, 2. Aufl., S. 332–335.
Schreier, Maren (2011): Gemeinwesenarbeit (re)politisiert!? Denk- und Diskussionsanstöße im Kontext kritisch-reflexiver Arbeit. http://www.sozialraum.de/gemeinwesenarbeit-re-politisiert.php (Zugriff am 29.10.2020).
Spivak, Gayarti Chakravorty (1988): Can the Subaltern Speak? In C. Nelson & L. Grossberg (Eds.), Marxism and the interpretation of culture (S. 66–111). Urbana: University of Illinois Press.
Steinert, Janina/Ebert, Cara 2020: Gewalt an Frauen und Kindern in Deutschland während COVID-19-bedingten Ausgangsbeschränkungen: Zusammenfassung der Ergebnisse. Abzurufen unter: https://www.hfp.tum.de/globalhealth/forschung/covid-19-and-domestic-violence/ (letzter Zugriff 12.11.2020)
Südwestumschau (10.9.2020): Frauenhäuser: kaum noch freie Plätze. Südwestpresse Ulm/Tübingen.
Thiersch, Hans (2020): Lebensweltorientierte Soziale Arbeit – revisited. Beltz/Juventa Weinheim.
von Schwanenflügel, Larissa (2015): Partizipationsbiographien Jugendlicher. Zur subjektiven Bedeutung von Partizipation im Kontext sozialer Ungleichheit. Wiesbaden: Springer.
von Unger, Hella (2014): Partizipative Forschung. Einführung in die Forschungspraxis. Wiesbaden: Springer VS Verlag für Sozialwissenschaften.

Aktueller Stand der Diskussion und Perspektiven für die Zukunft der Theorien Sozialer Arbeit

Michael May und Arne Schäfer

> **Zusammenfassung:**
> Ausgehend von den möglichen Vorteilen eines kritisch-solidarischen Diskurses unterschiedlicher Theorien für eine Weiterentwicklung der Wissenschaften Sozialer Arbeit werden die im Sammelband vorgestellten Ansätze im Hinblick darauf verglichen, wie sie den Gegenstand und die Adressat_innen Sozialer Arbeit sowie das Theorie-Praxis-Verhältnis bestimmen. Vor diesem Hintergrund wird die Frage nach den Begriffen von Sozialpädagogik und Sozialer Arbeit aufgegriffen und welches die akademische Disziplin sei, um sich angemessen mit dem so bezeichneten, sich sehr stark ausdifferenzierenden Feld wissenschaftlich zu beschäftigen. Davon ausgehend, dass sich die historischen Problemkonstellationen, mit denen diese Praxis konfrontiert ist, sich dem Zugriff einer einzelnen Disziplin entziehen, plädiert der Beitrag für eine transdisziplinäre Forschung, die sowohl die Grenzen wissenschaftlicher Disziplinen im Rahmen einer theoretischen Transdisziplinarität wie auch die Grenzen zwischen der Wissenschaft und der Praxis im Rahmen einer praktischen Transdisziplinarität überschreitet.

Die in diesem Band versammelten Beiträge verdeutlichen, dass die Theoriediskussion in der Sozialen Arbeit durch sehr unterschiedliche Zugänge gekennzeichnet ist. Selbst die in den Einzelbeiträgen vorgestellten Positionen erweisen sich zumeist als „von vielfältigen Rekursen und methodologischen Prämissen" (Füssenhäuser 2005, S. 9) geprägt. Hans Gängler (1995) hat dies unter der Kategorie „Variation der Theoriebildung" als ein eigenes von insgesamt fünf von ihm unterschiedenen Strukturmustern moderner Theoriebildung im Kontext Sozialer Arbeit beschrieben.

Dies mag verwirrend erscheinen. Manche mögen dies auch für einen Mangel halten oder gar als Anzeichen dafür, dass die Soziale Arbeit sich noch nicht als eigene Wissenschaft zu konstituieren vermocht habe. Allerdings ist zu vermerken, dass es keine einzige wissenschaftliche Disziplin gibt, in der nicht leidenschaftlich Theorien mit- oder auch gegeneinander konkurrieren. Das gilt auch für die als „exakt" geltenden Naturwissenschaften. So existieren beispielsweise in der Physik zu so grundlegenden Begriffen wie Raum oder Zeit höchst unterschiedliche Theorien.

Der Theorienpluralismus in der Sozialen Arbeit könnte sich sogar als Vorteil erweisen, wenn die verschiedenen Ansätze in einen kritischen Diskurs miteinander kämen, denn neben neuen empirischen Erkenntnissen kann Theoriebildung vor allem durch wechselseitige solidarische Kritik und Gegenkritik vorangetrieben werden. Nur so lassen sich Blindstellen der einzelnen Theorien erhellen. Allerdings ist in der Vergangenheit eher ein Nebeneinander der Theoriebildung in der Sozialen Arbeit zu beobachten gewesen. Es ließe sich fast von Ignoranz sprechen, mit der sie in einzelnen „Schulen" betrieben wurde und wird. Eine solche nur den selbst vertretenen Ansatz bezogene Theoriebildung trägt allerdings maßgeblich dazu bei, dass – wie Michael Winkler (2005, S. 17) behauptet – Theorien formal gesehen „für Professionen (...) mit einem dogmatischen Charakter wirken". Dieses Problem verschärft sich noch einmal, wenn an einzelnen Hochschulen auch die Lehre sich auf nur eine Theorievariante beschränkt.

Gleiches gilt für die Beschäftigung mit „Klassikern" der Theoriebildung. Michael Winkler hat verdeutlicht, dass es in der kritischen Auseinandersetzung mit dem Erbe, ohne die keine Disziplin bestehen könnte, der Theoriebildung Sozialer Arbeit vor allem darum gehen müsse, „ihre begrifflichen Instrumente zu bearbeiten und sich an diesen zu schulen" (Winkler, 2005, S. 25). „Andere Beschreibungen" (ebd., S. 23) könnten somit nicht nur bezüglich ihrer „Vollständigkeit befragt werden" (ebd.). Als „Gegenerinnerung" im Sinne Foucaults (1974, S. 17ff.) würden durch sie zusätzlich „Optionen sichtbar, die andernfalls in Vergessenheit geraten" (Winkler, 2005, S. 23).

Aber auch hier ist in den Wissenschaften allgemein eine Tendenz zu Mode-Theorien zu verzeichnen, die – um den dazu passenden „neudeutschen" Begriff zu verwenden – einen „Hype" wie auch sonst nur in der Kulturindustrie erleben, um dann durch eine neue Theorie-Mode ebenso schnell verdrängt zu werden. Demgegenüber verweisen Negt und Kluge auf zahlreiche Beispiele aus den Natur-, Geistes- und Sozialwissenschaften, wo „die besonders genaue Rekonstruktion der Tradition des Erbes, das Buchstäblichnehmen der Geschichte, [...] zu den Umbrüchen im Denken" (2001a, S. 483, Anm. 31) geführt habe, während „gerade jene Theorien, die den Bruch und Umbruch gegen die Traditionen thematisieren, in einem hohen Maße von ihnen, wenn auch bewusstlos, abhängig" (ebd.) blieben. Und so verorten sie denn auch den Gebrauchswert von Theoriearbeit im „Verhältnis von Zusammenhang und Kontinuität" (ebd., S. 483).

In der Hoffnung, so den „Gebrauchswert von Theoriearbeit" zu verbessern, wollen wir in diesem abschließenden Beitrag zunächst den aktuellen Stand der Diskussion zusammenfassen. Dabei werden wir uns auf ausgewählte Aspekte des aktuellen Theoriediskurses konzentrieren (ausführlich May, 2008). Bei der Darstellung des Diskussionsstandes orientieren wir uns an den Antworten, die die Autor_innen dieses Bandes auf die Fragen nach dem Gegenstand, den Adressat_innen sowie dem Theorie-Praxis-Verhältnis gegeben haben. Wenn wir diese (ansatzweise) in Beziehung zueinander setzen, geht es uns nicht allein um das von Negt und Kluge angemahnte „Verhältnis von Zusammenhang und Kontinuität" (2001a, S. 483). Zugleich wollen wir damit „dogmatischen" Tendenzen entgegenwirken und zu einem eigenständigen kritischen Weiterdenken anregen. Diesbezüglich stellen wir abschließend einige Überlegungen zu den Herausforderungen zukünftiger Theoriebildung zur Diskussion. Dabei werden wir vor allem auf die Frage eingehen, inwieweit Theorien der Sozialen Arbeit eine transdisziplinäre Perspektive einnehmen müssen.

Die folgende Zusammenfassung kann die differenzierten Antworten der Autor_innen auf unsere Fragen nur in einer sehr komprimierten Form darstellen. Sie bleibt daher skizzenhaft, unvollständig und ersetzt weder die Lektüre der einzelnen Beiträge noch die intensive Auseinandersetzung mit den verschiedenen Theoriepositionen.

1. Gegenstand und Aufgabe der Sozialen Arbeit

Diejenigen, welche für eine eigenständige Sozialarbeitswissenschaft plädieren, sehen die Konturierung eines originären Gegenstandesbereichs als Voraussetzung, um Sozialarbeitswissenschaft bzw. Soziale Arbeit von anderen wissenschaftlichen Disziplinen zu unterscheiden und sie als eigenständige Disziplin zu profilieren. Ohne Gegenstand, so Staub-Bernasconi (S. 44 in diesem Band), könne es keine Disziplin geben. Sie geht davon aus, „dass der disziplinäre Gegenstands- und professionelle Zuständigkeitsbereich der Sozialen Arbeit ›Soziale Probleme‹, ihre Ursachen und Folgen sind" (ebd., S. 60). Soziale Probleme können demnach auf drei verschiedenen Ebenen entstehen: auf der Ebene von Individuen, von unterschiedlichen Interaktionskontexten und von sozialen Systemen. In diesem Sinne fordert auch Klassen (S. 73 in diesem Band) aus Sicht der Systemischen Sozialen Arbeit, soziale Probleme „im Zusammenhang mit Aspekten der Ausstattung von Individuen, ihren Austauschformen und ihren Mitgliedschaften in sozialen Systemen zu analysieren". Staub-Bernasconi und Klassen sehen im systemischen Bezugsrahmen von Mario Bunge die geeignete Theorieperspektive, um den Gegenstandsbereich zu konturieren und ein Theorie- und Forschungswissen zur Verfügung zu stellen, das der praktischen Bearbeitung sozialer Probleme dient.

Demgegenüber ist nach Ziegler die Fokussierung auf soziale Probleme zwar nicht falsch, aber doch zu unkonkret. Er argumentiert, „dass der originäre Gegenstand Sozialer Arbeit bzw. das Problem, das Soziale Arbeit bearbeitet, sinnvollerweise als (das Problem der) *Entfremdung* beschrieben werden sollte" (Ziegler in diesem Band, S. 100; Herv. i.O.). Seiner Ansicht nach stellt der von Amartya Sen und Martha Nussbaum entwickelte Capability Approach ein geeignetes Arsenal dar, „um das Problem der Entfremdung zu präzisieren und bearbeitbar zu machen" (ebd.). Dieser Ansatz bietet sich nach Ziegler deshalb an, weil er Maßstäbe liefert, um den Grad der Entfremdung von den Möglichkeiten einer guten Lebensführung bewerten zu können. Dabei wird vermieden, die konkreten inhaltlichen Ausrichtungen der Lebensentwürfe der Menschen normativ zu beurteilen.

Aus der Perspektive einer materialistischen Dialektik sind Entfremdung und die Verwirklichung menschlicher Subjektivität zwei unterschiedliche Seiten derselben Medaille. Allerdings wird dabei allein ein Vorhalten von Capabilities seitens des Sozialstaates bzw. durch Soziale Arbeit als nicht hinreichend zur Überwindung von Entfremdung erachtet. Hintergrund ist zum einen Marx' Analyse, wie das im Capabilities Approach ausgeklammerte Privateigentum an Produktionsmitteln nicht nur mit einer Entfremdung der Produzierenden von ihren Produkten einhergeht, sondern auch von ihrer Tätigkeit und ihren Mitmenschen – ja, von sich selbst und dem, was die menschliche Gattung von anderen Lebewesen unterscheidet und Marx (1978, S. 408) als das „wahre menschliche Gemeinwesen" bezeichnet. Zum anderen geht es um die Frage, wie solche Capabilities angeeignet und nutzbar gemacht werden können. Die gegenständliche Aneignung und die Verwirklichung menschlicher Sinnlichkeit wird dabei als ein dialektischer Zusammenhang betrachtet. Die Verwirklichung menschlichen Gemeinwesens ist vor diesem Hintergrund nur dann möglich, wenn das „Alltagsleben zum wichtigsten Werk der endlich bewussten Praxis" (Lefebvre 1977, Bd. III, S. 10) wird. In dem Maße, wie dies gelingt, kann auch unter kapitalistischen Produktionsverhältnissen Entfremdung zumindest momenthaft überwunden werden.

Aus der Perspektive materialistischer Dialektik kann sich der Gegenstand Sozialer Arbeit jedoch nicht in der professionellen Schaffung von Gelegenheiten zur aneignenden Verwirklichung menschlicher Subjektivität erschöpfen, um so auch einen Beitrag zur (partiellen) Überwindung von Entfremdung zu leisten. Michael Winkler (1988) hat dies als sozialpädagogisches Ortshandeln bezeichnet. Vielmehr muss es darüber hinaus um eine Beförderung der Ausgestaltung eines gleichermaßen demokratischen wie sozialen, äußeren, politischen Gemeinwesens gehen, weil letztlich eine Verwirklichung menschlichen Gemeinwesens nur so möglich ist. Diese Arbeit am Gemeinwesen lässt sich als dialektische Vermittlung einer solchen, gerade nicht auf Professionelle beschränkten, demokratischen Bildung des Sozialen mit einer dabei seitens der Beteiligten stets zugleich erfolgenden Bildung am Sozialen fassen. Materialistische Dialektik sieht darin den übergreifenden Gegenstand einer Sozialen Arbeit, die sich nicht in einem professionellen Handlungsmodus erschöpft.

Im Unterschied dazu geht es macht- und diskursanalytischen Perspektiven weniger um die Frage, wie der Gegenstandsbereich Sozialer Arbeit normativ bestimmt werden kann. Vielmehr steht im Mittelpunkt dieser Ansätze die Frage, welche Prozesse dazu führen, dass bestimmte Lebensweisen von Menschen als sozial problematisch etikettiert und an die Soziale Arbeit delegiert werden. Kessl differenziert zwischen machtanalytischen und diskursanalytischen Zugängen, die aber eng miteinander verzahnt sind und sich wechselseitig beeinflussen. Beiden Perspektiven ist gemeinsam, dass sie sich auf die grundlagentheoretischen Arbeiten von Michel Foucault beziehen und ein ähnliches Erkenntnisinteresse haben. Diskursanalysen geht es aber stärker um die Untersuchung hegemonialer diskursiver (Wissens-)Ordnungen, also was wann und wie sagbar ist und was eher nicht. Machtanalysen erforschen in stärkerem Maße historisch-spezifische Kräfte- und Machtverhältnisse.

> „Wenn man Soziale Arbeit aus einer machtanalytischen Perspektive theoretisch bestimmt, lässt sie sich als aktive Gestaltung und geplante Beeinflussung von subjektiven Lebensführungsweisen fassen – und zwar in den Fällen, in denen diese Lebensführungsweisen als sozial problematisch oder potenziell sozial problematisch markiert werden" (Kessl in diesem Band, S. 93).

Welche Lebensformen als problematisch gelten, wird insbesondere durch die zu einem bestimmten Zeitpunkt vorherrschende diskursive Ordnung bestimmt. Diskurse und Machtkonstellationen bestimmen auch den Gegenstand der Sozialen Arbeit, der sich gegenwärtig als „gleichzeitige Ermöglichung subjektiver Autonomie *und* als deren Regulation systematisch fassen (lässt)" (Kessl in diesem Band, S. 93). Dabei ist darauf hinzuweisen, dass Subjektivität, wie sie in Michael Winklers Bestimmung des Gegenstandes Sozialer Arbeit oder im Rahmen materialistischer Dialektik als Verwirklichung menschlichen Gemeinwesens gefasst wird, als etwas verstanden wird, was sich einer solchen Regulation letztlich entzieht. Macht- und diskursanalytischen Ansätzen geht es jedoch nicht um eine solch emphatische Bestimmung des Gegenstandes Sozialer Arbeit. Vielmehr beleuchten sie die Konstruktionsprozesse sozialer Probleme sowie des Gegenstandes und der Aufgabe Sozialer Arbeit im Zusammenhang mit bestimmten Regierungsformen. Sie wollen nachvollziehen, wie und warum sich ein bestimmtes Verständnis Sozialer Arbeit historisch durchsetzen konnte.

Auch der konfliktorientierte geschlechterreflektierende Ansatz betont die Bedeutung gesellschaftlicher Diskurse, da soziale Konflikte erst dann zu einem Gegenstand öffentlicher Auseinandersetzung werden, wenn sie in sozialen Diskursen thematisiert werden. Bitzan verdeutlicht diesen Sachverhalt am Konzept des geschlechtshierarchischen Verdeckungszusammenhangs. Damit ist gemeint, dass die hegemoniale öffentliche Rhetorik von Liberalität und Chancengleichheit die nach wie vor existierenden strukturellen Benachteiligungen von Frauen verschleiert, die dadurch individualisiert und entpolitisiert werden. Von den betroffenen Personen werden die von der Geschlechterordnung hervorgerufenen Zumutungen, Widersprüche und Identitätsprobleme daher häufig als individuell zu verantwortende Unzulänglichkeiten wahrgenommen. Daher wird die Aufgabe und Funktion einer Sozialen Arbeit (auch) darin gesehen, „diese Konflikte wieder in die politische (öffentliche) Sphäre zu bringen, die Individuen zu entlasten mit ihren widersprüchlichen Erfahrungen und kollektiv Thematisierungen (und Lösungen) zu ermöglichen" (Bitzan in diesem Band, S. 193). Vor diesem Hintergrund lässt sich der zentrale Gegenstand der Sozialen Arbeit „übergreifend als Arbeit an (sozialen) Konflikten und Widersprüchen" (ebd., S. 194 in diesem Band) fassen.

Die psychoanalytische Perspektive richtet ihren Blick dagegen stärker auf unbewusste Dynamiken. Mit Bezug auf Lorenzer (1973) sieht Dörr (S. 144 in diesem Band) das sinnlich erfahrbare Leiden, das nach Aufhebung verlangt, als den Motor der Psychoanalytischen Sozialen Arbeit an:

> „Bezogen auf den besonderen Gegenstand – das Unbewusste – gilt auch für die Psychoanalytische Soziale Arbeit: Sie nähert sich diesem letztlich nicht greifbaren Gegenstand über Interaktion, Sprache und Lebenspraxis" (ebd.).

Psychoanalytische Soziale Arbeit bedeutet, mit der Kraft des Unbewussten zu rechnen, das aber nicht direkt zugänglich ist. Die Fokussierung auf psychische Prozesse des Unbewussten bedeutet nicht, der psychoanalytische Ansatz blende gesellschaftliche Faktoren aus. Das Subjekt ist vielmehr von den gesellschaftlichen Verhältnissen durchdrungen, es kann von ihnen bedroht und verletzt werden und an ihnen leiden. Das individuelle Leiden, dessen Linderung zu den Aufgaben der Sozialen Arbeit gehört, hat demnach seinen Grund vor allem in den gesellschaftlichen Strukturen und Sozialisationsbedingungen.

Die Verbindung psychoanalytischer und gesellschaftlicher Aspekte kennzeichnet auch den Lebensbewältigungsansatz. Sein besonderer Gegenstand ist aber nicht das Unbewusste. Vielmehr rückt er die gesellschaftliche Situation von Personen und Gruppen ins Licht, die professionelle Hilfe und Unterstützung bei der alltäglichen Lebensbewältigung benötigen, „damit diese ihre psychosoziale Handlungsfähigkeit erhalten oder wiedererlangen und soziale Bezüge aufbauen können", so Füssenhäuser (S. 123f. in diesem Band) mit Bezug auf Böhnisch (2016a). Um die Aufgabe der Sozialen Arbeit, Hilfe zur Lebensbewältigung zu leisten, theoretisch zu begründen, werden psychologische und soziologische Begriffe und Theorien aufeinander bezogen und miteinander verknüpft. Füssenhäuser zeichnet in ihrem Beitrag nach, dass in der Weiterentwicklung des Lebensbewältigungsansatzes allerdings eine zunehmende Gewichtung individualpsychologischer bzw. psychoanalytischer Überlegungen zu verzeichnen ist. Das theoretische Konzept der Lebensweltorientierung sieht hingegen den Gegenstand der Sozialen Arbeit primär in den Alltags- und Lebenswelten der Menschen. Aufgabe der Sozialen Arbeit ist es, die Lebenswelten ihrer Adressat_innen zu explorieren, um einerseits die alltäglichen Herausforderungen und Schwierigkeiten der Menschen nachvollziehen, andererseits Ressourcen und Möglichkeiten für einen besser gelingenden Alltag entdecken und mobilisieren zu können. Darüber hinaus tritt Lebensweltorientierung *für* sozial gerechtere Alltagsverhältnisse und damit gegen die lebensweltzersetzenden Einflüsse des Neoliberalismus ein.

2. Adressat_innen

Die Adressat_innen der Sozialen Arbeit sind nach Staub-Bernasconi (S. 61 in diesem Band) neben den Angehörigen „der (welt-)gesellschaftlichen Unterschicht" vor allem Personen, die als sozial verwundbar gelten, wie z.B. Kinder und Jugendliche, Frauen in patriarchalen Machtverhältnissen oder Menschen mit Behinderungen. In der Figur des Tripelmandates spielen die Adressat_innen ebenfalls eine wichtige Rolle, denn neben staatlichen und privaten Trägern sowie der Profession sind sie es, die der Sozialen Arbeit ihr Mandat verleihen. Ihre Rechte, Interessen und Bedürfnisse müssen daher stets berücksichtigt werden. Klassen (in diesem Band, S. 74) präzisiert mit Bezug auf die spezifische Gegenstandsbestimmung der Systemischen Sozialen Arbeit, dass ihre Adressat_innen diejenigen Menschen sind, „welche die Kontrolle über die Aufrechterhaltung ihrer Möglichkeiten der Bedürfnisbefriedigung im Rahmen geltender sozialer Normen verloren haben und damit unter sozialen Problemen leiden" (ebd.).

Auch im Capabilities Ansatz sind die Adressat_innen der Sozialen Arbeit Personen, die von den Möglichkeiten zur Realisierung eines gelingenden Lebens abgekoppelt sind. Der Ansatz enthält eine „implizite Anthropologie, welche die Verwundbarkeit von Menschen als soziale bzw. politische Wesen in den Mittelpunkt rückt" (Ziegler in diesem Band, S. 108). Im Unterschied zur Systemischen Sozialen Arbeit zielt er aber stärker darauf ab, konkrete Freiheiten und Grundbefähigungen zu bestimmen, die von zentraler Bedeutung für ein autonomes und würdevolles Leben der Adressat_innen sind (vgl. die Liste in Fußnote 1, S. 110). Damit legt er einen anderen inhaltlichen Schwerpunkt und weist zudem – wie beschrieben – andere grundlagentheoretische Bezüge auf.

Da Kessl in seinem Beitrag über macht- und diskursanalytische Perspektiven die Macht der Diskurse betont, ist er gegenüber Ansätzen, die Adressat_innen der Sozialen Arbeit als „souveräne Handlungsquelle" (Kessl in diesem Band, S. 94) konzeptualisieren, skeptisch eingestellt. Das bedeutet allerdings nicht, dass Menschen in dieser Perspektive lediglich als passive und ohnmächtige Wesen aufgefasst werden, da sie „als positionierte und sich zugleich selbst positionierende Subjekte" (Kessl in diesem Band, S. 95) agieren. Da vor allem Diskurse und Machtkonstellationen Auftrag und Gegenstand der Sozialen Arbeit bestimmen, kann der/die Adressat_in „nicht als die Quelle der gegebenen und eindeutigen Bedürfnisse oder Interessen angenommen werden, auf die Soziale Arbeit ohne Weiteres reagieren sollte" (ebd., S. 94). Was ein legitimes Bedürfnis oder Problem ist, um das sich die Soziale Arbeit zu kümmern hat, und wer zu ihren Zielgruppen gehört, wird vielmehr in gesellschaftlichen Diskursen verhandelt.

Zwar geht auch der konfliktorientierte geschlechterreflektierende Ansatz davon aus, dass Menschen nur dadurch zu Adressat_innen Sozialer Arbeit werden, dass sie von dieser in einer spezifischen Art und Weise adressiert werden, die abhängig ist von sozialgesetzlichen Anspruchsberechtigungen und deren Durchadministrierung durch die Organisationen Sozialer Arbeit. Auf der anderen Seite bezieht er sich jedoch zugleich auch „auf ein Konzept der Theoretisierung von Adressat_innen als eigenständige Subjekte, mit denen zusammen Arenen des ‚Gehörtwerdens' erarbeitet und geöffnet werden – ohne zugleich dringliche Hilfe auszuschließen" (Bitzan in diesem Band, S. 196). Die Subjektivität der Adressat_innen ist dabei oftmals prekär, da soziale Strukturen und geschlechtsspezifische Rollenvorgaben die Autonomie stark einschränken können, was durch den vorherrschenden Diskurs aber verdeckt wird und den Akteur_innen somit häufig gar nicht bewusst ist. Die Betroffenen geraten dadurch in „eine fast unentrinnbare Falle der Widersprüchlichkeiten, die in keinem Fall befriedigend zu lösen sind" (ebd. in diesem Band, S. 190). Andererseits sind die Subjekte den strukturellen Bedingungen der Geschlechterordnung nicht einfach unterworfen, da sie diese in ihrem alltäglichen Handeln reproduzieren und somit auch versuchen können, sich den damit verbundenen Anforderungen und Zumutungen zu widersetzen.

Das Adressat_innenbild der Psychoanalytischen Sozialen Arbeit basiert auf der Vorstellung, dass die psychischen Prozesse – und damit das Unbewusste als ihr besonderer Gegenstand – immer im Zusammenhang mit der individuellen Biografie und den sozialen Beziehungen gesehen werden müssen, die ein Mensch eingeht bzw. eingehen muss. In den psychischen Prozessen und Strukturen schlagen sich die konkreten Sozialisationsbedingungen der Subjekte nieder, die einen starken Einfluss auf die Persönlichkeitsbildung haben und Leiden verursachen können. Das Subjekt ist diesen Prägekräften des sozialen Ortes, an dem es lebt und aufwächst, allerdings nicht willenlos ausgeliefert. Das Adressat_innenbild der Psychoanalytischen Sozialen Arbeit basiert vielmehr auf einem Subjektverständnis, das von einem Konflikt ausgeht, wie Dörr (S. 146 in diesem Sammelband) mit Bezug auf Hierdeis (2016, S. 93) verdeutlicht. Demnach pendelt das Subjekt zwischen Widerstand und Annahme der Welt hin und her. Die Folge dieser Pendelbewegung ist, dass jeder Entwicklungsprozess einmalig ist und zu einer unverwechselbaren

Biografie führt. Diese bleibt zwar mit den Lebens- und Aufwachsensbedingungen der Subjekte unauflösbar verwoben, enthält aber immer auch eigensinnige Anteile, die von den Professionellen verstanden und anerkannt werden müssen.

Auch die Vertreter_innen der Lebensweltorientierung betonen den Respekt vor der Eigensinnigkeit der Akteur_innen. Entsprechend ihrer Gegenstandsbestimmung heben sie aber stärker die eigensinnigen Bewältigungsleistungen hervor, die Menschen in ihren konkreten Lebenswelten erbringen, weniger die psychischen Entwicklungsprozesse, die sich in biografischen Äußerungen oder Verhaltensweisen manifestieren. Die Adressat_innen werden als Akteure aufgefasst, die ihrem Alltag und ihren alltagstheoretischen Interpretationsmustern aber oft verhaftet bleiben. Einerseits geht es der Lebensweltorientierung darum, die lebensweltlichen Erfahrungen und Bewältigungspraktiken der Adressat_innen der Sozialen Arbeit zu respektieren. Andererseits sollen (kontraproduktive) lebensweltliche Deutungen und die damit zusammenhängenden Handlungsweisen hinterfragt und modifiziert werden, um einen besser gelingenden Alltag zu ermöglichen. Der Lebensbewältigungsansatz verbindet mit der Lebensweltorientierung die Forderung, die Perspektive der Adressat_innen und ihren lebensweltlichen Kontext bei der Konzeption von Maßnahmen und Angeboten der Sozialen Arbeit zu berücksichtigen. Stärker werden hier aber auch psychodynamische Dimensionen einbezogen. Zu den Adressat_innen der Sozialen Arbeit zählen alle Personen, deren individuelle Ressourcen für eine konstruktive Bewältigung des Alltags nicht ausreichen und die deshalb professionelle Hilfe benötigen.

Von all diesen auf konkrete Personen bezogenen Bestimmungen der Adressat_innen Sozialer Arbeit hebt sich die Perspektive materialistischer Dialektik ab. Ähnlich wie der macht- und diskursanalytische Ansatz betrachtet sie das, wie konkrete Personen in Erscheinung treten, als Ausdruck dessen, was sie unter herrschenden Bedingungen an menschlicher Subjektivität verwirklichen konnten. Im Unterschied zu diesem fokussiert materialistische Dialektik in diesem Zusammenhang jedoch vor allem, welche Eigenschaften und Vermögen des menschlichen Gemeinwesens einer gesellschaftlichen Unterdrückung unterliegen oder aber dadurch blockiert werden, dass ihnen ihre Verwirklichungsbedingungen gesellschaftlich entzogen sind. Bezüglich Letzterem zeigen sich gewisse Ähnlichkeiten zum Capability Approach. Von Kritischer Sozialer Arbeit zu adressieren sind aus der Perspektive materialistischer Dialektik darüber hinaus jedoch auch all jene gegenständlichen Wesenskräfte, die als zum menschlichen Gemeinwesen gehörende den Menschen dadurch entfremdet werden, dass sie „treibhausmäßig" (Marx, 1977, S. 381) gezüchtet bzw. unter kapitalistischen Verwertungsgesichtspunkten „getunt" wurden. Zu adressieren sind sie, indem ihnen im Rahmen eines sozialpädagogischen Ortshandelns gezielte Gelegenheiten einer selbstregulierenden Verwirklichung eröffnet werden.

Wenn aus der Perspektive materialistischer Dialektik nicht ganze Personen, sondern bestimmte Eigenschaften und Vermögen adressiert werden, zeigt sich darin eine gewisse Parallele zu Luhmanns Systemtheorie. Diese geht ja grundlegend davon aus, dass die gesellschaftlichen Systeme nur jeweils bestimmte Aspekte von Personen adressieren. Inklusion in die Systeme bedeutet damit, dass Personen sich entsprechend den Anforderungen der Systeme zurichten müssen. Von daher lässt sich für Luhmann Individualität bis auf die Ausnahme bestimmter intimer Interaktionen nur jenseits der gesellschaftlichen Systeme als – wie er es nennt – Exklusionsindividualität verwirklichen: also nur jenseits dieser Systeme.

Nun bestimmen an Luhmann anschließende Theorien Sozialer Arbeit deren Aufgabe als „Exklusionsvermeidung, Inklusionsvermittlung und/oder Exklusionsverwaltung" (vgl. Bommes & Scherr, 1996). Demgegenüber wären aus der Perspektive einer materialistischen Dialektik solche Eigenschaften von Personen, die von den gesellschaftlichen Systemen exkludiert und dadurch auch bestimmt werden – Lefebvre (vgl. 1975) spricht von Residuen – so zu adressieren, dass ihnen nicht nur über sozialpädagogisches Ortshandeln Gelegenheiten zu einer selbstregulierten Verwirklichung eröffnet werden. Es gilt sie zugleich auch zu versammeln und miteinander in Interaktion zu bringen. Damit erhalten die mit ihnen vermittelten Interessen, die als exkludierte bisher in der Gesellschaft keine Repräsentation erfahren haben – was im Rahmen materialistischer Dialektik mit dem Begriff Subalternität gefasst wird – die Möglichkeit, ein eigenes „Ausdrucksvermögen" (Negt & Kluge, 2001b, S. 708) zu entwickeln.

3. Theorie-Praxis-Verhältnis

Staub-Bernasconi (in diesem Band, S. 60) argumentiert, dass Theorie- und Forschungswissen über soziale Probleme „zum zentralen diagnostischen Instrumentarium Sozialer Arbeit (gehört)" (ebd.). Die praktische Bedeutung wissenschaftlicher Theorien und Erkenntnisse der Disziplin Sozialer Arbeit und ihrer Bezugsdisziplinen ergibt sich demnach aus der Relevanz dieser Wissensbestände für die Bearbeitung sozialer Probleme, die in dieser Theorieperspektive den zentralen Gegenstand der Sozialen Arbeit ausmachen. Für die Praxis sei darüber hinaus die Frage zentral, „für welche Probleme sich welche ›Methoden‹ einzeln oder in Kombination als wirksam erweisen" (ebd., S. 62). Für die Integration von disziplinärem und professionellem Wissen schlägt Staub-Bernasconi einen transformativen Dreischritt vor. Am Beispiel der sozialen Probleme von Migrant_innen konkretisiert Klassen die Bedeutung der Systemischen Theorie für die Praxis Sozialer Arbeit. In diesem Zusammenhang weist er darauf hin, dass die Träger der Sozialen Arbeit ihre Angebote „nicht ausschließlich an den rechtlichen Grundlagen, sondern auch an sozialarbeiterischem, eigenem sozialdiagnostischem und handlungstheoretischem Wissen über die migrationsbedingten Sozialen Probleme ausrichten" (Klassen in diesem Band, S. 76).

Die Bedeutung des Capability Approaches für die Praxis liegt hingegen vor allem darin, dass er die Urteils- und Kritikfähigkeit der Sozialarbeiter_innen schärfen kann. Sein Anspruch ist es, für die „evaluative Beurteilung der Qualität von Handlungs- und Daseinsweisen von Akteur_innen" (Ziegler in diesem Band, S. 108) und in diesem Kontext auch für die sozialen und politischen Verhältnisse, Prozesse und Institutionen „einen begründungstheoretisch strapazierfähigen Rahmen auszuarbeiten" (ebd.). Der Ansatz sensibilisiert dafür, Entfremdungsphänomene bei den Adressat_innen und die dafür verantwortlichen sozialen Ursachen wahrzunehmen. Mithilfe des Ansatzes können Praktiker_innen außerdem differenziert erkennen, über welche Capabilities die Adressat_innen verfügen. Entscheidend ist die Auffassung, dass nicht die einzelnen Akteure, sondern die Institutionen und Strukturen primär für Einschränkungen der Realisierung von Capabilities verantwortlich sind. Es verwundert nach Ziegler (ebd., S. 111) daher nicht, „dass der CA vor allem dort Impulse geben kann, wo es um Soziale Arbeit als politisch situierte emanzipatorische Praxis geht" (ebd.).

Den emanzipatorischen und kritischen Anspruch teilt der Capability Approach mit macht- und diskursanalytischen Perspektiven. Ohne Theorie, so Kessl (in diesem Band, S. 95) mit Bezug auf Adorno (1969, S. 171), sei Praxis lediglich eine Bestätigung der bestehenden gesellschaftlichen Verhältnisse. Ohne theoretische Reflexion können Praktiker_innen demnach die gegenwärtigen Zustände nur reproduzieren, diese aber nicht infrage stellen und verändern. Insofern hat die Rezeption macht- und diskursanalytischer Zugänge eine aufklärende Funktion, da sie zu einem besseren Verständnis der Zeitbedingtheit gegenwärtiger Praktiken und Denkweisen in der Profession Sozialer Arbeit führen. Erst durch die Auseinandersetzung mit Theorie „verstehen wir, welche Machtwirkungen, welche Deutungs- und Denkmuster wann wie Einfluss gewonnen haben, und wie Alternativen aussehen könnten" (ebd., S. 95). Theorie schafft Distanz gegenüber der Praxis, da sie deren Normalität und Selbstverständlichkeit hinterfragt, kann aber keine direkten Handlungsanleitungen für eine bessere Praxis geben.

Seit Freud ist die theoretische Erkenntnisbildung für die Praxis der Psychoanalytischen Sozialen Arbeit von zentraler Bedeutung, betont Dörr (S. 149 in diesem Band), da „sie sich als diagnostizierend, interpretierend und zugleich als intervenierend, also als praktisch folgenreich auszuweisen hat" (ebd.). Theoretisches Wissen dient dem besseren Verständnis unbewusster Prozesse und ihrer Artikulation in konkreten Interaktionen (z.B. durch szenisches Verstehen). Ähnlich wie Kessl hebt auch Dörr hervor, dass Handlungsanweisungen für die Praxis nicht einfach aus den Theorien abgeleitet werden können, da „professionelles Wissen als ein Wissen im Vollzug zu betrachten ist" (ebd., S. 149). Metaphorisch gesprochen sind Theorien in dieser Konzeption eher Landkarten als Werkzeuge (vgl. die Einleitung zu diesem Band, S. 14ff.). Darüber hinaus wird der Fokus nicht nur auf das Leiden und unbewusste Prozesse der Adressat_innen, sondern auch auf Handlungsweisen und Gefühle der Professionellen gerichtet. Die „Fähigkeit zum selbstreflexiven Umgang mit Emotionen" zählt Dörr (ebd. S. 149) zu den wichtigsten professionellen Kompetenzen von Sozialarbeiter_innen. Theorie dient vor diesem Hintergrund der Selbstreflexion vor allem der ins Unbewusste verdrängten eigenen Gefühle, wie sie in den komplexen Interaktionen mit den Nutzenden Sozialer Arbeit entstehen.

Auch materialistischer Dialektik geht es um dem praktischen Alltagsverstand nicht unmittelbar gegenwärtige gesellschaftliche Zusammenhänge und Momente – und zwar nicht nur auf Seiten der Adressat_innen, sondern auch der Professionellen. Diese betreffen vor allem durch gesellschaftliche Herrschaftszusammenhänge blockierte, objektive Möglichkeiten bei den Einzelnen wie auch in den gesellschaftlichen Verhältnissen. Als theoretische Dialektik hat sie diese deshalb noch nicht verwirklichten – d.h. zur Wirklichkeit gewordenen – Aspekte und latenten

"Tendenzen ins Licht begrifflicher Arbeit" (Negt & Kluge 2001a, S. 481) zu bringen, damit sie dann im Rahmen einer praktischen Dialektik zur Realität ausgearbeitet werden können. Auch hier fungiert Theorie eher als Landkarte denn als Werkzeug. Denn über Menschen instrumentell zu verfügen, würde deren Subjektivität vernichten. Die allseitige und selbstregulierende Verwirklichung der für das wahre menschliche Gemeinwesen charakteristischen Subjektivität gegenständlicher Wesenskräfte ist aber das durch Kritische Soziale Arbeit zu befördernde Ziel praktischer Dialektik.

Rekonstruieren diskursanalytische Ansätze die Prägung von Deutungs- und Denkmustern durch und in gesellschaftlichen Diskursen, geht materialistische Dialektik nicht von dem aus, „was die Menschen sagen, sich einbilden, sich vorstellen [...]; es wird von den wirklich tätigen Menschen ausgegangen und aus ihrem wirklichen Lebensprozeß auch die Entwicklung der ideologischen Reflexe und Echos dieses Lebensprozesses dargestellt" (Marx & Engels, 1978, S. 26). Zwar geht es beiden Ansätzen in dieser Weise um die Kritik verobjektivierender Kategorien, indem sie deren Gewordensein durch menschliche Praktiken rekonstruieren. Im Zentrum der theoretischen Dialektik in der Tradition von Marx' Materialismus steht jedoch die Darstellung, wie „die ihre materielle Produktion und ihren materiellen Verkehr entwickelnden Menschen [...] mit dieser ihrer Wirklichkeit auch ihr Denken und die Produkte ihres Denkens" (ebd., S. 27) ändern.

Als professioneller Handlungsmodus hat sich die solidarische Professionalität Kritischer Sozialer Arbeit einerseits darauf zu konzentrieren, ähnlich dem Capability Approach über sozialpädagogisches Ortshandeln dem von ihr adressierten, bisher blockierten und entfremdeten menschlichen Vermögen Aneignungsmöglichkeiten zu eröffnen, über die sich diese dann als integraler Bestandteil des menschlichen Gemeinwesens verwirklichen können. Zum anderen hat sie die von den gesellschaftlichen Systemen ausgestoßenen Residuen, die dadurch bisher kein eigenes gesellschaftliches Ausdrucksvermögen entwickeln konnten und zu Subalternität verurteilt waren, zu versammeln. Sie muss auch dazu über ein entsprechendes sozialpädagogisches Ortshandeln geeignete Versammlungsorte kreieren und diese Versammlungen allparteilich so moderieren, dass ein jedes dieser Residuen seine Potenz entfalten kann. Auf diese Weise gilt es an einem nicht-ausgrenzenden, gleichermaßen demokratischen, wie sozialen, äußeren, politischen Gemeinwesen zu arbeiten.

Ähnlich ist das primäre Ziel des Konzeptes der Lebensweltorientierung, eine eigenständige Praxis der Sozialen Arbeit theoretisch zu fundieren, deren zentraler Bezugspunkt die alltäglichen Erfahrungen und Routinen der Menschen sind, um diesen einen „gelingenderen Alltag" zu ermöglichen. Neben der alltagsnahen und „bewältigungsorientierten Unterstützung zur ›Selbsthilfe‹" (Füssenhäuser in diesem Band, S. 128) gehört die Schaffung sozial gerechter Verhältnisse zu den wichtigsten Aspekten einer lebensweltorientierten Praxis. Nach Füssenhäuser (in diesem Band, S. 128) zählt dazu auch die Aufgabe, „Widerständigkeit und Protestpotenzial zu mobilisieren gegen sozialstrukturelle Zumutungen" (ebd.). Lebensweltorientierung ist mit einer kritischen Haltung gegenüber der aktuellen Politik des Neoliberalismus verbunden, die Theorie und Praxis prägen sollte. Auch der Lebensbewältigungsansatz thematisiert das Theorie-Praxis-Verhältnis. Praktisches Handeln auf dieser theoretischen Grundlage beabsichtigt insbesondere, die psychosoziale Handlungsfähigkeit der Adressat_innen zu erweitern. Deutlicher als die Lebensweltorientierung zielt die Lebensbewältigung daher darauf, die „inneren Antriebe und das damit verbundene Handeln der Betroffen in bestimmten Gesetzmäßigkeiten aufzuschließen und sozial rück(zu)binden" (Böhnisch, 2016b, S. 531; zitiert nach Füssenhäuser in diesem Band, S. 131).

Der konfliktorientierte geschlechterreflektierende Ansatz versteht sich „wie alle theoretischen Konzepte als Rahmenkonzept (nicht aber Handlungsanleitung) für eine selbstreflexive und kritische Praxis" (Bitzan in diesem Band, S. 197). Er will dafür sensibilisieren, dass die sozialen Konflikte, die die Bewältigungsprobleme der Adressat_innen verursachen, erkannt werden. Es sei zwar auch eine Aufgabe der Praxis, individuelle Hilfe und Unterstützung zu leisten. Darüber hinaus müsse es aber auch darum gehen, gemeinsam mit den Adressat_innen den geschlechtshierarchischen Verdeckungszusammenhang aufzudecken und die sozialen Konflikte in die Öffentlichkeit zu bringen. Der Ansatz will daher „nicht erledigen, sondern *aufdecken*, sichtbar machen, welche Konflikte die Lebenswelten der Adressat_innen bestimmen und somit teilweise erst Bedarf sichtbar machen" (Bitzan in diesem Band, S. 199, Herv. i.O.).

4. Ausblick: Theorie der Sozialen Arbeit: disziplinär – interdisziplinär – transdisziplinär?

Werner Thole hat darauf hingewiesen, dass es nicht unüblich sei „›Profession‹ und ›Disziplin‹ mit ›Theorie‹ und ›Praxis‹ gleich zu setzen" (2012, S. 21). Er „empfiehlt allerdings, diese einfache Parallelisierung zu ergänzen und partiell zu revidieren" (ebd.). So verweist er darauf, dass

> „Profession [...] mehr [meint] als ›Praxis‹, ebenso wie Disziplin mehr und in mancher Hinsicht auch anderes umfasst als ›Theorie‹. Profession beschreibt das gesamte fachlich ausbuchstabierte Handlungssystem, also die berufliche Wirklichkeit eines Faches, [...] folglich die Realität der hier beruflich engagierten Personen sowie die von ihnen offerierten Hilfe-, Beratungs- und Bildungsleistungen auf der Basis der von der Gesellschaft an sie adressierten Ansprüche und Wünsche" (ebd.).

Demgegenüber konstituiert und reproduziert sich Disziplin über die Her- und Bereitstellung von Wissen – und zwar nicht nur als „Feld der wissenschaftlichen Theoriebildung und Forschung" (ebd.), sondern auch als „Handlungsfeld, in dem sich diese Forschungs- und Theoriebildungsprozesse realisieren" (ebd.). Dieses Handlungsfeld der Disziplin ist im Unterschied zu dem der Profession von einem unmittelbaren Handlungsdruck befreit. Disziplinäre Theorien können deshalb im Vergleich zu professionellen auch stärker ausgearbeitet werden zu einem „System von intersubjektiv überprüfbaren, methodisch gewonnenen, in einem konsistenten Zusammenhang formulierten Aussagen über einen definierten Sachbereich" (Dewe & Otto, 2001, S. 1968). Des Weiteren sind disziplinäre Theorien aufgrund des wissenschaftlichen Freiraums auch eher in der Lage, „Bedingungen und Strukturen des Gegenstandsbereiches" (Füssenhäuser, 2005, S. 44) zu reflektieren sowie „alternative Möglichkeiten oder auch ›Utopien‹" (ebd.) zu entwerfen.

Vor dem Hintergrund dieses Begriffsverständnisses von Disziplin könnte die Frage, ob die Soziale Arbeit eine Disziplin sei, ebenso ohne Zögern mit einem „ja" beantwortet werden wie die, ob es sich bei Sozialer Arbeit um eine Profession handelt. So kann es Füssenhäuser und Thiersch zufolge als „unstrittig" gelten, „dass sich die Soziale Arbeit im zurückliegenden 20. Jahrhundert zu einem differenzierten Praxis- und Theoriefeld entwickelt hat" (2011, S. 1632). Auch wenn wissenschaftliche Disziplinen – wie Keiner und Schaufler vorschlagen – in erster Linie als „Kommunikationszusammenhänge" (2014, S. 270) verstanden werden, in denen sich

> „die Publikation, Diskussion, Bewertung und Fortentwicklung fachlichen Wissens [...] auf der Basis disziplinärer Gemeinschaften [vollziehen] – insbesondere durch wissenschaftliche Gesellschaften, Kongresse und Kolloquien sowie ein durch ›Peers‹ gemanagtes Publikationssystem" (ebd., S. 269f.),

kann Soziale Arbeit unzweifelhaft als Disziplin aufgefasst werden. So verfügt sie ja über wissenschaftliche Gesellschaften (z.B. DGSA), zahlreiche Kongresse und Kolloquien sowie ein eigenes Publikationssystem auf nationaler und internationaler Ebene. Dass die Hochschulen für Angewandte Wissenschaften in Hessen modellhaft ein eigenständiges Promotionsrecht für Soziale Arbeit erhalten haben, ihren wissenschaftlichen Nachwuchs somit selbst ausbilden und dadurch die „disziplinspezifische Selbstreproduktion" (ebd.) sichern können, kann als weiterer Schritt in Richtung Disziplinwerdung interpretiert werden.

Allerdings zeigt sich schon bezüglich der Fachgesellschaften, dass die Frage nach einer eigenen Disziplin Sozialer Arbeit wohl doch nicht so ganz einfach zu beantworten ist, denn auch innerhalb der Deutschen Gesellschaft für Erziehungswissenschaft gibt es eine eigene Kommission Sozialpädagogik. Zwar vermerkt Thole, dass „die Begriffe Sozialpädagogik und Sozialarbeit zu Beginn des 21. Jahrhunderts keine verschiedenartigen wissenschaftlichen Fächer, keine deutlich differenzierten Praxisfelder, keine unterschiedlichen Berufsgruppen und auch keine divergenten Ausbildungswege und -inhalte mehr" (2012, S. 20) kodierten, was sich im Begriff Soziale Arbeit spiegele. Zugleich verweist er jedoch darauf, dass

> „neben den gegenwärtig gängigen Vokabeln Sozialpädagogik, Sozialarbeit und Soziale Arbeit [...] vereinzelt immer noch auf die älteren Begriffe Wohlfahrtspflege, Soziale Pädagogik, Fürsorgeerziehung, Soziale Erziehung oder Soziale Therapie zurückgegriffen oder aber mit neuen Begrifflichkeiten wie beispielsweise ›Soziale Hilfe als System‹ oder aber ›Soziales Dienstleistungssystem‹ jongliert [wird]. Für jeden der genannten Begriffe finden sich historische, theoretische, systematische oder aber berufspraktische Argumente für seine Verwendung" (Thole, 2012, S. 19).

Tholes Ansicht nach spricht sogar „im Sinne einer begrifflichen Klarheit [...] aus historischer Perspektive einiges dafür, auch weiterhin zwischen Sozialarbeit und

Sozialpädagogik zu differenzieren" (ebd.). Füssenhäuser und Thiersch verweisen darauf, dass auf diese Weise

> „bis heute [...] einige Autor(inn)en an einem Unterschied sowohl der Arbeitsfelder (als primär auf Erziehung bzw. Bildung oder als primär auf Hilfe und Unterstützung hin ausgelegte Felder) als auch an einer Verankerung der Sozialen Arbeit in einer entweder primär erziehungs- oder primär fürsorgewissenschaftlichen Tradition fest[halten] [...]. Das heißt, der unterschiedliche Begriffsgebrauch wird mit einer unterschiedlichen disziplinären Verankerung untermauert" (Füssenhäuser, Thiersch, 2011, S. 1638).

Selbst wenn Soziale Arbeit „als Sammelbegriff für berufliche Tätigkeiten im sozialen Feld" (Müller, 2012, S. 955) akzeptiert wird, „ohne zu unterscheiden, ob diese eher auf pädagogische oder auf sozialarbeiterische Aufgaben zentrieren" (ebd.), wird in der universitären Sozialpädagogik zum Teil immer noch am Begriff der „Sozialpädagogik" festgehalten, „wenn das fachliche Wissen oder die wissenschaftliche Disziplin gemeint ist, welche Soziale Arbeit zur Begründung ihres Anspruchs, Profession zu sein, benötigt" (ebd.). Dabei stellt sich jedoch sogleich die Frage, warum – wenn doch das berufliche Handlungsfeld bzw. die Profession als „Soziale Arbeit" bezeichnet wird – der Begriff „Sozialpädagogik" herangezogen wird, um die darauf bezogene Disziplin zu kennzeichnen. Wie kann die Sozialpädagogik, die sich ja eigentlich als (Sub-)Disziplin der Erziehungswissenschaft versteht, das „fachliche Wissen" bereitstellen, das „Soziale Arbeit zur Begründung ihres Anspruchs, Profession zu sein, benötigt" (ebd.)? Die beruflichen Tätigkeiten von Angehörigen dieser Profession umfassen ja nicht nur sozialpädagogische Themenfelder wie Erziehung, Bildung und Sozialisation etc., sondern auch „sozialarbeiterische Aufgaben" (ebd.). Die Vertreter_innen der Sozialarbeitswissenschaft befürchten, dass die Soziale Arbeit durch die Sozialpädagogik fremdbestimmt und kolonisiert werde (Müller, Gehrmann, 1994) und halten „eine Lösung von der Erziehungswissenschaft nötig, weil Soziale Arbeit zwar Pädagogik beinhaltet, aber eben nicht nur" (Mühlum, 1996, S. 27).

Thole hatte früher „sprachpragmatische[]" (2002, S. 14) Gründe angeführt, warum auch er den Begriff der „Sozialpädagogik" zur „Charakterisierung des wissenschaftlichen Feldes der Sozialen Arbeit" (ebd.) herangezogen hat. Zwar findet sich diese Argumentation in der Aktualisierung seines Beitrages 10 Jahre später nicht mehr. Allerdings kennzeichnet er auch da noch die Theoriebildung Sozialer Arbeit als eine „sozialpädagogische" (2012, S. 39). Zugleich verweist er jedoch darauf, dass dieser „sozialpädagogische Theoriebildungsprozess auf keinen zentralen, allseits akzeptierten, fachlichen beziehungsweise disziplinären Ort hinweisen kann" (ebd.). Neben dem bereits zitierten weiten Begriff von Disziplin scheint Thole somit doch auch noch an einem sehr viel enger gefassten Begriff von einem „disziplinären Ort" (ebd.) festzuhalten, basierend auf einer „Vorstellung [...] als selbstständige Dominien" (Welsch, 1996, S. 946).

Dabei unterscheidet er vier solcher disziplinären Orte: Nicht verwunderlich platziert er sozialpädagogische Theoriebildung an erster Stelle „im deutschsprachigen Raum in der Erziehungswissenschaft" (2012, S. 40). Dies ist auch der einzige von ihm anerkannte „disziplinäre Ort". Erstaunlicherweise taucht in seiner Aufzählung die Soziologie, die als selbstständiges Dominium allgemein akzeptiert ist, nicht auf, obwohl viele der Ansätze, die eine Theorie Sozialer Arbeit im Anschluss an die Luhmannsche Systemtheorie zu entwickeln bestrebt sind, sich explizit als eine „Soziologie der Sozialen Arbeit" (Bommes, Scherr, 2000) begreifen. Eine theoretische „– wie auch immer durchgeführte[] – Vergewisserung über das Feld" (Winkler, 2005, S. 22) Sozialer Arbeit kann darüber hinaus auch aus der Perspektive noch ganz anderer anerkannter Disziplinen, wie beispielsweise der (Sozial-)Psychologie oder der Politikwissenschaft oder aus (Meta-)Philosophischer Perspektive erfolgen, was Thole ebenfalls erstaunlicherweise nicht beachtet.

„Einen zweiten, disziplinär eigenständigen, formal aber nicht ausgewiesenen Ort der Theoriebildung" (Thole, 2012, S. 40) stellt für ihn die „Sozialarbeitswissenschaft" dar. Was er mit „formal nicht ausgewiesen" (ebd.) meint, bleibt dabei im Dunkeln, wurde doch im Jahre 2001 Soziale Arbeit als eigenständige Fachwissenschaft seitens der Hochschulrektorenkonferenz (HRK) und der Kultusministerkonferenz (KMK) anerkannt.

Schon lange wird ein unverbundenes Nebeneinander unterschiedlicher Fächer und Disziplinen des Studiums Sozialer Arbeit beklagt und eine „fehlende Sozialarbeitsperspektive" (Mühlum, 1996, S. 28) dafür verantwortlich gemacht, dass Studierende keine Berufsidentität und kein fachliches Profil ausbilden könnten. Mit Recht wurde kritisiert, Soziale Arbeit sei – ähnlich wie Medizin – eher „ein Sammelname für eine Fülle verschiedener Fächer von unterschiedlicher Disziplinarität" (Heckhausen, 1987, S. 135). Daran hat auch der Bologna-Prozess mitsamt der daraus resultierenden Modularisierung der Studieninhalte nicht viel geändert. Kaum jemand dürfte Engelke (1996, S. 77) widersprechen, dass Studienmodelle für die Soziale Arbeit geschaffen werden müssen, „in denen die Studierenden lernen, fächerübergreifend zu denken, und in die Lage versetzt werden, vielfältige Ressourcen für ihre Aufgaben zu nutzen". Die Frage stellt sich allerdings, ob fächerübergreifendes Denken gefördert werden kann, wenn Soziale Arbeit zu einer autonomen Disziplin umgebaut wird, wie dies manche Vertreter_innen der Sozialarbeitswissenschaften fordern. Gerade in Deutschland mit dem hier vorherrschenden „Modell disziplinärer Engführung" (Keiner, Schaufler, 2014, S. 272) ist Disziplinbildung nämlich stets mit der Gefahr verbunden, dass Gegenstände, Sachverhalte und Probleme außerhalb der eigenen disziplinären Grenzen schnell ausgeblendet werden. Disziplinäre Grenzen werden dann zu „Erkenntnisgrenzen" (Mittelstraß, 1998, S. 31), wie Keiner/Schaufler (vgl. ebd.) am Beispiel der Pädagogischen Psychologie zeigen. Die Frage ist, ob Soziale Arbeit diesen Preis bezahlen möchte und ob es angesichts der Komplexität der Themen und Probleme, mit denen es Professionelle in ihrer Praxis zu tun haben, überhaupt sinnvoll ist, sich zu stark zu spezialisieren und dadurch die eigene Wahrnehmungsfähigkeit zu beschneiden.

„Eine dritte Verortung" (Thole, 2012, S. 40) sozialpädagogischer Theoriebildung sieht Thole darin, „die Soziale Arbeit über die Vermessung der gesamten Sozialwissenschaft als interdisziplinäres Projekt" (ebd.) zu profilieren. Allerdings bezweifelt Wolfgang Welsch (1996, S. 946), ob der Interdisziplinaritätsansatz eine adäquate Antwort darauf zu geben vermag, dass viele soziale und gesundheitliche Problemstellungen, mit denen auch die Praxis Sozialer Arbeit konfrontiert ist, sich „dem Zugriff einer einzelnen Disziplin entziehen" (Mittelstraß, 2005, zitiert nach online-Quelle, siehe Lit.-Verz.). Argumentiert Mittelstraß, dass es gerade durch die zu beobachtende „wachsende Spezialisierung" (ebd.) der „disziplinären und Fachentwicklungen" (ebd.) zu einer zunehmenden „Asymmetrie von Problementwicklungen und disziplinären Entwicklungen" (ebd.) komme, kritisiert Welsch, dass das Konzept der Interdisziplinarität diese nicht aufzulösen vermöge. Es stelle nämlich die „Vorstellung der Disziplinen als selbstständige Dominien [...] nicht in Frage" (1996, S. 946), sondern versuche, „nur einige seiner Konsequenzen zu mildern" (ebd.). Welsch zeigt, dass „die Disziplinen [...] in Wahrheit nicht durch einen ›Kern‹ konstituiert, sondern um netzartige Knoten organisiert [sind]. Die Aufgabe läge darin, deren Stränge auszuarbeiten und ihre Verbindungslinien zu verfolgen" (ebd.). Vor diesem Hintergrund fordert er, „das disziplinäre Prinzip der Forschungsorganisation wie der akademischen Lehre" (ebd.) im Hinblick auf ein „Denken in Formen der Transdisziplinarität statt der Interdisziplinarität" (ebd.) zu überwinden.

Ein solches Unterfangen darf nicht verwechselt werden mit dem von Thole benannten „vierten Modell" (2012, S. 40) sozialpädagogischer Theoriebildung. Charakterisiert sieht er dieses dadurch, dass es „zwischen den disziplinären Welten" (ebd.) wandere und „sich mal mehr kreativ-künstlerisch, mal therapeutisch-emphatisch, mal kritisch" (ebd.) artikuliere. Damit präferiere es „im Kern eine Tradition, die davon ausgeht, dass die Praxis Sozialer Arbeit lediglich handlungstaugliche Theorien, keineswegs jedoch einen kategorial ausbuchstabierten, empirisch ausgewiesenen Theoriebildungsprozess benötigt" (ebd.). So unterscheidet Mittelstraß (2005) ja explizit zwischen einer praktischen „Transdisziplinarität, die sich auf außerwissenschaftliche Problemstellungen bezieht", und einer zu deren Beförderung notwendigen „theoretischen Transdisziplinarität" (ebd.), „die aus der Lösung innerwissenschaftlicher Problemstellungen entsteht" (ebd.).

Umgekehrt warnt Mittelstraß jedoch davor, Transdisziplinarität „in einen neuen fachlichen oder disziplinären Zusammenhang" (ebd.) zu überführen, wie dies z.B. Werner Obrecht als „Antwort auf die Situation der Sozialen Arbeit im deutschsprachigen Bereich und die Fragmentierung des professionellen Wissens" (2001) propagiert. Vor dem Hintergrund der begrifflichen Differenzierungen, die Franz Schaller (2004) vorgeschlagen hat, wäre das von ihm propagierte Paradigma nicht als ein „transdisziplinäres" Programm, sondern eher als das einer „Integrationsdisziplin" zu bezeichnen. Zudem droht es sich, wovor Jürgen Mittelstraß ebenfalls warnt, „in theoretischen Formen" (2005) zu verfestigen.

Wie schon Alice Salomon, die als eine der Begründerinnen der Profession Sozialer Arbeit in Deutschland gilt, in ihrer „Grundlegung für das Gesamtgebiet der Wohlfahrtspflege" von 1928 dargelegt hat,

> „vergewaltigt [...] alle begriffliche Formulierung und Einteilung das Leben in seiner Einheit und Mannigfaltigkeit. [...] Der Notstand, in dem ein Mensch sich befindet, die soziale Schwierigkeit, die ihn trifft, [...] sind oft

ebenso unlösbar miteinander verknüpft, wie die menschlichen Bedürfnisse es sind" (1998, S. 139f.).

Deshalb sind in einer „Weiterentwicklung Transdisziplinärer Forschung [...] nicht nur die Grenzen zwischen den einzelnen wissenschaftlichen Disziplinen, sondern auch die zwischen den Wissenschaften und anderen gesellschaftlichen Bereichen" (td-net, 2008, S. 171) zu überschreiten.

Vor dem Hintergrund dieser Empfehlung zielen Salomons Ausführungen nicht allein auf eine „praktische Transdisziplinarität" (Mittelstraß, 2005), sondern betreffen durchaus eine „theoretische Transdisziplinarität" (ebd.). Auch die Theorien Sozialer Arbeit müssen sich in ihren Begriffen zu den Erfahrungen der Menschen hin öffnen. Dies betrifft nicht nur jene in den gegenwärtigen Theorien Sozialer Arbeit, wie sie sich auch in den Beiträgen dieses Bandes dokumentieren, vorherrschende „kühle Analyse" (Bloch, 1979, S. 239) der „bedingungsanalytische[n] Forschung" (ebd., S. 240). Unzweifelhaft ist es notwendig, dass Theorien auch weiterhin dem praktischen Bewusstsein nicht unmittelbar gegenwärtige Handlungsvoraussetzungen in den Blick nehmen. Wenn solche oft widersprüchlichen Anforderungen von den Handelnden nicht durchschaut werden, führen die daraus resultierenden Dynamiken nicht selten zu einem Scheitern von Praxis. Dennoch kann auch eine darauf bezogene Theorie sich nicht darin erschöpfen, solche dem handlungspraktischen Bewusstsein vorausgesetzten gesellschaftlichen Bedingungen zu analysieren, sondern muss sich auch damit auseinandersetzen, wie diese für die Handelnden in „Erscheinung" treten.

Selbst wenn Theorie sich in dieser Weise dem öffnet, wie gesellschaftliche „Problementwicklungen" (Mittelstraß, 2005) von Menschen in ihrer Praxis erfahren werden, beschränkt sie sich noch auf einen „Horizont als [...] begrenzenden, als dem des begrenzt Möglichen" (Bloch, 1979, S. 240). Darüber hinaus erforderlich scheint uns, sehr viel stärker als dies in den letzten Jahren geschehen ist und es auch in den in diesem Band versammelten Beiträgen deutlich wird, einen Fokus der Theoriebildung auf die von Ernst Bloch als „Wärmestrom" (ebd.) gekennzeichnete „Aussichts-Erforschung des In-Möglichkeit-Seienden" (ebd.) zu richten.

Wenn Cornelia Füssenhäuser als *eine* Aufgabe von Theoriebildung formuliert, „alternative Möglichkeiten oder auch ›Utopien‹" (2005, S. 44) zu entwerfen, dann handelt es sich bei dem von Bloch als „Wärmestrom" bezeichneten Unterfangen keinesfalls um ein ›Sich-die-Welt-schön-Denken‹. Auch im Sinne Henri Lefebvres (2003, S. 44ff.) hat „U-topie" nichts „mit dem imaginären Abstrakten gemein" (ebd., S. 45). Vielmehr fokussiert dieser Begriff in seiner ursprünglichen, altgriechischen Wortbedeutung von „kein Ort", objektive Möglichkeiten gesellschaftlicher Wirklichkeit, denen bisher die (räumlichen) Bedingungen zu ihrer Verwirklichung herrschaftlich vorenthalten oder entzogen wurden. Vor diesem Hintergrund erlaubt in dieser Weise für Lefebvre nur der Einbezug herrschaftlich blockierter, objektiver – d.h. unabhängig von der subjektiven Einbildungskraft wirksamer – Möglichkeit ein Festhalten an der Kategorie gesellschaftlicher und menschlicher Wirklichkeit. Entsprechend betont er den Wirklichkeitscharakter –

im Sinne von wirkend – dieses herrschaftlich des Ortes zu seiner Verwirklichung beraubten – und deshalb U-Topischen – gesellschaftlich historisch Möglichen.

Ähnlich fordert auch Bloch im Hinblick auf jene „Aussichts-Erforschung des In-Möglichkeit-Seienden" (1979, S. 240), dass sie „auf den Horizont [...] des noch unerschöpft und unverwirklicht Möglichen" (ebd.) zu zielen habe als „wachsende Verwirklichung des Verwirklichenden, zunächst im menschlichen Umkreis" (ebd., S. 241). Indem er in diesem Zusammenhang den „menschlichen Umkreis" hervorhebt, verweist er auf die Notwendigkeit, sowohl in der „theoretischen" wie auch in der „praktischen Transdisziplinarität" (Mittelstraß, 2005) „nicht nur die Grenzen zwischen den einzelnen wissenschaftlichen Disziplinen, sondern auch die zwischen den Wissenschaften und anderen gesellschaftlichen Bereichen" (td-net, 2008, S. 171) zu überschreiten. Nur so kann Theorie Sozialer Arbeit Orientierungskraft für deren Praxis gewinnen, um Orte zu kreieren (Winkler, 1988; May, 2017), die das bisher U-Topische zu verwirklichen erlauben.

> **Reflexionsfragen:**
>
> - Aus welchen Gründen präferieren Sie eine bestimmte Gegenstandsbestimmung Sozialer Arbeit?
> - Aus welchen Gründen präferieren Sie eine bestimmte Konzeption der Adressat_innen Sozialer Arbeit und was impliziert dies für ein professionelles Arbeitsbündnis mit diesen?
> - Welche Variante des Theorie/Praxis-Verhältnisses hat Sie am meisten überzeugt?

Grundlagenliteratur:

Dewe, B., Otto, H.U. (2001): Wissenschaftstheorie. In: H.-U. Otto & H. Thiersch (Hg.), *Handbuch Sozialarbeit, Sozialpädagogik* (2. Aufl.). Neuwied: Luchterhand, S. 1966–1979.

Engelke, E. (1996): Soziale Arbeit als wissenschaftliche Disziplin. Anmerkungen zum Streit über eine Sozialarbeitswissenschaft. In: R. Puhl (Hg.): *Sozialarbeitswissenschaft. Neue Chancen für theoriegeleitete Soziale Arbeit.* Weinheim: Juventa, S. 63–82.

Füssenhäuser, C., Thiersch, H. (2011): Theorie und Theoriegeschichte Sozialer Arbeit. In: H.-U. Otto & H. Thiersch (Hg.), *Handbuch Soziale Arbeit. Grundlagen der Sozialarbeit und Sozialpädagogik* (4. Aufl.). München: Reinhardt, S. 1623–1645.

Gängler, H. (1995): „Die Beobachtung der Beobachter beim Beobachten ...": Strukturmuster sozialpädagogischer Theorieproduktion. In: H. Thiersch & K. Grunwald (Hg.), Veröffentlichungen der Kommission Sozialpädagogik der Deutschen Gesellschaft für Erziehungswissenschaft. Zeitdiagnose soziale Arbeit. Zur wissenschaftlichen Leistungsfähigkeit der Sozialpädagogik in Theorie und Ausbildung. Weinheim: Juventa, S. 27–42.

Mühlum, A. (1996): Sozialarbeitswissenschaft. Notwendig, möglich und in Umrissen schon vorhanden. In: R. Puhl (Hg.): *Sozialarbeitswissenschaft. Neue Chancen für theoriegeleitete Soziale Arbeit.* Weinheim: Juventa, S. 25–40.

Müller, B. (2012): Professionalität. In: W. Thole (Hg.): *Grundriss Soziale Arbeit. Ein einführendes Handbuch.* Wiesbaden: VS, S. 955–974.

Obrecht, W. (2001): *Das Systemtheoretische Paradigma der Sozialen Arbeit als Disziplin und als Profession: Eine transdisziplinäre Antwort auf die Situation der Sozialen Arbeit im deutschsprachigen Bereich und die Fragmentierung des professionellen Wissens.* (Zürcher Beiträge zur Theorie und Praxis Sozialer Arbeit Nr. 4). Zürich: Hochschule für Soziale Arbeit.

Thole, W. (2002): Soziale Arbeit als Profession und Disziplin: Das sozialpädagogische Projekt in Praxis, Theorie, Forschung und Ausbildung – Versuch einer Standortbestimmung. In W. Thole (Hg.), *Grundriss soziale Arbeit. Ein einführendes Handbuch*. Opladen: Leske + Budrich, S. 13–62.

Thole, W. (2012): Die Soziale Arbeit – Praxis, Theorie, Forschung und Ausbildung: Versuch einer Standortbestimmung. In: W. Thole (Hg.), *Grundriss Soziale Arbeit. Ein einführendes Handbuch* (4. Aufl.). Wiesbaden: VS, S. 19–70.

Weiterführende Literatur:

Adorno, T. W. (1969): Marginalien zu Theorie und Praxis. In: T. W. Adorno: *Stichworte. Kritische Modelle 2*. Frankfurt a.M.: Suhrkamp, S. 169–191.

Bloch, E. (1979): Das Prinzip Hoffnung (7. Aufl.). *Gesamtausgabe in 16 Bänden*, Bd. 5. Frankfurt a.M.: Suhrkamp.

Böhnisch, L. (2016a): Der Weg zum sozialpädagogischen Konzept Lebensbewältigung. In: J. Litau, A. Walther, A. Warth & S. Wey (Hg.): *Theorie und Forschung zur Lebensbewältigung. Methodologische Vergewisserungen und empirische Befunde*. Weinheim und Basel: BeltzJuventa, S. 18–38.

Böhnisch, L. (2016b): Zum Verhältnis der Konzepte Lebensweltorientierung und Lebensbewältigung. In: Grunwald, K./Thiersch, H. (2016): *Praxishandbuch Lebensweltorientierung. Handlungszugänge und Methoden in unterschiedlichen Arbeitsfeldern*. Weinheim und Basel: BeltzJuventa, S. 531–536.

Bommes, M., Scherr, A. (1996). Soziale Arbeit als Exklusionsvermeidung, Inklusionsvermittlung und/oder Exklusionsverwaltung. *Neue Praxis*, 26(2), S. 107–123.

Bommes, M., Scherr, A. (2000): *Soziologie der Sozialen Arbeit: Eine Einführung in Formen und Funktionen organisierter Hilfe*. Weinheim: Juventa.

Foucault, M. (1974): *Die Ordnung des Diskurses: Inauguralvorlesung am Collège de France, 2. Dezember 1970* (Ungek. Ausg). Frankfurt a.M. [u.a.]: Ullstein.

Füssenhäuser, C. (2005): *Werkgeschichte(n) der Sozialpädagogik: Klaus Mollenhauer – Hans Thiersch – Hans-Uwe Otto; der Beitrag der ersten Generation nach 1945 zur universitären Sozialpädagogik*. Baltmannsweiler: Schneider-Verlag Hohengehren.

Heckhausen, H. (1987): „Interdisziplinäre Forschung" zwischen Intra-, Multi- und Chimären-Disziplinarität". In: J. Kocka (Hg.): *Interdisziplinarität. Praxis – Herausforderung – Ideologie*. Frankfurt a.M.: Suhrkamp. S. 129–145.

Hierdeis, H. (2016): *Psychoanalytische Pädagogik – Psychoanalyse in der Pädagogik*. Stuttgart: Kohlhammer.

Keiner, E., Schaufler, M. (2014): Disziplinäre und organisatorische Grenzen, Überschneidungen und Neuformatierungen. Das Beispiel Pädagogische Psychologie & Erziehungswissenschaft. In: N. Ricken, C. Koller & E. Keiner (Hg.): *Die Idee der Universität – revisited*. Wiesbaden: Springer VS, S. 269–301.

Lefebvre, H. (1975). *Metaphilosophie. Prolegomena*. Frankfurt a. M.: Suhrkamp.

Lefebvre, H. (1977). *Kritik des Alltagslebens* (Athenäum-Taschenbücher Sozialwissenschaften, Bd. 4114, 1. Aufl.). Kronberg/Ts.: Athenäum-Verl.

Lefebvre, H. (2003): *Die Revolution der Städte*. Berlin: Geene Stephan.

Lorenzer, A (1973): *Über den Gegenstand der Psychoanalyse oder: Sprache und Interaktion*. Frankfurt a.M.: Suhrkamp.

Marx, K. (1977). *Das Kapital. Kritik der politischen Ökonomie ; Bd. 1, Buch 1. Der Produktionsprozeß des Kapitals* (unveränd. Nachdr. der 1. Aufl. 1962., 23 Bände). Berlin: Dietz.

Marx, K. (1978). Kritische Randglossen. In K. Marx & F. Engels, *Werke* (Bd. 1, 6. Aufl., S. 392–410). Berlin: Dietz.

Marx, K. & Engels, F. (1978). *Die Deutsche Ideologie. Kritik der neuesten deutschen Philosophie in ihren Repräsentanten Feuerbach, B. Bauer und Stirner, und des deutschen Sozialismus in seinen verschiedenen Propheten* (MEW, Bd. 3). Berlin: Dietz.

May, M. (2008): *Aktuelle Theoriediskurse Sozialer Arbeit. Eine Einführung*. Wiesbaden: VS.

May, M. (2017): *Soziale Arbeit als Arbeit am Gemeinwesen. Ein theoretischer Begründungsrahmen*. Leverkusen: Budrich, Barbara (Beiträge zur Sozialraumforschung, Bd. 14).

Mittelstraß, J. (1998): *Die Häuser des Wissens. Wissenschaftstheoretische Studien*. Frankfurt a.M.: Suhrkamp.

Mittelstraß, J. (2005): Methodische Transdisziplinarität. TECHNIKFOLGENABSCHÄTZUNG Theorie und Praxis, 14(2), S. 18–23. online unter: http://www.itas.fzk.de/tatup/0 52/mitt05a.htm (Zugriff am 27.10.2020).

Müller, K., Gehrmann, D. (1994): Wider die Kolonialisierung durch Fremddisziplinen. *Sozialmagazin*, 19. Jg., H. 4, S. 25–29.

Negt, O. & Kluge, A. (2001a). Geschichte und Eigensinn. In: *Der unterschätzte Mensch. Gemeinsame Philosophie in zwei Bänden* (Bd. 2). Frankfurt a.M.: Zweitausendeins.

Negt, O. & Kluge, A. (2001b). Massverhältnisse des Politischen. Vorschläge zum Unterscheidungsvermögen. In: *Der unterschätzte Mensch. Gemeinsame Philosophie in zwei Bänden* (Bd. 1, S. 693–1005). Frankfurt a.M.: Zweitausendeins.

Salomon, A. (1998): Grundlegung für das Gesamtgebiet der Wohlfahrtspflege. In: W. Thole, H. Gängler, & M. Galuske (Hg.), *KlassikerInnen der sozialen Arbeit. Sozialpädagogische Texte aus zwei Jahrhunderten – ein Lesebuch*. Neuwied: Luchterhand, S. 131–145.

Schaller (2004): Erkundungen zum Transdisziplinaritätsbegriff. In: F. Brand, F. Schaller & H. Völker (Hg.), *Transdisziplinarität. Bestandsaufnahme und Perspektiven. Beiträge zur THESIS-Arbeitstagung im Oktober 2003 in Göttingen*. Göttingen: Universitätsverlag, S. 33–45.

td-net (2008): Transdisziplinäre Forschung weiterentwickeln: Eine Synthese mit 15 Empfehlungen. In: F. Darbellay & T. Paulsen (Hg.), *Herausforderung Inter- und Transdisziplinarität. Konzepte, Methoden und innovative Umsetzung in Lehre und Forschung*. Lausanne: Presses polytechniques et universitaires romandes, S. 169–196.

Welsch, W. (1996): *Vernunft. Die zeitgenössische Vernunftkritik und das Konzept der transversalen Vernunft*. Frankfurt a.M.: Suhrkamp.

Winkler, M. (1988): *Eine Theorie der Sozialpädagogik. Konzepte der Humanwissenschaften*. Stuttgart: Klett-Cotta.

Winkler, M. (2005): Sozialpädagogische Forschung und Theorie: Ein Kommentar. In: C. Schweppe & W. Thole (Hg.), *Grundlagentexte Pädagogik. Sozialpädagogik als forschende Disziplin. Theorie, Methode, Empirie*. Weinheim: Juventa, S. 15–34.

Autorinnen und Autoren

Bitzan, Maria, Diplompädagogin, Dr. rer.soc.., Professorin an der Hochschule Esslingen in der Fakultät „Soziale Arbeit, Bildung und Pflege" für Theorien Sozialer Arbeit und Sozialraumorientierung/Gemeinwesenarbeit. Mitgründerin und Vorständin des Genderforschungsinstituts tifs Tübingen, u.a. Sprecherin der Sektion Gemeinwesenarbeit der DGSA. Forschungsschwerpunkte: Gender- und Adressat*innenforschung und -theorie, Gemeinwesenarbeit, Jugendhilfeplanung.

Dörr, Margret, Dipl. Soz. Päd. (FH), Dipl. Soziologin, Dr. phil., Professorin an der Katholischen Hochschule Mainz, Fachbereich Soziale Arbeit und Sozialwissenschaften mit der Denomination: Theorien Soziale Arbeit und Gesundheitsförderung. Forschungsschwerpunkte: Recoveryförderliche Arbeitsbündnisse in der Sozialpsychiatrie, Biographie- und Sozialisationstheorie, Psychoanalytische Sozialpädagogik, Psychopathologie und abweichendes Verhalten.

Füssenhäuser, Cornelia, Sozialarbeiterin, Diplom-Pädagogin, Dr. rer. Soc., Professorin an der Hochschule RheinMain, Fachbereich Sozialwesen für Theorien, Geschichte und Ethik Sozialer Arbeit, Arbeitsschwerpunkte: Theorieentwicklung und Theoriediskurse Sozialer Arbeit, Profession/alität Sozialer Arbeit, Lebensweltorientierte Soziale Arbeit, Soziale Arbeit und Sucht, Übergänge im (höheren) Alter.

Kessl, Fabian, Erziehungswissenschaftler, Dr. phil, Professor für Sozialpädagogik mit dem Schwerpunkt sozialpolitische Grundlagen am Institut für Erziehungswissenschaft der Bergischen Universität Wuppertal. Forschungsschwerpunkte: (Wohlfahrts)Staatliche Transformation von Bildungs-, Erziehungs- und Sorgeverhältnisse, macht- und diskursanalytische Vorgehensweisen, Sozialraumforschung

Klassen, Michael, Master of Social Work (USA), Dr. phil., Professor für Theorien und Geschichte der Sozialen Arbeit an der Hochschule RheinMain, Fachbereich Sozialwesen, zertifizierter CM-Ausbilder (ÖGCC) und Stellvertreter der Obfrau in der Österreichischen Gesellschaft für Care und Case Management. Forschungsschwerpunkte: Theorien der Sozialen Arbeit, Systemtheorien, Care und Case Management, Migration und Digitalisierung in der Sozialen Arbeit.

May, Michael, Dipl. Päd., Dr. phil. habil., Professor für Theorie und Methoden der Sozialen Arbeit unter besonderer Berücksichtigung der Gemeinwesenarbeit an der Hochschule RheinMain, Fachbereich Sozialwesen, in der Leitung und Sprecher des Hessischen Promotionszentrums Soziale Arbeit, Forschungsschwerpunkte: Politik und Pädagogik des Sozialen, Theorie und Professionalität Sozialer Arbeit, Gemeinwesenarbeit, Intersektionalität.

Schäfer, Arne, Dipl. Päd. Dr. phil., Professor für Erziehungswissenschaft mit dem Schwerpunkt Sozialpädagogik an der Evangelischen Hochschule Rheinland-Westfalen-Lippe. Forschungsschwerpunkte: Außerschulische Bildung, Kinder- und Jugendarbeit, Kindheits- und Jugendforschung, Sozialisationsforschung, Theorien Sozialer Arbeit.

Staub-Bernasconi, Sylvia, Dr. habil., Diplom Schule für Soziale Arbeit Zürich; UNO-Stipendium für Studien an der University of Minnesota & Columbia University, New York; Doktorat in Soziologie an der Universität Zürich, Habilitation an der Technischen Universität Berlin (Sozialpädagogik). Lehrbeauftragte an der Wirtschaftsuniversität Wien im Studiengang „Sozialmanagement"; erste Leiterin des Masterstudiengangs „Soziale Arbeit & Menschenrechte"; Forschungsbereich: wissenschaftlich begründete Handlungstheorien Sozialer Arbeit.

Winkler, Michael, Dr. phil. habil., emeritierter Professor für Allgemeine Pädagogik und Theorie der Sozialpädagogik am Institut für Bildung und Kultur der Friedruch-Schiller-Universität Jena. Forschungsschwerpunkte: Geschichte und Theorie der Pädagogik, Theorie der Sozialpädagogik, Familienerziehung und Inklusion.

Ziegler, Holger, Dr. phil., Professor für Erziehungswissenschaft mit Schwerpunkt Soziale Arbeit an der Universität Bielefeld. Forschungsschwerpunkte: Professionsforschung, Theorien Sozialer Arbeit, Dienstleistungen im Wohlfahrtsstaat, Gerechtigkeitsforschung.

Stichwortverzeichnis

Die Angaben verweisen auf die Seitenzahlen des Buches.

Abspaltung 118
Affekt(e) 21, 22, 135, 136, 143, 147, 149, 150
Alltag 8, 11, 12, 36, 78, 92, 118–122, 125, 126, 129–131, 195, 210, 212, 215
Alltäglichkeit 118–121, 131, 174
Aneignung 125, 127, 162–164, 167, 170, 171, 207
Anerkennung 13, 115, 117, 122, 125–128, 138, 174, 183, 185, 198
Atomismus 43, 45
Bildung 27, 30, 31, 37, 38, 52, 59, 93, 145, 161–165, 168, 169, 172, 174, 175, 184, 187, 208, 218
das gute Leben 110, 117
das Politische 86, 90, 186
das Unbewusste 136, 140, 144, 209–211
diskursanalytisch 88, 91, 94, 95
Disziplin 7, 8, 15, 22, 44, 49, 55, 62, 128, 130, 205–207, 213, 216–220
Dominien 218, 220
Entfaltungsmöglichkeit(en) 109
Entfremdung 99–107, 109, 112, 155, 162, 163, 165–167, 170, 173, 179, 207, 208
Erziehung 23–28, 31–34, 37, 68, 76, 93, 136, 138, 139, 144, 148, 157, 172, 195, 217, 218
Funktionsweisen 109, 111
Fürsorge 34
(Gegen-)Übertragung 75, 79, 135, 142, 144, 145, 148
gegenständliche Wesenskräfte 155, 170, 171, 173, 177, 179
Gemeinwesen 43, 53, 57, 61, 78, 90, 161, 162, 167–169, 171–175, 178, 179, 198, 207, 208, 212, 215
Gerechtigkeit 22, 38, 39, 61, 110, 116, 117, 122, 128, 131, 132
Geschlecht 35, 52, 59, 68, 73, 183, 184, 186–200, 209, 211
Grundbefähigungen 110, 112, 210

Handlungsfähigkeit 24, 28, 29, 116, 117, 123–125, 127, 129, 131, 190, 210, 216
Holismus 45, 69
Interaktionsform(en) 140, 141
Intersektionalität 186, 200
Jahrhundert der Sozialpädagogik 34, 37
Konflikt(e) 26, 52, 116, 127, 132, 144, 146, 150, 158, 183–187, 190, 193–199, 201, 209, 211, 216
Kristallisationspunkte 10
kritische Soziale Arbeit 115, 116, 128, 129, 155, 158, 170, 173, 175, 215
Landkarten-Metapher 16, 17
Lebensführung 17, 94, 95, 99, 102, 103, 105, 109, 112, 207
Lebensführungsweisen 93, 208
Lebenslage 32, 123, 124, 127
machtanalytisch 88
Materialismus 68, 157, 215
Menschenrechte 44, 51, 56, 58, 61
Methodologie 66, 158
Paradigmen 25, 74
Profession 15, 22, 43–45, 48, 49, 55, 61, 62, 83, 116, 128, 130, 132, 210, 214, 216–218, 220
Psychoanalyse 33, 35, 135–142, 145, 148, 149
Reformpädagogik 29, 30, 32
Regieren 59, 92
Residuum 173, 178
Sagbares 140
Sattelzeit 29
Selbstwirksamkeit 117, 127
Sozialarbeitswissenschaft 38, 72, 207, 218, 219
soziale Frage 29, 31
soziale Gerechtigkeit 61, 116, 117
soziale Probleme 43–45, 53–56, 58–60, 73, 76–78, 93, 101, 102, 105, 112, 123, 185, 193, 207, 213

sozialer Ort 137

Sozialpädagogik 21–23, 25–27, 30–40, 44, 116, 119, 124, 136, 137, 145, 148, 156–159, 161, 162, 164, 168, 205, 217, 218

sozialpädagogisches Ortshandeln 173, 208, 213, 215

Standort 9

strategische Situation 84, 86, 91, 186

Subalternität 175, 178, 213, 215

Subjektivität 22–24, 31, 32, 34, 39, 40, 88, 103, 106, 144, 162, 164, 167–170, 173, 190, 207, 208, 211, 212, 215

Subjektorientierung 135, 147, 151, 196

Systemismus 46, 68, 69

szenisches Verstehen 140, 214

Theorie und Empirie 7, 8, 17

Transdisziplinarität 205, 220–222

Verdeckungszusammenhang 171, 187, 192, 195, 196, 198, 201, 216

Verwundbarkeit 108, 210

Werkzeug-Metapher 15, 16

Wohlfahrtspflege 34, 170, 217, 220

Bereits erschienen in der Reihe
STUDIENKURS SOZIALE ARBEIT

Recht für die Soziale Arbeit
Von Prof. Dr. Thomas Beyer
2. Auflage 2021, 254 S., Broschiert, ISBN 978-3-8487-2619-6

Theorien für die Soziale Arbeit
Herausgegeben von Prof. Dr. Michael May, Prof. Dr. Arne Schäfer
2. Auflage 2021, 229 S., Broschiert, ISBN 978-3-8487-7689-4

Soziologie für die Soziale Arbeit
Von Prof. Dr. Klaus Bendel
2. Auflage 2020, 259 Seiten, Broschiert, ISBN 978-3-8487-5050-4

Einführung in die Soziale Arbeit
Von Prof. Dr. Hugo Mennemann, Prof. Dr. Jörn Dummann
3. Auflage 2020, 221 S., Broschiert, ISBN 978-3-8487-6185-2

Sozialpolitik für die Soziale Arbeit
Von Prof. Dr. Thilo Fehmel
2019, 229 S., Broschiert, ISBN 978-3-8487-4067-3

Psychologie für die Soziale Arbeit
Von Prof. Dr. Barbara Jürgens
2015, 264 S., Broschiert, ISBN 978-3-8487-1281-6